W0078592

KiWi 368

Zu diesem Buch

Immer noch bleiben sexuell mißbrauchte Mädchen und Jungen in ihrer Not allein. Auch Mütter, Väter, PädagogInnen, ÄrztInnen und JuristInnen spüren bei der Konfrontation mit sexueller Gewalt ihre Sprachlosigkeit und Ohnmacht. »Zart war ich, bitter war´s« ist seit Jahren das Handbuch gegen sexuelle Gewalt an Mädchen und Jungen. Es beschreibt nicht nur Ursachen, Ausmaß und Folgen des sexuellen Mißbrauchs, es vermittelt vor allem konkrete Anleitungen für die praktische Arbeit mit Betroffenen.

Das Buch ist ein Ratgeber für alle, die mit Kindern leben und arbeiten.

Zart war ich, bitter war's

Handbuch gegen sexuelle Gewalt an Mädchen und Jungen

Herausgegeben von Ursula Enders

Kiepenheuer & Witsch

Die Reihe »Sexuelle Gewalt« wird herausgegeben
von Ursula Enders und Rainer Osnowski.

3. Auflage 1996

© 1995 by Verlag Kiepenheuer & Witsch, Köln
Alle Rechte vorbehalten. Kein Teil des Werks
darf in irgendeiner Form (durch Fotografie, Mikrofilm
oder ein anderes Verfahren) ohne schriftliche
Genehmigung des Verlages reproduziert oder unter
Verwendung elektronischer Systeme verarbeitet,
vervielfältigt oder verbreitet werden.
Lektorat: Rainer Osnowski
Umschlaggestaltung: Manfred Schulz, Köln
Satz und Layout: Prima Print, Köln
Druck und Bindearbeiten: Clausen und Bosse, Leck
ISBN 3-462-02422-1

INHALT

Vorwort

Jedes Mädchen und jeder Junge haben das Recht auf seelische und körperliche Unversehrtheit und Entfaltung – eine Selbstverständlichkeit, die in der Bundesrepublik Deutschland nicht eingelöst wird und bis zum heutigen Tage noch nicht einmal die notwendige Mehrheit unter den PolitikerInnen für eine Verankerung im Grundgesetz findet.

Gleichwohl ist in den letzten Jahren das Bewußtsein über die belastenden Lebenssituationen vieler Mädchen und Jungen gewachsen – nicht zuletzt durch die öffentlichen Auseinandersetzungen über die sexuelle Ausbeutung von Kindern und Jugendlichen. Blieben früher kindliche Opfer sexueller Gewalt in ihrer Not fast immer allein, so haben sie heute eine etwas größere Chance, daß ihre Hinweise auf die Gewalterfahrungen verstanden werden. Doch nach wie vor mangelt es an Hilfsangeboten für betroffene Mädchen und Jungen. Über diese Tatsache können auch großangelegte Kampagnen gegen sexuelle Gewalt nicht hinwegtäuschen.

Möge die aktualisierte und um viele Themenbereiche erweiterte Neuauflage von »Zart war ich, bitter war's« all denen Mut machen und eine Hilfestellung sein, die Kinder nicht als Besitz betrachten, und sich aktiv für das Recht von Mädchen und Jungen auf seelische und körperliche Unversehrtheit und Entfaltung einsetzen.

Ursula Enders   *Köln, im April 1995*

I
NICHT SEXUELLE GEWALT IST EIN TABU, SONDERN DAS SPRECHEN DARÜBER

Die sexuelle Ausbeutung von Mädchen und Jungen hat eine jahrhundertealte Tradition, wenn auch bis Anfang der 80er Jahre kaum darüber gesprochen wurde. Das Thema war selbst in Jugendämtern, Beratungsstellen, Jugendzentren, Krankenhäusern, Kindergärten, Heimen und Schulen meist tabu. Zwar wurden in mehr oder weniger spektakulären Einzelfällen, die an die Öffentlichkeit kamen, den Betroffenen Hilfen angeboten, doch fehlte es bisher – auch in der deutschsprachigen Fachliteratur – sowohl an einer differenzierten Auseinandersetzung mit der Problematik, als auch an Konzepten einer Arbeit mit sexuell mißbrauchten Mädchen, Jungen und Frauen.

Sexuelle Ausbeutung ist erst seit den achtziger Jahren Gegenstand einer Fachdiskussion, die deutlich macht, daß die sexuelle Gewalt gegen Kinder immer schon »Mode« war. Nach dem Motto: »Nicht die sexuelle Ausbeutung ist ein Tabu, sondern das Sprechen darüber« waren bisher jedoch Ärzte/Ärztinnen, JuristInnen, SozialarbeiterInnen und LehrerInnen mangels Handlungskonzepten meist bemüht, auch in offensichtlichen Fällen den Tatbestand eines sexuellen Mißbrauchs nicht öffentlich werden zu lassen. So wurden z.B. minderjährige Mütter, die von den eigenen Vätern geschwängert waren, aufgrund fehlender Alternativen häufig in ein Mutter-Kind-Heim abgeschoben, das Kind zur Adoption freigegeben oder der Nachkömmling von den Eltern des Mädchens »wie ein eigenes Kind« großgezogen.

Die alte Ordnung war wiederhergestellt! Der Kindesvater galt fast immer als unbekannt; auch bei Familien, in denen die Vermutung nahelag, daß der Vater mehrere Töchter geschwängert hatte, wurde dieser Verdacht fast ausschließlich hinter vorgehaltener Hand ausgesprochen.

Neben dem Schweigen trug die Sensationsberichterstattung in den Medien über spektakuläre Sexualdelikte an Kindern durch Fremdtäter (z.B. Jürgen Bartsch) zur Aufrechterhaltung des Bildes von der »heiligen Familie« bei, dem Ort von Geborgenheit und Liebe. Mädchen und Jungen wurden vor dem bösen »schwarzen« Mann auf der Straße gewarnt, nicht aber vor dem eigenen Vater, Bruder, Lehrer, Erzieher, Nachbarn, der Mutter, Tante oder Erzieherin.

In den achtziger Jahren rückten MitarbeiterInnen der Selbsthilfeinitiativen »Wildwasser«, »Zartbitter«, »Schattenriß«, »Dolle Deerns« etc. die sexuelle Ausbeutung von Mädchen und Jungen ins öffentliche Bewußtsein. Die Erkenntnis, daß es sich um alltägliche Erlebnisse von Kindern jeder Altersstufe und aus jeder sozialen Schicht handelt, rief zunächst allgemein Unglauben, dann Ratlosigkeit und Bestürzung hervor. Erst das Durchhaltevermögen und Engagement von Frauen und Männern aus den Selbsthilfeinitiativen gegenüber den Vorurteilen der Öffentlichkeit, die sie zu Lügnerinnen und Hysterikerinnen abstempelten, bewirkte eine Veränderung des gesellschaftlichen Bewußtseins. Heute kann die (Fach-)Öffentlichkeit weder das große Ausmaß der sexuellen Gewaltdelikte an Mädchen und Jungen durch dem Kind vertraute Personen leugnen noch die Tatsache, daß Betroffene fast immer in ihrer Not allein gelassen werden.

Neben den Erfahrungsberichten der Selbsthilfegruppen belegen fundierte Forschungsberichte die weite Verbreitung der sexuellen Gewalt gegen Mädchen und Jungen. In der Bundesrepublik Deutschland kommen jährlich mehr als 10.000 Fälle von sexuellem Mißbrauch an Kindern zur Anzeige. Entsprechend der unterschiedlichen Einschätzung über die Höhe der Dunkelziffer gehen ExpertInnen davon aus, daß jährlich schätzungsweise 80.000 bis 300.000 Kinder sexuell mißbraucht werden (s. Kapitel XVIII).

Bereits diese Zahlen lassen Rückschlüsse auf die Situation der Betroffenen zu – in aller Regel sind sie der sexuellen Gewalt über Jahre ausgesetzt. Die Täter (Täterinnen) sind nicht, wie meist irrtümlich angenommen, fremde Männer, sondern gehören fast immer zum Familien- oder Bekanntenkreis des Opfers: Väter, Stiefväter, Brüder, Lehrer, Pfarrer, Mütter, Onkel, Babysitter, Freunde der Eltern, Großväter, Tanten, Erzieherinnen, Therapeuten, Nachbarn, Ärzte – sprich: Unauffällige und anständige Bürger mißbrauchen Kinder und Jugendliche. Das bedeutet, daß sexuelle Ausbeutung zu Hause und im Umfeld der Familie an der Tagesordnung ist: in Heimen, Schulen, Kindergärten, Behindertenwohnheimen, im Jugendstrafvollzug, am Arbeitsplatz. Eine Untersuchung von Diana Russel kann dies belegen: Basierend auf Intensivbefragungen von 930 Amerikanerinnen kommt sie zu dem Ergebnis, daß 16 Prozent aller Mädchen unter 18 Jahren innerhalb der Familie mißbraucht werden, 31 Prozent machen außerhalb der Familie sexuelle Gewalterfahrungen. Unter Berücksichtigung der Tatsache, daß ein Teil der Mädchen sowohl innerhalb als auch außerhalb der Familie mißbraucht wird, sind insgesamt 38 Prozent aller Mädchen betroffen. Im September 1988 erschien in den Niederlanden eine Untersuchung von Nel Draijer, die in allen wesentlichen Punkten zu ähnlichen Zahlen wie Diana Russel kommt und die Ergebnisse zum ersten Mal für den europäischen Raum bestätigt. Nach Erscheinen dieser Untersuchung war Nel Draijer starken Angriffen sowohl unter Kollegen als auch in der Öffentlichkeit ausgesetzt. Dirk Bange (1992) führte die erste bundesdeutsche Dunkelfelduntersuchung durch, die die holländischen und amerikanischen Zahlen auch für unser Land weitgehend bestätigt. Banges Forschungsergebnisse, daß etwa jedes vierte bis fünfte Mädchen und jeder zwölfte Junge sexuell ausgebeutet wird (s. Kapitel XVIII), werden auch in Wissenschaftskreisen nicht angezweifelt, doch stießen auch sie auf eine besondere Form der »Behandlung« – sie werden von großen Teilen der Fachöffentlichkeit nach wie vor ignoriert.

Bewiesenermaßen sind fast immer Männer die Täter; dennoch übersieht die alleinige Konzentration auf männliche Täter die Tatsache, daß entsprechend der unterschiedlichen Schätzungen in 10 bis 20 Prozent der Fälle auch Frauen Kinder sexuell mißbrauchen. Insbesondere »Zartbitter Köln« als auch »Wildwasser Berlin« führen seit einigen Jahren eine verstärkte Fachdiskussion über sexuelle Gewalt durch Frauen. Auch die Landesarbeitsgemeinschaft der autonomen Mädchenhäuser NRW e.V. veranstaltete im Frühjahr 1994 eine Fachtagung zum Thema »Täterinnen. Frauen, die Mädchen und Jungen sexuell mißbrauchen«. Den MitarbeiterInnen der Projekte bläst bei ihrem Bemühen um die Enttabuisierung dieses Problembereichs meist männlicher Widerspruch entgegen. Nach dem Motto: »Nehmt uns unsere Mütter nicht!« halten vor allem männliche Fachkollegen trotz besseren Wissens am traditionellen Bild der »unschuldigen, sanftmütigen, asexuellen, heiligen Kuh« fest, die ihnen nicht gefährlich werden kann und vor allem das männliche Selbstbild vom männlichen Retter und weiblichem Opfer nicht in Frage stellt.

Die BKA-Studien ergeben, daß die meisten Opfer in den angezeigten Fällen der Altersgruppe zwischen sieben und 13 Jahren angehören. Doch liegt der Mißbrauchsbeginn oft wesentlich früher als die erhöhte Aufdeckungsrate im Schulalter vermuten läßt.

Die skizzierten Fakten machen die Not vieler Kinder und Jugendlichen deutlich. Nur in Ausnahmefällen stehen die Vertrauenspersonen ihnen bei. Mädchen und Jungen müssen fast immer mehreren Erwachsenen über den Mißbrauch erzählen, ehe die eine Person ihnen Glauben schenkt. Auch interpretieren MedizinerInnen, SozialarbeiterInnen, TherapeutInnen usw. die vielfältigen direkten und indirekten Hinweise auf die sexuelle Ausbeutung fehl und tragen somit – ohne es zu wissen – dazu bei, daß Mädchen und Jungen weiterhin sexuelle Gewalt zugefügt wird.

Im konkreten Einzelfall und in der Fachdiskussion wird oftmals Kritik an der fehlenden Kooperation der jeweils anderen Berufsgruppe geübt. Diese Auseinandersetzung kann als eine Projektion der eigenen Schuldgefühle gewertet werden, denn SozialarbeiterInnen, PädagogInnen und TherapeutInnen haben bisher ebenso unzureichend wie andere Berufsgruppen (z.B. Juristen) Konzepte einer Arbeit mit sexuell mißbrauchten Mädchen und Jungen entwickelt bzw. angeboten. So findet oftmals eine erneute Traumatisierung der Mädchen und Jungen durch kriminalistische Befragungs- und Begutachtungsmethoden statt. Die Situation des Opfers – dessen Erleben – wird nur in den seltensten Fällen in ausreichendem Maße berücksichtigt; Polizei und Justiz müssen dem Täter (der Täterin) eine Motivation nachweisen und die Fakten eines objektiv feststellbaren Vergehens ermitteln. Doch auch ÄrztInnen, SozialarbeiterInnen, PädagogInnen und TherapeutInnen wenden mit der Begründung »Die Richter ziehen ja sonst nicht mit« ebenfalls »kriminalistische« Methoden an, »brechen mit gewalttätigen« Befragungsmethoden das Schweigen der Opfer (s. Kapitel XI), sammeln Beweise und/oder konfrontieren Kinder und Jugendliche im Beisein des Täters mit den eigenen Aussagen, ohne zu berücksichtigen, daß die Mädchen und Jungen aus Angst vor Mißbrauchern oder aus Angst um den Erhalt der Familien die eigenen Aussagen spätestens bei einer »direkten Gegenüberstellung« fast immer zurücknehmen.

VertreterInnen der gerichtsmedizinischen Psychiatrie belegen, daß Kinder die glaubwürdigsten aller Zeugen sind, und daß verbale und nonverbale Aussagen über sexuelle Gewalterfahrungen nahezu immer der Wahrheit entsprechen. Dennoch wird nach wie vor der Wahrheitsgehalt eindeutiger Aussagen der Opfer sowohl von sozialen Diensten als auch von den Strafverfolgungsbehörden oftmals angezweifelt. Mit Hilfe rechtlicher, aber auch medizinischer Untersuchungsmethoden wird versucht, die Problematik vermeintlich objektiv zu klären. Im Rahmen ärztlicher Untersuchungen sollen die Spuren der sexuellen Gewaltanwendung festgestellt und die Glaubwürdigkeit des Opfers belegt werden. Obwohl sexuelle Ausbeutung von Mädchen und Jungen auf unterschiedlichste Art und Weise praktiziert wird, bewertet die (Fach-)Öffentlichkeit fälschlicherweise immer noch die Defloration des Kindes als einzigen Beweis. Nicht nur, daß die Feststellung einer Defloration keinesfalls alleinige Beweiskraft vor Gericht hat, denn Mädchen können sich z.B. im Spiel selber deflorieren, auch hinterlassen viele Formen des sexuellen Mißbrauchs wie z.B. Kinderpornographie, Exhibitionismus, der Zwang zur Masturbation des Erwachsenen keine feststellbaren physischen Spuren. In anderen Fällen werden körperliche Anzeichen für sexuelle Gewalt auch von Medizinern nicht als solche erkannt und fälschlicherweise als Folge von Kindesmißhandlung gewertet (z.B. Bißwunden in der Brust, Striemen auf den Oberschenkeln, Verletzungen des Kindes im Genitalbereich). Wie wenig auch MedizinerInnen für die Feststellung von sexuellem Mißbrauch sensibilisiert sind, belegt ein Bericht über das Schicksal eines kleinen

Mädchens, das im Alter von acht, neun und zehn Jahren jeweils mit einer Gonorrhoe (Tripper) in eine Münchener Kinderklinik eingeliefert wurde. Jugendamt und Krankenhaus zogen erst nach der dritten Einlieferung Erkundigungen ein und stellten fest, daß der Stiefvater das Mädchen infiziert hatte.

Sowohl unzureichende Ausbildung und/oder persönliches Vermeidungsverhalten als auch die innerhalb der verschiedenen Ausbildungsgänge vermittelten Theorien über sexuellen Mißbrauch blockieren die PraktikerInnen. Nach wie vor wird die inhaltliche Arbeit von Erzieherinnen, Therapeuten, Sozialarbeiterinnen, Ärzten, Juristen usw. bewußt oder unbewußt von den Theorien Sigmund Freuds bestimmt.

In seiner ersten analytischen Arbeit und auch im Rahmen seiner gerichtsmedizinischen Tätigkeit auf einer Studienreise nach Paris wurde Freud mit zahlreichen Fällen sexueller Gewalt gegen Kinder konfrontiert. Nicht zuletzt die Obduktion kindlicher Opfer von Sexualstraftaten überzeugte Freud von dem großen Ausmaß der sexuellen Gewalttaten gegen Mädchen und Jungen. Für den Analytiker bestand zunächst aufgrund seiner Erfahrungen in der therapeutischen Arbeit kein Zweifel darüber, daß Neurosen durch frühe sexuelle Traumen verursacht wurden. Der Analytiker schenkte den Berichten seiner PatientInnen über sexuelle Gewalt – meist durch den Vater – Glauben und zeigte in seinem frühen Aufsatz »Zur Ätiologie der Hysterie« auf, was er unter Verführung verstand:

»[...] eine faktische Handlung, die einem Kind aufgezwungen wird, das es also weder wünscht noch sein Gegenüber dazu ermutigt. Eine Verführung ist in diesem Sinne eine grausame und gewaltsame Handlung, die das Kind in allen Aspekten seines Seins verletzt (dabei weist Freud darauf hin, daß die Opfer in der Regel Mädchen sind).« (Jeffrey Masson 1986)

Freud nahm in seinen frühen Schriften Stellung zu dem Ungleichgewicht in der Beziehung und dem sadistischen Willen des Erwachsenen, seine Macht über das Kind auszunutzen. Er beschrieb den Erwachsenen als eine Person, die »mit aller Autorität und dem Rechte der Züchtigung ausgerüstet ist, und zwar zur ungehemmten Befriedigung seiner Launen, die eine Rolle mit der anderen vertauscht; das Kind, dieser Willkür in seiner Hilflosigkeit preisgegeben, vorzeitig zu allen Empfindlichkeiten erweckt und allen Enttäuschungen ausgesetzt, [...] – alle diese grotesken und doch tragischen Mißverständnisse prägen sich in der ferneren Entwicklung des Individuums und seiner Neurose in einer Unzahl von Dauereffekten aus, die der eingehendsten Verfolgung würdig wären« (ebd.).

Obgleich Freud in seiner analytischen Arbeit diese Einschätzung der Folgen des sexuellen Mißbrauchs ständig bestätigt bekam, veröffentlichte er seine Erkenntnisse nur dieses eine Mal im Jahre 1886 und nahm seine Theorie sogar später zurück: Er deutete die Berichte der Opfer wider besseren Wissens als kindliche Phantasieprodukte um. Damit beugte sich Freud der Abwehr und dem Druck seiner männlichen Fachkollegen, die die Auffassung vertraten, das Kind habe sich seine Qualen ausgedacht. Diese Position machte es möglich, Sexualverbrechen als Phantasieprodukte des Opfers umzuinterpretieren und die Täter aus ihrer Verantwortung zu entlassen. Auch »entlastete« der Analytiker sich selbst mit der Zurücknahme seiner Theorie, denn so konnte er wieder leugnen, daß fast immer Männer – häufig die Väter – die Verführer sind. Diese Erkenntnis entsprach weder seinem Selbstbild als Mann noch ließ sie sich mit seiner Identifizierung mit anderen Männern in Einklang bringen. Auch war es dem Analytiker unmöglich, den eigenen Vater, der sich an seinem Bruder und seiner Schwester vergangen hatte, als Verführer zu sehen, und so tauschte er weibliche (kindliche) Wirklichkeit gegen Inzestwünsche des Kindes, gegen weibliche Phantasie aus (vgl. Florence Rush 1985/Josephine Rijnaarts 1988). Nur zu gern übernehmen Freuds Geschlechtsgenossen – damals wie heute – diese Interpretation, denn so konnten und können sie auf der Seite der Mächtigen – der Täter – bleiben, statt sich auf die Seite der Schwachen – der Opfer sexueller Gewalt – stellen zu müssen.

Freuds spätere These vom Wunsch des Kindes nach einer inzestuösen Beziehung zum gegengeschlechtlichen Elternteil schaffte den Nährboden für die bis heute weit verbreitete Fehleinschätzung, daß willensschwache Männer von frühreifen Lolitas verführt werden. Immer noch akzeptieren viele MitarbeiterInnen pädagogischer, juristischer, medizinischer und therapeutischer Berufe bereitwillig diese »überarbeitete« Theorie Freuds, betrachten das Opfer als »Verführerin« und gehen von dessen aktiver Beteiligung aus. Das Verhalten des Kinderschänders wird selbst bei dreijährigen Mädchen damit erklärt, daß die Kleine ihn verführt habe. In welchem Maße die Tatsache des sexuellen Mißbrauchs angezweifelt wird, belegt z.B. die Praxis der Glaubwürdigkeitsgutachten bei Gericht. In zahlreichen Gutachten wird sexualisierendes Verhalten von Mädchen und Jungen nicht als Folgeverhalten der sexuellen Gewalterlebnisse gesehen, sondern als provozierendes Verhalten des Kindes bewertet. »Sexuelle Verwahrlosung, Vorerfahrungen und sexuelle Phantasien« gelten fälschlicherweise als Ausdruck aktiver Beteiligung – auch schon bei kleinen Mädchen. Dem Opfer wird damit eine Mitschuld zugeschoben, der Täter entlastet.

Literaturempfehlung:
Bange, Dirk: Die dunkle Seite der Kindheit. Köln 1992

II
AUCH BLICKE UND WORTE KÖNNEN VERLETZEN!
DEFINITIONEN UND FORMEN
DES SEXUELLEN MISSBRAUCHS

Mädchen und Jungen entdecken ihren Lebensraum mit einer oft unerschöpflich erscheinenden Neugier. Sie zeigen spontanes Interesse für nahezu alles, was um sie herum und mit ihnen geschieht und lernen so Schritt für Schritt, sich in der Welt zurechtzufinden. Sie sind darauf angewiesen, daß Erwachsene sie in ihrer Entwicklung anregen, unterstützen, begleiten und ihre Bedürfnisse nach Liebe, Zärtlichkeit und Schutz erfüllen. Kinder und Jugendliche müssen darauf vertrauen können, daß Erwachsene dieser Aufgabe gerecht werden. Nutzen Erwachsene Mädchen oder Jungen zur Verwirklichung und Befriedigung der eigenen sexuellen Interessen und Bedürfnisse aus, so wird ihr Vertrauen zutiefst verletzt, ihre Entwicklung grundsätzlich gefährdet (vgl. Gisela Rust 1986).

Sexuelle Gewalt ist immer dann gegeben, wenn ein Mädchen oder Junge von einem Erwachsenen oder älteren Jugendlichen als Objekt der eigenen sexuellen Bedürfnisse benutzt wird. Kinder und Jugendliche sind aufgrund ihrer kognitiven und emotionalen Entwicklung nicht in der Lage, sexuellen Beziehungen zu Erwachsenen und älteren Jugendlichen wissentlich zuzustimmen. Fast immer nutzt der Täter ein Macht- oder Abhängigkeitsverhältnis aus. Wie häufig nutzen Lehrer, Erzieher, Jugendgruppenleiter usw. die allzu natürliche Schwärmerei von Mädchen aus und machen sie sich »gefügig«! Auch wenn ein Mädchen oder ein Junge sich scheinbar aktiv beteiligt, die Verantwortung für den sexuellen Mißbrauch liegt immer beim Erwachsenen. Verhält sich ein Mädchen scheinbar aufreizend, so gibt dieses Verhalten dennoch niemandem das Recht, es als Aufforderung zu sexuellen Aktivitäten aufzufassen.

Die ausgesprochene oder unausgesprochene Drohung des Täters (z.B. »Wenn du darüber sprichst, kommst du ins Heim/wird Mutter krank/ habe ich dich nicht mehr lieb ...!«) und das gesellschaftliche Redeverbot über sexuelle Gewalt (z.B. »Wie kannst du nur solche Lügen verbreiten!«) erlegen dem Mädchen/Jungen ein Geheimhaltungsgebot auf. Bei der sexuellen Ausbeutung kleiner Kinder deklarieren die Täter fast immer den Mißbrauch zum gemeinsamen Geheimnis, da lockt z.B. der Papa die fünfjährige Nicole mit einem Geheimnis an und zeigt ihr seinen Zaubertrick: »Er läßt seinen Pimmel lachen und weinen«. Aufgrund ihrer Abhängigkeit wagen Mädchen und Jungen es oftmals nicht, offen das »Geheimnis« zu brechen und schweigen – scheinbar – über die sexuelle Ausbeutung. Doch viele Opfer finden andere Ausdrucksformen (z.B. beim Malen und im Spiel), um auf die an ihnen verübte Gewalt hinzuweisen. Sexueller Mißbrauch hat nichts mit einer liebevollen und zärtlichen Beziehung zu einem Kind gemein. Ausdrücklich geht es um eine Instrumentalisierung des Mädchens/Jungen für die Befriedigung der Bedürfnisse des Erwachsenen. Zwischen dem Täter und dem Opfer besteht fast immer bereits eine Beziehung, die für das Mädchen/den Jungen durch Vertrauen, Angewiesensein und Zuneigung gekennzeichnet ist. Diese Beziehung bildet dann in der Regel die Ausgangsbasis für den durch den Erwachsenen wissentlich und bewußt vorbereiteten sexuellen Mißbrauch (s. Kapitel VIII).

Sexuelle Gewalt gegen Mädchen und Jungen fängt bei heimlichen, vorsichtigen Berührungen, verletzenden Redensarten und Blicken an und reicht über Kinderpornographie bis hin zur oralen, vaginalen oder analen Vergewaltigung. Selbst Penetrationen von Säuglingen sind keine Einzelfälle. Das Befühlen und die fachmännische Begutachtung der körperlichen Rundungen, das Betasten der Brust und des Brustansatzes und auch abschätzige oder auch wohlwollende Qualitätsurteile sind weitere Formen der sexuellen Ausbeutung von Mädchen (vgl. Barbara Kavemann/Ingrid Lohstöter 1984).

In vielen Fällen ist es gerade bei innerfamilialer sexueller Gewalt für Außenstehende schwierig, die Grenze zwischen liebevoller Zärtlichkeit und sexuellen Übergriffen zu bestimmen. Entscheidende Kriterien sind das Erleben des Mädchens/Jungen und die Sexualnormen, die in einer Familie gelten. In einer Familie, in der Kinder gewohnt sind, ihre Eltern nackt zu sehen, ist es noch kein Anzeichen von sexueller Ausbeutung, wenn der Vater sich im Badezimmer aufhält, während die Tochter/der Sohn badet. Schämt sich das Kind jedoch und bittet den Vater, sie/ihn allein zu lassen, und entspricht der Erwachsene diesem Wunsch nicht, dann beginnt damit die Verletzung des Rechts auf sexuelle Selbstbestimmung eines Mädchens oder Jungen. Zur Kategorie des »exhibitionistischen« Mißbrauchs gehört auch das Beobachten des Kindes beim Ausziehen (z.B. durch das Schlüsselloch) oder wenn der Vater scheinbar zufällig seiner Tochter sein erregtes Glied zeigt.

Mit der zunehmenden öffentlichen Diskussion über die sexuelle Ausbeutung von Kindern und Jugendlichen wächst das Problembewußtsein bei Laien und Professionellen. Vielen fällt es inzwischen leicht, Definitionen und Fakten des sexuellen Mißbrauchs zu formulieren und wiederzugeben. Die wenigsten können sich jedoch auch heute noch die unterschiedlichen Formen sexueller Ausbeutung von Mädchen und Jungen vorstellen – geschweige denn sie benennen. Selbst für PraktikerInnen, die schon lange mit Betroffenen arbeiten, ist es immer wieder schwer auszusprechen, auf welch grauenvolle und subtile Art und Weise die Täter Kinder und Jugendliche demütigen und verletzen. Die folgenden Beispiele verdeutlichen die Bandbreite:

Herr M. führte in seinen Unterricht eine „besondere pädagogische Maßnahme" ein: Bei falschen Antworten müssen die Schülerinnen des 9. Schuljahres auf dem Schoß des Lehrers Platz nehmen und dürfen erst wieder aufstehen, wenn die richtige Lösung fällt. Aus Scham sprechen die SchülerInnen noch nicht einmal untereinander über die „Methode" des Lehrers, aus Angst um die Abschlußnoten wagen sie keinen offenen Protest.

Frau K. drückt auf dem Hodensack ihres dreijährigen Sohnes eine Zigarette aus.

Den sechsjährigen D. zwingt eine Gruppe männlicher Jugendlicher, die Hose herunterzulassen, anschließend »amüsieren« sich die Großen über den kleinen Penis des Jungen.

Herr B. hat seine Freunde zum Doppelkopf eingeladen. Als seine 13jährige Enkelin die belegten Brötchen herumreicht, packt er sie an die Brust mit dem Kommentar: »Wird sie nicht proper?«. Schallendes Gelächter der Kartenrunde.

Der Sportlehrer W. greift den Schülerinnen des neunten Jahrgangs recht »zufällig«, aber mit großer Regelmäßigkeit, im Schwimmbad zwischen die Beine und an die Brust. Auch akzeptiert er schriftliche Entschuldigungen der Mütter nicht: Die Mädchen müssen dem Lehrer auf der Toilette ihre Binden oder Tampons zeigen, wenn sie während der Menstruation vom Sportunterricht befreit werden möchten.

Der Zahnarzt B. greift während der Behandlung der 13jährigen E. in die Hose.

Herr M. verlangt regelmäßig von seinen Töchtern, daß sie ihn wecken. Oft liegt er morgens nackt im Bett, befriedigt sich selbst und zwingt die Mädchen, ihm zuzusehen.

Nachdem in der Therapiegruppe eine Frau von ihrem sexuellen Mißbrauch durch den Vater sprach, ordnet der Therapeut S. als therapeutische Maßnahme für die gesamte Gruppe einen Saunabesuch mit anschließender Massage an. Er selbst massiert die Klientin, läßt sich anschließend selbst von ihr massieren – er bekommt eine Erektion.

Eine Mutter »untersucht« ihre zehnjährige Tochter und steckt ihr Gegenstände in die Vagina.

Der 16jährige F. penetriert seine drei Monate alte Stiefschwester mit dem Finger.

Herr B. *fesselt und vergewaltigt zunächst seine Frau vor den Augen seines dreijährigen Sohnes. Anschließend zwingt er seine Frau, die Genitalien des Jungen zu manipulieren, während er diese Handlungen filmt.*

Ein Therapeut befriedigt sich vor der fünfjährigen M. und dem siebenjährigen G.

Der Schulbusfahrer läßt sich von der siebenjährigen S. »kratzen«, *denn es juckt ihm so in der Hose, und er muß doch den Bus lenken.*

Ein Vater fordert seine beiden Söhne auf, ihre ersten sexuellen Erfahrungen mit der Schwester zu machen.

Ein Vater »verleiht« *seine 15jährige Tochter für ein Glas Bier an seine Freunde.*

Eine Erzieherin schmiert ihre Vagina mit Marmelade ein und läßt diese von der Kindergruppe ablecken.

Der Sozialarbeiter einer Jugendschutzstelle zwingt die Jugendlichen, sich gegenseitig sexuelle Gewalt zuzufügen, und macht davon Videoaufnahmen.

Frau G. hält die sieben und acht Jahre alten Töchter ihrer jüngeren Schwester fest, damit ihr Mann sie anal vergewaltigen kann.

Der fünfjährige T. wird vom Freund der Oma oral vergewaltigt.

Herr R. bietet seiner Stieftochter bei der ersten Menstruation an, ihr zu zeigen, wie man die Bauchschmerzen wegmacht – er vergewaltigt sie.

J. – acht Jahre – wird von den Freunden ihrer älteren Brüder vergewaltigt und »weiterempfohlen«.

Der Erzieher der Kindertagesstätte klärt mehrere Mädchen und Jungen »praktisch« *auf und läßt sich befriedigen.*

Der beste Freund der Familie zwingt die siebenjährige Doris mit Gewalt, sich von ihrem Hund die Scheide lecken zu lassen.

M. – 15 Jahre alt – wird von seiner Mutter noch täglich abgeseift, muß in ihrem Bett mitschlafen und sie befriedigen.

Der Heimleiter N. vergewaltigt eine Zwölfjährige; einmal »gefügig« *gemacht, bekommt das Mädchen im Heim ein Einzelzimmer und wird an männliche* »Gäste« *aus dem Dorf verkauft.*

Herr E. lädt die Jungen der Nachbarschaft regelmäßig ein, »versorgt« *sie mit Alkohol. Als Gegenwert müssen sie Modell für pornographische Aufnahmen stehen.*

Die zehnjährige Chr. wird nach dem Gottesdienst vom Pfarrer in der Sakristei vergewaltigt; anschließend trägt der Geistliche das Mädchen zum Bad, um das Blut abzuwaschen. Mit dem Duschstrahl »weiht« *er sie in die* »Geheimnisse des Kitzlers« *ein.*

Diese konkreten Beispiele belegen, daß die Formen der sexuellen Ausbeutung von Mädchen und Jungen häufig nahezu unvorstellbar sind. Doch die Liste an Grausamkeiten läßt sich weiter fortführen. Dazu gehört auch die nicht selten praktizierte Sodomie mit Kindern (d.h. Sexualpraktiken mit Tieren). Auch müssen Mädchen und Jungen Pornos lesen bzw. sich Erzählungen über sexuelle Phantasien und Konflikte anzuhören. In der jüngsten Zeit kristallisiert sich eine neue »Mode« der sexuellen Ausbeutung von Mädchen und Jungen heraus: Der zunehmende Konsum an Gewaltvideos läßt immer mehr Konsumenten gegenüber dieser Art von Pornographie abstumpfen, sie »turnen« sie nicht mehr an. Um dem Verlust an Lustgewinn entgegenzuwirken, beobachten sie nun die Reaktionen von Kindern und Jugendlichen auf die filmische Darstellung von sexueller Gewalt – der Schrecken des Mädchens/Jungen »erregt« sie. Vermehrt erzählen Mädchen und Jungen in Kindertagesstätten, Jugendzentren usw., sie müßten pünktlich nach Hause, ihr Vater wolle einen Porno sehen. Nicht nur in Einzelfällen wird die filmische Darstellung anschließend »live« nachgespielt.

Sexueller Mißbrauch ist all das, was einem Kind vermittelt, daß sie/er als Mensch nicht interessant und wichtig ist, sondern daß Erwachsene frei über sie/ihn verfügen dürfen, daß sie/er abhängig ist und Gegenwehr eine Reihe schwerwiegender Folgen hat. Das Mädchen/der Junge erlangt durch die Reduzierung zum Sexualobjekt Bedeutung und lernt, daß sie/er mit körperlicher Attraktivität und Genitalien ausgestattet ist, um Erwachsenen »Lust« zu verschaffen. Hierzu gehört jeder Übergriff auf das Kind, egal, ob es heimliche, vorsichtige Berührungen sind, die sie/er über sich ergehen lassen oder selbst vornehmen muß, erzwungene Vergewaltigungen (vgl. Barbara Kavemann/Ingrid Lohstöter 1984). Die Reduzierung auf den Status eines Sexualobjektes und die momentane Ohnmachtserfahrung des Opfers sind die zentralen Kriterien des sexuellen Mißbrauchs, keinesfalls die vom Erwachsenenstandpunkt aus vorgenommene Feststellung eines objektiven Tatbestandes und möglicher Folgen.

Literaturempfehlung:
Gardiner-Sirtl, Angelika (Hrsg.): Frauen brechen das Schweigen.
München 1983

III
DAS ORGANISIERTE VERBRECHEN:
PORNOGRAPHIE MIT KINDERN

Der technische Fortschritt macht's möglich: »Dank« Videotechnik läuft kaum noch ein Produzent Gefahr, bei der Herstellung und Vervielfältigung von Pornographie mit Kindern aufzufliegen. Der reibungslose Vertrieb der Produkte läuft über Bundespost, private Zustelldienste, Telefonkontaktbörsen der Fernsehsender und Kleinanzeigen in Fotomagazinen und Szeneblättern. Doch auch die seriösen Medien bieten als Werbeträger und bei der »Modellsuche« ein geeignetes Forum, wie das Beispiel – entdeckt in der Rubrik »Wohnungsmarkt« – belegt:

»Bauarbeiter mit ca. sechsjährigem Sohn zur tätigen Mithilfe am Objekt gesucht. Videoüberwachung gegeben. 15.000,- VB. Chiffre ...«

Kurz und knapp: Das Geschäft »blüht«. Und während Produktion und Vertrieb der Pornographie mit Mädchen und Jungen inzwischen mafiaähnlich organisiert ist, lassen sich Politiker Zeit, auf die Problematik »angemessen« zu reagieren. So dauerte es mehr als ein Jahr, bis die von Minister Kinkel in der Fernsehsendung »Mona Lisa« angekündigte »Sofortmaßnahme« endlich als Gesetz verabschiedet wurde. Es stellt den Besitz von Pornographie mit Kindern unter eine vergleichsweise lächerliche Strafe. In anderen europäischen Ländern traten entsprechende Gesetze innerhalb kürzester Zeit in Kraft!

Zwar engagiert sich unser Staat in besonderem Maße für Tierschutz und subventioniert den Bau von Tierheimen mit Beträgen von jeweils bis zu 800.000,— DM, doch mißt er anscheinend der Sicherung des Kindeswohls wesentlich weniger Wert bei. Mit einer vergleichsweise lächerlichen personellen und technischen Ausstattung sollen die Strafverfolgungsbehörden gegen einen Markt antreten, der inzwischen dem Drogenhandel vergleichbare Strukturen angenommen hat.

Die kollektive Verdrängung dieses gesellschaftlichen Problems zeigt sich nicht zuletzt in der nach wie vor verbreiteten »naiven« Vorstellung, Pornographie mit Kindern würde vor allem in Familien für den Privatgebrauch und für den »Einzelhandel« produziert – nach dem Motto: Mama steht hinter der Kamera, Papa agiert mit Sohn und Tochter. Doch die »Material«-Beschaffung dieses lukrativen und quasi sicheren Verbrechens ist längst zu großen Teilen professionalisiert. Neben der Vermittlung von kindlichen Darstellern durch Eltern über Annoncen und Agenturen werden häufig Opfer über ältere Kinder beschafft, die als Schlepper gegen Bezahlung ihre kleineren Freundinnen und Freunde anwerben. »Notfalls« hilft Druck: »Wenn du keinen Freund mitbringst, dann nehmen wir deine kleine Schwester, ... dann ...«. Eine andere Methode ist es, Mädchen und Jungen an typischen Kinderplätzen aufzutun (z.B. in Schwimmbädern oder in der Computerspielecke von Kaufhäusern). Und nicht zuletzt verfügen professionelle Pornoproduzenten oftmals über Kontakte zu MitarbeiterInnen pädagogischer, medizinischer und sozialarbeiterischer Berufe, die über ihre Tätigkeit unkontrollierten Zugang zu »geeigneten« Opfern haben – zu Mädchen und Jungen, die aufgrund ihrer sozialen Benachteiligung für jede Aufmerksamkeit dankbar und weniger in der Lage sind, Widerstand zu leisten. So ist es kaum ein Problem, das Schweigen dieser »Kinder ohne Lobby« zu sichern. Die Erlebnisse einer 15jährigen Jugendlichen machen deutlich, mit welch systematischer physischer und psychischer Gewalt Pornoproduzenten ihre Opfer gefügig machen:

Tina lebte von klein auf außerhalb ihrer Familie. Nach einer »klassischen« Heimkarriere über verschiedene Stationen erfuhr sie über einen Kumpel von einer Unterkunftsmöglichkeit für Trebegänger. Thommy, ein Sozialarbeiter und engagierter Kinderschützer, der in dieser Einrichtung auch selbst wohnte, war auch erst einmal »schwer in Ordnung« und vermittelte in Konflikten zwischen Jugendlichen und deren Heimerziehern. Tina besuchte Thommy öfters, »fand das alles saugut«. Schon auf der Wohnungstür klebten »geile« Aufkleber – wie z.B. »Kinder an die Macht«. In der Wohnung gab es zahlreiche Scherzartikel, z.B. war ein Lachsack in die Kühlschranktür eingebaut. Thommy spendierte Orangensaft, Zeitschriften usw. oder lud zum Kneipenbesuch ein. Das Mädchen fühlte sich wahrgenommen und genoß die Abwechslung gegenüber dem strenger geregelten Heimalltag.

Nach einigen Besuchen war sie von Thommys Verhalten jedoch peinlich berührt: Der Sozialarbeiter pinkelte in ihrem Beisein ins Waschbecken. Das Mädchen war sprachlos und wagte es nicht, etwas dagegen zu sagen. Jahre später wertete sie dieses Ritual als »Test«: Hätte sie damals die Möglichkeit gehabt, sich zu wehren, so hätte Thommy womöglich die Finger von ihr gelassen. Da sie jedoch keinen aktiven Widerstand leisten konnte, war sie für ihn ein »geeignetes« Opfer. Langsam steigerte Thommy die Formen der sexuellen Gewalt. Dabei assistierte ihm zum Teil ein junger Mann, der früher selbst als Jugendlicher in dieser Einrichtung Schutz gesucht hatte.

Tina wurde vergewaltigt, mußte sich Gewaltpornos ansehen und miterleben, wie andere Jugendliche gefesselt und auf sadistische Weise gequält wurden. Als schlimmste Erlebnisse bezeichnet das Mädchen die Produkti-

on von Pornofilmen, in denen Gruppenvergewaltigungen unter Jugendlichen stattfanden. Das Filmmaterial führte Thommy anschließend seinen Opfern vor: »Damit ihr seht, was ihr gemacht habt. Wenn ihr den Mund aufmacht, dann seid ihr selber dran. Zudem glaubt Euch ja sowieso keiner. Eher landet ihr in der Psychiatrie.« Der »Sozialarbeiter« offenbarte zudem eine besondere Vorliebe für Gewaltpornos mit Babies.

Für sein „offizielles" soziales Engagement wurde der »Helfer« öffentlich belobigt, ihm wurde sogar das Bundesverdienstkreuz verliehen. Für Tina der Beweis, daß ihr wirklich niemand glauben würde. Doch als sie ihn dann auch noch als Gast in einer Fernsehshow sah, wuchs ihre Wut über ihre Angst hinaus. Ganz vorsichtig begann sie, sich einer Beraterin anzuvertrauen.

Beim regelmäßigen Konsum von Gewaltpornographie entwickelt sich eine Suchtstruktur; die Pornos von heute verlieren morgen ihren »Reiz« – die Gewalt eskaliert. Wurde auf dem Markt lange Zeit Gewalt an asiatischen Kindern hoch gehandelt, so folgten die Produkte mit kleinen europäischen und dann mit behinderten Mädchen und Jungen. Bei steigendem Pornokonsum ist es keinesfalls erstaunlich, daß männliche Jugendliche live »das Allerneueste nachspielen«: Gruppenvergewaltigungen an kleinen Kindern. »Date rape«, so lautet der Fachterminus für ein Phänomen, das in den USA schon länger und auch bei uns zunehmend beobachtet wird. Der Begriff umschreibt eine geplante (Gruppen-)Vergewaltigung. Ein Junge verabredet sich mit einer Freundin, Mitschülerin, Vereinskameradin ... Doch am Treffpunkt wartet dann eine Jugendgruppe auf die Jugendliche, um das Mädchen zu vergewaltigen. Die aber wagt in der Regel nicht, über die Gewalterfahrungen zu sprechen, denn kaum jemand würde ihr glauben: »... diese netten Jungen ... und die schwärmt doch für den ...«. Zudem ist der Druck durch die Jungen zu groß, als daß das Opfer die Aufdeckung wagen würde. Allenfalls stände sie öffentlich als Hure da, die davon träumt ...

Eine vergleichbare Dynamik garantiert das Schweigen der Opfer, die innerhalb einer Pornoproduktion mißbraucht werden, in der auch noch weitere Kinder oder Jugendliche ausgebeutet werden. Welches Mädchen/welcher Junge möchte ein anderes Kind – womöglich den Freund/die Freundin – als Täter entlarven bzw. selbst als solcher entlarvt werden?

Die Scham- und Schuldgefühle dieser Opfer sind unermeßlich. Haben einzelne Mädchen und Jungen dennoch die Kraft, das Unaussprechliche in Worte zu fassen und sich einem Menschen anzuvertrauen, dann beschreiben sie oftmals als das Schlimmste den Augenblick, in dem sie gezwungen wurden, sich selbst als »TäterIn« auf dem Bildschirm zu sehen. Sie erschreckt mehr die Gewalt, die sie anderen zufügen mußten, als daß sie den eigenen Schmerz fühlen.

In ihrer Skrupellosigkeit vergessen Pornoproduzenten jedoch nicht die eigene Sicherheit. Damit man sie über ihre Produkte nicht identifizieren kann, lassen sie die DarstellerInnen oftmals (Monster-, Teufels- oder Hexen-)Masken tragen. Eine andere Methode ist es, die Gesichter bis zur Unkenntlichkeit zu schminken oder die Köpfe der Täter (und Opfer) aus den Filmen herauszuschneiden.

IV
GEWALTVERHÄLTNISSE –
URSACHEN SEXUELLER GEWALT

Die Diskussion über Ursachen sexueller Gewalt gegen Mädchen und Jungen wird mit großer Heftigkeit geführt. Immer wieder werden Stimmen laut, die Schuld der Misere im Sittenverfall, in einem »triebentfesselnden Zeitgeist«, in einer lustbetonten Sexualpädagogik sehen. Diese These ignoriert allerdings nicht nur die Tatsache, daß sexuelle Gewalt bereits eine jahrtausendealte Tradition hat (vgl. Florence Rush 1985), sie widerspricht auch dem Erkenntnisstand sozialwissenschaftlicher Forschungen, die das Gegenteil beweisen: Mädchen und Jungen aus Familien mit rigiden Sexualnormen, d.h. aus Familien, in denen Sexualität tabuisiert wird, ein strenges moralisches Klima herrscht und Selbstbefriedigung verboten ist, werden signifikant häufiger Opfer sexueller Ausbeutung als Mädchen und Jungen, die eine emanzipatorische Sexualerziehung erhielten (vgl. David Finkelhor 1984). Erleben Mädchen und Jungen einen positiven Zusammenhang von Sexualität, Freude, Zuneigung und Lust, so fällt es ihnen leichter, sexuelle Übergriffe schon in den Anfängen zu erkennen (s. Kapitel XV). Sie nehmen ihr Recht auf sexuelle Selbstbestimmung leichter wahr, denn sie können mit größerer Sicherheit bestimmen, was ihren Wünschen entspricht und was nicht; ihnen fällt es weniger schwer, bei sexuellen Übergriffen »nein« zu sagen und diese öffentlich zu machen. Ein kleines Mädchen, das den Anblick eines nackten Mannes kennt, wird eher die Masche vom »besonderen Geheimnis« durchschauen, denn sie weiß eher, was sie »erwartet«, als ein Mädchen, das noch nie einen Penis gesehen hat. Kinder, die es von klein auf gewohnt sind, über Sexualität zu sprechen, finden leichter Worte für den Mißbrauch und bitten schneller um Hilfe. Wie viele unaufgeklärte Mädchen und Jungen gehen aus kindlicher Neugier mit dem Fremden vom Spielplatz?! Sie wollen endlich einmal das besondere Geheimnis des Onkels mit der Schokolade kennenlernen, vor dem sie stets so geheimnisvoll gewarnt werden!

Die notwendige Forderung nach einer emanzipatorischen Sexualerziehung darf jedoch nicht darüber hinwegtäuschen, daß das Vokabular einer emanzipatorischen Sexualpädagogik der siebziger Jahre vor allem von Pädophilen benutzt wird, um ihre eigenen Interessen zu verkaufen. »Sexuelle Selbstbestimmung«, »sexuelle Befreiung«, »Lustgewinn« – Begriffe, die in der Argumentation über das vermeintliche Recht von Kindern auf »Hilfe bei der Entfaltung und Kultivierung ihrer Sexualität« auftauchen. Die »Anwälte kindlicher Sexualität« (z.b. AHS 1988) vertreten die Devise, es sei pervers, Kindern und Jugendlichen ihr Recht auf sexuelle Selbstbestimmung zu stehlen und meinen damit, den Pädophilen ihr vermeintliches Recht auf Sex mit Kindern zu stehlen. Ein Hauptvertreter dieser These ist der vielfach zitierte »Sexualexperte« Prof. Ernest Borneman, der das »Recht« auf Geschlechtsverkehr mit Erwachsenen für Kinder ab dem siebten Lebenjahr einfordert (s. Kapitel XVII).

Dem Schweigen ein Ende

Die Selbsthilfegruppen betroffener Frauen und Männer haben die in den sechziger und siebziger Jahren entstandene größere Offenheit im Gespräch über Sexualität genutzt und das Ausmaß der sexuellen Gewalt gegen Mädchen, Jungen und Frauen offengelegt. Viele Betroffene setzten dem Schweigen über den an ihnen verübten sexuellen Mißbrauch ein Ende. Ihre Erlebnisberichte belegen, daß unter sexueller Freiheit keinesfalls eine »sachgerechte Einführung« von Kindern in das Sexualleben zu verstehen ist. Der Kampf gegen sexuellen Mißbrauch richtet sich dementsprechend »nicht gegen die sexuelle Liberalisierung, sondern ist im Gegenteil deren Fortführung, wobei allerdings hinzugefügt werden muß, daß es der Frauenbewegung um sexuelle Freiheit für alle geht und nicht um eine Sexualität, bei der des einen Freiheit des anderen Knechtschaft bedeutet. [...] Sexuelle Selbstbestimmung für Frauen und Kinder könnte in der Tat gelegentlich darauf hinauslaufen, daß Männer, anstatt 'mehr zu dürfen' als früher, sich in mancher Beziehung etwas zurückhalten müssen« (Josephine Rijnaarts 1988).

Sexuelle Gewalt: Ein Problem der Familiendynamik?

In den letzten Jahren wurden die Stimmen aus Praxis und Wissenschaft lauter, die behaupten, sexueller Mißbrauch sei ein Symptom der Familiendysfunktion, der Zerrüttung und Desorganisation der Familie. Bei Fachleuten und PolitikerInnen stoßen die Vertreter dieses Ansatzes immer noch auf offene Ohren. Ob KommunalpolitikerInnen oder Bundestagsabgeordnete, ob VertreterInnen von Institutionen in konfessioneller Trägerschaft oder »fortschrittlicher« Beratungszentren – nur zu gerne greifen viele von ihnen die Reduzierung der Problematik auf ein Problem der Familie auf und grenzen sich gemeinsam gegen feministische Ursachenanalysen der

Gewaltproblematik und »parteiliche« Arbeitsansätze ab. Die gemeinsame politische Stoßrichtung ist ausgemacht: Es gilt, mögliche Finanzen für ein neues Arbeitsfeld untereinander aufzuteilen.

Richtigerweise wird inzwischen auch von einigen VertreterInnen der Theorie über die Familiendysfunktion das große Ausmaß sexueller Ausbeutung in Familien als Beweis struktureller Familienprobleme in einer patriarchalischen Gesellschaft gewertet, doch bleiben diese Ansätze oft in einer sehr plakativen Beschreibung der gesellschaftlichen Bedingtheit von sexueller Gewalt stecken. Die Ursachen des sexuellen Mißbrauchs werden auch heute noch von einzelnen VertreterInnen »familienorientierter Ansätze« in pathologischen Familienstrukturen gesehen, als Ausdruck einer strukturellen Familienkrise, deren tieferliegende Probleme z.B. durch eine schwierige Partnerwahl und/oder eine starke emotionale Vernachlässigung bedingt sein sollen (vgl. Annelie Dunand 1987). Sexuelle Gewalt soll dementsprechend die Bedeutung eines Überlebensmechanismus der Familie zukommen, er soll der Weg der Familie sein, familiäre Spannungen abzureagieren. Ausgehend von einer angenommenen Konstellation gleichgestellter Familienmitglieder werden familiale Machtstrukturen häufig übersehen, obgleich gerade in autoritär strukturierten Familien (»Solange du die Füße noch unter meinen Tisch stellst, ...«) das Ausmaß sexueller Ausbeutung von Mädchen und Jungen ungleich höher ist als in demokratisch strukturierten Familien, in denen Frau und Mann eine gleichberechtigte Partnerschaft leben (vgl. David Finkelhor 1984).

Der Denkweise gleichgestellter Familienmitglieder untrennbar verbunden ist die Negierung der Schuldfrage des Täters und die »gleichmäßige« Verteilung der Verantwortung auf alle Familienmitglieder. Dem sexuell mißbrauchten Mädchen oder Jungen wird der Opferstatus aberkannt. Auch in den Arbeiten von Tillmann Fürniss, der Parteilichkeit fürs Kind fordert, schleicht sich diese Denkweise ein, denn solle der Mißbrauch beendet werden, so müsse die Tochter die Machtposition gegenüber dem Vater aufgeben – so der Kinderarzt (vgl. Tillmann Fürniss 1986). Das betroffene Kind befindet sich angeblich in einer Machtposition gegenüber dem Vater (Täter), denn dieser sei sexuell abhängig und könne von dem Kind durch das Offenlegen des »Geheimnisses« in Schwierigkeiten gebracht werden. Der Mißbraucher sei demnach vom Mädchen oder Jungen erpreßbar (ebenda).

Allein sprachliche Formulierungen bringen zum Ausdruck, inwieweit in familiendynamischen Erklärungsansätzen der Opferstatus dem vermeintlich willensschwachen Täter zuerkannt und dem sexuell mißbrauchten Mädchen/Jungen aberkannt wird. Christina Thürmer-Rohr kritisiert zu Recht, daß bei Delikten sexueller Gewalt nicht der Täter für das von ihm verübte Verbrechen verantwortlich gemacht wird, sondern dessen Kindheitserfahrungen und das Ensemble der gesellschaftlichen Verhältnisse. Jene sollen »schuldig« sein; der Mißbraucher – diese »Täter-Marionette« – gilt allenfalls als schuldlos schuldig (vgl. Thürmer-Rohr 1987). Am Beispiel einer Veröffentlichung von Annelie Dunand, ehemalige Mitarbeiterin bei der konzeptionellen Planung einer »familienorientiert« arbeitenden Wohngruppe für sexuell mißbrauchte Mädchen in Berlin, wird diese Verdrehung der Fakten sehr deutlich. Dunand beschreibt z.b., daß sexuell mißbrauchte Mädchen oft in Einrichtungen der Jugendhilfe »untragbar seien« und zeigt auf, daß die Jugendlichen in neuen Lebenssituationen den Mißbrauch »reinszenierten«. Die Unzulänglichkeit der bestehenden Hilfsangebote wird von der Familiendynamikerin Dunand in diesem Zusammenhang nicht reflektiert, vielmehr die »Neigung« der Betroffenen zu Treben, Drogen, Delinquenz, Promiskuität, Aggressivität, Verstocktheit und Unaufrichtigkeit beschrieben. Den Täter entläßt Dunand hingegen aus der Verantwortung, denn dieser sei »von der Frau als Mutterfigur abhängig, sowohl emotional als auch finanziell«. (Dunand 1987)

Auch andere exponierte Vertreter eines »familienorientierten« Ansatzes weisen fälschlicherweise der Mutter indirekt eine Schuld zu; sie sehen eine gestörte Paarbeziehung der Eltern als Ursache für den sexuellen Mißbrauch; die Mutter sei z.b. als Partnerin nicht willens oder in der Lage, die sexuellen Forderungen des Mannes zu erfüllen – und gebe damit ihr heimliches Einverständnis zu dem Mißbrauch. Erst eine gestörte Mutter-Kind-Beziehung soll den sexuellen Mißbrauch ermöglichen (z.B. Tillmann Fürniss 1986). Kaum reflektiert wird in diesem Zusammenhang, daß Spannungen zwischen Mutter und Tochter/Sohn häufig eine Folge der Intrigen des Täters ist (s. Kapitel VIII).

Die von Familiendynamikern vorgetragene Beschreibung der »Inzest-« oder »Mißbrauchsfamilie« erscheint den vom Arbeitsalltag gebeutelten PraktikerInnen häufig sehr plausibel – sie ist stets »passend«, lassen sich doch »soziale Isolation«, »familiäre Spannungen«, »Hinweise auf eine Störung der Mutter-Kind-Beziehung« in fast jeder Familie ausmachen –; daß in Familien, in denen der Vater die Tochter oder den Sohn mißbraucht, etwas nicht stimmt, versteht sich von selbst. Josephine Rijnaarts stellt dagegen die Absurdität familiendynamischer Ursachenanalyse recht treffend in Frage: Was ist zuerst da – der sexuelle Mißbrauch oder die Probleme in der Familie? Die familiendynamische Theorie versteht sich als eine Theorie über die Ursachen des Vater-Tochter-Inzests, vermittelt aber in Wirklichkeit Einsicht in deren Folgen. Sie glaubt, die Frage zu beantworten, wie es zum Vater-Tochter-Inzest kommt, zeigt in Wirklichkeit aber nur, was Vater-Tochter-Inzest in einer Familie bewirkt und in welcher Weise das Verhalten der verschiedenen Familienmitglieder und ihrer Beziehungen zueinander davon beeinflußt werden. Betrachten wir beispielsweise die »Geschlossenheit« oder, anders ausgedrückt, die soziale Isolation der Familie. Ein inzestuöser Vater hat erstens etwas zu verbergen und ist zweitens oft krankhaft eifersüchtig auf jeglichen Kontakt seiner Tochter zu anderen Personen. Das kann einer der Gründe dafür sein, daß er auf Kontakte zur Außenwelt nicht eben versessen ist. Auch die Spannungen und Streitigkeiten, die Systemtheoretiker zu den Merkmalen der »Inzestfamilie« rechnen, können mit dem Besitzanspruch des Vaters zusammenhängen und treten oft erst dann auf, wenn die Tochter »flügge« wird und sich der Tyrannei des Vaters zu entziehen sucht. Diese Spannungen sind also in vielen Fällen nicht Ursache, sondern Folge des Inzest (vgl. Rijnaarts 1988).

Die Unzulänglichkeit einer familiendynamischen Ursachenanalyse belegen ebenso Fakten: Mißbraucher kommen etwa doppelt so oft aus dem außerfamilialen Nahbereich, nur ein Drittel gehört zum engsten Familienkreis (vgl. Diana Russel). Und selbst in diesen Fällen handelt es sich eigentlich um einen außerfamilialen Mißbrauch, da der größte Anteil der Täter innerhalb der Familie die Gruppe der Stiefväter ausmacht. Dies sind jedoch in der Regel Männer, die schon seit Jahren Kinder mißbrauchen und im Sinne einer Beschaffungskriminalität gezielt alleinerziehende Mütter als Partnerinnen suchen – der Kinder wegen (s. Kapitel VIII). Der familiendynamische Erklärungsansatz gibt zudem keinerlei Antwort auf die Ursachen für das große Ausmaß sexueller Gewalt gegen Mädchen und Jungen außerhalb der Familie. Amerikanische Forschungsergebnisse und die Erfahrungen der PraktikerInnen, die inzwischen den Blick für die Problematik geschärft haben, belegen zudem, daß viele Väter (etwa jeder Zweite), die die eigenen Töchter und/oder Söhne mißbrauchen, sich zusätzlich an weiteren Kindern und Jugendlichen aus dem Bekannten- und Verwandtenkreis vergehen.

Eine Reduzierung des sexuellen Mißbrauchs auf ein »Problem der Familie« verstellt den Blick auf die Tatsache, daß auch in öffentlichen Institutionen sexueller Mißbrauch an der Tagesordnung ist: in Heimen, Kindergärten, Sportvereinen, Krankenhäusern, Schulen, am Arbeitsplatz usw. Vor diesem Hintergrund wird die breite positive Resonanz vor allem der männlichen (Fach-)Öffentlichkeit auf eine familiendynamische Ursachenanalyse nur allzu verständlich. Sie erleichtert eine weitere Verdrängung – ein weiteres Leugnen – der Gewaltprobleme in den Handlungs- und Kooperationssystemen der Öffentlichkeit. Zumindest der Applaus der Täter ist gewiß; ihr Interesse kann es nicht sein, daß Machtmißbrauch und sexuelle Übergriffe (am Arbeitsplatz) offengelegt werden. Wieviel angenehmer ist da eine Theorie, die Mutter und Tochter in die Verantwortung nimmt, Verständnis für den Täter zeigt und die Existenz außerfamilialen Mißbrauchs weitestgehend unter den Tisch fallen läßt?!

Sexueller Mißbrauch ist ein Mißbrauch von Macht, den in der Mehrzahl Männer vor allem gegenüber Mädchen, also gegenüber Schwächeren, ausüben. Susan Brownmiller kommt in ihrer Analyse über Vergewaltigung zu der Feststellung: »Men never rape equals in power« (Männer vergewaltigen niemanden, die/der sich in der gleichen Machtposition befindet). In Übereinstimmung mit dieser These belegt die Untersuchung David Finkelhors, daß die zentrale Bedeutung und Funktion der meisten sexuellen Mißhandlungen in der Befriedigung männlicher Dominanz- und Herrschaftsbedürfnisse liegt, daß es also um die Ausübung von Gewalt und Macht geht (vgl. Finkelhor 1984).

»Frauen sind die Hälfte der Weltbevölkerung, sie leisten fast zwei Drittel der Arbeitsstunden, sie erhalten ein Zehntel des Welteinkommens und sie besitzen weniger als ein Hundertstel des Eigentums der Welt.« (United Nation Report 1980) Das starke Ungleichgewicht der Besitzverhältnisse in unserer patriarchalischen Gesellschaft sichert nicht nur den Männern die größere Macht im öffentlichen Leben, sondern gibt ihnen auch im Privatleben die Möglichkeit, Frauen und Mädchen ihren Willen aufzuzwingen.

So ist die Sexualität in unserer Gesellschaft noch weitgehend gekennzeichnet durch die Unterordnung des weiblichen Lustempfindens: Diese findet z.B. in der weitverbreiteten Ansicht ihren Ausdruck, Frauen müßten ihren »ehelichen Pflichten« nachkommen. Viele Männer »bevorzugen« dementsprechend Partnerinnen, die jünger und schwächer als sie sind. »Je größer die Macht des Mannes und je mehr seine Partnerin zu ihm aufsieht, desto geringer die Gefahr, daß sie sich als autonomes Subjekt verhält und ihm ihre Gunst 'nach Belieben' schenkt und verweigert. Aus dieser Sicht kann eine Tochter als die ideale 'Partnerin' erscheinen: In keiner anderen Beziehung ist das Machtgefälle größer als zwischen Vater und Tochter; bei keinem anderen weiblichen Wesen lassen sich Autonomiebestrebungen leichter ignorieren und unterdrücken.« (Josephine Rijnaarts 1988)

Töchter aus autoritär strukturierten Familien – aus Familien, in denen der Vater »das Sagen hat« – fehlt es an Vorbildern eines partnerschaftlichen Umgangs zwischen den Geschlechtern, an Vorbildern einer weiblichen Selbstbestimmung. Logische Konsequenz: Mädchen aus autoritär strukturierten Familien sind sowohl innerhalb als auch außerhalb der Familie besonders gefährdet, sexuell mißbraucht zu werden (vgl. Finkelhor 1984). In Identifizierung mit ihren Müttern und anderen Frauen lernen insbesondere Mädchen aus patriarchalisch strukturierten Verwandtschaftssystemen schon früh, daß Frauen in allen Lebensbereichen (ökonomisch) benachteiligt und abhängig sind, (sexuelle) Übergriffe von Männern zu dulden haben, sich zurücknehmen und – vor allem – aushalten und schweigen müssen.

Die alltägliche Gewalt

Eine alltägliche Szene im Supermarkt:
Nicole, vier Jahre alt, wunderschöne wasserblaue Augen und hellblonde Locken, geht mit ihrer Mutter durch den Supermarkt. Ein Mann kommt vorbei und streicht Nicole über die Haare. Das kleine Mädchen verzieht das Gesicht und schüttelt den Kopf. Kommentar der Mutter: »Stell Dich nicht so an, das hat er doch nur lieb gemeint!«
Eine alltägliche Szene beim Verwandtenbesuch:
Anne, acht Jahre alt, muß gegen ihren Willen mit zum sonntäglichen Besuch der Großeltern. Jeden Sonntag das gleiche Spiel: Opa drückt ihr einen widerlich nassen Kuß mitten auf den Mund. »Alle müssen es doch sehen! Warum hilft mir denn niemand?« Keiner versteht, daß sie Opa nicht mehr mit einem Kuß begrüßen möchte; inzwischen hat sie es aufgegeben, sich zu wehren. In der Verwandtschaft gilt sie als verstockt und unfreundlich.
Eine alltägliche Szene in der Schule:
Erste Biologiestunde der Klasse 10 b nach den Sommerferien. Rechtzeitig stehen die Schülerinnen vor dem Biologiesaal. Es gilt, die besten Plätze zu ergattern – am besten zweite und dritte Reihe in der Mitte. Nur nicht in die letzte Reihe! Zwischen den Klassenkameradinnen herrscht ein stilles Einvernehmen: Die letzte Reihe bleibt für die Jungen, denn der Biologielehrer, Herr S., hat die Angewohnheit, wie zufällig an der letzten Reihe vorbeizukommen, »liebevoll« die Hand auf die Schulter der Schülerinnen zu legen..., um besser die schriftlichen Arbeiten der Schülerinnen »lesen« zu können, beugt er sich weit nach vorne... Ekel, doch den Mund halten! Die Biologienote ist für den Abschluß wichtig.

Mädchen unterliegen einem doppelten Gewaltverhältnis – als Kind und aufgrund ihres Geschlechts. Die geschlechtsspezifische Arbeitsteilung und die damit verbundene traditionelle Rollenverteilung (innerhalb der Familie) manifestiert die »Ohn-Macht« von Mädchen. Als Ernährer der Familie glauben Männer oftmals, ein Recht darauf zu haben, von Frau und Tochter bedient und umsorgt zu werden. Die sexuelle Ausbeutung ist Ausdruck dieses männlichen Besitzdenkens (»Ich kann mit meiner Tochter machen, was ich will!«) und eine Überspitzung patriarchalischer Gesellschafts- und Familienstrukturen, nicht aber die Abweichung von dieser Norm. (vgl. Hermann 1981). Die »Inzest-« oder »Mißbrauchsfamilie«

stellt demnach nicht einen abnormen Einzelfall einer zerrütteten oder kranken Familie dar, sondern den leider allzu häufigen »Extremfall« der »Normalfamilie« – sie ist Ausdruck einer Gesellschaftsstruktur, die Mißbrauchern eine Position sichert, in der sie praktisch ungestraft Kinder und Jugendliche – besonders Mädchen – zur Befriedigung ihrer Macht- und Dominanzbedürfnisse ausbeuten können.

Obgleich auch Frauen Mädchen und Jungen sexuell mißbrauchen (s. Kapitel VIII), besteht in der Fachdiskussion inzwischen ein breiter Konsens darüber, daß auch beim Mißbrauch an Jungen die Täter meistens Männer sind – ganz »normale« Männer und keine krankhaft veranlagten Einzelgänger. Immer häufiger wird die Frage gestellt: »Wie kommt die Gewalt in den Mann?« Als Ergebnis einer empirischen Studie zeigen Schorsch u.a. eine Männlichkeitsproblematik, eine Aggressionsproblematik, eine Störung des Selbsterlebens und eine Beziehungsproblematik als ursächlich für das Täterverhalten auf. Amerikanische Forschungsergebnisse belegen, daß ein Teil der – vor allem der jugendlichen – Täter selber als Junge sexuell mißbraucht wurde. Es ist wichtig, diesen Zusammenhang bei der Entwicklung therapeutischer Hilfen zu berücksichtigen, doch ebenso wichtig ist es aufzuzeigen, daß nicht jedes männliche Opfer zum Täter wird (vgl. Kapitel XIII und Bange/Enders 1995).

Richard Snowdon, der in den USA viele Jahre als Therapeut mit Sexualstraftätern arbeitete, beobachtete, daß viele als Kind mißbrauchte Jungen besonders feinfühlige Männer werden. Ihre Anstrengungen und ihr Leben sieht er als Herausforderung für andere Männer und als ein Zeichen der Hoffnung. Zum anderen gibt es viele Täter – so Snowdon – die niemals als Junge sexuelle Gewalt erfahren haben. Als ursächlich für die Entwicklung zum Täter erkennt der amerikanische Therapeut die männliche Sozialisation. Unsere Gesellschaft produziere Mißbraucher schneller, als irgend jemand diese einfangen oder heilen könne. Männer lernten von Geburt an, daß Privilegien ihr Recht und Aggression ihre Natur seien; Männer lernten zu nehmen, weniger zu geben, lernten Probleme mit Sex und der Darstellung ihrer Macht zu lösen (vgl. Richard Snowdon im Gespräch mit CAPP/CAPP 1985).

So prägt das in unserer Kultur herrschende Männlichkeitsideal das Bild vom »männlichen Eroberer«, der das »Nein« einer Frau nicht ernst zu nehmen hat, sondern vielmehr als deren Wunsch nach Sexualität fehlinterpretiert: Sie will angeblich »genommen« werden. Männer erhalten für häufige und wechselnde »Eroberungen« = Sexualkontakte Bewunderung, Frauen Verachtung; so gelten z.B. ältere Männer, die sich »Kindfrauen halten«, zum Beweis männlicher Potenz, als »heißer Hecht« – ältere Frauen mit jüngeren Partnern hingegen als »lächerlich«.

Die geschlechtsspezifische Sozialisation macht Männer anfällig für Gewalt, Vergewaltigung, Einschüchterung und sexuellen Mißbrauch an Mädchen und Jungen. Die Sexualisierung von Macht, Intimität und Zuneigung, zuweilen auch von Haß und Verachtung, ist Teil männlicher Sozialisation (vgl. Diana Russel 1986). Das Machtungleichgewicht ermöglicht Männern gerade im nahen sozialen Umfeld einen selbstverständlichen Zugang zu Mädchen und Jungen. Über die sexuelle Ausbeutung der von ihnen abhängigen Kinder und Jugendlichen wiederum befriedigen Männer ihr Macht- und Dominanzbedürfnis, manifestieren somit das Machtungleichgewicht.

Die meisten Männer sind keine Mißbraucher, doch die meisten Männer zeigen sich gegenüber ihren gewalttätigen Geschlechtsgenossen eher rücksichtsvoll, haben z.B. Verständnis dafür, daß ein Mann den »Reizen der Verführerin nicht widerstehen konnte«, oder finden im Mythos vom pathologischen Vergewaltiger einen Sündenbock, der den Täter aus der Verantwortung für sein eigenes Tun entläßt und ihnen selbst eine Abgrenzung vom scheinbar »anormalen Triebtäter« erleichtert. Männliche Sexualität wird dementsprechend häufig als eine unkontrollierbare Kraft betrachtet, die akzeptiert werden muß; Mädchen und Jungen werden nicht nur als für ihren eigenen Schutz verantwortlich angesehen, sondern sie sollen auch noch dafür Sorge tragen, daß sie nicht zufällig einen Mann erregen, denn dieser könnte dann ja nicht mehr »Herr seiner Triebe« sein.

Feministinnen vertreten immer wieder die Position, jeder Mann sei ein potentieller Vergewaltiger. Sie gehen davon aus, daß jeder Mann im Stande sei, sexuelle Gewalt auszuüben, demnach könne frau keinem Mann »über den Weg« trauen. Auch sie erkennen mit dieser These Tätern einen Opferstatus zu, denn sie beschreiben Mißbraucher als Opfer patriarchalischer Gesellschaftsstrukturen. Josephine Rijnaarts zeigt in diesem Zusammenhang auf, daß menschliches Verhalten immer Ergebnis einer Wechselwirkung zwischen individueller Handlungsfreiheit und gesellschaftlichen Strukturen sei. Zwar verleihe die patriarchalische Gesellschaftsstruktur Männern Macht über Frauen und Kinder, doch sei Macht besitzen nicht gleichbedeutend mit Macht mißbrauchen, und psychische Neigung sei kein unzähmbarer Trieb. Die Kluft, die das eine vom anderen trenne, habe einen Namen: sie heiße »persönliche Verantwortung«. Bei allem Verständnis für das jeweils individuelle Schicksal eines Täters ist und bleibt die persönliche Verantwortung eines jeden Mannes, die ihm gegebene Macht nicht zu mißbrauchen, und das Recht eines Mädchens/Jungen auf sexuelle Selbstbestimmung zu achten!

JOHANNA STUMPF
SEXUELLER MISSBRAUCH AN MÄDCHEN UND JUNGEN –
EINE MÄNNLICHE DOMÄNE?

Einige Forscher (z.B. Groth, Plumner) zweifeln an der Annahme, daß
Frauen sehr viel weniger mißbrauchen als Männer. Sie gehen davon
aus, daß sexueller Mißbrauch durch Frauen lediglich seltener bekannt
würde. Ihre Studien sind jedoch irreführend, denn ihre Ergebnisse wur-
den entweder nicht auf der Basis von repräsentativen Stichproben
erhoben, oder aber sie unterstellen fälschlicherweise den Müttern eine
Mittäterschaft: Diese hätten das Kind nicht vor den Übergriffen des
Täters geschützt (vgl. Kapitel VIII). David Finkelhor (1984) rückt diese
Ergebnisse in seinen Studien gerade und beschreibt einleuchtende
Gründe für die geringere Mißbrauchsquote durch Frauen:

1. Eine geschlechtsspezifische Erziehung vermittelt Frauen eine Fixie-
   rung auf ältere, größere und stärkere Partner; für sie ist es im Gegensatz zu Männern weniger erregend, eine dominante Rolle innezu-
   haben.

2. Nicht Frauen, sondern Männer ergreifen in der Regel die Initiative
   bei Sexualkontakten. Nach dem Motto »Wenn eine Frau Nein sagt,
   dann will sie genommen werden!« mißachten viele Männer den
   Widerspruch von Mädchen und Frauen; entsprechend den eigenen
   Interessen interpretieren sie häufig deren Ablehnung als verdeckten
   sexuellen Wunsch um.

3. Männer neigen stärker zur Promiskuität, d.h. sie sexualisieren
   Beziehungen in weitaus größerem Maße als Frauen.

4. Männer lassen sich leichter durch sexuelle Reize außerhalb eines
   Beziehungskontextes erregen (z.B. durch Pornographie). Für Frauen
   steht die Entwicklung eines sexuellen Lustempfindens weitaus stärker im Kontext einer emotionalen Beziehung zum Sexualpartner.

5. Frauen können besser als Männer zwischen Situationen von Zuneigung und Intimität, die keinen Sex beinhalten (z.B. familiäre Beziehungen), und sexuellem »Prickeln« unterscheiden. Männer neigen dazu, jeden liebevollen Kontakt als sexuell zu definieren.

6. Das Selbstwertgefühl von Männern ist stärker an sexuelle Bestätigung gekoppelt als bei Frauen.

7. Frauen werden von klein auf für die Übernahme der Mutterrolle erzogen und sind daher stärker am Wohlergehen der Kinder interessiert.

8. Da Frauen häufiger Opfer sexueller Übergriffe sind, fühlen sie sich mit wesentlich größerer Sensibilität in das Erleben von Mädchen und Jungen ein, kennen die Schmerzen des Opfers und kontrollieren folglich eher ihre sexuellen Impulse gegenüber Kindern.

9. Sexuelle Kontakte zwischen Männern und Kindern (Kindfrauen) wurden schon immer gesellschaftlich toleriert bzw. gefördert (z.B. Sextourismus) – im Gegensatz dazu jedoch die Beziehungen zwischen älteren Frauen und jüngeren Partnern stigmatisiert.

Frauen als Täterinnen

Sexuelle Gewalt durch Frauen ist ein Thema, dessen Aufarbeitung an den vermeintlichen Grundlagen des Patriarchats rüttelt. Es hinterfragt die Gültigkeit eines vereinfachten »Täter-Opfer-Schemas«, das stets von männlicher Macht gegenüber weiblicher Ohn-Macht ausgeht. So sind es auch Männer, die sich den mutigen Frauen entgegenstellen, die diese Problematik benennen. Mit »Macht« versuchen die Vertreter des herrschenden Geschlechts, am Bild der sanftmütigen, alles gewährenden Mutter und Frau festzuhalten, denn diese kann ihnen nicht bedrohlich werden. Die eigenen kleinen Geschlechtsgenossen als mögliche Opfer sexueller Gewalt von Frauen wahrzunehmen – das paßt nicht ins Selbstbild vom starken Mann. So fällt es Politikern denn auch leichter, finanzielle Hilfen für Mädchenberatung zu gewähren, als durch die Finanzierung parteilicher Beratungsstellen für Jungen deren Opferstatus – sprich: Hilflosigkeit – zu dokumentieren. Für Mädchenarbeit gibt es zwar auch nur Pfennigbeträge, doch ermöglicht diese »milde Gabe« ein Festhalten am Bild vom weiblichen Opfer und dem männlichen Retter. Auf diese Art und Weise kann mann sich von eigenen Täteranteilen und vor allem von eigenen Ohn-Machtserfahrungen distanzieren.

Doch die Fakten sprechen für sich. Sexuelle Gewalt von Frauen an Mädchen und Jungen kann nicht mehr wegdiskutiert werden. In dieser schwierigen Diskussion springt nicht nur Gerhard Amendt mit seinem Buch »Wie Mütter ihre Söhne sehen«, sondern auch das Nachrichtenmagazin »Der Spiegel« den Männern »hilfreich« zur Seite, indem sie den Mythos der heterosexuell unbefriedigten Frau schaffen, die ihren Triebstau an kleinen Jungen abreagiert. Vergessen scheint, daß in den letzten Jahren die vergleichbare These vom sexuell unbefriedigten Mann, der sich von pubertierenden Mädchen reizen läßt, als unhaltbar entlarvt wurde! Nicht nur, daß eine solche Mythenbildung gesellschaftliche Gewaltstrukturen als Bedingungsfaktoren für sexuelle Gewalt ausblendet, sie tabuisiert zudem weiterhin die Auseinandersetzung mit der Problematik der sexuellen Gewalt von Frauen an Mädchen. Doch auch Frauen- und Mädchenräume sind nicht frei von sexueller Gewalt, denn »es gibt keine unberührten weiblichen Inseln, auf denen frau der Auseinandersetzung mit ihrem gesellschaftlichen Status als Sexualobjekt entfliehen kann. Als Teil einer patriarchalisch strukturierten Gesellschaft greifen auch Mädchen und Frauen immer wieder auf männliche Strategien zurück, um eigene Interessen zu vertreten.« (Schaffrin 1993) Irmgard Schaffrin erkennt in sexueller Gewalt von Frauen in Unterscheidung zur männlichen Gewalt weniger ein Unterwerfungs- als vielmehr ein Bestrafungsritual. Ihre These bietet damit auch einen Erklärungsansatz für den gar nicht so seltenen sexuellen Mißbrauch von Frauen an Mädchen: Aufgrund ihrer geschlechtsspezifischen Sozialisation entwickeln Frauen verstärkt autoaggressive Verhaltensweisen, d.h. sie bestrafen oftmals eher sich selbst und ihre Geschlechtsgenossinnen, als ihre Wut konstruktiv in der Auseinandersetzung gegen männliche Machtstrukturen einzusetzen.

Sexueller Mißbrauch – ein Kavaliersdelikt?

Für viele Laien und Fachleute bleibt es nach wie vor unvorstellbar, warum Männer – und in einigen Fällen sogar Frauen – »so etwas« machen können. Kaum jemand kann sich einen Täter vorstellen, erst recht nicht im eigenen Familien- und Bekanntenkreis. Mißbraucher (Mißbraucherinnen) sind keine Monster, auch wenn ihre Taten diesen Rückschluß nahelegen. Die Tatsache, daß Täter (Täterinnen) ganz »normale« Bürger unserer Gesellschaft sind und aus allen Schichten kommen, ist nur schwer zu akzeptieren. Sicherlich kennt jedeR einen Mißbraucher (eine Mißbraucherin), ohne das Verbrechen zu ahnen. Der Bericht des amerikanischen Psychotherapeuten Richard Snowdon beschreibt die »Normalität« der Täter sehr treffend:

»Als ich das erste Mal den Therapieraum betrat, bekam ich kaum den Mund auf, um ein freundliches »Hallo« zu murmeln. Ich setzte mich einfach in ihren Kreis. Als sie anfingen zu sprechen, konnte ich nicht genug darüber staunen, daß es ganz normale, berufstätige Männer waren, durchschnittliche Mitglieder der Gesellschaft. Sie erinnerten mich an die Männer, die ich aus meinem Leben kannte: Bob hatte dieselbe Art, Späße zu machen, wie mein Pfadfinderführer. Peter hörte sich genauso getragen und autoritätsbewußt an wie mein Pfarrer. George war Bankkaufmann, ein Presbyterianer, nachsichtig wie mein Vater. Und am schlimmsten war es, daß Dave, den ich auf Anhieb mochte, mich plötzlich an mich selber erinnerte. Ich sah mir jeden in der Runde genau an, betrachtete ihre Hände und Münder, die solche Sachen gemacht hatten, ich wollte um alles in der Welt nicht, daß sie mir zu nahe kamen. Doch ehe der Abend vorbei war, hatten sie mich berührt – sowohl mit ihrer Aufrichtigkeit als auch mit ihrem Leugnen, mit ihren Gewissensbissen und ihren Rechtfertigungen, kurz, mit ihren ganz alltäglichen Verhaltensweisen. Was sie sagten, erschien mir abwechselnd verrückt und ärgerlich oder krank und pathetisch. Aber immer klang es vertraut. Ich hielt mich selbst für einen netten Jungen, der nie in der Lage wäre, so etwas zu tun. Ich wollte, daß diese Männer Monster wären. Ich wollte, daß sie sich von mir unterscheiden, so verschieden wie möglich. Doch wenn ich hörte, wie sie von ihrer Kindheit sprachen oder von ihrer Zeit als Teenager, konnte ich immer weniger leugnen, daß wir viel gemeinsam hatten.« (Richard Snowdon zit. nach Kavemann/Lohstöter 1984)

Täter und Täterinnen bewegen sich in allen Lebensbereichen und profilieren sich z.T. sogar als engagierte Kinderschützer – wie ich selbst erfahren mußte.

Eine Erzieherin bat mich um Anleitung bei der Präventionsarbeit gegen sexuellen Mißbrauch. Später stellte sich heraus, daß sie selbst die Mädchen und Jungen sexuell massiv mißbrauchte. (U.E.)

Ein Journalist bat mich um ein Interview über Erlebnisse sexueller Gewalt in meiner Kindheit. Einige Wochen später kam eine Mutter zu mir in Beratung: Ihre Tochter werde von ihrem Großvater seit langem mißbraucht. Wie sich herausstellte, war der »engagierte« Journalist der Täter. (U.E.)

Dem Leugnen der Existenz von Mißbrauchern (Mißbraucherinnen) im eigenen Bekanntenkreis steht die harte Verfolgung und Kriminalisierung der Fremdtäter gegenüber. Vergreift sich ein Fremder an einem Mädchen oder Jungen, so stellen sich meist Eltern, Freunde und Bekannte schützend vor das Opfer – nicht jedoch, wenn der Täter (die Täterin) zum Familien- oder Bekanntenkreis gehört: Väter und Mütter versuchen in vielen Fällen den eigenen Lebenspartner (die eigene Lebenspartnerin), den Sohn, den besten Freund, Bruder, Schwager, Nachbarn, Lehrer des Kindes, Pfarrer usw. zu entschuldigen, den Vorfall zu bagatellisieren. Es findet nicht einfach eine Reaktion auf die Fakten eines sexuellen Mißbrauchs statt, man reagiert in einem viel größeren Maße auf die Vorstellung, die man von sexueller Gewalt und von der Täterpersönlichkeit hat. Im öffentlichen Bewußtsein ist jedoch die Vorstellung des kleinen Mädchens als Verführerin (Lolita) noch wesentlich dominanter als die Bewertung des sexuellen Mißbrauchs als ein Verbrechen. Nach wie vor wird die Tatsache geleugnet, daß die sexuelle Ausbeutung von Mädchen und Jungen eine Wiederholungstat ist und die Täter (Täterinnen) fast immer mehrere Opfer (innerhalb und außerhalb der Familie) haben. Mißbraucher (Mißbraucherinnen) gelten immer noch fälschlicherweise als rechtschaffene Personen, die ausnahmsweise, unerwartet und einmalig auf einen Irrweg gerieten, den Reizen eines Kindes erlagen und/oder Opfer ihrer Triebe wurden. Nach wie vor wird sexuelle Gewalt gegen Kinder und Jugendliche durch Verwandte oder Bekannte als Kavaliersdelikt bewertet – die Opfer sind somit doppelt gestraft.

Literaturempfehlung:
Godenzi, Alberto: Bieder, brutal. Frauen und Männer sprechen über sexuelle Gewalt. Zürich 1989
Rijnaarts, Josephine: Lots Töchter. Über den Vater-Tochter-Inzest. Düsseldorf 1988
Rush, Florence: Das bestgehütete Geheimnis. Berlin 1985

V.
ZART WAR ICH – BITTER WAR'S

PSYCHODYNAMIK DES OPFERS

Das Erleben der sexuellen Gewalt wird ausschlaggebend sowohl vom individuellen Entwicklungsstand und der Persönlichkeit des Mädchens/Jungen als auch von der Intensität der Beziehung zum Täter (zur Täterin) bestimmt. Dennoch finden sich in allen Erzählungen mißbrauchter Kinder, Jugendlicher und Erwachsener die Grundgefühle Vertrauensverlust, Sprachlosigkeit, Schuld- und Schamgefühle, Ohnmacht, Angst, Zweifel an der eigenen Wahrnehmung und Rückzug auf sich selbst wieder. Sie geben wichtige Anhaltspunkte für eine Analyse der Psychodynamik des Opfers.

Vertrauensverlust

Sexuelle Gewalt erschüttert das Vertrauen des Kindes in die eigene Umgebung und in die eigene Person zutiefst. Schon kleine Mädchen/Jungen spüren, daß kein Dialog zwischen ihnen und dem Täter (der Täterin) mehr stattfindet, d.h., daß etwas mit ihnen geschieht, was »fremd« und unerwünscht ist.

» *Wenn wir alleine waren, dann gab mir Onkel Ludger immer so komische Spuckeküsse!* « *(Esther, 7 Jahre)*

» *Ich habe gar nicht verstanden, warum Papa meinen Po immer nach Würmern untersucht hat. Das war ganz ekelig. Ich habe geweint. Er hat gesagt, daß er alle Würmer finden muß, sonst würde ich ganz krank!* « *(Nina, 12 Jahre)*

Die meisten betroffenen Frauen und Männer sagen zunächst, sie hätten sich als Mädchen oder Junge nicht gewehrt. In Wirklichkeit haben sie nur die Formen ihres kindlichen Widerstandes vergessen, denn der Täter (die Täterin) akzeptierte ihre stumme oder sogar geäußerte Ablehnung nicht, obwohl er fast immer ein Erwachsener war, der ihnen nahestand und von dem alle anderen sagten, daß sie ihm vertrauen sollten. Erkennen Betroffene die Rücksichtslosigkeit, mit der der Täter (die Täterin) über ihre kindlichen Widerstandsformen hinwegging, so spüren sie, welch tiefes Mißtrauen die sexuelle Gewalt in ihnen weckte:

» Warum mißachtete er, von dem alle sagen, daß ich ihm vertrauen sollte, meinen Ekel?« (Sonja, 27 Jahre)

» Wem sollte ich überhaupt noch vertrauen?« (Stephan, 18 Jahre)

» Alle sagten, er sei gut zu mir, aber er tat mir so weh. Wie schlimm mußten dann erst andere Menschen sein?« (Beate, 42 Jahre)

» Das ist heute noch ganz tief in mir eingebrannt; immer dann, wenn ich einen Menschen lieb habe, dann bekomme ich ganz viel Angst, denn gegen Menschen, die ich liebe, weiß ich mich nicht zu wehren.« (Monika, 33 Jahre)

Oft ist der Täter (die Täterin) eine von seiner Mitwelt geachtete Persönlichkeit, der niemand einen sexuellen Mißbrauch zutraut.

» Und dann wurde mir immer schlecht, wenn Vater – er war ein angesehener Mann – in aller Öffentlichkeit, z.B. am Totensonntag beim Ehrenmal, den Lobgesang auf die Familie anstimmte. Von wegen Schutz, Liebe und Geborgenheit. Zu Hause war alles vergessen. Da wurde aus dem angesehenen Festredner ein Teufel, dem ich als angeblichen Beweis familialer Liebe »Liebesdienste« zu erweisen hatte, fernab von aller Öffentlichkeit.« (Katharina, 33 Jahre)

Mädchen und Jungen zeigen auf vielfältige Weise ihre Abneigung gegen die sexuelle Ausbeutung. Einige schlafen vollbekleidet, andere laufen von zu Hause weg. Meist haben sie niemanden, der ihnen glaubt, ihnen hilft.

» Und dann konnte ich es nicht mehr aushalten und erzählte es Tante Anita. Alles natürlich nicht, zunächst erst einmal nur, daß er nachts immer kam und mich streichelte. Zwei Tage später wollte Mutter mit mir darüber reden, meine Tante hatte wohl alles weitererzählt. Auch Vater hatte Lunte gerochen, denn er hielt sich immer in unserer Nähe auf. Ich hatte Angst und traute mich nicht, meiner Mutter gegenüber offen zu sein, und behauptete, es sei alles nicht so schlimm gewesen. Von da an galt ich als Lügnerin, die ihren Vater verleumdete. Der aber war sauer und warf mir vor, unser Geheimnis auszuplaudern. Ich aber sprach mit niemandem mehr über den Mißbrauch. Wer hätte mir auch geglaubt?!« (Brigitte, 38 Jahre)

Das Vertrauen des Mädchens/Jungen zu anderen Menschen erfährt durch die Bürde des Redeverbotes eine schwere Belastung. Betroffene Kinder und Jugendliche haben niemanden, dem sie vertrauen können, sie sind im doppelten Sinne des Wortes verraten und verkauft. Entsprechend der gelernten Regel, daß Vertrauen heißt, mißbraucht zu werden, lernen sie, der ganzen Umwelt mit einem tiefen Mißtrauen zu begegnen – mit der Grundeinstellung, daß Nähe und Vertrauen »Gefahr im Verzuge« bedeutet.

Am nachhaltigsten wird das Vertrauen des Kindes in sich selbst erschüttert. Da viele betroffene Mädchen und Jungen glauben, daß das nur ihnen passiere, fragen sie sich oft, was sie getan haben, was an ihnen nicht stimmt, warum sie sich selbst nicht wehren können. Sie verlieren das Vertrauen in ihre eigene Kraft und sehen sich selbst als wehr- und wertlos an – besonders, wenn die sexuelle Ausbeutung über einen längeren Zeitraum läuft und der Täter (die Täterin) eine von der Umwelt geachtete Persönlichkeit ist.

»Ich hatte keinen Schutz mehr, denn der, von dem ich Geborgenheit erhoffte, mein Vater, der kam nachts und mißbrauchte mich. Als ich es Oma einmal erzählte und sie meinen Vater ansprach, da tyrannisierte er für einige Zeit die ganze Familie, vor allem meine behinderte Schwester. Mir drohte er, daß er sich umbrächte und ich dann ins Heim käme. [...] Es begann, als ich neun Jahre alt war. Seit vier Jahren läßt er mich in Ruhe. Heute bin ich 30, habe studiert und bin berufstätig. 17 Jahre dauerte das Martyrium. Es ist für mich unendlich schwer zu akzeptieren, daß ich mich so lange nicht wehren konnte, obgleich ich als Akademikerin als selbstbewußte Frau gelte.« (Gisela, 30 Jahre)

Die negative Selbsteinschätzung wird dadurch verstärkt, daß das Opfer vom Täter (von der Täterin) zum Schweigen verpflichtet wird und deshalb gegenüber Dritten lügen muß. Auch erwachsene Frauen/Männer erleben sich infolge dieser Erfahrungen noch viele Jahre später als nicht vertrauens- und damit als unglaubwürdig.

Sprachlosigkeit

Kinder sind im wahrsten Sinne des Wortes sprachlos über die sexuelle Ausbeutung, denn oft beginnt diese so früh, daß das Kind zunächst gar nicht nachvollziehen kann, was geschieht und wie sie/er das Erlebte mitteilen soll. Woher soll z.B. ein dreijähriges Mädchen die Worte für eine orale Vergewaltigung nehmen, da schon allein die Angst dem Mädchen die Sprache verschlägt?!

Kinder sprechen Dritten gegenüber oftmals in Bildern und werden nicht verstanden. Auch nutzen Täter (Täterinnen) die Abhängigkeit und die Loyalität von Kindern aus, indem sie den Mißbrauch zum »gemeinsamen Geheimnis« erklären, dessen Verrat auch den Verrat der Beziehung bedeuten würde. (»Wenn du darüber sprichst, dann bist du nicht mehr meine Liebste und ich werde ganz traurig!«) Ist der Mißbraucher der Vater (oder die Mutter), so liegt auf dem Opfer ein doppeltes Schweigegebot. Welches Kind möchte schon den Vater/die Mutter verlieren? Die meisten Mädchen und Jungen befinden sich in einer ambivalenten Gefühlslage dem Täter gegenüber: mögen, brauchen, fürchten ihn. Ihr Stillschweigen ist gesichert.

Eine Studie des Bundeskriminalamtes geht davon aus, daß Täter gegenüber Opfern, die bis zu 13 Jahre alt sind, kaum ein gewalttätiges und drohendes Verhalten zeigen. Je mehr Betroffene über ihre Erlebnisse sprechen, umso deutlicher wird, daß diese Einschätzung einfach nicht stimmt (s. Kapitel VIII). Doch selbst wenn der Täter(die Täterin) keine physische Gewalt anwendet, reicht in vielen Fällen die psychische Gewalt aus, um das Opfer einzuschüchtern, denn Mädchen und Jungen spüren genau, was alles von ihrem Schweigen abhängt. SchülerInnen, die von Lehrern sexuell ausgebeutet werden, befürchten z.B. Schikanen und schlechte Beurteilungen oder haben die berechtigte Sorge, daß ihnen die Schuld zugeschoben wird oder sie vor der gesamten Schulöffentlichkeit als Hure/"Schwule" gelten, falls sie ihr Schweigen brechen.

Je älter das Opfer, desto massiver die physischen und psychischen Gewaltandrohungen, Erpressungs- und Bestechungsversuche des Täters – oftmals dokumentiert der Täter durch den Einsatz von Waffen seine Macht: Sabines Vater nahm z.B. öfters den Totschläger – ein Einzelstück seiner umfangreichen Waffensammlung – von der Wand, hielt ihn in den Händen und sah die Tochter dabei vielsagend an.

Trotz der massiven Gewalt(-drohungen) von seiten des Täters, gibt es kein Kind, das der Umwelt den Mißbrauch nicht – bewußt oder unbewußt – mitteilt. Meistens geben die Opfer nonverbale Hinweise, denn der Mißbraucher (die Mißbraucherin) hat verboten, über den Mißbrauch zu sprechen, nicht aber die Umwelt im Spiel oder durch Verhaltensweisen auf die sexuelle Ausbeutung aufmerksam zu machen.

Susi spielte im Kindergarten Vergewaltigungsszenen in der Puppenecke nach. Die Erzieherin bestrafte sie für ihr »brutales« Spiel.

Heike, Schülerin der 8. Klasse, ließ im Unterricht immer wieder Pillenpackungen unter den Tisch fallen und erzählte, daß sie Angst vor ihrem Opa hatte. Ihre Lehrerin verstand sie nicht.

Der neunjährige Manuel malte in der Grundschule immer wieder Bettszenen mit seinem Vater, dessen Penis er extrem groß zeichnete.

Bedrückend ist die Tatsache, daß selbst dann, wenn betroffene Mädchen und Jungen offen über die Gewalterfahrungen sprechen, sie in der Regel mehrere Erwachsene vergeblich um Hilfe bitten müssen, bis die eine Person ihnen glaubt. Liane Dirks erzählt in ihrem Roman »Die liebe Angst«, wie Annchen und ihre Schwester vergeblich beim Pastor um Unterstützung bitten:

» Wir gingen zum Herrn Pastor. Das hatten wir lange beredet, Lou und ich. Wir gingen zu unserem Pastor, der neben dem Kindergarten wohnte und manchmal aus dem Fenster lächelte, der Lou die Gebote lehrte, damit sie zum zweiten Mal vor Gott bestehen durfte, wir gingen hin.

Wir erzählten ihm die Wahrheit, mitten rein in sein blasses Gesicht. Alles, von den Nächten, vom Keller, von dem Tuch, von der Angst, daß wir Hilfe brauchen. Wir fragten ihn, ob er uns hilft.

Er sah sich schnell um, ob uns auch keiner gehört hatte in seinem Büro, rannte raus, kam mit zwei Orangen zurück, die drückte er uns fest in die Hand.

Dann schob er uns raus und sagte nichts mehr.

Zu Hause waren die Pausen kurz. Die bunten Eier lagen wegen schlechtem Wetter hinterm Sofakissen. Lou lernte weiterhin vom Pastor, was es heißt, ein Christ zu sein. Ich lernte mit, heilig, heilig.

Lieber Gott, hilf. Hilf doch.

'Ich bin der Herr, Dein Gott. Was ist das? Wir sollen Gott über alle Dinge fürchten und lieben', leiert Lou durch den Raum.

Es wird schlimmer.

Es ist eine Bombe, es muß platzen.

Ich wünsch mir die Lepra, dann hätte ich stinkige Hautlappen an mir, käme auf eine Insel und dürfte sterben, von selbst.« (Dirks 1986)

Sexueller Mißbrauch ist ein gesellschaftliches Tabu. Niemand redet davon, so hat auch das betroffene Mädchen/der Junge zu schweigen. Spricht sie/er darüber, so wird ihr/ihm nur selten geglaubt, ihre/seine Aussage fast immer manifest ignoriert, oder sie/er steht als LügnerIn dar. Die Hinweise und Worte verhallen. Wen wundert es, daß Kinder sich mit »ihrem Geheimnis« zurückziehen und ihre Sprache verlieren?! Betroffene Mädchen und Jungen haben es verlernt, ihre Interessen und Gefühle zu artikulieren. Viele von ihnen bewahren dieses Schweigen ihr Leben lang.

Schuldgefühle

Fast immer besteht bereits vor dem sexuellen Mißbrauch eine Beziehung zwischen dem Opfer und dem Täter (der Täterin), die für das Mädchen oder den Jungen durch Vertrauen, Angewiesensein und Zuneigung gekennzeichnet ist. Diese Beziehung bildet in der Regel die Ausgangsbasis für den durch den Erwachsenen wissentlich und bewußt vorbereiteten Machtmißbrauch. Das Kind erfährt z.B. zunächst eine besondere Beachtung durch den Täter (die Täterin): Die kleine Simone wird zur Lieblingsenkelin des Opas erklärt; der Nachbar hilft dem zehnjährigen Ludger beim Bau eines Vogelhäuschens; die siebenjährige Grete darf mit dem benachbarten Bauer Traktor fahren, Natascha bekommt die besondere Aufmerksamkeit der Erzieherin. Kinder brauchen Zuwendung und auch Zärtlichkeit. Es ist ganz natürlich, daß sie diese genießen – besonders wenn sie ansonsten wenig Aufmerksamkeit und Liebe bekommen. Und da die Übergänge von der liebevollen Zärtlichkeit zur sexuellen Gewalt fließend sind, haben Mädchen und Jungen oftmals Angst, durch eine Zurückweisung z.B. »der ekeligen Spuckeküsse« oder »der Zaubertricks mit dem Pimmel« die vorherige Beachtung des Täters (der Täterin) zu verlieren. Die meisten Opfer können am Anfang nicht »Nein« sagen und bekommen das Gefühl, selbst beteiligt zu sein. Sie verpassen z.B. den geeigneten Augenblick, sich der Mutter anzuvertrauen. Betroffene finden sich somit in ihrer inneren Wahrnehmung immer schon in einer schuldigen Position. »Du hast es ja selbst gewollt, es macht dir ja Spaß!« ist dementsprechend die gängige Argumentation des Täters (der Täterin), und je länger der Mißbrauch andauert, desto »mitschuldiger« fühlt sich das Opfer – sie/er hat ja nichts gesagt und hat im doppelten Sinne des Wortes »es sich gefallen« lassen.

Schuldig fühlen sich die Opfer auch aus einem anderen Grund: Sie wissen nicht, daß viele Mädchen und Jungen sexuell mißbraucht werden, und glauben, selbst Anlaß zu dem sexuellen Mißbrauch gegeben zu haben. Verstärkt wird dieses Schuldgefühl des Opfers durch die Aussagen des Mißbrauchers. Täter (Täterinnen) verlieren den Bezug zur Realität, verdrehen die Fakten und drohen, daß das Kind ins Heim oder ins Gefängnis komme, wenn jemand davon erfahre, was das Mädchen/der Junge mit ihm mache. Andere Mißbraucher (Mißbraucherinnen) verstricken mit unendlicher Raffinesse die Opfer in ein Spinnennetz aus Lügenmärchen. Kleine Notlügen und Irreführungen belasten z.B. die Vertrauensbeziehung der Kinder zu ihren Müttern. »Ich bin eine Lügnerin, ... schlecht, ... der letzte Dreck, ... im Unrecht ... und damit schuldig!« ... Selbsteinschätzungen von Opfern, die die manifesten Schuldgefühle der Betroffenen ausdrücken.

In den letzten Jahren wurden zudem vermehrt Fälle bekannt, in denen Täter (Täterinnen) Kinder und Jugendliche gezwungen haben, sexuelle Gewalt gegenüber anderen Opfern auszuüben (z.B. in Pornoproduktionen und sexuelle Gewalt in Sekten/s. Kapitel III und XVIII). Oftmals »arbeiten« die Täter (Täterinnen) mit den aus diesen Handlungen resultierenden Schuldgefühlen der Mädchen und Jungen und setzten sie zusätzlich mit ihren »eigenen« Taten unter Druck.

Die – meist unformulierte – Angst der Opfer, durch den eigenen Wunsch nach Zuwendung die sexuelle Ausbeutung mitverantworten zu müssen, findet ihr Pendant in der öffentlich verbreiteten Meinung, daß die kindliche Koketterie von kleinen Mädchen Ausdruck für deren Verführungswünsche gegenüber Männern sei (Lolita). Jede nähere und seriöse Beschäftigung mit sexuellem Mißbrauch erweist die Absurdität solcher »Persilscheine« für Täter. Die lähmenden Schuldgefühle mißbrauchter Kinder sind keinesfalls ein Eingeständnis für deren eigene lustvolle Beteiligung, sie sind vielmehr die »Introjektion der Schuldgefühle des Erwachsenen« (vgl. Sandor Ferenczi 1932).

Häufig berichten erwachsene Frauen und Männer, daß sie als Mädchen den sexuellen Mißbrauch gebeichtet haben, um sich von ihrer Schuld reinzuwaschen. In ihrem Buch »Meine Story« beschreibt Marilyn Monroe ihren verzweifelten Versuch, sich als achtjähriges Mädchen gegen die sexuelle Gewalt eines Mannes zu wehren, bis hin zur Beichte ihrer »Sünde«.

»Eines Tages erfuhr ich, was Sex war, ohne fragen zu müssen. Ich war beinahe neun und lebte bei einer Familie, die ein Zimmer an einen Mann namens Kimmel vermietete. Er wirkte streng, wurde von allen respektiert, und jeder nannte ihn Mr. Kimmel.

Ich ging an seinem Zimmer vorüber, als sich seine Tür öffnete und er ruhig sagte: 'Norma, komm bitte einmal herein.'

Ich glaubte, er wollte mir eine Besorgung auftragen. 'Wohin soll ich für Sie gehen, Mr. Kimmel?' fragte ich. 'Nirgendwohin', sagte er und schloß die Tür hinter mir. Er lächelte mich an und drehte den Schlüssel im Schloß um.

'Jetzt kannst du nicht hinaus', sagte er, als spielten wir ein Spiel.

Ich stand da und starrte ihn an. Ich fürchtete mich, aber ich wagte nicht, um Hilfe zu rufen. Ich wußte, wenn ich um Hilfe rief, würde ich wieder in Ungnade fallen und ins Waisenhaus geschickt werden. Auch Mr. Kimmel wußte das.

Als er die Arme um mich legte, strampelte ich und wehrte mich, so heftig ich konnte, gab aber keinen Laut von mir. Er war stärker als ich und ließ mich nicht los. Er flüsterte mir immer wieder zu, ich solle ein braves Mädchen sein.

Als er die Tür aufschloß und mich hinausließ, rannte ich zu meiner 'Tante', um ihr zu berichten, was Mr. Kimmel getan hatte. 'Ich muß dir etwas sagen', stammelte ich, 'über Mr. Kimmel. Er... er...'

Meine Tante unterbrach mich.

'Wage nicht, etwas gegen Mr. Kimmel zu sagen', fuhr sie mich ärgerlich an. 'Mr. Kimmel ist ein anständiger Mann. Er ist mein bester Mieter.'

Mr. Kimmel kam aus seinem Zimmer und stand lächelnd im Flur.

'Schäm dich', schimpfte meine 'Tante' mit mir, 'dich über Leute zu beschweren!'

'Das ist etwas anderes', begann ich, 'das ist etwas, das ich sagen muß. Mr. Kimmel...'

Ich begann wieder zu stottern und konnte nicht weiterreden.

Mr. Kimmel kam zu mir und gab mir ein Fünf-Cent-Stück. 'Kauf dir ein Eis dafür', sagte er.

Ich warf Mr. Kimmel das Geld ins Gesicht und rannte hinaus.

Ich weinte die ganze Nacht und wollte sterben. Ich dachte: 'Wenn nie jemand auf meiner Seite steht, mit dem ich reden kann, dann werde ich schreien.' Aber ich schrie nicht.

Eine Woche später ging die ganze Familie einschließlich Mr. Kimmel zu einer Erweckungsversammlung, die in einem Zelt stattfand. Meine 'Tante' bestand darauf, daß ich mitkam.

Das Zelt war überfüllt. Alle hörten dem Prediger gebannt zu. Halb sprechend, halb singend redete er von der Sündhaftigkeit der Welt. Plötzlich forderte er alle Sünder auf, vor Gottes Altar zu treten, vor dem er stand, und zu bereuen.

Ich rannte als erste zu ihm und begann, von meiner »Sünde« zu berichten.

'Auf die Knie, Schwester', sagte er zu mir.

Ich fiel auf die Knie und sprach von Mr. Kimmel und wie er mich in seinem Zimmer belästigt hatte. Aber andere 'Sünder' scharten sich um mich. Auch sie fielen auf die Knie und begannen, ihre Sünden zu beklagen, und meine Worte gingen im allgemeinen Lärm unter.

Ich blickte zurück und sah, daß Mr. Kimmel unter den Nichtsündern stand, laut und inbrünstig betend, daß Gott die Sünden der anderen vergeben möge.« (Monroe 1980)

Die meisten betroffenen Kinder machen ähnliche Erfahrungen wie Marilyn Monroe. Besonders schmerzhaft sind die Erlebnisse der Mädchen, die von ihren Brüdern sexuell mißbraucht werden. In diesen Fällen stellt sich die Mutter besonders häufig schützend vor den Sohn, der ja ebenso ihr eigen Fleisch und Blut ist, und bezichtigt die Tochter der Lüge bzw. gibt ihr die Schuld für das an ihr verübte Verbrechen.

Gisela, 11 Jahre, wurde von ihrem 18jährigen Bruder Andreas vergewaltigt. Nachdem das Mädchen sich ihrer Mutter anvertraute, beschimpft diese die Elfjährige als Hure und Nutte. Zur Strafe durfte das Mädchen nicht mehr zum heißgeliebten Tennistraining.

Wenden sich Betroffene an Dritte (z.B. Polizei und Jugendamt) und bitten sie um Hilfe, so distanzieren sich Eltern, Geschwister und Verwandte häufig von ihnen. Sie werfen dem Mädchen/Jungen vor, die Familie zu zerstören und/oder den Täter ins Gefängnis zu bringen. Diese Verurteilung durch die Umwelt verstärkt die Schuldgefühle der Opfer.

Auch erwachsene Frauen und Männer leiden immer noch an massiven Schuldgefühlen; sie fühlen sich für das Leben schlechthin verantwortlich, fühlen sich z.B. schuldig, wenn andere erkranken, Sorgen oder Ärger haben. »Ich bin eine Zumutung... ich bringe allen Unglück... ich habe kein Recht zu existieren!« Die Selbsteinschätzungen von betroffenen Frauen und Männern lassen erkennen, in welchem Maße Mädchen und Jungen die Fremdbeurteilung ihrer Person übernehmen, wie vernichtend der sexuelle Mißbrauch und die negative Reaktion der Umwelt für das Selbstwertgefühl der Betroffenen sind.

Schamgefühle

»Scham bleibt an dem Mädchen kleben, wie die Hände des Mißbrauchers auch noch später fühlbar sind.« Dieses Zitat von Barbara Kavemann wird untermauert durch die zahlreichen Berichte betroffener Frauen, die in Selbsthilfegruppen und Therapien über ihre Gewalterfahrungen und deren Folgen sprechen. Eine Betroffene malte – was sie als Kind erlebte: Ihre Zeichnung zeigte eine Frau, die auf dem Bett lag. Die Hände des Mißbrauchers berührten sie von allen Seiten. Auch Josephine Rijnaarts wählte das gleiche Motiv als Titelbild für ihr Buch »Lots Töchter«.

Die Scham klebt, bleibt z.B. als Ekel vor anderen und vor sich selbst zurück. Sexueller Mißbrauch stellt das Opfer im wahrsten Sinne des Wortes bloß, verletzt die Schamgrenze eines Kindes; betroffene Mädchen und Jungen schämen sich für die ihnen zugefügte Verletzung, für ihre Familie und für den Täter (die Täterin) – und vor allem: ihrer eigenen Existenz.

»Ich bin nichts wert... Mir sieht jeder den sexuellen Mißbrauch an... Ich schäme mich, solch einen Vater/eine Mutter, solch eine Familie zu haben... Ich bin nur noch dreckig... Wie soll ich etwas wert sein, wenn in mir nur dieser Dreck und Ekel steckt!... Ich bin eine Zumutung.«

Mißbraucher praktizieren mit Kindern häufig das, wozu erwachsene Frauen »Nein« sagen (z.B. Sodomie und sadomasochistische Sexualpraktiken). Auf welch widerwärtige Art und Weise Erwachsene Kinder sexuell mißbrauchen, veranschaulichen die Erlebnisse der 27jährigen Anne:

»Obgleich ich schon in Therapien über den sexuellen Mißbrauch gesprochen habe und die Therapeuten mir glaubten, habe ich mich geschämt, ein Erlebnis mit meinem Vater zu erzählen. An einem Samstagnachmittag rief er mich. Ich war es gewohnt, daß ich mich vor ihm befriedigen mußte – oft auch ihn. Manchmal setzte er uns vier Geschwister in einen Kreis und wir mußten uns alle selbst befriedigen. Wir haben uns alle so geschämt, daß wir niemals miteinander darüber gesprochen haben. Diesmal war er aber allein mit mir. Er nahm den Sonntagsbraten aus dem Kühlschrank. Ich mußte das Stück Fleisch festhalten. Er rieb sein Glied an dem blutigen Stück Rindfleisch, bis er einen Orgasmus bekam.

Am Tag darauf kam der Braten auf den Mittagstisch; auch ich mußte von dem Fleisch essen.«

Wie tief das Schamgefühl dieser jungen Frau verletzt wurde, kann nur erahnt werden.

Sexualität gehört in unserer Gesellschaft noch immer zu den Tabuthemen; über sexuelle Gelüste und Gewohnheiten zu sprechen, ist vielen unangenehm, und Gespräche darüber treiben ihnen die Schamröte ins Gesicht. Sexuell mißbrauchten Mädchen und Jungen fällt das Gespräch über Sexualität oft besonders schwer, denn sie glauben, sie hätten sich eine »abartige Sexualität gefallen lassen«. Oft möchten sie vor Scham in den Boden versinken. Besonders, wenn sie selbst eine sexuelle Erregung verspürten – obgleich sie sich gegen die sexuelle Ausbeutung wehrten.

Die Hilfesuche des Opfers wird durch die Scham recht wirksam verhindert. »Das Mädchen sieht sich irgendwann selbst nur noch als das, was der Mißbrauch aus ihr gemacht hat, sieht sich als beschmutzt, benutzt, mißbraucht, vergewaltigt. Sobald es sich einer anderen Person, z.B. der Mutter, anvertraut, muß es fürchten, daß diese sie ganz plötzlich mit anderen Augen sieht, mit dem Blick nämlich, mit dem das Mädchen sich selbst im Spiegel sieht. Sie kann nicht ertragen, von der Mutter so gesehen zu werden, eben beschmutzt und benutzt.« (Kavemann 1987) Erst wenn die privaten und professionellen Kontakt- und Vertrauenspersonen die Scham sexuell ausgebeuteter Mädchen/Jungen verstehen, können diese den Mut finden und offen über ihre Erlebnisse sprechen – erst dann können sie die Scham überwinden.

Ohnmacht

»Nirgendwo sind die Machtverhältnisse, die emotionale Verstrickung und Abhängigkeit deutlicher als beim sexuellen Mißbrauch mit Mädchen. Diese Machtverhältnisse und nicht den Triebstau kranker und alkoholisierter Bestien halte ich für das zentrale Problem bei der Erklärung des sexuellen Mißbrauchs in der Familie.« (Fegert 1987)

Diese Feststellung gilt nicht nur für die Familie, sondern für den gesamten sozialen Nahbereich des Kindes. Die Autorität und Machtverhältnisse zwischen Kindern und Erwachsenen machen Kindern zu geradezu prädestinierten Opfern, denn ihre physische, psychische und gesellschaftliche »Ohn-Macht« ist ein wesentlicher Faktor für die hohe Dunkelziffer und die überaus geringe Zahl von Verurteilungen, selbst wenn es zu einer Anzeige wegen sexuellen Mißbrauchs kommt. Auch in der psychologischen und psychoanalytischen Theoriebildung wird davon ausgegangen, daß es gerade die Hilflosigkeit der Mädchen und Jungen ist, die diese zu bevorzugten Sexualobjekten von mißbrauchenden Erwachsenen macht (z.B. Alice Miller 1981).

Sexueller Mißbrauch ist Seelenmord. Das Mädchen/der Junge wird mit allen Facetten ihres Seins zum Objekt der Bedürfnisbefriedigung des Erwachsenen gemacht. Ihr wird jegliches Recht auf Selbstbestimmung abgesprochen. Jedes Kind leistet Widerstand (durch körperlichen Widerstand, Weinen, Schreien, Flehen usw.). Doch da der Täter (die Täterin) die kindlichen Widerstandsformen ignoriert, überfällt das Mädchen/den Jungen ein Gefühl der »Ohn-Macht«, ihr Wille wird gebrochen.

»Was dem Opfer übrigbleibt, ist maßlose Ohnmacht, Verzweiflung und Anpassung, die sie gegen sich selbst richtet in Form von Auto-Aggression, Depression, Apathie und Selbstmordversuchen. Es hat alles sowieso keinen Sinn... Sexuell mißbraucht zu werden heißt sterben, und der letzte Schritt zur Vollendung des Mißbrauchs ist der Selbstmord. Im Selbstmord schließt sich der Teufelskreis endgültig. In einer holländischen Untersuchung von Selbstmordversuchen bei 100 Frauen wurde deutlich, daß 75 der 100 Frauen Erfahrungen mit sexueller Gewalt hatten. Sexueller Mißbrauch und Gewalt sind unweigerlich miteinander verbunden. Die Gewalt äußert sich in Form von Bestechungen mit Geschenken, in Erpressungen, Drohungen, physischer und psychischer Gewalt. Dringt der Täter in sie ein, so hat sie schreckliche Schmerzen erlitten. Sobald der sexuelle Mißbrauch beginnt, ist die Sphäre durch Chaos, Lügen, Flucht, zwei Wirklichkeiten, Isolation, Depersonalisierung, Ohnmacht und Spannungen geprägt. Sexueller Mißbrauch ist die Hölle.« (Judith Rothen 1988)

Es ist kein Zufall, daß die Folgen des sexuellen Mißbrauchs mit dem Konzentrationslagersyndrom vergleichbar sind, denn sowohl bei der politischen Folter als auch beim sexuellen Mißbrauch wird das Opfer von dem gepeinigt, der ihr Schutz gewähren soll, in dem einen Fall der Staat, in dem anderen eine dem Kind vertraute Person – oftmals der Vater. Das Opfer ist dem Staat/dem Erwachsenen schutzlos ausgeliefert.

Ein Fall wie viele:

Barbara wandte sich mit 13 Jahren an das Jugendamt und berichtete über den Mißbrauch durch den Großvater, sie wuchs nach der Trennung ihrer Eltern bei den Großeltern auf. Nachdem sie das an ihr verübte Verbrechen offengelegt hatte, veranlaßte der Großvater, ein einflußreicher Bürger, umgehend die Einweisung der – als Folge des sexuellen Mißbrauchs alkoholabhängig gewordenen – Jugendlichen in die Psychiatrie. Bei einem sonntäglichen Besuch bot er ihr an, seinen Einfluß geltend zu machen und sie wieder nach Hause zu holen, wenn sie ihre Aussage zurücknähme. Wieder zu Hause, führte er die Jugendliche vor eine große Spiegelwand, nahm sein Jagdgewehr und zerschoß ihr Spiegelbild.

Die »Ohn-Macht« des Opfers wird dadurch gesteigert, daß sich Mädchen und Jungen kaum eine Alternative (zur Familie) vorzustellen vermögen. Häufig beschreibt der Täter (die Täterin) dem Opfer gegenüber Kinderheime als »Gefängnisse mit Wasser und Brot«; von Verwandten und Bekannten erfährt das Mädchen/der Junge, daß sie im »Schoße der Familie« am sichersten sei und die Eltern ehren und achten solle. Kinder und Jugendliche werden so zu »Ja-Sagern« erzogen – oftmals zu blindem Gehorsam. Sie lernen nicht, daß sie ein Recht auf Selbstbestimmung haben – geschweige denn es zu vertreten.

Literaturempfehlung:
Wirtz, Ursula: Seelenmord – Inzest und Therapie, Zürich 1989

SEXUELLER MISSBRAUCH AN BEHINDERTEN MÄDCHEN UND JUNGEN

Berichte von PraktikerInnen lassen die Schlußfolgerung zu, daß sexuelle Gewalt gegen behinderte Mädchen und Jungen besonders häufig vorkommt. Die Behinderung bietet dem Mißbraucher vielfältige Möglichkeiten, sexuelle Gewalt an Mädchen und Jungen – gleich, ob sprach-, geistig- oder körperbehindert – ohne sichtbare Spuren auszuüben. Die »Ohn-Macht« von Kindern und Jugendlichen wird dabei besonders deutlich: Behinderte Kinder und Jugendliche stehen in einem noch größeren Abhängigkeitsverhältnis von Erwachsenen, sind noch rechtloser und ohnmächtiger als nicht behinderte Mädchen und Jungen. Geistig behinderte Kinder und Jugendliche sind z.B. aufgrund ihrer nicht altersgemäßen intellektuellen Entwicklung noch weniger als ihre AltersgenossInnen in der Lage, die Inanspruchnahme ihrer Person für sexuelle Handlungen vorab zu erkennen. Die Praxis der Sterilisation behinderter Mädchen im Jugendalter bietet diese zudem als Opfer für ein »Verbrechen ohne Folgen« an. Auch wird Behinderten, wenn sie über den Mißbrauch berichten oder nonverbale Zeichen geben, noch weniger geglaubt als nichtbehinderten Mädchen und Jungen. – »Und wenn schon, sie soll doch froh sein, daß sich überhaupt einer für sie interessiert« – so die weitverbreitete Meinung. Inzwischen gibt es in einzelnen Orten auch sogenannte »Behindertenstrichs«; einigen Männern soll die sexuelle Ausbeutung von Behinderten besondere »Lust« verschaffen.

JÖRG FEGERT
SEXUELLE BEZIEHUNGEN ZWISCHEN GESCHWISTERN

Da viele Definitionen des sexuellen Mißbrauchs einen Altersunterschied als Ausdruck von Machtverhältnissen beinhalten, werden sexuelle Beziehungen zwischen mehr oder weniger gleichaltrigen Geschwistern meist als »Kindereien« ohne Folgen angesehen. Wie häufig solche Beziehungen vorkommen, ist unklar. Finkelhor fand im Rahmen einer unveröffentlichen Studie über College-Studenten heraus, daß 15 Prozent der Frauen und 10 Prozent der Männer in ihrer Kindheit sexuelle Beziehungen zu einem Geschwisterkind hatten.

Sexuelle Beziehungen zwischen einem älteren Bruder und einer abhängigen oder schwächeren Schwester können massive psychische Folgen haben. Die Eltern sind in diesen Fällen für das Opfer nur schwer erreichbar; oft herrscht zu Hause ein sexualisiertes Klima – andererseits wird über Sexualität mit den Kindern kaum gesprochen. Sicherlich gibt es das Spielchen »Zeig mir deins, und ich zeig dir meins!«, solange es die Zivilisation gibt. Es ist zwischen jüngeren Geschwistern von ungefähr gleicher Altersstufe für gewöhnlich harmlos, doch können Beziehungen, die über die Grenzen gegenseitiger Neugier hinausgehen und zu jahrelangen Abhängigkeitsverhältnissen werden, zu schweren psychischen Verletzungen führen.

Werden sexuelle Abhängigkeitsbeziehungen zwischen leiblichen Geschwistern in der Regel bagatellisiert, so sieht die Reaktion bei Beziehungen zwischen Pflegekindern untereinander oder zwischen Pflegekindern und leiblichen Kindern einer Familie oft gänzlich anders aus. In Pflegefamilien lösen nicht selten schon einmalige, vor allem durch kindliche Neugier motivierte sexuelle Kontakte große Krisen aus. Häufig äußern Pflegeeltern aufgrund eines solchen Ereignisses den Wunsch nach Psychotherapie für die betroffenen Kinder und nach Beratung für sich selber. Bisweilen sind die als Initiatoren angesehenen Pflegekinder direkt von der Ausstoßung bedroht.

Mißbraucher (Mißbraucherinnen) achten darauf, möglichst nicht als Täter (Täterinnen) erkannt zu werden. Ein leichtes Spiel, denn fast immer sind sie dem Opfer vertraut und begegnen diesem in alltäglichen Situationen. Niemand traut ihnen das Verbrechen zu, und so können sie meist ohne große Anstrengung den Mißbrauch systematisch in den Alltag mit dem Kind einbauen und gleichermaßen ritualisieren (s. Kapitel VIII und XVIII).

» Wenn Mutter in der Bäckerei aushalf oder aus anderen Gründen außer Haus war, spielte sich häufig die gleiche Handlung ab: Vater ermahnte mich, Mutter zu helfen und die Betten zu machen. Einige Minuten später kam er nach. Ich wußte schon, was passierte. Er schüttelte zunächst die Kissen auf, dann... Anschließend räumte er das Elternschlafzimmer auf. Zwischen uns wurde kaum ein Wort gesprochen oder ein Blick gewechselt. Es war immer der gleiche Ablauf. Jahrelang blendete ich aus, was regelmäßig während des Bettenmachens geschah. Es war so, als hätte es den Mißbrauch nie gegeben – als würde ich mir alles nur einbilden.« (Margret, 23 Jahre)

In vielen Fällen nutzen Täter (Täterinnen) zärtliche Situationen aus, andere tarnen die sexuelle Gewalt als »notwendige Pflegetätigkeit« (besonders bei kleinen und behinderten Mädchen und Jungen) bzw. erklären sadomasochistische Rituale als Erziehungsmaßnahmen.

» Nach Vaters Tod mußte ich Mutter trösten. Immer dann, wenn ich sie in den Arm nahm, ihr einen intensiven und langen Kuß gab oder ihr die Scheide streichelte, dann war sie glücklich.« (Ludger, 16 Jahre)

» Es ging von meinem siebten bis zwölften Lebensjahr. Wenn ich in der Schule keine guten oder sehr guten Leistungen zeigte, bestrafte mich Vater 'für meine Faulheit'. Ich mußte mich ausziehen und meinen Kopf zwischen die unbekleideten Oberschenkel meines Vaters stecken, während er mit Lederriemen auf meinen nackten Hintern schlug.« (Maria, 36 Jahre)

» Wenn einer von uns sich zum Sportunterricht verspätete, dann mußte er vor der gesamten Klasse die Hose runterlassen und unser Sportlehrer spritzte »zur Strafe« seinen Penis mit einem eiskalten Wasserstrahl ab.« (Stephan, 25 Jahre)

Für das Opfer besteht fast immer die Ungewißheit, ob sie/er sich nicht vielleicht täuscht. Der Mißbraucher (die Mißbraucherin) hat den Alltag des Opfers im wahrsten Sinne des Wortes »ver-rückt«, und so verwandelt sich der Schrecken der sexuellen Gewalt in die tiefe Unsicherheit des Kindes, den eigenen Sinnen überhaupt trauen zu dürfen: Stimmt mein Gefühl? Ist dies etwa doch eine normale Umarmung, Untersuchung, ein Spiel, ein ehrliches Kompliment, eine wirkliche Hilfestellung oder doch ein liebevoller Blick? War es Traum oder Wirklichkeit, fragen sich z.B. viele Mädchen und Jungen am Morgen, wenn der Erwachsene nachts die Situation des Schlafes oder Halbschlafes ausnutzte.

Anders als bei der körperlichen Mißhandlung, bei der das Kind häufig die blauen Flecken sehen kann, hinterläßt sexueller Mißbrauch in der Regel keine sichtbaren Spuren, und so wächst der Zweifel an der eigenen Wahrnehmung, wenn das Mädchen/der Junge bei aller äußeren Stummheit und Zurückgezogenheit nicht einmal klar sagen kann, was eigentlich geschieht. Das Opfer hat selbst Zweifel, wie die Situation realitätsgerecht zu interpretieren ist.

Der für den sexuellen Mißbrauch typische Zweifel an der eigenen Wahrnehmung ergänzt sich mit den öffentlichen und allgemeinen Zweifeln an den Aussagen des Kindes. Berichtet ein Mädchen/Junge über die Erlebnisse, so wird sie/er häufig vom Täter (von der Täterin) und der Umwelt für »verrückt« erklärt.

»Als ich meinen ersten Freund hatte, platzte mein Vater vor Eifersucht. Jahrelang hatte er mich als seinen Besitz betrachtet, doch jetzt war ich – seiner Meinung nach – einem anderen Mann »hörig«. Er, der mich zuvor vergewaltigt hatte, kam über mehrere Monate in unregelmäßigen Abständen nachts um zwei, drei, vier Uhr in mein Zimmer gestürmt und brüllte mich an, ich sei verrückt, er müßte mich in die Psychiatrie bringen. Da ich eine Hure sei, hätte ich zuviel männliche Hormone in mir; diese würden durch den ganzen Körper in meinen Kopf wandern, mein Gehirn durchsetzen, es zerstören. Ich sei verrückt...

Eine Folge des an mir verübten sexuellen Mißbrauchs waren Lähmungserscheinungen in meinen Armen. Mein Vater spielte sich vor der gesamten Verwandtschaft und der Familie als der große Fürsorger auf, schleppte mich von einem Arzt zum anderen. Den Medizinern gegenüber gab er sich als treusorgender Vater, erreichte es, daß er – obwohl ich schon siebzehn Jahre alt war – bei allen Untersuchungen anwesend war. Nachdem man mich zunächst mit Cortisonspritzen behandelte und meine Arme öfters eingipste, diagnostizierte ein Professor psychosomatische Ursachen. Die Diagnose des Professors war für meinen Vater ein gefundenes Fressen. Er hatte nichts Besseres zu tun, als in der gesamten Verwandtschaft über meine psychische Krankheit zu dozieren, mich als hysterisch und nervliches Wrack zu beschreiben... Selbst mein Patenonkel, der zuvor häufiger für mich Partei ergriffen hatte, zeigte jetzt größtes Mitleid mit meinem armen Vater, der Opfer der Verleumdungen und der psychischen Krankheit seiner Tochter wurde. Niemand glaubte mir mehr, als ich öffentlich machte, daß mein Vater inzwischen meine Schwester sexuell mißbrauchte.« (Katharina, 33 Jahre)

Betroffene Frauen und Männer berichten immer wieder, daß sie auch noch viele Jahre später von Verwandten und auch von offiziellen Stellen mit dem Hinweis auf ihre – in der Folge des Mißbrauchs entstandenen – Probleme (z.B. Drogenabhängigkeit, Kriminalität, Trebegängertum, Magersucht, psychische Erkrankungen) als unglaubwürdig abgetan werden.

Angst

»Angst, das war und ist bis zum heutigen Tag das Gefühl, das mir am vertrautesten ist. Damit habe ich gelebt.« (M. F. 35 Jahre. In: Gardiner-Sirtl 1983)

Die Angst ist immer da; sie bestimmt als zentrales Lebensgefühl den Alltag von Betroffenen – nicht nur die Angst vor den direkten Übergriffen des Täters, sondern ebenso vor der Veröffentlichung des »Geheimnisses«, vor dem Zerfall der Familie, vor den Reaktionen der Umwelt, vor Schwangerschaft, vor Verlust von Liebe, vor Nähe ...

Angst lähmt und schwächt den Glauben an die eigene Stärke und Widerstandskraft. Selbst Erwachsene spüren noch 20, 30, 40 Jahre später, wie sie sich als Kind zu Tode gefürchtet haben.

»Lange konnte ich mich an nichts mehr erinnern – nur an die eine Nacht: ... Die Tür bewegt sich ... ich liege in meinem Bett ... halte den Atem an, spüre den Schmerz und wage vor lauter Angst noch nicht einmal einen Ton von mir zu geben ... Ich kann nicht mehr denken und bleibe erstarrt liegen. Am nächsten Morgen kann ich es nicht glauben, daß wieder Tag geworden ist. Mein Bett ist blutverschmiert, ich bin verletzt, spüre den Schmerz und weiß dennoch nicht, was passiert ist. Ganz tief in meinem Innersten hat sich die Angst eingegraben. Von dem Tag an schrecke ich zusammen, wenn jemand mich berührt – z.B. ein Hund an mir hochspringt. Ich kann nicht mehr in verschlossenen Räumen schlafen. Das Licht muß brennen, denn ich fürchte mich vor Geistern ...« (Anne, 22 Jahre)

Der Schreck sitzt tief; er beeinflußt entscheidend das Verhalten des Opfers. Betroffene Mädchen und Jungen entwickeln z.B. häufig Panik, wenn sie Männern (Frauen) begegnen, die dem Täter (der Täterin) ähnlich sehen. Auch kann in ihnen die Abhängigkeit von Autoritätspersonen große Ängste auslösen – nur allzu verständlich ist die Tatsache, daß sexuell mißbrauchte Mädchen und Jungen oftmals ein plötzliches Schulversagen in Schulfächern zeigen, die von Männer unterrichtet werden. Andere grauen sich vor ärztlichen Untersuchungen; sie können es nicht ertragen, wenn z.B. der Zahnarzt mit dem Bohrer in sie »eindringt«.

Der reale Alptraum soll sich nicht wiederholen, und so treffen Betroffene häufig bis ins Erwachsenenalter »Schutzmaßnahmen«; die Drohungen des Täters (der Täterin) und die Angst vor ihm (ihr) bestimmen entscheidend ihr Lebenskonzept.

»'Nimm dich vor Jungen in acht, von denen wirst du schwanger! Ich aber passe auf!'... damit meinte mein Vater, daß er mich 'lediglich' anal und oral vergewaltigte. Es könne ja nichts 'passieren'. In meiner Vorstellung wurde die vaginale Penetration zur absoluten Horrorvision. Ich ließ keinen Mann an mich ran.« (Sibylle, 43 Jahre)

»Als ich zum ersten Mal einen Artikel über sexuellen Mißbrauch schrieb – ohne darin auch nur anzudeuten, daß ich selbst als Mädchen vergewaltigt wurde, erlebte ich die ganze Angst nochmals. Am Tag der Veröffentlichung flog ich in Urlaub. Mein Abreisetag war genau geplant, denn ich wollte nicht erreichbar sein, wenn mein 'Verrat' öffentlich wurde. In meiner Vorstellung wurde der Täter wieder zu dem aus der Kindheit vertrauten Nachtmonster, obgleich ich ihm seit Jahren nicht mehr begegnet war... Ich malte mir aus, wie er gemeinsam mit meinem Bruder in meiner Wohnung auftauchte, mich der Lüge bezichtigte und alles kurz und klein schlug.

Während meines vierwöchigen Urlaubs rief ich alle paar Tage in meiner Wohngemeinschaft an und fragte nach, ob alles noch in Ordnung sei. ... Plötzlich verstand ich, warum ich mich in all den Jahren niemals getraut hatte, alleine zu leben. Nur im hintersten Zimmer der Wohnung fühlte ich mich sicher. So war ich auch noch mit 30 Jahren Gefangene der alten Angst.« (Lisa, 31 Jahre)

Fast alle betroffenen Frauen und Männer beschreiben die ihnen bekannte Sorge, in die Mühlen der Psychiatrie zu geraten. Opfer sexueller Gewalt haben es vielfach verlernt, ihren eigenen Gefühlen und ihrer Wahrnehmung zu vertrauen. »Ich bin verrückt, das kann doch in Wirklichkeit nicht so gewesen sein!« Gleichzeitig rumort in ihnen ein »Vulkan«: die alte Trauer und Wut. Es kostet unendlich viel Energie, diese Emotionen zu verdrängen und zu unterdrücken – erst recht die Angst vor dem vermeintlichen eigenen Wahnsinn.

»Erinnerungen sind wie eine Zeitbombe!« schreiben Barbara Kavemann und Ingrid Lohstöter in ihrem Buch »Väter als Täter«.

Literaturempfehlung:
Cardinal, Marie: Schattenmund. Reinbek 1979 (Autobiographischer Roman)

»Hab acht! Deine gefährlichsten Feinde sind Dein Vater und Deine Brüder!« – ein türkisches Sprichwort, das eine Gruppe türkischer Mädchen im Gespräch über sexuellen Mißbrauch erzählt. Die jungen Frauen berichten über anale und orale Vergewaltigungen und über ihre Schwierigkeiten, in einer fremden Kultur groß zu werden, während in ihren Elternhäusern strenge türkische Familienregeln gelten. Ebenso wie ihre Mütter haben sie sich meist dem Willen des Vaters unterzuordnen – doch nicht nur diesem: Auch ihre Brüder »herr«-schen über sie.

Wie tief das männliche Besitzdenken noch große Teile der türkischen Kultur prägt, zeigt sich in der Tatsache, daß der Wert vieler Mädchen (auf dem Heiratsmarkt) immer noch von dem Nachweis ihrer Jungfräulichkeit abhängt. Dementsprechend werden orale und anale Vergewaltigungen durch ihre Familienmitglieder häufig nicht als Unrecht angesehen; das Unrecht einer Defloration gilt in einigen türkischen Familien als wieder gutgemacht, wenn der Vergewaltiger das Mädchen heiratet.

Türkinnen, die vaginal vergewaltigt werden, bleiben oftmals nicht nur mit der sexuellen Gewalterfahrung allein, viele von ihnen leben zudem noch mit der Angst, daß sie von ihrer Familie verstoßen, in die Türkei verschleppt oder gar getötet werden, wenn der Verlust ihrer Jungfräulichkeit bekannt wird. Sie gelten als »wertlos«.

Aus Angst vor den Reaktionen der Verwandtschaft flüchten immer wieder sexuell mißbrauchte Türkinnen in Mädchenschutzstellen und Mädchenhäuser. Ihre Familien dürfen ihren Aufenthaltsort nicht erfahren; doch selbst an diesem sicheren Ort geraten einige von ihnen erneut in den Teufelskreis der sexuellen Gewalt: Die Mädchen – zuvor durch rigide Familiennormen eingeengt – beginnen die ungewohnten Freiräume zu genießen, lernen Männer kennen; werden von diesen als »Freiwild« angesehen, das man sich zum Vergnügen »hält«, jedoch nicht heiratet.

Nicht selten werden sie von Mann zu Mann weitergereicht...

Rückzug auf sich selbst

Die Situation sexuell mißbrauchter Mädchen und Jungen ist charakterisiert durch tiefe Ausweglosigkeit. Das Opfer kann die Übergriffe auf den eigenen Körper nicht verhindern und entwickelt im Sinne einer Überlebensstrategie in vielen Fällen komplizierte Spaltungsmechanismen, die den Körper zu etwas Fremdem, »Falschen«, zu machen versuchen. Das Selbst zieht sich zurück in einen schützenden Kern, unerreichbar für den Mißbrauch, aber genauso fern von allen liebevollen Kontakten zu anderen Menschen.

»Ich habe immer das Gefühl, als ob ich unter einer Glasglocke säße. Unter diesem Schutz sehe ich das Leben der anderen, wie sie miteinander streiten, sich lieben. Ich bin allein unter meiner Glasglocke, gefangen, abgeschnitten, habe keinen Kontakt. [...] Wie lange wird die Luft unter der Glocke noch zum Atmen reichen?« (Ingrid, 47 Jahre)

»Oft kommt mir mein eigenes Leben wie ein Film vor. Ich stehe neben mir selbst und höre mich sprechen, doch spüre ich nichts. Es ist, als ob eine andere über mein Leben spricht [...] Ich kenne diese Frau gut und sie kennt mich, doch ich habe kein Gefühl zu ihr und sie keins zu mir. [...] So ist es auch, wenn ich über den sexuellen Mißbrauch spreche. Ich erzähle ohne Gefühl, so als ob ich die Gebrauchsanweisung für eine Waschmaschine runterleiern würde.« (Hanne, 26 Jahre)

»Viele Jahre bin ich aus der Wirklichkeit in eine Phantasiewelt geflüchtet. Ich wurde zur Anne von der Alm. Damals sammelte ich Lind-Schokoladen, denn auf der Verpackung waren kleine Puppenbilder. Ich schnitt die Püppchen aus und illustrierte mit ihnen meine Geschichten über das Leben auf der Alm. In den Bergen lebte ich zusammen mit Heidi und ihrem Großvater, der auch zu mir gut war und mich beschützte. Im wirklichen Leben gab es keinen Opa. [...] Als kleine Anne war ich ein liebenswertes und glückliches Mädchen. Tagelang malte, schrieb und klebte ich meine Geschichten. Um mich herum konnte passieren was wollte, ich lebte auf der Alm und bekam vom Alltag nichts mehr mit.

Auch als Jugendliche flüchtete ich noch häufig in die Welt der kleinen Anne. In den Sommerferien sprach ich oft wochenlang so gut wie kein Wort, setzte mich unter einen Baum oder auf einen Hügel und erholte mich in meiner Phantasiewelt von den Schrecken des Alltags.

Noch heute liebe ich den Film Heidi und muß jedes Mal bitterlich weinen, wenn ich ihn sehe.« (Sybille, 43 Jahre)

Die Spaltung in einen »fremden« Körper, der zu einer fremden Welt gehört, und ein Selbst, das unsichtbar und unerreichbar in eine Depression oder eine Phantasiewelt flüchtet, stellt den Versuch dar, sich nicht völlig auszuliefern, sich zu erhalten.

Der Rückzug hat Folgen für das weitere Leben des Opfers, denn Vertrauen zu sich selbst und zu anderen, Offenheit und Kontakt zu dem eigenen Körper, den eigenen Gefühlen und denen anderer braucht eine Grundlage, die der sexuelle Mißbrauch zerstört. Marion Mebes beschreibt die Auswirkungen des Rückzugs auf sich selbst:

»Im Erwachsenenalter trifft sie (die Frau/A.d.V.) der Rückschlag dieser Taktik: über lange Jahre eingeprägt, ist der Zugang zum eigenen Körper nicht ohne weiteres möglich. Körper bzw. Körpergefühl, Wünsche, Träume, Bedürfnisse und andere Gefühle sind hinderlich, können von der äußeren Grenze nicht geschützt werden oder würden die Abwehrmechanismen sogar bedrohen. Sie werden abgespalten, kommen ganz oder teilweise an einen 'sicheren Ort', in eine steinerne Höhle im Inneren, in eine Truhe, werden zu einer stählernen Kugel oder in Feuer eingeschlossen.« (Mebes 1989, s. auch Kapitel VI)

Literaturempfehlung:
Herman, Judith Lewis: Die Narben der Gewalt. Traumatische Erfahrungen verstehen und überwinden. München 1993

Identifikation mit dem Aggressor

Mädchen und Jungen haben nur begrenzte Möglichkeiten, sich ohne die Hilfe von Dritten aus Mißbrauchssituationen zu befreien. Ihr Alltag wird oft jahrelang durch die sexuelle Gewalt bestimmt. Da betroffene Kinder zudem meist den Täter mögen oder lieben und sich dessen Verhalten nicht erklären können, suchen sie nach entschuldigenden und rationalisierenden Erklärungen für die sexuelle Ausbeutung.

»Ich war Opas Lieblingsenkel, auch wenn er noch so ekelig war – eigentlich habe ich mit ihm viel Spaß gehabt. Er war halt ein alter, kranker Mann!« (Martin, 21 Jahre)

Man gerät in die Gefahr einer Bagatellisierung, wenn man sich nicht bewußt ist, daß betroffene Kinder unter dem Druck einer »kognitiven Dissonanz« (= Wahrnehmungsdifferenz) stehen und diese auszugleichen versuchen, ohne an ihrer grundsätzlichen Machtlosigkeit etwas ändern zu können. Mädchen und Jungen bemühen sich, auch vor sich selbst das Tun der erwachsenen Person zu »normalisieren«. Sie versuchen, im Sinne des Erwachsenen zu interpretieren, was sich unter keinen Umständen als »nicht so schlimm« abtun läßt, und glauben, »es« habe ihnen selbst auch Spaß gemacht und sei nicht so böse gemeint, sondern eher als ein Zeichen der Zuneigung des Täters (der Täterin) zu verstehen. Diese wissen den natürlichen Impuls des kindlichen Mitleids auszunutzen und klagen vor einem erneuten Übergriff über ihre Krankheiten, Einsamkeit, die herzlose Ehefrau... (vgl. Kapitel VIII).

Zwischen den ambivalenten Gefühlen wie Zuneigung und Angst, Respekt und Ekel, Scham und Trauer hin und her gerissen, übernehmen Kinder bei der Bewertung der Situation die Perspektive des übermächtigen Täters (der Täterin). Aus Angst »kriechen« sie gleichsam mit ihrer inneren Wahrnehmung in die Rolle des Mißbrauchers, sehen sich selbst mit dessen Augen und übernehmen seine Argumentation. Wenn er sagt: »Du hast es selbst gewollt!« oder »Es bereitet dir ja Spaß!«, so machen sich viele Opfer in ihrer ohnmächtigen Lage diese Einschätzung zu eigen. In Folge der skizzierten Psychodynamik erleben sich Mädchen und Jungen selbst als Grund und Auslöser der sexuellen Ausbeutung, als Komplizin (Komplize) des Mißbrauchers. Durch diese Identifikation mit dem Aggressor schwindet scheinbar der Anteil der Gewalt in den Handlungen des Täters (der Täterin). Kinder und Jugendliche schaffen sich so ein ungebrochenes Bild der meist geliebten Bezugsperson zurück, denn welches Kind möchte schon den einzigen Vater, den sie/er hat, oder den Lieblingslehrer verlieren? Zugleich aber gibt das Opfer sich selbst als eigenständiges Subjekt auf und übernimmt den vom Täter (der Täterin) aufgezwungenen Objektstatus.

Die massiven Versuche betroffener Mädchen und Jungen, den Täter (die Täterin) zu entschuld(ig)en, sind ein Zeichen für die Wichtigkeit von Erwachsenen für die Entwicklung von Kindern, denn diese brauchen Menschen, die sie in ihrer Entwicklung mit Zuneigung begleiten und ihnen Schutz gewähren. Die »Entschuld(ig)ung« des Täters (der Täterin) durch das Opfer ist somit keinesfalls ein Zeichen für eine besonders positive emotionale Bindung an den Ausbeuter (die Ausbeuterin) – das Gegenteil ist der Fall: Je mehr ein Mädchen oder Junge den Mißbraucher (die Mißbraucherin) idealisiert und entschuldigt, um so größer ist die Identifikation mit dem Aggressor, um so weniger hat das betroffene Kind den Objektstatus überwunden.

Literaturempfehlung:
Dirks, Liane: Die liebe Angst. Hamburg 1986
Masson, Jeffrey M.: Was hat man Dir, Du armes Kind getan? Reinbek 1984 (Fachbuch)

Die Beziehung zur Mutter bei sexueller Gewalt durch den Vater

Den Vertrauens- und Kontaktpersonen des Opfers (z.B. Eltern, Geschwister, Großeltern, Freunden der Familie, LehrerInnen, ErzieherInnen) kommt eine wesentliche Bedeutung zu, denn die Langzeitfolgen sexueller Gewalterfahrung hängen entscheidend davon ab, ob und in welchem Ausmaß die Umwelt dem Mädchen/Jungen glaubt, sie schützt und tröstet.

Bisher ahnten Dritte nur selten das Leid der Betroffenen. Täter sind fast immer »Insider«; sie kennen den Alltag der Kinder und können meist unmerklich deren Tagesablauf steuern; sie haben ihre Methoden, um das Mädchen/den Jungen systematisch in ein Spinnennetz der Geheimhaltungsallianz zu verwickeln, damit bei Außenstehenden und Familienangehörigen kein Argwohn geweckt und die »stummen Schreie« des Opfers nicht verstanden werden. Das Mädchen/der Junge kann dieses »Nicht-Wahrnehmen-Wollen« und »-Können« der Umwelt nicht begreifen, denn sie/er erlebt Erwachsene als mächtig, stark und allwissend – insbesondere die Mutter [...] – und so glauben fast alle betroffenen Kinder und Jugendlichen, daß zumindest ihre Mutter von der sexuellen Ausbeutung weiß. Da sie aber nicht reagiert, fühlen sie sich dem Täter schutzlos ausgeliefert.

Entsprechend kindlichen Vorstellungen wissen Mütter alles. Viele Erwachsene erinnern sich noch daran, wie sie in ihrer Kindheit der Mutter hellseherische Fähigkeiten zusprachen und glaubten, ihre Mutter hätte ihnen jedes kleine Vergehen an der Nasenspitze angesehen (z.B. eine kleine Schwindelei oder die verbotene Schleckerei der Schokolade) – selbst wenn die Mutter keine Ahnung hatte. Daher können sexuell mißbrauchte Mädchen und Jungen es kaum nachvollziehen, daß ihre Mütter über die Handlungen des Täters nicht im Bilde sein sollen. Die Kinder und Jugendlichen lassen dabei jedoch außer acht, mit welcher Raffinesse der Mißbraucher sie in eine Komplizenschaft hineingezogen hat: Sie geben der Mutter in der Regel kaum zu verstehende Zeichen – noch viel verschlüsseltere Hinweise als ihre Mitteilungen an die Lehrerin oder Erzieherin. Die Mutter spürt in vielen Fällen zwar, daß die Tochter/der Sohn in der letzten Zeit bedrückt ist; macht sich Gedanken über deren/dessen Konzentrationsstörungen in der Schule, über das distanzlose Verhalten gegenüber Dritten oder die auffälligen Geschenke des Vaters. Doch welche Mutter vermutet schon einen sexuellen Mißbrauch durch den (geliebten) Partner?! Die meisten Menschen können sich ein solches Verbrechen von einer geliebten Person an einer anderen geliebten Person – erst recht am gemeinsamen Kind – nicht vorstellen (s. Kapitel XIII).

Doch Opfer sexueller Gewalt wahren in einigen Fällen auch von sich aus Stillschweigen gegenüber der Mutter – meistens nicht aufgrund einer gestörten Beziehung zu ihr, sondern um der geliebten Mutter Kummer zu ersparen. Der Täter spekuliert von vornherein auf die Liebe des Mädchens/Jungen zur Mutter: »Wenn du es Mama erzählst, wird sie ganz böse darüber werden, daß du das mit mir machst... Mama wird ganz krank und traurig!« Die Opfer vertrauen sich daher eher Dritten an – eine

Kränkung für die Frau: »Warum hast du mir nichts erzählt!« ... und »Du hast doch alles mitbekommen. Warum hast du mich nicht geschützt und alles sogar geduldet!« ..., so und ähnlich lauten dementsprechend die bitteren Vorwürfe, die sich viele betroffene Mütter und Töchter/Söhne gegenseitig machen.

Die Ahnungslosigkeit der Mütter kann frau leicht nachvollziehen, wenn sie sich vor Augen führt, mit welcher Systematik die meisten Mißbraucher Zwietracht in der Beziehung zwischen Mutter und Kind säen (s. Kapitel VIII)! Viele Opfer hassen infolge der Machenschaften des Täters die Mutter – sie hat in der Vorstellung des Kindes meist die sexuelle Ausbeutung zu verantworten. So konfrontieren betroffene Mädchen und Jungen in der Regel die Mutter und nicht den Täter mit ihrer Wut. Für sie ist es weniger gefährlich, anfangs der Mutter zu zürnen, denn diese ist ebenso wie sie selbst vom Vater abhängig – weniger mächtig. Der Bericht einer Frau beschreibt, welch weitreichende Folgen die sexuelle Ausbeutung durch den Vater für die Beziehung zwischen Mutter und Tochter haben kann:

»Bis zu meinem 33. Lebensjahr habe ich auf meine Mutter geschimpft. Warum hatte sie mich nicht geschützt, als mein Vater mich vergewaltigte?! Im Gegenteil, sie war gemein und hart zu mir. Ich konnte mich an die Szene im Badezimmer noch genau erinnern. Ich war noch klein und wurde freitags abends mit meinem jüngeren Bruder von unserem Kindermädchen gebadet. Meine Mutter kam herein, um nach uns zu schauen. Sie war schwanger mit meiner Schwester. Sie begann, die Wäsche zu sortieren und starrte auf meine blutige Unterhose. Ich mußte aus der Badewanne, wurde auf eine Kommode gesetzt, und Mutter mahnte mich streng, ich müßte mir meinen Po besser abputzen. Ich fühlte mich elend und allein.

Mutter nahm das Badetuch, rubbelte mich ab. Ich spürte ihren dicken, schwangeren Bauch. Dann sang sie in ihrer Verzweiflung:

'Hummel, Hummel mit Humor.
Mit Humor geht alles klor.
Ob im Osten oder Westen
mit Humor geht es am besten.
Hummel, Hummel mit Humor.'...

Im Rahmen meiner Therapie kamen mir fast 30 Jahre später andere Erinnerungen wieder. Ich sah neue Zusammenhänge: Einige Monate nach dem sexuellen Mißbrauch, meine Mutter hatte meine Schwester geboren, wurde bei meiner Mutter eine schwere Blutkrankheit diagnostiziert, eine Krankheit, an der sie dann 13 Jahre später starb. Sie hatte mein Blut gesehen und bekam selbst eine Blutkrankheit! Zunächst hieß es, sie habe nur noch einige Wochen zu leben. Mutter hatte einen eisernen Lebenswillen. Ihr Ziel war es, so lange durchzuhalten, bis daß wir groß waren. Auf ihrem Sterbebett bat sie mich, auf die Kleinen gut aufzupassen, der Vater sei schlecht für Kinder.

Ich entdeckte noch einen Zusammenhang: Es gab viele Gründe, aus denen heraus ich auf meine Mutter wütend war; einer war, daß ich kein eigenes Zimmer bekam. Ich mußte mit meiner Schwester immer über dem Elternschlafzimmer schlafen. Der Fußboden unseres Zimmers hatte Holzdielen, und neben meinem Bett ging ein Heizungsrohr an der Wand entlang, ein Rohr, das eine Etage tiefer neben dem Bett meiner Mutter weiter verlief. Mutter hatte die Angewohnheit, immer dann, wenn abends jemand in unserem Zimmer lief und wir z.B. nur mal aufs Klo gingen und der Fußboden knarrte, gegen dieses Rohr zu klopfen.« (Lisa, 35 Jahre)

Die Beziehung des Opfers zur Mutter wird geprägt von Ambivalenz, von widerstrebenden Gefühlen der Unsicherheit, Angst, Schuld, Wut, Enttäuschung und Protest. Die Beziehung zum Vater scheint klarer, denn er hat das Kind durch den sexuellen Mißbrauch eindeutig verraten (vgl. Hirsch 1987).

Die Arbeit mit betroffenen Kindern und ihren Müttern macht deutlich, daß weitaus häufiger, als bisher wahrgenommen, Mütter ihre Töchter und Söhne bewußt oder instinktiv schützen bzw. zu schützen versuchen:

Schon immer verließen betroffene Frauen ihre Partner, ohne den eigentlichen Grund ihrer Trennung zu benennen. Viele verzichteten auf Unterhalt, um sich und/oder dem Kind weiteren Kontakt mit dem Täter zu ersparen.

Eine Mutter kam in die Beratung und bat um Unterstützung. Man möge ihr und ihrem Mann das Sorgerecht für die 16jährige Tochter entziehen; dann könne das Jugendamt gegenüber dem Ehemann eine Ausbildung der Tochter in einer anderen Stadt durchsetzen. Im Gespräch wurde deutlich, daß die Frau selbst nicht den Mut hatte, sich von ihrem gewalttätigen Mann zu trennen, die Tochter jedoch vor weiterem Mißbrauch schützen wollte.

Eine andere Mutter räumte gegen den Protest des getrennt lebenden Ehemanns bei dessen Besuchen ihr Schlafzimmer und zog zu ihrer Tochter ins Kinderzimmer; instinktiv schützte sie die Zwölfjährige vor weiteren Übergriffen. Erst einige Jahre später erfuhr sie, daß der Vater dem Mädchen über Jahre sexuelle Gewalt zugefügt hatte.

Viele Mütter beobachten, daß ihr Partner plötzlich »sexuelles Interesse« am Kind zeigt. Sie glauben, daß dieses erlischt, wenn sie ihm »willig« sind, und kommen allen sexuellen Wünschen des Mannes nach, um die Tochter/den Sohn zu schützen. Kaum vorstellbar ist für sie, daß die sexuelle Ausbeutung trotz ihrer »Hingabe« weiterläuft.

Häufig vertrauen sich die Opfer ihren Müttern erst an, wenn sich diese aus anderen Gründen vom Partner trennen wollen. Der Entschluß der Mutter befreit das Mädchen/den Jungen von Schuldgefühlen und der Verantwortung für das Auseinanderbrechen der Familie. Die räumliche Trennung reduziert zudem die Angst vor dem Täter; dem Kind fällt es leichter, die eigene Sprachlosigkeit zu überwinden. Leider schätzen immer noch viele Laien und professionelle HelferInnen die Familiendynamik bei sexueller Gewalt falsch ein, sehen nicht, daß Mädchen und Jungen oftmals erst in Trennungssituationen sich ihren Müttern mitteilen können. Sprechen betroffene Mütter gegenüber Dritten über das »Familiengeheimnis«, so wird ihre Aussage oftmals fälschlicherweise – auch von Jugendämtern und Gerichten – als Rache oder Gemeinheit gegenüber dem Partner bewertet: »Jetzt benutzt sie auch noch ihr Kind, erfindet sogar einen Mißbrauch, um dem Mann im Sorgerechtsverfahren eins auszuwischen!« (s. Kapitel XVII)

Sicherlich gibt es auch Mütter, die ihre Töchter und Söhne nicht schützen. In einigen Fällen mißbrauchen auch Mütter bzw. sie unterstützen aktiv die sexuelle Ausbeutung (s. Kapitel IV). Mädchen und Jungen berichten immer wieder, daß ihre Mutter schweigend im Ehebett daneben lag, als der Vater sie mißbrauchte. Schmerzhaft ist für andere ebenso die Erfahrung, daß Frauen den »Vorfall« bagatellisieren: »Das vergißt du ganz einfach! Konzentrier dich auf die Schule! ... Männer sind halt so. Daran mußt du dich gewöhnen! ...«

Im Gespräch mit Müttern, die scheinbar aktiv ihre Kinder dem Täter auslieferten, wird jedoch fast immer deutlich, daß sie selbst als Mädchen sexuell mißraucht wurden. Viele Frauen haben im Sinne einer Überlebensstrategie ihre eigenen traumatischen Gewalterfahrungen abgespalten – verdrängt – und sind gegenüber der sexuellen Gewalt gegen das eigene Kind blind: Einige »fallen aus allen Wolken«, wenn sie mit den Fakten konfrontiert werden – selbst wenn der Mißbrauch im eigenen Ehebett stattgefunden hat. Andere geben an ihre Töchter die »weisen« Ratschläge weiter, die sie selbst von ihren Müttern bekamen.

Nach der Offenlegung der sexuellen Gewalt richten die Mütter ihre Wut in vielen Fällen nicht gegen den Täter, sondern gegen das Opfer. Sie werfen dem Kind eine aktive Beteiligung und Verrat vor, können nicht verstehen, daß die Töchter/Söhne sich ihnen nicht anvertraut haben. Aus Angst vor dem Täter wagen sie nicht, diesen mit dem Mißbrauch zu konfrontieren. Opfer empfinden ein solches Verhalten als doppelten Verrat, denn die Mutter »übersah« in der Vergangenheit nicht nur den Mißbrauch, sie agiert nun auch noch die eigene Wut und Ohnmacht am Kind, dem schwächsten Glied der Kette, aus und fügt dem Mädchen/Jungen erneute (sexuelle) Gewalt zu.

Lisa war von ihrem Vater als Kind vergewaltigt worden. Ihre Mutter wußte von der sexuellen Gewalt:

»Als ich fünf Jahre später mit elf Jahren meine erste Menstruation bekam, habe ich mich zu Tode geschämt und geekelt. Wieder das Blut! Ich gewöhnte mir an, die blutigen Unterhosen zu verstecken (im Kleiderschrank, Bücherregal...) oder warf sie einfach weg. Niemand sollte sie sehen. Natürlich fand Mutter sie. Alle Ermahnungen halfen nichts; ich blieb bei meiner Angewohnheit und entwickelte eine unbändige Wut auf meine Mutter. [...] Irgendwann kam sie auf eine neue 'Erziehungsmethode'. Sie sammelte ihre eigenen blutverschmierten Unterhosen, weichte sie ein, und ich mußte sie dann auswaschen. Oftmals beobachtete sie vom Bett aus meine Waschaktion und hielt mir vor, ich sei eine Nutte, ich sei schlecht. [...] Auch Jahre nach ihrem Tod – sie starb, als ich 18 Jahre alt war – hatte ich noch eine unbändige Wut auf die 'Alte'. Sie hatte mich nicht geschützt, sondern mich sogar noch bestraft!«

Unstrittig ist, daß Mütter oft – ob wissend oder ahnungslos – ihrer Verantwortung als Mutter nicht gerecht werden. Es ist eine schmerzhafte Realität, daß die sexuelle Ausbeutung von Mädchen und Jungen nicht nur eine partnerschaftliche Beziehung zwischen den Geschlechtern erschwert, sondern ebenso die Beziehung zwischen Töchtern und ihren Müttern – zwischen Frauen – schwer belastet.

Literaturempfehlung:
Enders, Ursula/Stumpf, Johanna: Mein Kind wurde sexuell mißbraucht.
Mütter und Väter melden sich zu Wort. Köln 1996

Die Situation der Geschwister bei sexueller Gewalt innerhalb der Familie

Sexuelle Gewalt durch Familienangehörige hat immer mehrere Opfer, denn auch die Geschwister werden in Mitleidenschaft gezogen. Ganz gleich, ob sie um die sexuelle Ausbeutung wissen oder diese ihnen verborgen bleibt – auch sie sind Betroffene.

Das »gemeinsame Geheimnis« von Opfer und Täter (Täterin) stört die Beziehung zwischen den Geschwistern ganz empfindlich: Die Schwestern und Brüder erleben, wie sich das Verhalten des Opfers »aus unerklärlichen Gründen« ändert, sie spüren die Sexualisierung der Beziehungen innerhalb der Familie und ahnen, daß etwas vor ihnen geheimgehalten wird. Oft reagieren sie z.B. mit Eifersucht, wenn das betroffene Mädchen/der Junge zum »Lieblingskind« ernannt und mit Geschenken und Aufmerksamkeit überhäuft wird. Verunsicherung und Aggressionen belasten in erheblichem Maße das Vertrauensverhältnis unter den Geschwistern.

Viele Geschwisterkinder fühlen sich in besonderem Maße schuldig, weil sie die Schwester oder den Bruder nicht beschützen können und selber von der sexuellen Ausbeutung »verschont« bleiben. Andere distanzieren sich aus Angst vor dem Täter (der Täterin) vom Opfer und identifizieren sich mit dem Aggressor, übernehmen dessen Sichtweise und schreiben der Schwester/dem Bruder die Schuld für das Verbrechen zu.

Häufig auch werden in Familien mehrere Kinder gleichzeitig mißbraucht, ohne daß die Opfer untereinander von ihrem gemeinsamen Leid wissen. David Finkelhor wies schon im Jahre 1984 nach, daß in 35 Prozent der Fälle von innerfamilialem sexuellen Mißbrauch an Mädchen ebenso Geschwisterkinder betroffen sind. Bei männlichen Opfern nannte der amerikanische Experte eine Quote von 60 Prozent. Die Erfahrungen von »Zartbitter Köln« lassen vermuten, daß die Prozentwerte in der Realität noch wesentlich höher liegen.

Bisher wird in der Fachliteratur wie auch in der Praxis die Situation der Geschwister fast gänzlich vergessen. Kaum Beachtung fand bisher zudem die Tatsache, daß das Miterleben von sexueller Gewalt in der Familie für Schwestern und Brüder gleichermaßen eine Traumatisierung sein kann wie für das Opfer selbst. Die Erfahrungen der Selbsthilfeinitiativen zeigen, daß häufig Frauen und Männer ihre Betroffenheit bei der Konfrontation mit der Thematik spüren, sich jedoch an nichts »Konkretes« erinnern können. Nicht selten fällt ihnen nach einer intensiven Auseinandersetzung mit den eigenen Gefühlen wieder ein, daß sie z.B. als Kind Zeugin (Zeuge) der Vergewaltigung der Schwester oder der Mutter wurden bzw. nachts mit im Ehebett schlafen mußten, um die Mutter vor der sexuellen Gewalt des Vaters zu schützen – sie lebten in einer Atmosphäre sexueller Gewalt.

Die Beziehung zu den Geschwistern

»Der Mißbrauch hat mich einsam gemacht, denn ich habe nicht nur den Kontakt zu meiner Mutter, sondern ebenso den zu meinen Geschwistern verloren.«

Betroffene Mädchen und Jungen, Frauen und Männer beschreiben oft die Einsamkeit ihrer Kindheit, denn fast immer nutzten die Täter (Täterinnen) ihre Machtstellung aus, um nicht nur einen Keil in die Mutter-Kind-Beziehung zu treiben, sondern um gleichsam solidarisches Verhalten zwischen den Geschwistern zu verhindern. Mißbrauchende Väter spielen ihre Kinder mit System gegeneinander aus, säen Eifersucht und Streit und bauen so einer Aufdeckung ihres Verbrechens vor: Die ältere Tochter soll z.B. nichts vom parallel laufenden Mißbrauch der jüngeren Schwester oder des kleinen Bruders erfahren. Doch selbst wenn die Geschwister den Mißbrauch der/des anderen erahnen oder miterleben, verhindern häufig Scham und Angst den Austausch über das gemeinsame Unglück – und damit jedes offene und ehrliche Gespräch. Die Schwester und/oder der Bruder wird zum Spiegelbild des eigenen Leids.

Viele Opfer gehen den ebenso betroffenen Geschwistern aus dem Weg; sie können es nicht ertragen, der Wahrheit ins Auge zu sehen und die eigenen Schmerzen zuzulassen. Oftmals schaffen es Geschwister erst Jahre später, miteinander über die gemeinsamen sexuellen Gewalterfahrungen zu sprechen.

» Von meinem vierten Lebensjahr an wurde ich von meinem Vater sexuell mißbraucht. Meiner Schwester, sie ist ein Jahr älter, passierte das gleiche. Wir haben nie darüber gesprochen. Jetzt bin ich 15 Jahre alt. Zu meiner Schwester hatte ich nie einen Draht, obwohl wir schon lange im gleichen Heim leben. Ich fand sie einfach blöd. Vor drei Wochen habe ich sie mal darauf angesprochen. Es hat uns beiden gutgetan, endlich einmal über alles zu sprechen. Jetzt können wir plötzlich auch über andere Sachen reden. Doch ich will jetzt in ein anderes Heim, denn wenn ich meine Schwester nur sehe, muß ich immer an den ganzen Mist denken.«
(Jessica, 15 Jahre)

Viele Mädchen und Jungen, Frauen und Männer machen die bittere Erfahrung, daß sich die Geschwister von ihnen abwenden, sobald sie das Geheimnis lüften.

» Ich habe zwei Schwestern und zwei Brüder. Seitdem ich über den sexuellen Mißbrauch durch meinen Vater spreche, ist mein Kontakt zu meinen beiden Brüdern gänzlich abgebrochen. Ich soll ihrer Meinung nach doch endlich die Vergangenheit auf sich beruhen lassen. Ihnen kommen selbst Erinnerungen, mit denen sie nicht umgehen können; bei uns wurden die Mädchen mißbraucht und die Jungen geprügelt. Auch wollen die beiden nicht, daß Dritte von der Familientragödie erfahren und sie womöglich darauf ansprechen.

Die Beziehung zu einer meiner Schwestern ist auch zerbrochen. Als ich mich einer Selbsthilfegruppe anschloß, war sie zunächst begeistert und unterstützte mich. Doch je intensiver ich in unserer Vergangenheit rumkramte, um so mehr ging Brigitte auf Abstand. Ich sollte mich ihrer Meinung nach mit Vater und Mutter versöhnen, zu ihr seien sie in der letzten Zeit sehr nett, er sei doch inzwischen ein alter Mann.

Meine zweite Schwester schloß sich ebenso einer Wildwassergruppe an. Mit ihr verstehe ich mich gut – wir kommen gut miteinander klar.

Bis auf die eine Schwester habe ich meine ganze Familie verloren. Mir bleibt halt keine andere Wahl; ich will und kann nicht mehr zurück – sonst würde ich mich selbst verleugnen. In der letzten Zeit habe ich manchmal das Gefühl, daß meine Freundinnen und Freunde heute meine wirkliche Familie sind. Wir brauchen alle Eltern und Geschwister – ich auch, aber es müssen nicht immer die leiblichen sein!« (Silke, 28 Jahre)

In vielen Fällen zwingen die Täter (Täterinnen) ihre Opfer, sich gegenseitig zu mißbrauchen, so daß diese die Schwester/den Bruder nicht nur als Mitopfer, sondern auch als Täter (Täterin) erleben – eine Erfahrung, die eine gemeinsame Aufarbeitung der sexuellen Gewalterfahrungen natürlich erheblich erschwert.

VI

MARION MEBES
IHR SAGT: »VERRÜCKT« –
ICH NENNE ES ÜBERLEBEN!

So unterschiedlich die Lebensläufe von Mädchen und Frauen sind, so verschieden sind auch die Überlebensstrategien von Mädchen und Frauen, die sexuell mißbraucht wurden und werden. Doch in einem Punkt stimmen alle Verarbeitungsformen sexueller Gewalt überein: Sie stellen letztlich einen Versuch dar, das verletzte Innere zu schützen, sich selbst bzw. die ausgelösten Gefühle möglichst nicht wahrzunehmen, abzuspalten, die eigenen Empfindungen auf ein Minimum zu reduzieren oder sich »weg« zu machen (z.B. mit Träumen und Phantasien). So empfinden Mädchen – ganz gleich ob bewußt oder unbewußt – die durch die sexuellen Übergriffe zugemutete Gefährdung des Selbst, sie erleben die brutalen Grenzüberschreitungen/Grenzverletzungen. Zum eigenen Schutz ergreifen Mädchen jedes Mittel und probieren jeden Weg aus, der auch nur im entferntesten Schutz verheißen könnte. Doch die Verhaltensweisen, die während der Übergriffe das Überleben erleichtern oder überhaupt erst ermöglichen (z.B. Verdrängung und das Anfressen einer Fettschicht), werden später – oftmals bis ins Erwachsenenalter – zu einengenden Grenzen und Beschränkungen. In welchen Maßen und auf welche Weise »Störungen« auch auftreten mögen, sie sind Reaktionen auf äußere Bedingungen, auf traumatische Erlebnisse. Ohne Zweifel stellen sie immer einen Versuch dar, den Kern des Selbst und dessen lebenswichtige Komponenten unverletzt zu erhalten – ganz gleich, ob diese Schutzfunktion der »Störungen« für die Umwelt nachvollziehbar ist oder nicht. Die entwickelten Überlebensmechanismen gehen womöglich so weit, daß der Kontakt zum Selbst erschwert/zerstört wird. Frauen/Mädchen und HelferInnen können die Bedeutung der äußerlich zunächst nur destruktiv erscheinenden Verhaltensweisen verstehen lernen, d.h. deren innere Logik erkennen. Damit eröffnen sie Wege, den Kontakt zum Selbst wiederzugewinnen und dessen Schutz auf andere Art und Weise zu sichern.

Kayla Weiner (Referentin beim Congress on Mental Health Care for Women, Amsterdam 1988) beschreibt den Prozeß ständiger An- und Übergriffe und deren Folgen für das Selbst. Sie spricht von zwei Grenzen, der inneren und der äußeren. Im Optimalfall liegen beide nahe beieinander, und die Frau kann selbst bestimmen, wie weit sie ihre äußere Grenze öffnet, um jemanden an sich heranzulassen. Nähe und Distanz läßt sie entsprechend dem eigenen inneren Gefühl zu, bzw. baut sie auf, und entscheidet dementsprechend, ob sie für jemanden die äußere oder sogar die innere Grenze öffnet. Durch die Diskriminierung von und die alltägliche strukturelle Gewalt gegen Frauen wird deren äußere Grenze ohnehin schon gegen ihren Willen alltäglich überschritten, mißachtet und beansprucht. Übergriffe wie sexuelle Gewalthandlungen verletzen die äußere Grenze so massiv, daß diese keinen Schutz mehr für die innere Grenze bietet – und damit auch nicht mehr für den Kern des Selbst, den Kayla Weiner als »life-energy« bezeichnet. Dieser Bereich wird direkt – und zumeist ohne Vorwarnung – getroffen, das Recht des Mädchens/der Frau auf (sexuelle) Selbstbestimmung übergangen und untergraben. Als Reaktion auf die Verletzung baut der Kern eine Schutzschicht auf – und verhärtet sich.

Die innere Grenze wird zum Schutz der lebenswichtigen Energien weiter nach innen gezogen. Dies ist ein Versuch, sich zum Täter, zu dessen Übergriffen und den damit verbundenen Gefühlen mehr Abstand zu verschaffen, sich weniger verletzbar zu machen, ein Prozeß, der oft als Versteinerung beschrieben wird. Als weitere Reaktion auf die Verletzungen der äußeren Grenze wird die Schutzschicht des inneren Selbst häufig mit allen zur Verfügung stehenden Kapazitäten gepanzert. Dabei zeigen Mädchen und Frauen Verhaltensweisen, die verrückt anmuten. Bei genauem Hinsehen jedoch verfolgen die »Störungen« einen klaren Zweck und haben ihren Sinn in der jeweils individuellen Lebensgeschichte des Mädchens/der Frau. Diesen gilt es, mit ihr aufzuspüren und zu verstehen.

Parallel zu dem beschriebenen Prozeß entwickeln Mädchen und Frauen häufig einen zweiten Schutzmechanismus: Sie verstärken ihre äußere Grenze, um Angriffe abzuwehren.

Mädchen und Frauen beschreiben »das Selbst« und dessen Schutz häufig, indem sie z.B. davon sprechen, daß sie einen Kloß oder einen Klotz in sich haben, den sie nicht näher definieren können. Auch ihre Mimik und Gestik drückt nicht selten die Versteinerung aus. Sie haben eine Art äußeres und inneres Leben entwickelt. Diese Spaltung stellt sich bei vielen als eine Spaltung zwischen Körper und Empfinden dar. »Wenn der ständige Übergriff auf den eigenen Körper nicht verhindert werden kann, wenn Persönlichkeit und Würde durch diesen Körper angreifbar und verletzlich sind, dann wird eine tiefgreifendere Spaltung vorgenommen: Mein Selbst und mein Körper sind nicht mehr identisch. Das Selbst zieht sich so weit zurück, daß der äußerliche Mißbrauch des fremdgewordenen Körpers keine solche Verletzung mehr sein kann. Diese Spaltung vermittelt Kontrolle über sich selbst, wenn schon die Kontrolle des eigenen Lebens, des eigenen Körpers nicht gelingt: Es gibt Frauen, denen es in sehr frühen Jahren gelang, sich emotional abzuschotten, weitgehende Schäden durch den Mißbrauch zu verhindern.« (Kavemann/Lohstöter 1984)

Frauen wählen oftmals eine sehr bildhafte und damit deutliche Sprache, um ihre Versteinerung und die Spaltung von Selbst und Körper zu beschreiben:

»*Einmal hatte ich schreckliche Angst, sie würde mich allein mit Vater zurücklassen... Ich fürchtete mich zu Tode – Knoten im Bauch. Aber ich saß nur still da, ich konnte meine Gefühle nicht zeigen. Total versteinert saß ich da.*« (Armstrong 1985)

»*Schließlich sagte ich mir, daß er ja nur meinen Körper für kurze Zeit in Beschlag nahm, meine Seele war jenseits seines Zugriffs, mich selber als Persönlichkeit konnte er nicht vereinnahmen. [...] Indem ich sozusagen nur meinen Körper benutzen ließ, konnte ich innerlich eine gewisse Distanz bewahren, die mich schützte.*« (Gardiner-Sirtl 1983)

»*Wie ich damit fertig wurde? Ich spaltete ab. Ich brachte es irgendwie fertig, es wegzuschieben.*« (Armstrong 1985)

Andere Frauen beschrieben die Spaltung in zwei Persönlichkeiten, die bis ins Erwachsenenalter – mehr oder weniger stark ausgeprägt – anhalten kann. Sie schließen das »kleine, verletzte Mädchen« in sich ein und sichern auf der »Außenseite« ihren Schutz.

Unter den Mädchen und Frauen, die sexuell mißbraucht wurden, treffen wir oft hochsensible Persönlichkeiten. Ihre Sensibilität wurde gezwungenermaßen aufs schärfste durch die Bedingungen trainiert, in denen sie aufwuchsen. Zum Schutz ihres Selbst mußten sie lernen, alle vorhandenen Kräfte einzusetzen, die ständig lauernde Gefahr zu erahnen, zu erkennen. Die äußere Abwehr mußte maximiert werden zu dem einen Zweck: den Kern des Selbst schützen – das »kleine verletzte Mädchen« im Innern.

In der (therapeutischen) Verarbeitung gilt es, den Kontakt zu diesem Mädchen im Innern wiederherzustellen, sie zu beschützen und wachsen zu lassen, bis sie sich selbst schützen kann. Das Ganzwerden/Einswerden mit sich selbst ist Prozeß und Ziel.

Literaturempfehlung:
Herman, Judith Lewis: Die Narben der Gewalt. Traumatische Erfahrungen verstehen und überwinden. München 1993

VII

DIE NARBEN DER SEXUELLEN GEWALT

Im Rahmen einer einseitigen Sensationsberichterstattung erhält die Öffentlichkeit zunehmend Informationen über die Folgen sexueller Gewalterfahrungen in der Kindheit (z.B. Drogenabhängigkeit, Prostitution, Suizidversuche, Magersucht usw.) – demgegenüber besteht ein Informationsdefizit bezüglich der Überlebensstrategien der Betroffenen. Dies hat zu einer zweiten Form der Tabuisierung beigetragen: Betroffene Mädchen, Jungen und Frauen berichten, daß Freunde, Bekannte und professionelle HelferInnen vor ihnen »schockiert« zurückweichen, wenn sie ihr Geheimnis lüften. Das Ärmste aller Opfer scheint ausgemacht: Eine Frau, die das in ihrer Kindheit erlebt hat, die muß doch...

Auch MitarbeiterInnen psychosozialer Arbeitsfelder fühlen sich oftmals hilflos angesichts der schwerwiegenden physischen und psychischen Folgeprobleme. Die Arbeit mit betroffenen Mädchen, Jungen und Frauen zeigt jedoch, welche Überlebenskraft und Lebensenergie betroffene Kinder häufig mobilisieren, um sich aus der scheinbar hoffnungslosen Lage zu befreien. Die Psychotherapeutin Eva Hildebrand fand in Auswertung ihrer Arbeit mit betroffenen Frauen eine Antwort auf die Frage, wie Kinder es schaffen, trotz des ihnen zugefügten Leides zu überleben:

»Oft empfand ich während meiner Arbeit bei der Begegnung mit dem Leid und der Angst meiner Klientinnen ein Gefühl von Hoffnungslosigkeit, aber ich schöpfte wieder Mut, als ich erkannte, welche große Überlebensfähigkeit und welche fundamentale Gesundheit hinter dem selbstzerstörerischen Verhalten der Frauen vorhanden war. Ich betrachte daher die Opfer als 'Überlebende' und das destruktive Verhalten als Überlebensmechanismen. Diese Frauen haben mich in meiner grundlegenden Philosophie bestärkt, daß alle Kinder mit der gesunden Fähigkeit geboren werden, jedes traumatische Erlebnis mit möglichst geringem Schaden zu überstehen. Das, was sich mir als Krankheitsbild meiner Klienten darstellte, war für sie die beste Möglichkeit, die destruktive Situation zu meistern, in der sie hoffnungslos unterlegen waren.« (Hildebrand 1986)

Der Täter (die Täterin) reduziert das Mädchen/den Jungen auf die Rolle des Sexualobjektes. Sehen Fachwelt und Öffentlichkeit nur die Folgen der Betroffenen, so übernehmen sie die Perspektive der Täter (Täterinnen), sie reduzieren Mädchen und Jungen, Frauen und Männer auf die Erfahrung der sexuellen Gewalt und ignorieren ihre Überlebenskraft. Damit werden

Betroffene zum zweiten Mal zum Opfer: zum Opfer eines an Symptomen orientierten (therapeutischen) Definitionsprozesses. Die Veröffentlichungen zum Thema sind ein Spiegelbild der fachlichen Diskussion und machen deutlich, daß nur von ganz wenigen Überlebenskraft und Kompetenzen der Mädchen und Jungen bewußt wahrgenommen werden. Es ist daher kaum verwunderlich, daß Betroffene immer noch fürchten, als psychisch krank stigmatisiert zu werden, wenn sie über ihre Gewalterfahrungen sprechen.

Mögliche Folgen sexueller Gewalterfahrungen

Die Folgen sexueller Gewalterfahrungen können sehr unterschiedlich sein. Ein Mädchen zieht sich beispielsweise zurück und flüchtet in die Isolation, eine andere verhält sich distanzlos, denn der Täter hat ihre persönliche Grenzen durchbrochen. Wie soll sie auch die eigentlichen Grenzen anderer Menschen wahrnehmen und wahren können?

Im folgenden soll beispielhaft die Bandbreite möglicher Folgen sexueller Gewalterfahrungen skizziert werden. Sie gibt oft auch Hinweise auf die sexuelle Ausbeutung und/oder einen Ausdruck der Überlebenskraft des Opfers. Doch sollten sich PraktikerInnen davor hüten, jede genannte Verhaltensauffälligkeit als einen eindeutigen Hinweis auf sexuelle Gewalt zu werten. Viele der genannten möglichen Folgen können ebenso andere Ursachen haben (z.B. familiale Konflikte in Trennungssituationen, emotionale oder körperliche Kindesmißhandlung, Konflikte mit SpielkameradInnen oder Kindesvernachlässigung). Im konkreten Einzelfall gilt es, verantwortungsvoll die Ursache der jeweiligen Auffälligkeiten genauestens zu ergründen (s. Kapitel XI).

1. Körperliche Verletzungen

Striemenartige Spuren an der Innenseite der Oberschenkel, Bißwunden, Brandwunden, Hämatome in erogenen Zonen und Verletzungen im Genitalbereich sind fast immer eine Folge von sexuellem Mißbrauch und nicht – wie fälschlicherweise oftmals angenommen – von Kindesmißhandlung.

Heike will in der Kindertagesstätte nicht mehr duschen. Nach einigen Tagen zeigt sie einer Erzieherin ihres Vertrauens eine Wunde in der Vagina. Die Mitarbeiterin, für die Problematik des sexuellen Mißbrauchs sensibilisiert, sucht ganz vorsichtig das Gespräch mit der Kleinen. Der Verdacht des sexuellen Mißbrauchs wird einige Wochen später durch klare Aussagen des Mädchens bestätigt.

Weitaus häufiger, als Laien vermuten mögen, werden Kinder mit Verletzungen und Brandwunden im Genitalbereich und Geschlechtskrankheiten in Krankenhäuser eingeliefert. MedizinerInnen müssen diese als einen möglichen Hinweis auf sexuellen Mißbrauch ernst nehmen, keinesfalls reicht ein Gespräch mit den Eltern, um den Schutz des Kindes in Zukunft sicherzustellen. Bisher werden Kinder in vielen Fällen nach der medizinischen Versorgung wieder in das Elternhaus entlassen, wie z.b. ein drei Monate altes Mädchen, das mit starken Verletzungen der Vagina in ein Krankenhaus eingeliefert wurde. Noch nicht einmal das Jugendamt wurde informiert.

2. Körperliche und psychosomatische Folgen

Mädchen und Jungen entwickeln Fähigkeiten, um die für sie destruktive Situation mit möglichst geringem Schaden zu überleben. Oft zeigt sich der Überlebenswille der Betroffenen in deren psychosomatischen Folgen. Einige Beispiele:
◆ *Schlafstörungen:*
 Einige Mädchen und Jungen liegen nächtelang wach und lauschen: »Höre ich Schritte auf der Treppe? Schnell aufs Klo, kräftig abziehen, damit Mutter wach wird!«
◆ *Konzentrationsstörungen:*
 Nach einer durchwachten Nacht bietet z.B. die Schule einen Schutzraum, in dem Betroffene mal nicht achthaben, sich nicht konzentrieren müssen.
◆ *Sprachstörungen und Legasthenie:*
 Plötzlich auftretende Sprachstörungen und Legasthenie können vielfache Ursachen haben. Sie können jedoch auch ein Hinweis auf sexuellen Mißbrauch sein; das Mädchen/der Junge hat für die sexuelle Gewalt keine Worte bzw. ihr wird nicht geglaubt, es verschlägt ihr die Sprache.
◆ *Hauterkrankungen:*
 Exzeme und Allergien »verhüllen« den Körper, machen ihn unansehnlich und können in Einzelfällen dafür Sorge tragen, daß das Kind sich z.B. bekleiden muß und darf und damit z.B. im Schwimmbad nicht mehr den Blicken der Männer ausgesetzt ist.
◆ *Bauchschmerzen und Unterleibsschmerzen:*
 Es kommt immer mal wieder vor, daß ein kleines Mädchen von Bauchschmerzen spricht, aber auf den Unterleib oder die Vagina zeigt oder vor Schmerzen nicht mehr auf dem Stühlchen im Kindergarten sitzen kann.
◆ *Bettnässen*
◆ *Migräne/Kopfschmerzen*

◆ *Schwangerschaften:*

Obgleich Mädchen nicht nur in Ausnahmefällen als Folge des sexuellen Mißbrauchs schwanger werden, bekommen nur wenige von ihnen parteiliche Hilfe. Meist wird das Kind zur Adoption freigegeben oder von den Eltern der jungen Mutter (auch wenn der Vater der Täter ist) »wie« ein eigenes Kind aufgezogen. Nicht selten werden angeblich unbekannt verzogene flüchtige Bekanntschaften des Mädchens als Kindesvater angegeben. Vereinzelt reagieren jugendliche Mädchen auch mit Scheinschwangerschaften auf sexuelle Gewalterfahrungen.

◆ *Blutungen und hormonelle Veränderungen:*

Auch schon kleine Mädchen bekommen Blutungen; ihr Körper macht so auf die »Verletzung« aufmerksam. Eine andere Form der Körpersprache kann eine ungewöhnlich frühe Schambehaarung und Entwicklung der Brust bei sehr jungen Mädchen sein (z.B. bei Siebenjährigen).

◆ *Asthma*

◆ *Lähmungen:*

»Wenn ich ganz steif bin, mich wie totstelle, dann spüre ich nichts mehr.« Betroffene Mädchen und Jungen sind wie gelähmt – aus Angst oder Schmerz. Durch Lähmungserscheinungen in Armen und Beinen bringt der Körper die »psychische Lähmung« nonverbal zum Ausdruck.

◆ *Autismus*

◆ *Multiple Persönlichkeitsstörung (MPS):*

Als Folge schwerer körperlicher, seelischer und sexueller Mißhandlungen entwickeln einige Mädchen und Jungen eine Multiple Persönlichkeit (MP-Syndrom/MPS). Sie spalten Gefühle, Wahrnehmungs- und/oder Gedanken- und Verhaltensmuster wie eigene »Persönlichkeiten« innerhalb einer Person ab (s. Kapitel XVIII). Ihnen war ein Überleben nur noch durch die Verteilung der Gewalterlebnisse auf viele Personen innerhalb des einen, mißhandelten Körpers möglich. »Das System der inneren Person übernimmt eine Schutzfunktion, die das erwachsene Umfeld des Kindes nie übernommen hat«. (Wildwasser Bielefeld 1994)

◆ *Magersucht:*

Sexuell mißbrauchte Mädchen machen die Grunderfahrung »Frau sein = machtlos sein = benutzbar sein = Körper sein«.

Magersüchtige Mädchen setzen »ihre Lösung« dagegen: Spaltung, totale Kontrolle, Ablösung des Selbst, um einem vorbestimmten Schicksal zu entgehen. Das Selbst ist dem Körper nicht mehr unmittelbar verbunden, sondern regiert ihn von ferne, indem die Körperfunktion, das Essen innerhalb und außerhalb des Körpers kontrolliert wird (vgl. Kavemann/Lohstöter 1984). Ein Mädchen, das hautnah erlebt, was es bedeutet, in einem weiblichen Körper zu stecken und das nicht ändern zu können – weder das Schicksal als Frau noch die Funktionalisierbarkeit des weiblichen

Körpers für männliche Sexualinteressen – setzt die oben beschriebene Spaltung fort: »Frau sein und Ich sein ist nicht mehr identisch. Auf diese Weise kann ein Mädchen den eigenen Entwurf einer selbständigen Existenz phantasieren. Nur nicht so werden, wie es von einer Frau verlangt wird, wie sie selbst schon erlebt hat, was es heißt, Frau zu sein. Ganz anders will sie sein.« (ebenda)

Inzwischen öffnet sich in Fachkreisen auch der Blick für die Tatsache, daß in Einzelfällen auch Jungen an Magersucht erkranken.

◆ *Eßsucht:*

Eine der häufigsten Widerstandsformen gegen sexuellen Mißbrauch ist die Eßsucht: Durch zusätzliche Pfunde machen Mädchen/Jungen ihren eigenen Körper unattraktiv und hoffen, daß der Täter von ihnen läßt. Andere essen »gegen das Loch in ihrem Bauch« an und halten sich durch ein Polster den Täter auf »Abstand«.

3. Emotionale Reaktionen/Selbstwahrnehmung

◆ *Ängste:*

»Ich bekam Schweißausbrüche, wenn ich mit meinem Chef alleine im Raum war ... Mein altes Alarmsystem warnte mich davor, alleine mit einem Mann, von dem ich abhängig war und den ich mochte, im Raum zu bleiben.« (Katharina, 33 Jahre)

Nicht nur erwachsene Frauen, auch Kinder und Jugendliche entwickeln Ängste vor Autoritätspersonen (z.B. vor Lehrern). Betroffene Mädchen und Jungen zeigen z.T. zunächst scheinbar unerklärliche Ängste gegenüber bestimmten Personentypen oder Räumen. Oftmals ist diese Angst ein Hinweis auf eine konkrete Gewalterfahrung (z.B. durch einen Mann mit Bart oder im Keller, im Auto, im Zeltlager).

◆ *regressives Verhalten*
◆ *aggressives Verhalten*
◆ *Vereinsamung*
◆ *Beziehungsschwierigkeiten*
◆ *Scham- und Schuldgefühle*
◆ *Ablehnen der eigenen Geschlechterrolle*
◆ *Depressionen*
◆ *überangepaßtes Verhalten*
◆ *Geringes Selbstwertgefühl:*

»Ich bin nichts wert... Ich bin eine Zumutung... Ich schaffe ja doch nichts... Ich bin schlecht...«

Scham- und Schuldgefühle, Zweifel an der eigenen Wahrnehmung und das Gefühl der Ohnmacht schwächen das Selbstbewußtsein von Mädchen und Jungen.

◆ *Zwanghaftes Verhalten:*
»Ich habe mich gewaschen und gewaschen. Zweimal zog ich mir am Tag von Kopf bis Fuß saubere Kleidung an. Niemand sollte mir den Dreck ansehen, und so habe ich versucht, ihn abzuschrubben.« (Renate, 34 Jahre)

Ihr »Nein« gegenüber dem Mißbrauch bringen betroffene Kinder vielfach auf nonverbale Art und Weise zum Ausdruck. So z.B. auch, indem sie sich langsam verdrecken lassen und/oder sich gleichzeitig zwanghaft zig Mal am Tag die Zähne putzen bzw. die Hände scheuern, bis diese wund sind. Ein solches Verhalten läßt in vielen Fällen Rückschlüsse auf die Handlungen des Täters (der Täterin) zu: Das Mädchen/der Junge muß den Täter (die Täterin) z.B. oral und mit den Händen befriedigen.

4. Autoaggressionen

Viele Opfer sexueller Gewalt richten in ihrer Ohn-Macht ihre Wut, die eigentlich dem Täter (der Täterin) gilt, gegen sich selbst. Wenn sie es schaffen, dies zu erkennen und in einem nächsten Schritt ihre berechtigte Aggression nicht mehr gegen sich selbst, sondern nach außen zu richten, haben sie einen Riesenschritt auf ihrem Weg zur Selbstheilung bewältigt.

◆ *Drogen- und Alkoholabhängigkeit:*
Drogen- und Alkoholkonsum helfen Betroffenen, die Erinnerung an die sexuelle Gewalterfahrung zu betäuben; der Versuch, mit Hilfe der Droge aus der nicht aushaltbaren Realität zu flüchten, ein klares NEIN zur realen Gewalt ist Ausdruck des Überlebenswillen der Betroffenen. Florence Rush (1985) zeigt in Auswertung amerikanischer Untersuchungsergebnisse auf, daß 80 Prozent aller weiblichen Drogenabhängigen in der Kindheit sexuell mißbraucht wurden.

◆ *Selbstverstümmelung:*
Auch Selbstverstümmelung kann eine Folge sexuellen Mißbrauchs sein: Mädchen und Jungen bestrafen sich selbst, indem sie brennende Zigaretten auf der Haut ausdrücken, sich Haare ausreißen oder sich Schnitte beibringen. Andere verletzen sich, um den Schmerz zu spüren, das Blut zu sehen – sie möchten spüren, daß es sie noch gibt, daß sie noch leben.

◆ *Suizidversuche:*
Der Selbstmord erscheint für manche Opfer sexuellen Mißbrauchs als der einzig wirksame Schutz vor den Übergriffen des Täters (der Täterin). Er stellt für sie die vermeintlich einzige Möglichkeit dar, dem Selbsthaß,

der Scham, der Verzweiflung usw. ein Ende zu setzen. Fast alle Frauen, die als Mädchen sexuell mißbraucht wurden, berichten von Selbstmordgedanken; viele haben bereits in ihrer Kindheit oder Jugend (wiederholt) versucht, sich das Leben zu nehmen (z.B. durch »Unfälle«).

◆ *Arbeitssucht:*
Nicht alle Folgen sexueller Gewalterfahrungen werden von der Umwelt negativ bewertet – so z.B. auch eine extreme Leistungsorientierung. In Selbsthilfegruppen berichten Frauen immer wieder davon, wie sie sich als Mädchen aus der Mißbrauchssituation zu befreien suchten, indem sie mit extremem Eifer für die Schule arbeiteten. Gute Leistungen stärkten das geschwächte Selbstwertgefühl und erleichterten eine frühe finanzielle Unabhängigkeit vom Elternhaus.

Folgen für das soziale Verhalten

◆ *Sich zurückziehen – Einzelgängertum und Mißtrauen:*
Einige Mädchen und Jungen ziehen sich in sozialen Kontakten zurück, werden ruhig und machen sich unscheinbar – sie »gehen auf Tauchstation«. Nur wenn sie für sich alleine sind, fühlen sie sich sicher, denn »Nähe bedeutet Gefahr im Verzuge«.

◆ *Distanzloses Verhalten:*
Der Täter (die Täterin) hat die Grenzen des Mädchens/Jungen mißachtet. Viele Betroffene haben dementsprechend nie gelernt, die eigenen Grenzen und die anderer zu spüren und/oder zu respektieren – sie verhalten sich distanzlos.

◆ *Frühe Heirat:*
Manche Mädchen sehen in einer frühen Heirat die einzige Chance, sich aus einer Mißbrauchssituation zu befreien. So wechseln die »Besitzverhältnisse«: Sie sind nicht mehr »Eigentum« des Vaters, sondern Ehefrau ihres »oftmals viel älteren« Mannes.

◆ *Streunen, Weglaufen aus dem Elternhaus und Trebegängertum:*
Kinder flüchten vor dem Mißbrauch im Elternhaus, indem sie streunen, sich kaum zu Hause sehen lassen, andere laufen weg – oftmals ohne Ziel – oder gehen auf Trebe. Erfahrungsberichte von betroffenen Mädchen und Frauen und auch ihren Beraterinnen belegen, daß ein immens großer Anteil der Trebegängerinnen zuvor zu Hause mißbraucht wurde.

◆ *Delinquenz*
◆ *frühreifes Verhalten*
◆ *Leistungsverweigerung*
◆ *extreme Leistungsmotivation*
◆ *Sicheres Auftreten in Gruppen bei gleichzeitig ängstlichem Verhalten im Einzelkontakt:*

»Nur in Gruppen bin ich sicher!« – eine Regel, die sexuell mißbrauchte Mädchen und Jungen schon von klein auf lernen; wenn sie z.B. mit einem (männlichen/weiblichen) Erwachsenen allein im Raum sind, haben einige von ihnen die (unbewußte) Angst, daß sie erneut mißbraucht werden.

◆ *extremes Machtverhalten*
◆ *extrem ohnmächtiges Verhalten*
◆ *»Auffälliges Verhalten« gegenüber bestimmten Männer- oder Frauentypen:*

In der Arbeit mit betroffenen Kindern und Jugendlichen empfiehlt es sich, darauf zu achten, ob sie in einzelnen Schulfächern, die von einer dem Täter (der Täterin) ähnlichen Person unterrichtet werden, Schulversagen zeigen.

6. Folgen für die Sexualität

◆ *Sexualisieren von sozialen Beziehungen*
◆ *exzessive sexuelle Neugierde*
◆ *offene Masturbation*
◆ *Bloßstellen der Genitale*
◆ *zwanghaft promiskes Verhalten*
◆ *auffälliges Verhalten während der Menstruation*
◆ *altersunangemessenes Sexualverhalten bzw. sexuelles Spiel*
◆ *Verweigerung/Negierung sexueller Bedürfnisse*
◆ *Prostitution*
◆ *sexuell aggressives Verhalten*
◆ *sado-masochistisches Sexualverhalten*
◆ *sogenannte »sexuelle Verwahrlosung«*

Neben körperlichen Verletzungen und Schwangerschaften ist altersunangemessenes Sexualverhalten von Mädchen und Jungen der einzig eindeutige Hinweis auf sexuellen Mißbrauch (vgl. Laudan 1987).

In der aktiven Wiederholung dessen, was sie passiv erlebt haben, sexualisieren die Opfer häufig soziale Beziehungen. Marilyn Monroe, die mit neun Jahren vergewaltigt wurde, ist eines der bekanntesten Opfer; sie konnte sich aus der Reduzierung auf die Rolle des Sexualobjektes nicht befreien. Auch sie hatte gelernt, daß sie nur durch sexualisiertes Verhalten Aufmerksamkeit und Zuwendung bekam.

»Mit zwölf sah ich wie eine Siebzehnjährige aus. Mein Körper war entwickelt und hatte Formen. Aber außer mir wußte das niemand. Ich trug noch immer das blaue Kleid und die Bluse, die das Waisenhaus zur Verfügung stellte. Ich sah darin lächerlich und tolpatschig aus.

Ich hatte kein Geld. Die anderen Mädchen fuhren im Bus zur Schule. Ich besaß die fünf Cents für das Fahrgeld nicht. Bei Regen oder Sonnenschein ging ich die zwei Meilen vom Haus meiner 'Tante' zur Schule zu Fuß.

Ich haßte den Weg, ich haßte die Schule. Ich hatte keine Freundinnen. Die Klassenkameradinnen sprachen selten mit mir und ließen mich nicht mitspielen. Niemand begleitete mich nach Hause oder lud mich ein. [...]

Einmal hielt mich auf meinem Schulweg ein Schuhmacher an, der in der Ladentür stand.

'Wie heißt du?' fragte er.

'Norma', antwortete ich.

'Und der Familienname?' wollte er wissen. Ich verriet ihm meinen Namen nicht. [...]

'Du bist ein merkwürdiges Kind«, sagte der Schuhmacher, »ich beobachte dich jeden Tag, und ich habe dich noch nie lächeln gesehen. So kommst du im Leben nicht weiter.'

Ich ging in die Schule und haßte den Schuhmacher.

In der Schule flüsterten und kicherten die Kinder oft über mich, wenn sie mich ansahen. Sie sagten, ich sei dumm, und machten sich über meine Waisenhauskleidung lustig. Es machte mir nichts aus, daß sie mich für dumm hielten, denn ich wußte, daß es nicht stimmte.

Eines Morgens waren meine beiden weißen Blusen zerrissen, und ich hatte keine Zeit mehr, sie zu nähen. Ich bat eine meiner 'Schwestern', mir etwas zum Anziehen zu leihen. Sie war so alt wie ich, aber kleiner. Sie lieh mir einen Pullover.

Ich kam in die Klasse, als der Mathemtikunterricht begann. Während ich auf meinen Platz ging, starrten mich alle an, als seien mir plötzlich zwei Köpfe gewachsen, was in gewisser Weise auch stimmte. Sie befanden sich unter meinem engen Pullover.

In der Pause drängte sich ein halbes Dutzend Jungen um mich. Sie machten Witze und blickten auf meinen Pullover, als sei er eine Goldmine. Ich wußte seit einiger Zeit, daß meine Brüste gut geformt waren, und fand nichts Besonderes dabei. Die Mathematikklasse zeigte sich mehr davon beeindruckt.

Nach der Schule begleiteten mich vier Jungen nach Hause und schoben ihre Fahrräder neben mir her. Innerlich war ich aufgeregt, aber ich tat, als sei es nichts Ungewöhnliches.

In der darauffolgenden Woche hielt mich der Schuhmacher wieder an.

'Wie ich sehe, hast du meinen Rat befolgt', sagte er, 'du kommst besser mit den Leuten aus, wenn du sie anlächelst.'

Ich bemerkte, daß auch er auf meinen Pullover blickte, während er sprach. Ich hatte ihn meiner 'Schwester' noch nicht zurückgegeben.

Schule und Alltag veränderten sich. Mädchen, die Brüder hatten, luden mich plötzlich zu sich nach Hause ein, und ich lernte ihre Familien kennen. Und immer trieben sich vier oder fünf Jungen um das Haus herum, wo ich wohnte. Wir spielten auf der Straße und unterhielten uns bis zum Abendessen unter den Bäumen.« (Marilyn Monroe 1980)

In der Wiederholung des Erlebten drücken Mädchen und Jungen aus, was sie selbst nicht mit Worten fassen können, z.b. im Spiel mit Puppen, durch distanzloses Verhalten gegenüber Männern (Frauen), Promiskuität, Bloßstellen der Genitale, zwanghaft promiskes Verhalten oder Prostitu-tion.

Ein Dreijähriger rannte immer wieder auf blonde Männer zu und faßte diesen unvermittelt zwischen die Beine.

Eine Fünfjährige ging auf fremde Frauen zu und wollte an deren Busen nuckeln. Damit brachte sie in ihrer »Sprache« zum Ausdruck, daß sie im Kinderladen von der Erzieherin mißbraucht wurde.

Eine 16jährige machte wiederholt auf sich aufmerksam, indem sie mit dem Mofa durch die Stadt fuhr, ihren Rock hochhob und ihre unbekleideten Genitale zeigte.

Eine Elfjährige fiel ihrer Mutter dadurch auf, daß sie ihre Hüften »wiegte«.

In Kinderheimen zeigen Mädchen und Jungen häufig ein extrem sexualisiertes Verhalten gegenüber den männlichen Mitarbeitern.

Auch in Einrichtungen der Jugendhilfe werden diese Hinweise auf Erlebnisse der sexuellen Gewalt oft mißverstanden und als »sexuelle Verwahrlosung« deklassiert. Ursächlich für dieses Mißverständnis ist das immer noch weit verbreitete Vorurteil, daß sexuell mißbrauchte Kinder immer Körperkontakt meiden.

Für weibliche Opfer ist ein auffälliges Verhalten während der Menstruation typisch – die blutverschmierten Unterhosen werden für jedermann offensichtlich »ausgelegt« oder aus Scham versteckt, zerrissen oder weggeworfen.

»Nachdem unser Nachbar mich mit acht Jahren vergewaltigt hatte, blutete ich. Ich konnte über das Erlebnis nicht sprechen, doch legte ich überall im Haus und im Laden meiner Eltern (z.B. unter den Verkaufstheken) meine blutverschmierten Schlüpfer aus. Niemand sprach mich an – noch nicht einmal eine Verkäuferin aus dem Laden; vermutlich waren sie so beschämt, daß sie die Unterhosen einfach wegwarfen.

Noch als Jugendliche habe ich mich erschrocken, wenn ich meine Menstruation bekam. Die Schlüpfer versteckte ich immer im Keller, hinter dem Wohnzimmersofa. [...]« (Monika, 32 Jahre)

Einige Jungen und Mädchen zeigen als Folgeverhalten auf sexuelle Gewalterfahrungen in vielen Fällen ein sexuell aggressives Verhalten. Als aktive Wiederholung des passiv Erlebten (z.B. das Miterleben des Mißbrauchs an der Schwester) werden einige von ihnen selbst zu jugendlichen Tätern (Täterinnen) oder sie fallen durch sexuelle Kraftausdrücke auf. In Identifikation mit dem Aggressor übernehmen sie häufig die Rolle des Täters (der Täterin) (vgl. Kapitel V).

Daniel kam mit 13 Jahren in ein heilpädagogisches Kleinstheim. Im Heim mißbrauchte er einen wesentlich jüngeren Jungen und bei einem Wochenendbesuch der Familie die jüngere Stiefschwester.

Nach einer intensiven Arbeit eines Heimerziehers mit dem Jungen wurde deutlich, daß Daniel selbst von seinem eigenen Vater, den er stets glorifizierte, an den Besuchswochenenden sexuell mißbraucht wurde.

PraktikerInnen beobachten die meisten der genannten und beschriebenen Folgen mehr oder weniger häufig im Berufsalltag. Auch wenn sie zum Teil keine spezifischen Signale für sexuelle Gewalt sind, sollte doch bei der Beobachtung eines oder mehrerer Symptome die Möglichkeit des Mißbrauchs mitgedacht werden.

Bisher wurde der Zusammenhang von sexuellem Mißbrauch und AIDS weitestgehend tabuisiert, obgleich Erfahrungen aus den USA, Australien und einigen europäischen Ländern bereits belegen, daß ein Teil der AIDS-infizierten Mädchen und Jungen Opfer sexueller Gewalt war. AIDS-Ängste von Kindern und Jugendlichen können ein Hinweis auf sexuellen Mißbrauch sein.

Mitarbeiterinnen der Selbsthilfeinitiativen und Kontaktstellen »Wildwasser« und »Zartbitter« weisen seit einigen Jahren auf den Zusammenhang von AIDS und sexuellem Mißbrauch hin:

◆ Die Zunahme der Angst vor einer Infektion durch den Verkehr mit einer Prostituierten oder einer Geliebten erhöht die Gefahr des sexuellen Mißbrauchs für Mädchen durch einen Täter im sozialen Nahbereich.

◆ Kinder, die sexuell mißbraucht werden oder wurden, bleiben nicht nur mit dem Erlebnis der sexuellen Ausbeutung, sondern ebenso mit ihrer Angst vor AIDS alleine.

Der Realität ins Auge sehen

Wissen ist Macht – realistisches Wissen über Täter (Täterinnen) erweitert die Handlungsspielräume in der parteilichen Arbeit für Opfer sexueller Gewalt. Die Erfahrungen der letzten Jahre haben gezeigt, daß ein »rein« parteilicher Standpunkt im Sinne einer ausschließlichen Konzentration auf die Opfer oftmals zu blinder Parteilichkeit verleitet: Eine übermäßige Identifikation mit dem Opfer führt leicht zu Dämonisierung der Täter (Täterinnen) und schränkt Handlungsspielräume ein. Wenn (professionelle) Kontaktpersonen von Mädchen und Jungen die Täter (Täterinnen) allzusehr »mit den Augen« der Opfer sehen, so übernehmen sie leicht deren Gefühle der Ohn-Macht und Angst – und werden hilflos; die notwendige Distanz geht verloren, die eigene Kompetenz wird geschwächt.

Opfer sexueller Gewalt nehmen aufgrund ihrer Empfindsamkeit für atmosphärische Spannungen die eingeschränkte Handlungsfähigkeit distanzloser HelferInnen sehr genau wahr. Aus gesundem Selbstschutz vertrauen sie diesen oftmals nur einen Bruchteil ihrer Gewalterfahrungen an, denn kein Mädchen und kein Junge möchte ausgeliefert sein – auch nicht der Unberechenbarkeit distanzloser und deshalb überforderter HelferInnen.

Eine unreflektierte Nähe zum Opfer bewahrt BeraterInnen davor, das wirkliche Ausmaß der Gewalt betrachten zu müssen, denn durch eine übermäßige Identifizierung mit dem betroffenen Kind werden auch professionelle HelferInnen in dessen ambivalente Gefühle gegenüber dem Täter (der Täterin) verwickelt und übernehmen leicht die dem Opfer vom Aggressor eingeimpfte Argumentation: »Der hat es doch gar nicht so gemeint ... Der war ja auch ganz nett ...«. Sicherlich ist ein solches Verhalten menschlich nur allzu verständlich: Wer möchte schon wirklich wahrhaben, mit welcher Systematik und Skrupellosigkeit Mißbraucher (Mißbraucherinnen) sich ihre Opfer auswählen und gefügig machen?

Die Angst vor der Auseinandersetzung mit der Täterproblematik kann auch andere Gründe haben, sie kann z.B. Ausdruck einer (unbewußten) Betroffenheit sein: sei es als Opfer oder als Aggressor. Es schmerzt verständlicherweise weniger, von Tätern (Täterinnen) Abstand zu halten, als sich die eigenen Ohnmachtserlebnisse erneut zu vergegenwärtigen; es ist bequemer, sich von Mißbrauchern (Mißbraucherinnen) zu distanzieren und z.b. die Wiedereinführung der Todesstrafe zu fordern, als sich selbstkritisch mit eigenen Gewaltanteilen zu beschäftigen. In einigen Fällen ist die strikte Ablehnung einer Fachdiskussion über Täter (Täterinnen) auch ideologisch begründet. Eine solche Verweigerung ist für betroffene Frauen und Männer sicherlich in bestimmten Phasen der Bewältigung ihrer Gewalterfahrungen sinnvoll und das einzig Richtige. Doch sie disqualifiziert BeraterInnen für die Begleitung kindlicher Opfer, denn viele jugendliche Mädchen und Jungen können erst dann ihre Identifizierung mit dem Aggressor überwinden und sich von ihm/ihr distanzieren, wenn zuvor ihre Bindung an den Täter (die Täterin) akzeptiert wurde und sie z.B. – falls sie es wirklich wollen – diesen/diese sehen dürfen – natürlich nur in Begleitung einer Schutzperson. Doch ein vom Gericht gegen den Willen des Kindes zwangsweise verordneter Kontakt zum Täter (zur Täterin) (Freiheitsberaubung!!) entspricht dem Interesse des Opfers genausowenig wie ein ideologisch verbrämtes generelles Kontaktverbot. Ein solches Verbot läßt vielmehr Mädchen und Jungen in einer schwierigen Phase der Bewältigung allein: bei der Täterkonfrontation. Fast alle Opfer suchen aufgrund ihrer ambivalenten Gefühle zum Aggressor zu diesem Kontakt – und sei es heimlich. Erst wenn betroffene Mädchen und Jungen spüren, daß BeraterInnen auch ihre positiven Empfindungen dem Täter (der Täterin) gegenüber akzeptieren und bereit sind, sie bei Gesprächen zu begleiten, finden die Opfer in ihrem Gegenüber den notwendigen Halt und Schutz, um Schritt für Schritt den eigenen Schmerz wirklich zuzulassen und der Realität ins Auge zu sehen. Erst dann können sie sich vom Täter (von der Täterin) distanzieren.

Im Gespräch mit dem Täter (der Täterin) ist allerdings Vorsicht geboten! Zu leicht laufen BeraterInnen Gefahr, ihrem eigenen Größenwahnsinn zu verfallen: Sie lassen sich von Mißbrauchern (Mißbraucherinnen) einwickeln und glauben, beide – Opfer und Täter (Täterin) – gleichzeitig beraten und beiden helfen zu können. Damit geben sie die Parteilichkeit für das Opfer auf. Meist wird ein solcher Verrat am Kind mit einer naiven oder dogmatischen Interpretation von Therapiekonzepten begründet, die »plötzlich« alle als Opfer beschreibt und der Dynamik von wirklichem Opfer und tatsächlichem Täter in keiner Weise gerecht wird. Auch wenn die Tragik der individuellen Lebensgeschichte eines jeden Aggressors nicht zu leugnen ist, darf die Gefährlichkeit von Tätern (Täterinnen) nicht verniedlicht werden. Es ist kaum vorstellbar, mit welcher Naivität selbst exponierte TherapeutInnen über Tätertherapie sprechen und sich über ihre vermeintlichen Therapieerfolge zu profilieren versuchen. Schmeichelt es doch dem eigenen Narzismus ungemein, sich als »guten Menschen« zu sehen, der »arme Schlucker von dem Übel befreit«. Dieses Verhalten aber hat vor allem ein Ergebnis: Es entläßt die Täter aus der wirklichen Verantwortung für ihre Taten. Professionelle »Eitelkeit« läßt nicht wenige TherapeutInnen in eine klassische Täterfalle tappen: die Verleugnungsdynamik. Anstatt mit Mißbrauchern (Mißbraucherinnen) zunächst systematisch das Ausmaß und die Zielgerichtetheit ihres Vergehens aufzulisten und zu reflektieren, tendieren die meisten »ExpertInnen« dazu, die Gewalttaten nur allzuschnell als Reaktion auf eine schwierige Kindheit oder als Überreaktion auf berufliche Anspannungen und Konflikte im Privatbereich zu bewerten. Damit bestätigen sie die Verleugnungsstrategie der Täter (Täterinnen), die ihre Verbrechen in gleicher Weise erklären, sprich ent-schuld-(ig)en – und die Schuld den Umständen oder Dritten zuschieben (z.B. ihrer »gefühlskalten« Mutter oder Frau) (vgl. Bange 1993, Wyre/Swift 1991).

Doch auch von einem »Bekenntnis« eines Täters (einer Täterin) sollte mann/frau sich nicht blenden lassen, denn sie können geständig sein und sich dennoch unschuldig fühlen (vgl. Godenzi 1989). Der englische Tätertherapeut Ray Wyre stellt deshalb erst dann die Frage nach dem »Warum« – nach der individuellen Leidensgeschichte eines Täters –, wenn dieser von sich aus die Verleugnung aufgibt und wirklich die Verantwortung für seine Verbrechen übernimmt. Wyre nennt die Voraussetzung für die Begleitung eines Täters bei der Aufarbeitung seiner Verletzungen: Der Mißbraucher muß von sich aus eigenständige Angaben über seine Taten und Opfer machen. Der Experte berichtet ferner, daß ihm in seiner langjährigen Arbeit mit Tätern bisher noch kein einziger begegnet sei, der »nur« die Taten begangen/Opfer mißbraucht habe, für die er rechtlich belangt worden sei bzw. die von Dritten aufgedeckt wurden.

Wyres Erfahrungen entsprechen denen von Bullens, der zu der Einschätzung kommt, daß sich mit der von vielen »Täter-Therapeuten« praktizierten Verharmlosung der Gewalt die Chancen von Mißbrauchern auf Heilung reduzieren, denn der Ausstieg aus der Täterschaft fängt damit an, daß Täter (Täterinnen) lernen, die Verantwortung zu übernehmen (vgl. Bullens 1991).

An der skizzierten »professionellen« Verschleierung der Grausamkeiten sexueller Gewalttäter (Gewalttäterinnen) beteiligen sich VertreterInnen der unterschiedlichsten therapeutischen Schulen: von Familientherapeuten bis hin zu »fraubewußten« BeraterInnen. In Beratungsstellen wird z.B. oft die Tatsache verdrängt, daß in Selbsthilfegruppen möglicherweise auch Frauen mitarbeiten, die nicht nur Opfer sexueller Gewalt waren, sondern die eigenen Verletzungen auch an Schwächeren ausagier(t)en.

Bisher gibt es so gut wie keine deutschsprachige Forschung zum Problembereich »Frauen als Täterinnen«. Auch die Erfahrungen in der Praxis sind noch relativ begrenzt. Dementsprechend beziehen die folgenden Ausführungen über Täter-Strategien sich vornehmlich auf männliche Täter. Ohne Gewalt von Frauen leugnen zu wollen, wird die Entscheidung für die weitere vorrangige Verwendung der männlichen Sprachform zudem der Tatsache gerecht, daß bei aller Offenheit für die Problematik dennoch das Ausmaß der sexuellen Gewalt durch Frauen mit dem der sexuellen Gewalt durch Männer nicht gleichgesetzt werden darf: Nach wie vor wird sexuelle Gewalt zu 80 Prozent von Männern verübt.

Der neue Mythos: Die Täter sind immer die Väter

Nachdem die Frauenbewegung zu Recht den alten Mythos vom schwarzen Mann auf dem Spielplatz als Unsinn entlarvte, entstand ein neuer Mythos: »Die Täter sind immer die Väter«. Zwar ist die Familie einer der Haupttatorte, doch finden etwa zwei Drittel aller Mißbrauchsdelikte im außerfamilialen Umfeld statt (Schule, Bekanntenkreis, Krankenhaus, Jugendgruppe, Nachbarschaft usw.). Zudem begründet sich der relativ hohe Anteil der Stiefväter unter den Tätern in der Tatsache, daß einige Männer sich systematisch alleinerziehende Mütter als Partnerin suchen – der Kinder wegen. Im eigentlichen Sinne handelt es sich bei diesen Fällen nicht um innerfamilialen Mißbrauch, denn die Täter haben ihre Tat schon lange (bevor sie Mutter und Kind kennenlernten) geplant. Kathleen C. Faller, die mehr als 150 Fälle untersuchte, berichtet: In über der Hälfte der Fälle, in denen Stiefväter oder Lebensgefährten der Mütter die Täter waren, begann der sexuelle Mißbrauch kurz nachdem sich die Beziehung zur Mutter stabilisiert hatte.

Auch »innerfamilialer« Mißbrauch durch leibliche Väter kann nicht mehr als Ausdruck einer Familiendysfunktion interpretiert werden, denn nicht nur die Erfahrungen in der Praxis, sondern auch Forschungsergebnisse belegen inzwischen, daß die meisten Väter, die ihre eigenen Töchter und Söhne mißbrauchen, noch weitere Opfer außerhalb der Familie zu verantworten haben. Abel und Rouleau (1990) kommen auf der Basis einer Täterbefragung zu dem Ergebnis, daß dies in zwei Drittel aller Fälle so ist. Eine vergleichbare Forschung über Täterinnen liegt noch nicht vor.

Viele Täter beginnen ihre »Straftäterkarriere« als Jugendliche. Im Rahmen ihrer Studie befragten z.B. Abel und Rouleau (1990) über 500 männliche Sexualstraftäter. 50 Prozent der Männer, die außerhalb der Familie Jungen mißbraucht hatten, begingen ihr erstes Delikt vor dem 16. Lebensjahr. 40 Prozent der Männer, die außerhalb der Familie Mädchen und 40 Prozent der Täter, die innerfamilial Jungen sexuell ausgebeutet hatten, traten nach eigenen Angaben erstmals vor dem 18. Lebensjahr als Täter in Erscheinung. Bei den Männern, die innerfamilial Mädchen mißbrauchten, gaben dies 25 Prozent an.

Diese Ergebnisse bestätigen die von Bange (1992) durchgeführten StudentInnenbefragungen, die ebenso deutlich machen, daß ein nicht geringer Teil der Opfer als Jugendliche von Gleichaltrigen (ein bis vier Jahre älter) gegen ihren Willen und mit körperlicher Gewalt zu sexuellen Handlungen gezwungen werden.

Die Erfahrungen von »Zartbitter Köln« decken sich mit den zitierten Forschungsergebnissen: Die meisten Täter beginnen ihre »Täterkarriere« in jungen Jahren und haben im Laufe der Zeit viele Opfer. Ähnlich wie bei Drogenkarrieren ist eine Suchtstruktur zu erkennen. Häufig beginnen Täter z.B. mit von der Allgemeinheit fälschlich als »harmlos« eingestuften exhibitionistischen Handlungen, die durchaus traumatisierende Wirkung auf das Opfer haben können. Im Laufe der Zeit verschärfen viele Täter die Formen der Gewaltanwendung bis hin zu extrem sadistischen Taten. Ebenso wie auf dem Drogenmarkt gibt es neben einer gezielten Beschaffungskriminalität auch das organisierte Verbrechen – von Kinderpornographie über Kinderstrich bis hin zur »Sexualmagie« innerhalb von satanischen Ritualen. Vielfach wehren sich für Kinder parteiliche BeraterInnen gegen die Festschreibung des Suchtcharakters der sexuellen Gewalt gegen Mädchen und Jungen. Ein solches »Krankheitsbild« würde Täter erneut aus der Verantwortung entlassen. Dem ist nicht so! Genausowenig wie ein Drogenabhängiger von unserer Gesellschaft aus der Verantwortung für seine Beschaffungskriminalität entlassen wird (wenn er z.B. eine alte Dame überfällt und sie beraubt), ist die Beschaffungskriminalität von Mißbrauchern zu ent-schuld-igen. Suchtcharakter hin, Suchtcharakter her: Mißbrauch ist Seelenmord, ein Mordanschlag auf die Seele eines Kindes!

Strategien der Beschaffungskriminalität

Täter haben in der Regel im Laufe ihres Lebens viele Opfer: 10, 20, 40, 100, 300 und mehr. Mögen diese Zahlen im ersten Augenblick noch unglaublich klingen, so werden sie nachvollziehbar, wenn man bedenkt, daß manche Täter sich gezielt für pädagogische oder therapeutische Berufe entscheiden, um so leichter an die »Ware Kind« zu kommen. Wyre berichtet von einem Täter, der als Kindertherapeut arbeitete und über 2000 Straftaten begangen hatte. (Wyre/Swift 1991) Auch aus der Bundesrepublik sind vergleichbare Fälle aus entsprechenden Berufsfeldern (Schule, Jugendarbeit, Heim, Kindergarten usw.) bekannt (s. Kapitel XIV). Es kommt häufig vor, daß Pädophile auch in späteren Jahren nochmals das Tätigkeitsfeld wechseln und z.B. als Hausmeister in einer Grundschule oder als Reitlehrer arbeiten. Andere engagieren sich ehrenamtlich in Sportvereinen oder in Gruppierungen der Bündischen Jugend (z.B. Pfadfinder und Wandervögel) und in kirchlichen Gruppen. Beliebte Orte der »Kontaktaufnahme« sind auch Schwimmbäder und Computer- und Spielwarenabteilungen der Kaufhäuser.

Eine Regel unter Tätern lautet z.B.: »Lerne möglichst die Eltern der Kinder kennen und mache einen guten Eindruck!« Wer vermutet schon eine böse Absicht hinter der vermeintlichen Nachbarschaftshilfe als Babysitter!

Conte u.a. (1985) forderten 20 Kindesmißbraucher auf, eine Anleitung zu schreiben, wie man ein Kind sexuell mißbraucht. Die folgenden Auszüge daraus zeigen, mit welcher Raffinesse die Täter wehrlose und verletzliche Kinder identifizieren, wie bewußt sie diese Verwundbarkeit ausnutzen, wie sie die Kinder systematisch für sexuelle Berührungen desensibilisieren und dabei versuchen, eine vertrauensvolle Beziehung aufzubauen:

»Versuch', irgendeinen Weg zu finden, um mit dem Kind zusammenzuleben. Wenn du ein Repertoire an Witzen hast, welche sich zwischen pikant und pornographisch bewegen ... laß Pornohefte herumliegen. Sprich über Sex. Beobachte die Reaktion des Kindes. Steck deinen Kopf in ihre Schlafzimmer, wenn sie in ihren Betten sind. Handle so, als ob das ganz natürliche Sachen sind. Sei sympathisch. Probier eine Reihe von Komplimenten. Hab' zufällig Kontakt mit ihren Brüsten.

Nimm dich ihrer an, sei nett zu ihnen. Ziele auf Kinder ab, die kein gutes Verhältnis zu ihren Eltern haben. Oder suche Kinder, die bereits Opfer waren. Suche nach irgendeiner Art von Mangel.

Ich würde ein Kind suchen, das nicht sehr viele Freunde hat, weil es dann leichter sein wird, es zu beeinflussen und sein Vertrauen zu gewinnen. Halte Ausschau nach einem Kind, das leicht zu manipulieren ist. Es wird alles mitmachen, was du sagst. Ich würde ihm glauben machen, daß ich jemand bin, dem es vertrauen und mit dem es sprechen kann.

Such dir einen guten Freund, der Probleme mit Alkohol und Drogen und die Einstellung hat, daß Kinder wie Hunde sind, immer nahe ums Haus herum. Sei jemand, der die Kinder im Griff hat, und wenn ein Kind irgend etwas falsch macht, wird es äußerst streng bestraft. Als Mißhandler kannst du ein Kind aussuchen und anfangen, dem Kind besondere Auf-

merksamkeit zu schenken. Sie werden darauf anspringen und leicht mani-
pulierbar sein. Wenn die Eltern dir trauen, dann kannst du es auch ein-
richten, daß sie dich als Babysitter nehmen. Du wirst allein mit dem Kind
sein, und das Kind wird seine Eltern nicht mögen.

  Wähle Kinder aus, die ungeliebt sind. Versuche nett zu ihnen zu sein, bis
sie dir sehr vertrauen, und erwecke den Eindruck, daß sie von sich aus
bereitwillig mitmachen. Benutze Liebe als Köder. ... Bedrohe sie niemals.
Gib ihr die Illusion, daß sie frei entscheiden kann, ob sie mitmacht oder
nicht. Sag ihr, daß sie jemand Besonderes ist. Wähle ein Kind, das bereits
mißbraucht wurde. Dein Opfer wird denken, daß diesmal weniger
Schlimmes geschieht.

  Suche ein Kind aus, das nach Hilfe sucht, das verletztlich ist ... Wenn sie
keine Freunde hat, sage ihr, warum das so ist; sei an ihr interessiert. Bring
die Eltern dazu, dem Täter zu vertrauen. Arbeite langsam. Bringe mög-
lichst viele Menschen, die dem Kind nahestehen, dazu, dir zu vertrauen.

  Beobachte das Opfer, wenn er/sie freundlich ist, wenn sie anfangen
mich ziemlich zu mögen, dann wird es ungefährlich sein zu versuchen, sie
zu berühren ... Unter diesen Umständen glaube ich nicht, daß Kinder dazu
neigen, etwas zu sagen.

  Wähle ein isoliertes und stilles Kind. Sie wollen jemanden ganz für sich
haben.

  Als erstes mußt du dem Opfer totale Angst machen ... Dann isoliere das
Opfer, so daß niemand weiteres um es herum ist. Der nächste Schritt zielt
darauf ab, das Kind glauben zu machen, daß alles in Ordnung ist, so daß
sie nicht hinrennen und was erzählen. Du kannst sie überzeugen, daß es
nichts Schlimmes damit auf sich hat oder Druck auf das Kind ausüben,
nichts zu berichten. Gebrauche Gewalt und Zwang.«(Conte u.a. 1985)

Nach einer ersten Kontaktaufnahme muß ein Täter als nächsten Schritt
die Wahrnehmung der Umwelt vernebeln – d.h. einen guten Eindruck
machen, damit niemand ihm das Verbrechen zutraut, selbst wenn das
Opfer Hinweise gäbe. In fast jedem sozialen Brennpunkt bietet es sich
geradezu an, die Mütter als »Freundschaftsdienst« z.B. zu »Aldi« zu fahren. In gehobeneren Gesellschaftsschichten empfehlen sich Geschenke an
die Eltern, auch die »Maske des Kinderschützers« ist ein nahezu perfekter
Schutz. Sogar Projekte gegen sexuelle Gewalt müssen die Möglichkeit im
Auge behalten, daß sich Täter in diesen Arbeitsbereichen in besonderem
Maße »engagieren«.

  Ein Pädophiler erklärt z.B.: *»Ich war eine Zeitlang im Kinderschutz-*
bund, bin gegen Gewalt gegen Kinder und Mißbrauch, das ist keine Frage.
Und ich wollte mich halt engagieren damals.«(Zit.n. Lautmann 1994)

Ein Täter bleibt niemals allein

Beim Aufkommen eines Verdachts können viele Täter aufgrund ihres oftmals guten Images diesen im Keim ersticken, sie finden in ihrem Bekannten- und Kollegenkreis häufig auch noch zahlreiche »Schutzengel«, die »für sie die Hand ins Feuer legen«. Wie groß die Lobby der selbsternannten »Kinderfreunde« ist, läßt sich an der Liste ihrer renommierten Fürsprecher nachvollziehen: So saß Herr Professor Dr. Walter Bärsch, Ehrenpräsident des Deutschen Kinderschutzbundes, im Kuratorium der »AHS«(Arbeitskreis Humane Sexualität), die in einer Vereinsschrift unter dem Stichwort »Kindersexualität und Emanzipation« sich für eine Sexualität zwischen Kindern und Erwachsenen stark macht (s. Kapitel XVII). Professor Bärsch soll nicht der Pädophilie bezichtigt werden, es stellt sich jedoch die Frage, ob die mißratene Anzeigen-Kampagne des Deutschen Kinderschutzbundes aus dem Jahre 1991 (»Vati war ihr erster Mann«) nicht auch ein Resultat einer (geistigen) Verbundenheit des Ehrenvorsitzenden mit den Pädophilen innerhalb der »AHS« gewesen sein könnte?! Zu Recht distanzierten sich weite Teile der Basis des Kinderschutzbundes und die Arbeitsgemeinschaft der Kinderschutzzentren von der vom Bundesverband im Alleingang durchgeführten Kampagne. Doch nicht nur die »Experten« an der Spitze des Kinderschutzbundes vertraten einen pädophilenfreundlichen Gewaltbegriff, auch innerhalb der »AHS« befand sich Professor Bärsch in »bester Gesellschaft«: Michael Baurmann, Experte des Bundeskriminalamtes, engagierte sich im Vorstand und im Kuratorium dieses Vereins. Erst als gegen ein Vorstandsmitglied der »AHS« wegen sexuellen Mißbrauchs ermittelt und Anzeige erstattet wurde, zog Herr Baurmann Konsequenzen und ließ seine Mitgliedschaft ruhen. Damit zog der ansonsten meist fachlich überzeugende Opferforscher des Bundeskriminalamtes noch im letzten Moment die Notbremse. Doch auch ohne ihn finden die Pädophilen noch genügend »wissenschaftlichen Beistand«, in dessen Windschatten sie ihre Interessen vertreten können (s. Kapitel XVII).

Nach wie vor schwingt z.B. ein anderer »AHS«-Aktivist, der Sexualpädagoge Ernest Borneman das Zepter des Pädophilenpapstes. Unter dem Motto »Mißbrauch mit dem Mißbrauch« unterstellt er engagierten Frauen die Ausschlachtung einer Problematik, um sich Arbeitsplätze zu schaffen, und fordert für Kinder ab dem siebten Lebensjahr das Recht auf Geschlechtsverkehr mit Erwachsenen. Diese Erfahrungen sieht er als förderlich für die sexuelle Entwicklung. Kein Wunder, wenn insbesondere Täter unter Berufung auf Borneman inzwischen von einer »Epidemie des Mißbrauchs mit dem Mißbrauch« sprechen! Ab dem siebten Lebensjahr scheint es ja seiner Meinung nach sexuelle Gewalt kaum noch zu geben:

Bei derartigen Beziehungen soll aufgrund der größeren sexuellen Attraktivität die Macht in den Händen des Kindes liegen – so die Argumentation des »Sexualexperten«, auf den sich inzwischen auch viele von Familienrichtern geschätzte Verbände berufen, die vorgeben, zum Wohle des Kindes für ein gemeinsames Sorgerecht im Scheidungsfalle einzutreten. »Fachdiskussionen« über die Thesen von Ernest Borneman und anderer »Experten« (s. Kapitel XVII) bieten sich zudem für »professionelle Täter« an, um im Kollegenkreis ihresgleichen auszumachen und »Seilschaften« zu bilden. Insbesondere im Jugendhilfebereich sind Täter oftmals miteinander vernetzt, Opfer werden weitergereicht, gegen kritische KollegInnen wird gemeinsam intrigiert.

Die Handlungen der Täter

Jedes Kind sehnt sich nach Zärtlichkeit und Zuwendung, doch kein Kind möchte sexuell mißbraucht werden. Kein Mädchen und kein Junge stimmt dem sexuellen Mißbrauch wissentlich zu. Sexuelle Ausbeutung ist daher immer ein Gewaltdelikt – der Täter nutzt ein Macht- und Abhängigkeitsverhältnis zur Befriedigung seiner eigenen Bedürfnisse aus. In der (Fach-)Öffentlichkeit wird diese Einschätzung häufig nicht geteilt. Nach dem Motto: »Die Kleine wehrt sich doch noch nicht einmal und geht von sich aus immer zu diesem Mann. Dann kann es doch so schlimm nicht sein!« wird die Gewalt der sexuellen Übergriffe geleugnet (z.B. Lautmann 1994). Eine solche Argumentation übersieht die Tatsache, daß der Mißbraucher sich mit List und Tücke in die Gefühle des Mädchens/Jungen einschleicht, sie in eine Komplizenschaft verwickelt und für die Opferrolle »dressiert«. Auf den ersten Blick erscheint eine solche Formulierung sicherlich unsachlich und maßlos übertrieben, doch spätestens die Gespräche mit mehreren Opfern (eines Täters) lassen erkennen, wie zielgerichtet Mißbraucher die sexuelle Gewalt vorbereiten. Auch wenn in einzelnen Fällen der erste Übergriff eher »zufällig« und nicht geplant erscheinen mag, belegen zahlreiche Fallbeispiele, daß die Täter die Opfer immer wieder mit den gleichen Tricks auswählen, anschließend gefügig machen, um dann die Intensität der (sexuellen) Gewalt systematisch zu steigern.

Manchmal scheint es, als gäben Täter untereinander ihre Tricks weiter, denn viele ihrer »Dressurakte« gleichen sich wie ein Ei dem anderen. Die Übereinstimmung in der Taktik verschiedener Täter ist allein schon damit zu erklären, daß der Alltag vieler Mädchen und Jungen durch gleiche und ähnliche Rituale und Kommunikationsstrukturen geprägt wird. In den meisten Familien ist es z.B. üblich, Oma und Opa zur Begrüßung ein Küßchen zu geben. Geben Mädchen und Jungen ihren Eltern Widerworte, so erpressen diese oft den Gehorsam ihrer Kinder mit Drohungen, wie z.B. »Du bringst mich noch ins Grab!« oder »Wenn du nicht artig bist, erzähl ich es ...!« Mißbraucher kennen fast immer den Alltag ihrer Opfer sehr genau. Sie passen ihre Vorgehensweise den Beziehungsmustern des Mädchens/Jungen an, ritualisieren ihre Handlungen und verpacken die sexuelle Ausbeutung »kindgerecht«.

Mit viel Geschick wählen Täter zunächst »geeignete Opfer« aus: Kinder, die sie manipulieren können. Dies sind neben sehr freundlichen und offenen Mädchen und Jungen auch bedürftige und wehrlose Kinder (z.B. Wohlstandswaisen, vernachlässigte Kinder, Mädchen und Jungen aus zerrütteten Familienverhältnissen ... oder Opfer, die zuvor schon von anderen Tätern mißbraucht wurden. Vgl. Budin/Johnson 1989).

»Für den war ich einfach der große väterliche Freund, der ihn vor dem Heim gerettet hatte. Das klingt blöde, aber es war letzten Endes so. Deswegen hat er sich gedacht: 'Wenn es dem so viel Spaß macht und ich finde es schön, dann lass' ich den halt'. Ich hab es immer so empfunden, daß er es mir zurückgeschenkt hat.«(In: Lautmann 1994)

»Das merkst du schon, wenn dich einer anspricht, oder du sprichst ihn an, und der geht auf deine Rede ein. Da kannst du schon sagen, mit dem kannst du eventuell was machen.«(In: Lautmann 1994)

Viele Täter »interessieren« sich auch für sehr junge Opfer, da sie davon ausgehen, daß diese nicht so schnell über die Gewalterlebnisse sprechen bzw. keine Anzeige erstatten können oder ihnen ohnehin nicht geglaubt wird. Andere Mädchen und Jungen »eignen« sich aus Tätersicht aufgrund ihrer Kontaktarmut oder ihrer isolierten Stellung in der Geschwisterreihe oder im Klassenverband (vgl. Conte u.a. 1989).

Aus den Berichten betroffener Kinder und Jugendlicher läßt sich ablesen, daß Täter in der Regel zunächst die »Tauglichkeit des Objektes« testen. Sie beginnen die sexuelle Ausbeutung – abgesehen von Ausnahmefällen – nicht mit der Vergewaltigung des Opfers, sondern fast immer mit besonderer »Zuwendung«: Dem Opa rutscht z.B. bei der Lieblingsenkelin wie zufällig die Hand in das Höschen. Protestiert das Kind lauthals oder weigert sie sich, nochmals auf dem Schoß des Mannes zu sitzen, und wird der Widerstand von Dritten unterstützt, so wird Opa vielleicht etwas vorsichtiger sein und sich einem anderen Enkelkind »zuwenden«. Hat das Mädchen jedoch nicht die Kraft zum lauten Widerstand und/oder findet sie in ihrer Umgebung kein Verständnis (»Stell' dich nicht so an, Opa hat dich doch besonders lieb!«), so hat der Täter vermutlich ein leichtes Spiel: Sein Opfer ist »ihm relativ sicher«.

Häufig wird die sexuelle Ausbeutung in der Anfangsphase als Spiel getarnt. Täter beschreiben die Übergriffe als Kraulen, Kitzeln, Krabbeln, Toben oder sie beschmieren z.B. ihren Penis mit Nutella und spielen mit dem Kind »Schokoladenmännchen zum Ablutschen« oder aber Täterinnen schmieren ihre Vagina mit Marmelade ein. Ein anderer weit verbreiteter übler Trick ist das »Zauberspiel«: Der Mißbraucher zeigt dem Kind, »wie aus seinem Pimmel eine Wolke kommt« oder »wie das Pipimännchen lachen und weinen kann«. Oft behaupten Täter, dem Kind »Bauchschmerzen wegzaubern zu können«, oder sie spekulieren mit der Angst der Kleinen vor Krankheiten und »untersuchen sie täglich nach Würmern« bzw. »reinigen die Muschi von Krankheitserregern«. Ob »Zauber- oder Doktorspiele« – allen Tricks ist eines gemein: Sie nutzen die kindliche Unwissenheit und/oder Neugier aus.

Eine sehr einfühlsame, vielschichtige Beschreibung einer solchen Entwicklung gibt Liane Dirks in ihrem Roman »Die liebe Angst«. Die Autorin erzählt darin die Geschichte der kleinen Anne, die über Jahre durch ihren Vater mißbraucht wurde. Anne lernt schon im Vorschulalter zwei Seiten ihres Vaters kennen, da ist der, der mit ihr in die Welt der Puppen und Märchen eintaucht, der ihr Geschichten erzählt und mit ihr Plätzchen backt – da ist aber auch der Vater, der systematisch und »kindgerecht« den Mißbrauch vorbereitet.

»Ich saß da, wurde ganz andächtig, Papas Gesicht glänzte durchsichtig und heilig. [...] Nur im Traum, wenn man beim Einschlafen ganz fest daran dachte, daß man in die Puppenwelt will, in der man tagsüber abgestellt wird und nachts eine Stunde nahe an Gottes Ufer bringt, da konnte man, wenn man ganz lieb war, im Traum ein fernes Flüstern und Rascheln hören aus der Puppen- und Bärenwelt. [...] Er (Papa/A.d.V.) war der einzige Mensch, außer Gott, der auch Zutritt zu dieser Welt hatte. Der nachts, wenn er heimkam, und das war oft spät, hören konnte, was sie sagten, und dem sie sogar ihre Beschwerden vortrugen.

Und einmal hat ihm mein blauer Plastikkarpfen erzählt, wie traurig er war, daß er beim Baden nicht in mein Wasser reingedurft hat und nicht in meine Muschi reinschlüpfen. Ich frag ihn, was der Fisch denn da will. Er meint, da will jeder Fisch gern rein. Und ich sage, da kommt er aber nicht rein, das geht doch nicht. Er lächelt mich an, streichelt mich, und ich stelle mir vor, wie der Fisch in mich reinschlüpft und in meinem Bauch rumschwimmt und daß folglich der Bauch innen ein Teich sein muß mit blauem Wasser und daß auch ein kleiner Himmel im Bauch sein muß, weil über jedem Teich ein Himmel ist.«(Liane Dirks, 1986)

Ein anderes Mal muß das kleine Mädchen die Beine breit machen und der Vater probiert mit dem Finger, wie groß Annchen ist. Sie ist ihm noch *zu klein. Man müsse es üben, meint er. Anne, die den Vater liebt und ihm gefallen möchte, probiert es mit Haarklammern. Sie schiebt sie in die Scheide, sie kommen nicht mehr raus; das kleine Mädchen glaubt, sie müsse verrosten. Ihr Unverständnis, verbunden mit dem Wunsch, sich die Zuwendung des Vaters zu erhalten, macht es dem Täter leicht, sie von Anfang an für seine sexuellen Bedürfnisse verfügbar zu machen.*

Täter aus dem sozialen Nahbereich wenden bei »älteren« Kindern (Mädchen und Jungen ab dem Grundschulalter) die Masche des »Hofierens« an. Das Kind wird wie eine Erwachsene behandelt, darf z.B. rauchen, wird zum Essen eingeladen und bekommt Alkohol und Drogen. In vielen Jugendämtern sind zudem die »netten Opas« bekannt, die Mädchen und Jungen von der Straße auflesen und sich für Kinder »engagieren«.

Kinder haben ein tiefes Empfinden für die Sorgen und Nöte anderer Menschen. Da ist es für Erwachsene häufig ein leichtes Spiel, das kindliche Mitgefühl zum eigenen Vorteil zu mißbrauchen. »Ich bin so traurig, nur du machst mich glücklich ...« Andere Täter setzen die Opfer mit ihren Leiden unter Druck: »Du bist die beste Medizin gegen mein Herzleiden. ... Alte Menschen sind immer so einsam. ... Wie gut, daß du so lieb bist, denn als Pastor bin ich ganz alleine und habe keine Familie.« Mit Hilfe von Geschenken wird das Opfer zusätzlich gekauft und erpreßt: Der Onkel lädt den Neffen zu einem Segeltörn ein. Der Lehrer schenkt der Schülerin Babypuppen und Kleidung. Die Heimerzieherin unternimmt mit einem Jugendlichen besonders viele Aktivitäten. Eine Zehnjährige bekommt von ihrem Vater doppelt soviel Taschengeld wie die ein Jahr jüngere Schwester. Während die eine in die Rolle der »Prinzessin« erhoben und dadurch erpreßbar wird, sehnt sich die andere – das »Aschenputtel« – nach Beachtung und ist ihm »willig«: Sie möchte auch mal Zuwendung und Zärtlichkeit bekommen. Die Isolation des Opfers hat fast immer System. Nicht nur, daß der Täter z.B. bei innerfamilialem Mißbrauch Zwietracht in die Beziehung zur Mutter sät, auch die Kontakte zu Gleichaltrigen (Geschwister und Freunde) versucht er meist systematisch zu beeinträchtigen. Freundinnen und Freunde des Opfers werden von ihm schlechtgemacht. Väter wachen über ihre Töchter und leisten sich Eifersuchtsdramen, wenn sich ein Junge für das Mädchen interessiert, oder sie spielen z.B. die Rolle des treusorgenden Familienoberhauptes, das in Sorge um das Mädchen/Jungen auf die Einhaltung strenger Regeln achtet (Pünktlichkeit, Ordnung, Familienausflüge usw.). Sie halten Kinder und Jugendliche mehr oder weniger in einem »goldenen Käfig« gefangen. Besonders tragisch ist es für Mädchen/Jungen, wenn sie mitbekommen, daß sich der Vater an SchulkameradInnen und FreundInnen heranmacht. Oftmals brechen sie dann alle Kontakte zu Gleichaltrigen ab, denn sie wollen die anderen schützen, schämen sich für den Vater und/oder haben Angst, daß bald alles auffliegt, die Familie auseinanderbricht und alle Welt von »ihrer« Schande erfährt.

Um jeden Verdacht schon im Keime zu ersticken, ist es eine weit verbreitete Masche von Tätern, das Opfer vor Dritten zu tyrannisieren: »Schau mal in den Spiegel, so wie du aussiehst, wird sich niemals ein Mann nach dir umsehen! ... Eine solche Schlampe, du bekommst doch nie etwas auf die Reihe! ... Dich mag man ja nicht mal mit der Kneifzange anpacken! ... Häßlich wie die Nacht und noch ein großes Mundwerk dazu!« Das Mädchen soll dankbar sein, daß er – ein »Vergewohltätiger« – sich noch um sie kümmert. Die Abwertung des Kindes oder der Jugendlichen sichert seinen »Besitzstand«, denn niemand wird auf die Idee kommen, daß der Mißbraucher an dem Mädchen »Interesse« haben könnte, geschweige denn sich an ihr vergreift.

Fast immer erklärt der Täter den Mißbrauch zum »gemeinsamen Geheimnis« und suggeriert damit dem Mädchen/Jungen eine aktive Beteiligung. Kleine Kinder »verplappern« zwar meist das Erlebnis, doch ihre Umwelt nimmt das scheinbar Unglaubliche nicht ernst. Nach einer Weile beugen sich die Opfer meist dem Schweigegebot, sie schämen sich und spüren, daß es »besser ist«, den Mund zu halten. In fast allen Fällen sichern Täter mit zusätzlichen Drohungen das Schweigen der Kinder und Jugendlichen: »Wenn du über unser Geheimnis sprichst, dann kommst du ins Heim! ...«, und da Mädchen und Jungen stets hören, daß es zu Hause am schönsten sei, und sie ohnehin schon die Familie als Folterkammer erleben, wird das Heim in ihrer Vorstellung zur Hölle.

Meist behauptet der Täter, das Kind müsse die Konsequenzen für das tragen, was es mit ihm mache. Weitaus seltener drohen Mißbraucher damit, daß sie selbst ins Gefängnis kommen, wenn Dritte von dem sexuellen Mißbrauch erfahren.

Liane Dirks beschreibt in ihrem Roman, wie der Vater die dreijährige Anne unter Druck setzt:

»Mein Vater hatte seit Fürstenfeldbruck sein zuckendes Ding am Bauch nicht vergessen und wollte nun genau sehen, was ich zwischen den Beinen hatte, diesen Schlitz da, den er zwar kannte, aber nicht genau genug, wie er mir das erklärte. Daß ich die Steine schon nicht mehr nur an den Beinen hatte, sondern auch im Bauch, das hat ihn dabei nicht gestört. Er machte das Geheimnis größer.

Er zog mich an einem Nachmittag, als er frei hatte und Lou mit Mama in der Stadt war, am Arm in die Küche rein und machte die Vorhänge zu, da wußte ich schon, was kommt. Das war mein Signal, der Auftakt, bei mir ging der Vorhang nicht auf, sondern zu.

Ich saß im Zwielicht vor ihm auf einem Stuhl und dachte, das müsse doch draußen einer sehen, da muß sich doch irgendein Mensch sorgen, wenn der Vorhang einer Küche tagsüber zugeht und nach einer halben Stunde wieder aufgeht, da muß doch einer kommen und klingeln, mich befreien mit einem Ton, ein-, zweimal, meinetwegen auch dreimal, das wäre zwar gefährlich – so zitterte ich vor meinem Vater rum, und der erzählte mir derweil mit seinem Gummigesicht, das er wieder hatte, daß ich mittlerweile ins Gefängnis kommen würde, mit dem, was ich da mit ihm mache, und er dann leider fortlaufen müsse und daß sie die Kinder wirklich hinter Gitter sperren, und ich stellte mir vor, wie meine Arme durch Eisenstäbe fuchteln. Aber die Gefahr sei nicht so groß, sagte er, wenn ich den Mund halten würde und ihm zeigen, wie lieb ich ihn hab, und er zeige mir dafür die schönsten Dinge, ich solle nur fein artig mein Höschen ausziehn und ihm meine Muschi zeigen.

Ich lernte von meinem Vater, was ein Kitzler ist und wie man mit dem Finger daran spielt, und er freute sich so sehr, wenn ich das tat, vor ihm, wie er es wollte, daß er ganz verzückt war und mich seinen liebsten Schatz nannte. Wenn ich damit fertig war und wirklich kitzlige Gefühle in den Beinen hatte und im Bauch, dann mußte ich auf seinen Schoß und Spuckeküsse tauschen. Papa gab mir seine Spucke in den Mund und ich ihm meine, und das wurde immer mehr, bis ich würgte und weinte und er genug davon hatte, aber, aber sagte. Dann zog er mir das Kleidchen wieder an, machte die Vorhänge auf und straffte sein Gesicht in eine glatte Form rein.

Ich wußte nicht, warum das so war. Warum sich mein Vater zuweilen auflöste und meinen Mund voll Spucke laufen ließ, warum es nicht klingelte und warum die Polizei nicht schon auf mich lauerte.«(Liane Dirks, 1986)

Mit wachsendem Widerstand des Opfers entwickelt sich der Täter meist mehr und mehr zum (Haus-)Tyrannen (vgl. Rijnaarts 1988). Solange das Mädchen/der Junge noch keine direkte Gegenwehr zu leisten vermag, ist der Mißbraucher häufig noch der »netteste Mensch«. Allerdings zeigt er sein wahres Gesicht spätestens, wenn das Kind oder die Jugendliche sich mehr und mehr gegen die sexuelle Ausbeutung zur Wehr setzt. Streit, Spannungen und Schikanen des Täters haben Methode; sie sollen das Opfer erneut gefügig machen: Ein Lehrer tyrannisiert mit zusätzlichen Hausaufgaben, schlechter Laune und miserablen Noten die ganze Klasse; ein Heimleiter droht mit der Verlegung des Mädchens in ein geschlossenes Erziehungsheim; der Vater nähert sich recht offensichtlich der kleineren

Schwester oder prügelt die Mutter usw. Die Gewalt nimmt in extremem Maße zu, wenn Dritte den Verdacht des sexuellen Mißbrauchs äußern. Das Kind wird fast immer mit zusätzlicher physischer und psychischer Gewalt zur Rücknahme der eigenen Aussage gezwungen. Erwachsene Frauen und Männer wagen es z.T. erst viele Jahre später, über die Eskalation des Terrors zu sprechen: Ein Täter hetzte den Hund auf die zwölfjährige Nichte; ein anderer kaufte eine Flasche Salzsäure und drohte, diese über das Opfer zu gießen; die Siebenjährige mußte erleben, wie der Vater ein weißes Pulver (vermutlich Traubenzucker) in ein Glas Wasser rührte und wie vom Blitz getroffen vom Stuhl fiel. Sie glaubte, er habe sich das Leben genommen, weil sie sich der Tante anvertraute. Immer wieder berichten betroffene Mädchen und Frauen, daß die geladene Pistole oder Schrotflinte auf dem Couchtisch daneben lag, als der Täter sie »benutzte«. In jedem Haus gibt es eine »Waffe«, denn in jedem Haushalt gibt es ein Brotmesser. Der Mißbraucher braucht nur das Messer in die Hand zu nehmen und dem Mädchen/Jungen einen vielsagenden Blick zuzuwerfen, um sie in Todesangst zu versetzen. Wie groß ist erst der Schrecken eines Kindes, wenn die Kleine z.B. die Katze vergiftet findet!

Die genannten Beispiele können nicht als Einzelfall abgetan werden – im Gegenteil: Diese und ähnliche Gewalt(-androhungen) kennen Mißbrauchsopfer aus allen sozialen Schichten. Es erstaunt nicht, daß viele betroffene Mädchen/Jungen ihre eigenen Aussagen widerrufen, wenn Dritte den Täter mit dem Verdacht konfrontieren.

Die Gleichberechtigung von Frauen steht als verbrieftes Recht im Grundgesetz; der Alltag vieler Frauen – selbst der von Akademikerinnen – ist jedoch immer noch durch patriarchalische Machtstrukturen geprägt. Männer betrachten sich z.B. in der Regel als Haushaltsvorstand; Frauen und Kinder sehen sie als untergeordnet an. Väter treffen nach wie vor häufig die »wesentlichen« Entscheidungen; Ehefrauen sind für die »unwichtigen Dinge« zuständig und haben den reibungslosen Ablauf des Familienalltags zu gewährleisten – sprich: die Doppelbelastung Beruf und Haushalt zu tragen. Bildlich läßt sich das familiare Machtungleichgewicht oft an der Tatsache ablesen, daß z.B. die Reinigung der Toilette in vielen Haushalten immer noch »reine« Frauensache ist.

Das Ungleichgewicht zwischen den Geschlechtern nutzen Täter bei innerfamilialem Mißbrauch, um gezielt einen Keil in die Beziehung zwischen Mutter und Tochter/Sohn zu schlagen. Sie beugen damit der Entdeckung des von ihnen verübten Verbrechens vor. Verletzende Bemerkungen, ungerechtfertigte Kritik und Schikanen von seiten des Mißbrauchers werten die Frau in ihrer Rolle als Mutter und Partnerin ab: »Sieh mal, als Frau bist du für die Erziehung verantwortlich und wirst noch nicht einmal mit den Kindern fertig. Ich hingegen habe den wesentlich besseren Zugang zu der Kleinen! ... Früher warst du attraktiv, aber seitdem du die Kinder hast, kann man dich nirgendwo mehr vorzeigen!« Das Selbstwertgefühl der Frau wird verletzt. Parallel zur Deklassierung der Mutter läuft meist die emotionale und materielle Aufwertung der Tochter, die besondere Geschenke und Komplimente bekommt – »Papas Liebling«, die »kleine Prinzessin«, darf z.B. mit Papa in Urlaub fahren; Mutter muß zu Hause bleiben. Der Mißbraucher forciert ein Konkurrenzverhältnis zwischen Mutter und Tochter. Er spielt beide gegeneinander aus, um dann auch noch der Ehefrau »ungerechtfertigte« Eifersucht vorzuwerfen: »Was bist du nur für eine Mutter – eifersüchtig auf die Tochter, nur weil sie sich mit dem eigenen Vater gut versteht!«

Frauen spüren, daß zu Hause etwas nicht stimmt, doch sie können die Ursache für die merkwürdige Atmosphäre nicht fassen. Die Mutter zweifelt an sich, denn das Kind zeigt sich z.B. verstockt, wird immer dicker und/oder bewegt sich wie eine kleine Hure.

Frauen geben sich meist selbst die Verantwortung für die Probleme der Tochter/des Sohnes, trauen ihren eigenen Sinnen nicht mehr und resignieren über die Tatsache, daß sie »noch nicht einmal mit dem eigenen Kind klarkommen«.

Es gehört zur Strategie von Mißbrauchern, nicht nur die sozialen Kontakte des Opfers, sondern auch die der Ehefrau zu beschneiden. Sie sprechen ihren Frauen z.B. oft das Recht auf eigene FreundInnen und Freizeitaktivitäten ab, intrigieren im Verwandten- und Bekanntenkreis gegen sie und/oder »putzen« sie vor Dritten runter: »Ich mache mir Sorgen um meine Frau; sie ist zur Zeit psychisch sehr belastet, ... z.B. ist sie krankhaft eifersüchtig auf unsere Tochter!« Auf diese und ähnliche Art und Weise stempeln sie die Mutter als gefühlskalt, kompliziert und überempfindlich ab – auch gegenüber dem sexuell mißbrauchten Mädchen/Jungen nach dem Motto: »Jetzt wirst du schon genauso zickig wie deine Mutter!« Mit solchen Bemerkungen treffen sie nicht nur die Mutter, sondern auch das Mädchen, dessen Selbstwertgefühl als Frau verletzt wird. Auf der anderen Seite stilisieren Täter das Mädchen zur Frau und Geliebten und wälzen damit die Verantwortung für den Mißbrauch nicht nur auf die Ehefrau, sondern ebenso auf das Kind – die angebliche Verführerin – ab. Die »Provokation« durch das Opfer wie auch die angebliche Frigidität und mangelnde Attraktivität der Ehefrau stellen überführte Täter dementsprechend meist als die Ursache der sexuellen Gewalt dar. Richard Snowdon beschreibt auf der Basis seiner breiten Erfahrung in der Therapie mit Sexualstraftätern deren Selbstbild mit dem Bild des gutmütigen Nikolaus zwischen Lolita und Hexe, der Ehefrau.

Wie Täter sich verraten ...

Bei der Vermutung eines sexuellen Mißbrauchs richten Laien und Professionelle – Nachbarn, Verwandte, Bekannte, SozialarbeiterInnen, Lehrer, Ärzte, JuristInnen usw. – in erster Linie ihren Blick auf das Opfer. Dessen Verhaltensweisen und Aussagen werden zusammengetragen, die Glaubwürdigkeit des Kindes – nicht des Täters – überprüft: Was hat das Mädchen/der Junge erzählt? Sind die Hinweise eindeutig? Hat das Kind nicht lediglich eine blühende Phantasie oder die Eltern beim Geschlechtsverkehr beobachtet? Die Beweislast wird damit fast ausschließlich dem Opfer zugeschoben. Eine Überforderung für das Kind – eine Entlastung für dessen (professionelle) Kontaktpersonen, denn diese vermeiden durch die für sie »bequemere« Vorgehensweise die Beschäftigung mit der Person des Täters. Die Berührungsangst gegenüber Tätern ist sicherlich verständlich, doch bürden auch »Profis« mit dieser einseitigen Arbeitsweise dem Opfer die (gesamte) Verantwortung für den Mißbrauch und dessen Folgen erneut auf, denn schon der Täter machte ja das Mädchen/den Jungen für den Erhalt der Familie verantwortlich – jetzt hängt zudem das Schicksal des Täters meist ausschließlich von der Aussage des Opfers ab.

Wie groß die Berührungsängste gegenüber Mißbrauchern sind, spiegelt die Fachliteratur wider. Bisher gibt es kaum Berichte über typische »Hinweise« und Verhaltensweisen der Täter, hingegen werden in umfangreichen Listen Folgeverhalten und Zeichen der Opfer aufgeführt. Insbesondere Männer beschäftigen sich mehr mit weiblichen Opfern als mit ihren gewalttätigen Geschlechtsgenossen, denn der Kontakt mit Mißbrauchern konfrontiert Männer mit eigenen Täteranteilen – verlangt eine Auseinandersetzung mit der eigenen geschlechtsspezifischen Sozialisation, die nur wenige bereit sind einzugehen (s. Kapitel XIII). Immer wieder legitimieren Frauen und Männer ihre den Blick auf den Täter ausschließende Arbeitsweise mit einer falsch verstandenen Forderung nach Parteilichkeit zugunsten des Mädchens/Jungen. Für das Kind Partei ergreifen kann keinesfalls bedeuten, ihm einseitig die Beweislast aufzuerlegen. Vielmehr müssen die professionellen HelferInnen versuchen, das Opfer aus dem Kreuzfeuer der Wahrheitsfindung herauszunehmen und die z.T. ganz offensichtlichen Hinweise des Täters zu erkennen und benennen.

Mißbraucher verraten sich in erster Linie durch ihr Verhalten. Wie oft sagen Dritte im nachhinein, daß ein Täter immer schon so komisch mit dem Kind umgegangen sei, aber niemand hätte sich etwas dabei gedacht. Häufig ist es ein offenes Geheimnis, »daß der seine Hände nicht bei sich behalten kann« wie z.B. der Pastor, der in der gesamten Gemeinde den Spitznamen »Pastor gribbel in die Buchs« hat – alle wissen davon, warnen die Mädchen. Niemand zieht den Geistlichen zur Rechenschaft! Andere Väter geben bzw. verlangen in aller Öffentlichkeit Zungenküsse von ihren Töchtern – mit der Begründung: »Ich darf und muß doch meine Tochter zur Liebesfähigkeit erziehen!« Sie knüpfen mit diesem vermeintlichen Besitzanspruch an das alte »Recht der ersten Nacht« an: Der Dorfvorsteher bzw. zukünftige Schwiegervater durfte die Braut »in die Liebe einführen« – sprich: vergewaltigen. Stillschweigend stehen immer wieder Verwandte oder Bekannte daneben, wenn Männer »Qualitätsurteile« über die sich entwickelnde Brust eines Mädchens abgeben – nicht selten entblößen sie mit »Nachdruck« zwecks Dokumentation ihrer Aussage den Oberkörper des beschämten Opfers.

Viele Täter prahlen mit ihren »Eroberungen«: »Was meinst du, die Kleine hat so einen knackigen Arsch! Da wird mir heiß und kalt, und wie schmachtend die mich immer ansieht!« – alles erzählen sie natürlich nicht. Das dumm-dreiste Verhalten in der Öffentlichkeit ist meist nur die Spitze des Eisberges – keinesfalls aber ein Versehen oder eine Rederei, die man nur einfach überhören sollte. Ein derartiges Gerede drückt immer eine Mißachtung von Mädchen und Frauen aus, und schaut man solchen »Frauenhelden« näher auf die Finger, so fallen nicht selten weitere verräterische Verhaltensweisen, wie z.B. unangemessene Geschenke an ein Mädchen, auf. Ein Opa schenkt der elfjährigen Enkelin eine hautenge Lederhose im Wert von ca. 400,— DM, obgleich das Mädchen dringend ein neues Bett braucht. Miniröcke, Reizwäsche, Sekt, Parfüms, Dauerwelle, Nagellack usw. Opfer werden von Tätern »ausstaffiert« – zu Kindfrauen gemacht.

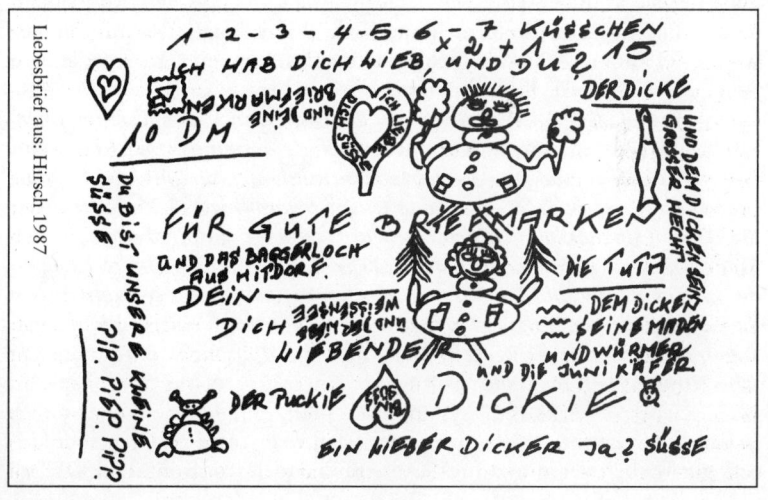

Liebesbrief aus: Hirsch 1987

Auch Briefe von Mißbrauchern an ihre Opfer sprechen immer wieder Bände: »Meine Liebste, nur Du machst mich glücklich... wenn ich Dich wieder in meinen Armen halten und Dich spüren kann...« Läßt das Mädchen/der Junge wie zufällig einen solchen Brief liegen, so wird die »Schrulle des Mannes« meist noch spöttisch belacht und auf Familienfesten als Anekdote erzählt; der versteckte Hilferuf des Kindes aber nicht verstanden.

Täter fühlen sich im Recht: »Meine Tochter gehört mir... Ich kann mit meiner Tochter machen, was ich will!« Analog zur bis heute weit verbreiteten gesellschaftlichen Einschätzung, daß sexueller Mißbrauch durch eine dem Kind vertraute Person höchstens eine Bagatelle sein kann, wiegen sie sich in Sicherheit. Sexuelle Gewalt gegen Kinder ist ein nahezu »perfektes« Verbrechen, denn die Täter brauchen in der Regel keine Konsequenz zu fürchten. Dementsprechend glauben viele, die Ausnutzung der Abhängigkeit des Kindes sei rechtens; um ein Verbrechen handle es sich lediglich, weil »es« unter Strafe stehe, nicht aber weil dem Mädchen/Jungen Schaden zugefügt werde. Allenfalls soll die Reaktion der Umwelt das Opfer traumatisieren, denn diese vermittle dem Kind überhaupt erst, daß etwas Schlimmes und Verbotenes geschehen sei.

Spricht man Mißbraucher auf beobachtete »mehr oder weniger leise« Übergriffe an, so halten die wenigsten von ihnen mit der skizzierten Denkweise hinter dem Berg. Nach dem Motto »Angriff ist die beste Verteidigung« beschuldigen sie ihr Gegenüber der Prüderie, der Verleumdung und/oder sie argumentieren, das Kind würde durch solche Diskussionen in der Entwicklung beeinträchtigt. Viele Täter klagen ihr Gegenüber wegen Verleumdung an oder drohen zumindest mit einer Anzeige; andere beklagen sich bitterlich, ihnen werde Unrecht getan.

Als Frau B. ihren Lebenspartner beim Mißbrauch der Tochter überraschte, packte sie innerhalb von einer Stunde dessen gesamtes Hab und Gut in Müllsäcke und transportierte diese mit Unterstützung von FreundInnen in die Garage. Sie gestattete einem Bekannten des Mißbrauchers, die Sachen abzuholen. Die eindeutige Parteinahme der Mutter für das Mädchen verunsicherte den Täter so sehr, daß er durch mehrere Kneipen der Ortschaft zog und um Verständnis dafür warb, daß er seit Jahren von der Zwölfjährigen verführt worden sei. Aufgrund seiner »Kneipengeständnisse« konnte er wegen wiederholten Mißbrauchs einer Minderjährigen verurteilt werden.

In der Praxis bestätigt sich zunehmend, daß viele Täter bei einer sehr klaren, gut vorbereiteten und für sie überraschenden Konfrontation »Teilgeständnisse« ablegen: Sie hätten z.B. das Mädchen/den Jungen nur aufklären wollen, ehe es die Jungen von der Straße tun! Realisieren Mißbraucher ein wenig später, welche Konsequenzen ihre Tat hat, so nehmen sie die eigenen Aussagen meist zurück und stellen sich selbst als Opfer unglücklicher Umstände dar. Wenn es gelingt, ihnen die sexuelle Ausbeutung nachzuweisen, so dient Tätern der Mythos vom pathologischen Vergewaltiger zur Aufrechterhaltung eines »heilen Selbstbildes« – sie definieren sich selbst als krank und brauchen damit die Verantwortung für ihr Tun nicht zu tragen. Andere sehen sich selbst als Opfer der eigenen Kindheitserlebnisse, des Krieges und/oder des Ensembles der gesellschaftlichen Verhältnisse. »Ich hatte so eine kalte Mutter!«... »Im Krieg habe ich so viel mitgemacht... heute bin ich alt/arbeitslos...« Der Erwachsene hat oft das Selbstbild vom »armen Schlucker« voll und ganz verinnerlicht.

»Entwickelt ein Kind Rachegefühle dem Mann gegenüber?« ist dementsprechend eine typische Frage von Vätern, wenn ihnen der Mißbrauch hieb- und stichfest nachgewiesen wurde. Ihre Sorge gilt nach wie vor dem eigenen Wohlbefinden und nicht dem Wohl des Kindes. Manchmal werden Täter nach der Aufdeckung depressiv – doch nicht etwa, weil sie ihre Tat bedauern, sie sind vielmehr traurig darüber, was sie verloren haben (vgl. Josephine Rijnaarts 1988). Und so suchen die meisten Mißbraucher auch nach einer Verurteilung ihr nächstes Opfer.

Literaturempfehlung:
Vachss, Andrew: Andrew Vachss und Claus Leggewie im Gespräch über das Böse. Frankfurt 1994

IX
WIE KINDER SICH WEHREN!
WIDERSTANDSFORMEN, KOMPETENZEN UND
ÜBERLEBENSKRAFT DER OPFER

Es gibt kein Mädchen und keinen Jungen, die/der sich nicht gegen sexuellen Mißbrauch wehrt. Doch die wenigsten können sich später noch an ihre eigenen Widerstandsformen erinnern, denn ihre kindliche Gegenwehr war zwecklos; der Täter (die Täterin) setzte sich über sie hinweg. Und da betroffene Mädchen und Jungen zudem meist die Erfahrung machen, daß die Umwelt – Mutter, Vater, ältere Geschwister oder andere nahestehenden Personen – ihre aktive oder passive Gegenwehr negativ bewertet (»Man legt sich doch nicht vollbekleidet ins Bett!«), wird ihre Widerstandskraft erheblich geschwächt – wenn nicht gebrochen.

Die Arbeit mit Betroffenen zeigt, welchen Überlebenswillen Mädchen und Jungen haben und welche Kreativität sie entwickeln, um sich selbst zu schützen! Oftmals bauen Kinder abends ihr Spielzeug in einer langen Reihe von der Tür bis zum Bett auf; sie hoffen, daß es einen Knall gibt, wenn der Täter ins Zimmer kommt, und daß das ganze Haus wach wird. Viele stellen auch Stühle unter die Türklinke oder rücken Möbel vor die Zimmertür, der Mißbraucher soll nicht hereinkommen können. Die Formen des Widerstandes sind vielfältig:

Die vierjährige Anne streut z.B. Popcorn vor die Zimmertür. Die Kleine hofft, daß es knacken wird, wenn der Täter darauf tritt. Dann will sie schnell aufstehen, aufs Klo gehen und ganz laut abziehen. Das wird Mama bestimmt hören.

Häufig schlafen Kinder voll bekleidet, ziehen sich z.B. nachts drei Hosen übereinander an oder wickeln sich fest ins Bettzeug ein. Andere nehmen ihren Hund mit ins Bett; er soll sie bewachen. Viele Opfer laden KlassenkameradInnen als Übernachtungsgäste ein und glauben sich so für die Nacht in Sicherheit.

LehrerInnen wissen immer wieder davon zu berichten, daß betroffene Mädchen und Jungen regelmäßig zu früh zum Unterricht kommen oder nach Schulschluß nicht nach Hause wollen. Es stimmt jedoch keinesfalls, daß betroffene Kinder und Jugendliche immer durch »Verhaltensauffälligkeiten« Aufmerksamkeit erregen; viele engagieren sich in besonderem Maße in der Schule oder in Jugendgruppen und legitimieren so ihre häufige Abwesenheit aus dem Elternhaus bzw. wollen schnell die Schule hinter sich bringen, endlich unabhängig werden. Andere weigern sich, sich von einem bestimmten Zahnarzt behandeln zu lassen oder bleiben »absichtlich« sitzen bzw. wechseln das Kursfach. Sie sehen keine andere Fluchtmöglichkeit vor den Übergriffen des Lehrers.

Die Mädchen und Jungen einer Kindertagesstätte bauen sich gemeinsam einen Schutzraum vor den Übergriffen des Erziehers: Sie stapeln in einem Abstellraum alte Möbel. Der Eingang ihrer Bude ist für den Erzieher zu eng.

Für den Täter (die Täterin) besteht in der Regel kein Anlaß, »freiwillig« von seinem »perfekten Verbrechen« Abstand zu nehmen. Fast immer ist es das Opfer, das die sexuelle Ausbeutung beendet. In manchen Fällen leisten schon kleine Kinder aktiven Widerstand.

»Nachdem ich mit sechs Jahren vergewaltigt worden war, trommelte ich am nächsten Tag meine drei Brüder und einige Jungen der Nachbarschaft zusammen. Ich erzählte ihnen, ein Mann hätte mir sehr weh getan, sie müßten ihn finden und vertreiben. Und so zog eine Gruppe kleiner Stadtindianer im Alter von drei bis neun Jahren mit Stöcken bewaffnet durch Haus, Hof und Nachbarschaft. Die Jungen erzählten überall, daß mir jemand wehgetan hatte. Natürlich bekam auch der Täter dieses »Spiel« mit. Er wußte von da an, daß ich meinen Mund nicht hielt – er hat mich nie wieder angepackt.« (Ursula, 36 Jahre)

Insbesondere ältere Kinder können sich in vielen Fällen erfolgreich gegen sexuelle Gewalt wehren, wenn sie von Dritten die Erlaubnis dazu bekommen. Jugendliche Mädchen berichten häufig, daß sie dem Täter ein klares Nein entgegensetzen konnten, nachdem sie von der Sozialarbeiterin im Jugendamt, der Lehrerin oder der Mutter einer Freundin erfuhren, daß diese sich mit dem Thema beschäftigten, betroffenen Mädchen glaubten und sie unterstützen. In vielen Fällen braucht die Kontaktperson das Mädchen gar nicht explizit auf ihren Verdacht anzusprechen.

»[...] und als ich im Jugendamt ein Plakat über sexuellen Mißbrauch sah, da wußte ich, daß sie mir glauben würden. An dem Tag habe ich meinem Vater klipp und klar gesagt, er könne mich nicht mehr erpressen. Da war Schluß!« (Nicole, 15 Jahre)

Die Mädchengruppe einer Gesamtschule entwickelte ein »Mittel« gegen grapschende Lehrer: einen Cartoon. Er entlarvt das sexistische Verhalten eines Pädagogen und ermutigt zum Widerstand. Der Cartoon kann im »Bedarfsfall« kopiert und dem Grapscher zur Warnung vor dem Unterricht an die Tafel geklebt oder auch in der SchülerInnenzeitung veröffentlicht werden (s. Kapitel XIV).

Der Alltag betroffener Mädchen und Jungen wird durch die ständige Organisation der eigenen Flucht bestimmt. Notgedrungen entwickeln viele Opfer ein großes Organisationsgeschick: Sie versuchen, dem Täter (der Täterin) aus dem Weg zu gehen. Zudem nehmen sie oftmals mit der Genauigkeit eines Seismographen atmosphärische Spannungen war: »Ist das der besagte Blick?« – »Wie ist der heute drauf?« Sie lernen, sich mit großer Empfindsamkeit in die Bedürfnisse anderer einzufühlen und intuitiv Gefahren im Vorfeld zu erahnen. Nicht umsonst leisten viele betroffene Frauen insbesondere in sozialen Berufen hervorragende Arbeit!

»Nicht nur den sexuellen Mißbrauch, sondern auch alles Schöne meiner Kindheit hatte ich vergessen!«

Die Kraft, dem Mißbrauch etwas entgegenzusetzen, erwächst nicht »von selbst«. Kinder brauchen Energiequellen, sie brauchen Menschen, die sie ernst nehmen und ihnen ihr Recht auf (sexuelle) Selbstbestimmung vermitteln und im alltäglichen Umgang zugestehen, denn es sind die »kleinen« Begegnungen, aus denen betroffene Mädchen und Jungen die Kraft zur Gegenwehr und zum Überleben schöpfen. So kann das Lob der Lehrerin, das Spiel im Kindergarten, die Vorlesestunde des Opas zum Rettungsanker für das Opfer werden.

»Zu Hause konnte ich es kaum noch aushalten. Doch in den Ferien fuhr ich immer zu meiner Patentante. Hier war ich sicher und wurde gemocht. Jeden Morgen kochte sie mir ein weiches Ei. Einfach so, weil ich das so gerne mochte. [...]

Einmal ging sie sogar mit mir in einen richtigen Zirkus. Das habe ich nie vergessen. Ein junges Mädchen tanzte auf dem Seil. Ich hatte Angst, sie würde runterfallen; doch sie blieb oben. [...] In den letzten Monaten habe ich viel an meine Patentante gedacht. Sie hat mich gemocht.« (Hedwig, 57 Jahre)

»Lange Zeit konnte ich mich selber nicht mehr leiden. Wie sollte ich an mich selber glauben können, wenn in mir nur all dieser Dreck und Ekel steckte! Doch dann fielen mir im Rahmen meiner Therapie nach und nach wieder schöne Erlebnisse meiner Kindheit ein – vor allem mit meiner Oma Lisa. Sie war einfach eine tolle Frau und wahnsinnig stolz auf mich. Oft las sie mir Geschichten vor. Unser Lieblingsspiel hatte feste Regeln. Ich rannte in die Küche und sang: 'Ich fahr mit meiner Lisa zum schiefen Turm nach Pisa!' Die etwa zwei Zentner schwere Frau setzte ihre Pfunde in Bewegung, 'schimpfte' lachend über die frechen Blagen von heute, rannte hinter mir her und versuchte, mir mit dem Geschirrtuch eine zu langen. Natürlich war ich immer schneller als sie. Dabei amüsierte sich die alte Frau über ihre eigenen Fettpolster, und ich genoß es, daß ein Erwachsener sich über sich selbst lustig machen konnte.« (Katharina, 33 Jahre)

Nicht umsonst berichten Erwachsene oft, daß Kinder und Jugendliche ihnen »die letzte Energie rauben«. Eben diese Fähigkeit, sich das zu holen, was sie brauchen, gibt Mädchen und Jungen die Kraft zum Überleben.

X

AGIEREN UND RESIGNIEREN
DAS DILEMMA INSTITUTIONELLER HILFEN

Eine »alltägliche« Situation:

Die Lehrerin, Frau Meyer, ruft den Jugendamtsleiter, Herrn Müller, an und macht Mitteilung, daß die 10jährige Schülerin, Sabine Schmitz, von ihrem Vater mißbraucht werde. Das habe sie von der Mitschülerin, Ulrike Schultze, erfahren. Das Jugendamt möge aktiv werden. Sie selbst überlege, die Kriminalpolizei einzuschalten.

Der Jugendamtsleiter, Herr Müller, erklärt, er werde sich der Sache annehmen und beauftragt die Bezirkssozialarbeiterin, Frau Schneider, die Angelegenheit zu klären. Diese wiederum kennt die Familie bisher noch nicht, weiß aber, daß der Kollege Becker im Rahmen der Sorgerechtsregelung der ersten Ehe der Frau Schmitz mit dieser persönlich Kontakt hatte... Die Kette kann weitergesponnen werden – über den Kinderarzt, Herrn Dr. Bauer, und die Schulaufgabenhilfe, Frau Kramer, den Familienrichter, Herrn Schulte, die Mitarbeiterin der Erziehungsberatungsstelle, Frau Schröder, usw.

Was in der Auflistung wie eine Satire anmutet, beschreibt leider eine häufige Realität. Wird der sexuelle Mißbrauch an einem Mädchen oder Jungen bekannt, so löst dies auch bei ÄrztInnen, SozialarbeiterInnen, JuristInnen und PädagogInnen große emotionale Betroffenheit aus. Auch »Profis« geraten unter Handlungsdruck und/oder zweifeln an ihrer Kompetenz. Fast immer sind im Einzelfall verschiedene Stellen zuständig (z.B. das Jugendamt, die Schule, die Erziehungsberatungsstelle, das Vormundschaftsgericht usw.), doch setzen sich die MitarbeiterInnen der jeweiligen Institutionen nur selten alle zusammen an einen Tisch, um die unterschiedlichen Aktivitäten aufeinander abzustimmen. In zahlreichen Telefonkontakten, in einrichtungsinternen Dienstbesprechungen (z.B. Team des Jugendamtes) und in Kontakten zwischen einzelnen Institutionen werden die Fakten immer wieder durchgesprochen und bewertet, doch mangels Kooperation aller beteiligten HelferInnen behindern sich die verschiedenen Berufsgruppen gegenseitig in ihrer Arbeit – folglich gelingt es nur selten, den Schutz des Opfers zu gewährleisten.

Einzelne Dienste erklären sich meist zunächst für zuständig und stellen dann vielfach mit großem Bedauern fest, »ihnen seien die Hände gebunden, weil andere nicht mitziehen« (z.B. Ärzte und Gerichte). Im zweiten, dritten oder vierten Arbeitsschritt spielen die einzelnen Dienste fast immer einer anderen Institution die Verantwortung zu – nachdem z.b. die Schule über Wochen versucht hat, die »schulinterne Angelegenheit« mit pädagogischen Mitteln zu lösen, verlangt sie plötzlich ein sofortiges Einschreiten des Jugendamtes; der Sozialarbeiter des Amtes hofft wiederum zunächst auf die therapeutische Intervention der Beratungsstelle oder aber die Polizei soll erst einmal ermitteln und die Fakten klären.

Typisch für die Kommunikationsstruktur der Professionellen ist, daß die Fakten fast immer nur unvollständig zusammengetragen und benannt werden – selbst wenn das betroffene Kind an verschiedenen Stellen klare Hinweise gegeben und Aussagen gemacht hat und diese Puzzelsteinchen relativ leicht zusammengetragen werden könnten und damit der Mißbrauch eindeutig zu belegen wäre. Auch verharmlosen die meist unklaren Formulierungen der HelferInnen die sexuelle Ausbeutung von Mädchen und Jungen: »es«, »sexuelle Spielereien«, »eine falsche Aufklärungspraxis«, »Zudringlichkeiten«. Die sprachlichen Ungenauigkeiten tragen zu Verwirrungen im Helfersystem bei und schützen somit vor allem den Täter (die Täterin) – nicht aber das Mädchen/den Jungen.

Nach zum Teil wochenlangem Gerangel zwischen den Institutionen übernimmt in der Regel die Bezirkssozialarbeit die undankbare Aufgabe, die Familie anzusprechen. In anderen Fällen möchte ein »engagierter« Mitarbeiter einer Beratungsstelle demokratisch mit der Familie umgehen und nicht mehr über sie, sondern mit ihr reden. Er konfrontiert die Mutter oder den Täter mit dem Verdacht ... und wundert sich, denn die Familie macht »dicht« – das Mädchen/der Junge widerruft die eigenen Aussagen und bleibt der sexuellen Gewalt weiterhin (über Jahre) ausgeliefert.

Nur in Ausnahmefällen finden HelferInnen die nötige Ruhe und nehmen sich die Zeit, um gemeinsam zu überlegen, wie sie das Opfer am besten stärken können, wer das Mädchen/den Jungen am besten kennt und vorsichtig den Verdacht abklären kann. Fehlende Kooperation hat letztendlich zur Folge, daß alle als »gebeutelt« dastehen, ihre eigenen begrenzten Handlungsspielräume beklagen und mit Betroffenheit feststellen, daß sie dem Mädchen/Jungen nicht helfen können. Der Fall wird unerledigt zu den Akten gelegt.

Die Delegation der Verantwortung an die jeweils andere Institution oder Berufsgruppe (z.B. Ärzte und Polizei) drückt den Zweifel der MitarbeiterInnen pädagogischer und psychosozialer Arbeitsfelder an der eigenen Kompetenz aus. Insbesondere PädagogInnen und SozialarbeiterInnen nutzen die eigenen Handlungsspielräume nicht, unterschätzen ihre eigene Handlungskompetenz, die eigenen Möglichkeiten einer klaren Diagnose. Dies mag u.a. daran liegen, daß Gerichte häufig gutachterliche Stellungnahmen von Ärzten und Psychologen verlangen und die Berichte der SozialarbeiterInnen – die oftmals den intensivsten Kontakt zu den Opfern haben – unberechtigterweise als unzureichend abqualifizieren und damit das Selbstbewußtsein dieser Berufsgruppe schwächen.

Die Konkurrenz zwischen den verschiedenen Institutionen verstärkt die Verunsicherung. In psychosozialen Arbeitsfeldern ist es unüblich, die Grenzen der eigenen Handlungskompetenz offen zu benennen – dies »empfiehlt« sich im Konkurrenzkampf um die begrenzten finanziellen Mittel der kommunalen Haushalte nicht. Das Gegenteil macht Schule: Mit erstaunlicher Dreistigkeit versuchen in jüngster Zeit VertreterInnen der unterschiedlichsten Einrichtungen PolitikerInnen und (Fach-)Öffentlichkeit weiszumachen, sie hätten bereits eine breite, jahrelange Erfahrung in der Arbeit mit Opfern sexueller Gewalt. Oftmals verkaufen sie fälschlicherweise die Arbeitsansätze bei Kindesmißhandlung als geeignete Hilfen bei sexuellem Mißbrauch (vgl. Kapitel X). In vielen Fällen nutzt das mehr dem eigenen Ansehen als dem Wohl von betroffenen Mädchen und Jungen.

Neben mangelhaften Kooperationsstrukturen und dem »Expertenschwindel« liegt eine Ursache für das Dilemma der Institutionen im Umgang mit sexueller Gewalt gegen Mädchen und Jungen sicherlich in einer nach wie vor unangemessenen gesellschaftlichen Wertschätzung der Familie als »Ort der Liebe und Geborgenheit«. Nicht nur aus fiskalischen, sondern ebenso aus ideologischen Gründen werden seit den siebziger Jahren familienunterstützende Maßnahmen von Fachleuten und Politikern immer wieder als die bessere Alternative zur Heimerziehung gepriesen. Vor allem Jugendämter wollen das Selbstbild des »Kinderklauers« überwinden und führen ihre niedrigen Zahlen der »Fremdplazierung« immer wieder als vermeintlichen Beweis ihrer fortschrittlichen Jugendhilfearbeit an. Dies mag im Einzelfall stimmen, allerdings wird in der Fachdiskussion viel zuwenig beachtet, daß auch familienunterstützende Maßnahmen – wie z.B. die sozialpädagogische Familienhilfe – Grenzen haben (Enders 1987a). Obgleich viele Heime in den letzten Jahren neue Konzepte entwickelt und erprobt haben (z.B. Elternarbeit, Mädchen-Wohngruppen, Kleinsteinrichtungen), schwirrt in den Köpfen von Laien und Professionellen immer noch das »Gruselmärchen vom Heim als Gefängnis mit Wasser und Brot«. Sicher ist in Heimen nicht alles Gold, was glänzt, doch sind die stationären Einrichtungen inzwischen in der Regel besser als ihr Ruf.

In der besten Absicht wollen viele den Opfern von sexueller Gewalt auf jeden Fall das Heim ersparen und die Familie erhalten. Sie berücksichtigen dabei weitgehend nicht, daß der Schutz des Kindes in einer Familie nicht sichergestellt werden kann, solange der Mißbraucher noch unter dem gleichen Dach lebt. Sexueller Mißbrauch ist eine Wiederholungstat, und weder eine Familienhelferin noch der beste Therapeut kann Tag und Nacht schützend die Hand über das Kind halten! Die unaufgelöste Idealisierung der Institution Familie geht in der Praxis oftmals so weit, daß selbst dem ausdrücklichen Wunsch jugendlicher Opfer nach einer Unterbringung außerhalb der Familie nicht entsprochen wird. Eine solche Praxis macht deutlich, wie sehr die MitarbeiterInnen der sozialen Dienste immer noch ein traditionelles Berufsbild aufrechterhalten, das es als Mißerfolg wertet, wenn eine Familie auseinanderbricht. Anspruch und Wirklichkeit der modernen Sozialarbeit klaffen weit auseinander, denn bis heute steht in der Praxis häufig der Erhalt der Familie und das »Elternrecht« über dem Kindeswohl.

Das Dilemma der Institutionen im Umgang mit sexueller Ausbeutung von Kindern und Jugendlichen spiegelt sich im Dilemma der einzelnen HelferInnen wider. Sie verfügen nur über begrenzte Handlungsmöglichkeiten bei der Konfrontation mit der Problematik. Manchmal werden die Fakten durch die Polizei bekannt, in den meisten Fällen erfahren die MitarbeiterInnen der Jugendhilfeeinrichtungen jedoch von sexueller Gewalt, indem sie selbst vom Opfer oder von Dritten ins Vertrauen gezogen werden. Ein Mädchen überwindet z.B. schrittweise ihr Mißtrauen und gibt einer Sozialarbeiterin im Jugendamt zunehmend eindeutigere Hinweise. Unter dem Siegel der Verschwiegenheit vertraut sich ein Mädchen/Junge der Erzieherin im Kindergarten an, oder aber eine Schülerin berichtet der Lehrerin von der Not der Klassenkameradin. Auf die Mitteilung reagieren Professionelle häufig »menschlich« – wie Privatpersonen. Sie möchten nicht den Zerfall einer Familie verantworten und/oder scheuen davor zurück, das Unglaubliche als wahr anzuerkennen, denn sie haben nicht den Mut, einen Mann, den sie womöglich kennen, zu verdächtigen. Dabei bleibt es sich gleich, ob die MitarbeiterInnen der Institutionen als Vertrauensperson (z.B. Lehrerin) oder als Amtsperson (z.B. Bezirkssozialarbeiterin) angesprochen werden, denn nicht nur persönliches Vermeidungsverhalten, sondern ebenso innerhalb der Ausbildung gelernte Fehlinformationen blockieren die PraktikerInnen. Bisher wurden z.B. in allen Ausbildungsgängen Freuds Irrlehren vermittelt: Aussagen von Opfern galten fälschlicherweise als Ausdruck kindlicher Phantasie und als sexuelle Wünsche an Erwachsene (s. Kapitel I). Auch haben viele professionelle HelferInnen die Irrlehren Helmut Kentlers, Rüdiger Lautmanns, Ernest Bornemans, Reinhart Wolffs und anderer pädophilenfreundlicher »Wissenschaftler« im Kopf, die behaupten, (»gewaltfreie«) sexuelle Beziehungen von Erwachsenen zu Kindern richteten keinen großen Schaden an (s. Kapitel XVII).

»Im Dienst« über Sexualität, sexuelle Übergriffe und Gewalt zu sprechen ist ungewohnt und unüblich – die »Profis« sind selber noch sprachlos. Und da keinesfalls nur Väter Täter sind, sondern sich ebenso Bezugspersonen aus dem sozialen Nahbereich an Mädchen und Jungen vergreifen (z.B. auch Jugendgruppenleiter, Schulleiter, Vormünder, Arbeitgeber, ältere Kollegen, ErzieherInnen, Ärzte), müssen die MitarbeiterInnen psychosozialer Arbeitsfelder der Tatsache ins Auge sehen, daß womöglich an ihrem eigenen Arbeitsplatz Kinder und Jugendliche sexuell mißbraucht werden.

Es fällt schwer, sexuelle Ausbeutung durch professionelle HelferInnen zu thematisieren – insbesondere am eigenen Arbeitsplatz. Das Redeverbot und die Gefühle der Ohnmacht machen blind gegenüber der sexuellen Gewalt gegen Kinder in der eigenen Institution. Die professionellen HelferInnen befinden sich in diesen Fällen in der gleichen Situation wie die Mütter. Viele können den Gedanken nicht zu Ende denken und zweifeln an ihrer eigenen Wahrnehmung – die Parteinahme für das Opfer ist ihnen – beinahe – unmöglich. Nicht wenige Kolleginnen haben am eigenen Leibe erfahren, welche Mühe es allein schon macht, über einen Fall von sexuellem Mißbrauch durch einen Verwandten innerhalb der Dienstbesprechung zu reden, wenn ein Mitarbeiter den Täter verteidigt und/oder dem Kind eine aktive Beteiligung unterstellt. Wieviel Mut und Energie erfordert es erst, für ein Mädchen oder einen Jungen Partei zu ergreifen, wenn der eigene Kollege/Vorgesetzte ein/der Täter ist!

Einmal für die Problematik sensibilisiert, nehmen professionelle HelferInnen häufiger sexuellen Mißbrauch wahr bzw. schenken eher betroffenen Mädchen/Jungen Glauben.

»Vor zwei Jahren hatte ich nach fünfjähriger Tätigkeit als Bezirkssozialarbeiterin noch keinen einzigen Fall; in den letzten beiden Jahren nahm ich siebenmal sexuellen Mißbrauch in meinem Bezirk wahr, in mehr als zehn Fällen habe ich KollegInnen beraten und unterstützt.« (Brigitte C., 34 Jahre)

Bislang ist es eine gängige Erfahrung, daß sich die/der einzelne MitarbeiterIn in dem ersten oder zweiten Fall noch der Unterstützung und Solidarität ihrer/seiner KollegInnen sicher sein konnte (»Die hat ja so einen schwierigen Fall!«), doch spätestens bei dem dritten »Fall« steht sie/er allein da. »Die scheint Probleme mit Männern zu haben und hört überall die Flöhe husten!« oder: »Gehen Sie erst einmal zur Kur, die Familie X hat Sie wirklich mitgenommen!« »Du reagierst übersensibel! Sei doch nicht immer so hysterisch, wenn mal ein Vater seine Tochter anpackt!« So und ähnlich lauten die Kommentare von Vorgesetzten und KollegInnen, die das gesellschaftliche Problem des sexuellen Mißbrauchs erneut individualisieren und zum Problem einzelner MitarbeiterInnen machen.

Die Einschätzung von Dritten hat ihre Wirkung: Auch Professionelle werden verunsichert und bezweifeln ihre eigene Wahrnehmung. Viele HelferInnen spüren zudem bei der Konfrontation mit sexueller Gewalt eigene Betroffenheit. Sie erkennen diese jedoch nicht als ihre Qualifikation, sich in die Situation der Betroffenen besonders gut einfühlen zu können, sondern haben häufig in übertriebenem Maße Angst, eigene Probleme auf das Kind zu übertragen. Das von den Institutionen gesetzte »Rede- und Handlungsverbot« verstärkt somit den Zweifel an der eigenen Kompetenz; nicht nur das Opfer, sondern ebenso die/der professionelle HelferIn befindet sich in einer existentiellen (beruflichen) Krise:

»Lange habe ich mich nur noch gefragt, ob ich oder die anderen verrückt sind. Nachdem ich dann einen weiteren Fall öffentlich machte, verschwanden im Amt die Akten über die Familie, tauchten erst nach Wochen wieder auf. Glücklicherweise hatte ich von allen Berichten des Kindergartens, des Heimes, der Familienhilfe, des Kinderarztes und Krankenhauses Kopien. Der Vormundschaftsrichter folgte meiner Einschätzung der Familiensituation und entzog trotz der Einwände der Bezirkssozialarbeit den Eltern die elterliche Sorge und bestellte das Jugendamt zum Vormund. Damit verlief alles Weitere wie beim Hornberger Schießen. Das Jugendamt kam nach Prüfung durch eben dieselbe Bezirkssozialarbeiterin zu dem Ergebnis, daß ich alles übertrieben gesehen habe, der Vater könne kein Mißbraucher sein, er ginge z.B. immer so nett sonntags mit den beiden Töchtern spazieren. Das Jugendamt riet dem Vater, in Berufung zu gehen. Dieser bekam in zweiter Instanz nach ausführlicher Stellungnahme des Jugendamtes das Sorgerecht wieder. Lange Zeit habe ich mich gefragt, ob ich mir das alles eingebildet hatte. Inzwischen bin ich mir wieder ganz sicher: Es war sexueller Mißbrauch – ein klassischer und eindeutiger Fall! Heute bleibt mir ein schwacher Trost, denn nachdem der »Skandal« vor Ort durchsickerte, gründete sich ein trägerübergreifender Arbeitskreis auf lokaler Ebene. Heute, einige Jahre später, wäre der Fall wohl anders gelaufen.« (Gisela B., 47 Jahre)

Die skizzierten persönlichen Grenzen der professionellen HelferInnen und das Dilemma der Institutionen können nur überwunden werden, wenn in den psychosozialen Arbeitsfeldern und innerhalb der Strafverfolgungsbehörden der themenspezifische Austausch über die sexuelle Ausbeutung von Mädchen und Jungen im inner- und außerfamilialen sozialen Nahbereich – auch in den öffentlichen Institutionen – gelingt. Eine Verpflichtung zur Aufnahme der Problematik in die Anamnesebögen von Beratungsstellen, Heimen, Krankenhäusern usw. ist z.B. eine Möglichkeit, um eine Weiterentwicklung im Sinne der Betroffenen zu unterstützen.

Dabei müssen vor allem die Fähigkeiten der Professionellen zur themenspezifischen Gesprächsführung und ihre Sensibilität zur Erkennung des sexuellen Mißbrauchs erweitert werden: Professionelle müssen lernen, offener miteinander über Sexualität und Machtmißbrauch zu sprechen – auch über Machtmißbrauch und sexuelle Übergriffe am eigenen Arbeitsplatz. Die Aufhebung des Redeverbotes über Gewaltprobleme in den Handlungs- und Kooperationssystemen der Öffentlichkeit ist eine Voraussetzung für eine offenere Diskussion über sexuellen Mißbrauch an Mädchen und Jungen, denn eine Mitarbeiterin, die keine Möglichkeiten hat, sich gegen sexistische Bemerkungen oder handgreifliche Übergriffe eines Kollegen zu wehren, wird kaum genügend Mut und Kraft finden, sich parteilich für betroffene Kinder und Jugendliche einzusetzen und ihnen in ausreichendem Maße Schutz zu gewähren.

Nicht jedeR will und kann mit Betroffenen arbeiten – ebenso wie z.B. Schuldnerberatung nicht die Sache eines jeden Sozialarbeiters ist. Im offenen Gespräch über die (persönlichen) Grenzen und Erfahrungen der einzelnen MitarbeiterInnen oder Teams muß innerhalb der Projekte und Institutionen geklärt werden, wer die Qualifikation und Offenheit für die Arbeit mit sexuell mißbrauchten Mädchen, Jungen, Frauen und Männern mitbringt und wer für andere Arbeitsfelder prädestiniert ist!

XI
EIN KIND WIRD SEXUELL MISSBRAUCHT.
WAS KANN ICH TUN?

SEXUELLER KINDESMISSBRAUCH UND
KINDESMISSHANDLUNG
– PLÄDOYER FÜR EINEN SICHEREN OPFERSCHUTZ

»Sexueller Mißbrauch« und »sexuelle Kindesmißhandlung« – zwei
Begriffe, die stellvertretend für zwei unterschiedliche Konzepte der Hilfen
für Opfer sexueller Gewalt stehen. VertreterInnen der Projekte gegen
sexuelle Gewalt grenzen sich zu Recht von der Verwendung des Begriffs
»sexuelle Kindesmißhandlung« ab, der oftmals in einem Atemzug mit
dem Slogan »Hilfe statt Strafe« verwendet wird. Der Begriff »sexuelle
Kindesmißhandlung« läßt den »Kurz-Schluß« zu, sexuelle Ausbeutung
von Kindern sei lediglich eine Sonderform der »Kindesmißhandlung«,
und folglich seien Konzepte der Arbeit bei körperlicher Gewalt und Kindesvernachlässigung ohne weiteres auf die Problematik des Mißbrauchs
übertragbar. Ein Irrtum, der für das Opfer meist verheerende Folgen hat,
denn mit ihm wird die Unterschiedlichkeit der Ursachen, Erscheinungs-
formen und Folgen sexueller und körperlicher Gewalt gegen Mädchen
und Jungen übersehen – auch wenn einzelne Kinder und Jugendliche im
Alltag von beiden Formen betroffen sind.

Opfer körperlicher Mißhandlung werden eher Kinder, die den Erwartungen der Eltern nicht entsprechen und/oder »nerven« – häufig Jungen.
Sexuelle Gewalt erfahren aufgrund ihrer geschlechtsspezifischen Sozialisation und der damit einhergehenden gesellschaftlich determinierten Rolle
als Sexualobjekt eher »pflegeleichte« Mädchen, denn sie unterliegen
einem doppelten Macht- und damit Abhängigkeitsverhältnis: Als Kind
»haben sie sich dem Willen der Erwachsenen zu fügen«, als Mädchen
erfahren sie, daß Frauen im Alltag nicht gleichberechtigt sind. Auch wenn
z.Z. traditionelle Rollenmuster langsam »aufweichen«, »herr-schen« auch
heute noch Männer über Frauen. Noch immer werden z.B. viele Jungen
mit dem Leitsatz erzogen: »Wenn eine Frau 'nein' sagt, so will sie genommen werden!«

Wird ein Kind geschlagen, so hinterläßt die Gewaltanwendung fast
immer (sichtbare) körperliche Verletzungen. Das Mädchen/der Junge hat

blaue Flecken und/oder kommt vielleicht mit einer Gehirnerschütterung ins Krankenhaus. Wenn sich z.B. die Lehrerin, der Arzt oder die Mutter der Freundin nach der Ursache der Verletzung erkundigt, so antwortet das Opfer zwar meist, sie/er sei die Treppe heruntergefallen oder habe sich gestoßen, doch die »äußere« Bestätigung der Folgen hilft dem Kind, den eigenen Sinnen zu trauen. Oftmals sprechen Betroffene noch Jahre später davon, daß z.B. die Lehrerin sie nach der Ursache der blauen Flecken fragte, und sie – obwohl sie seinerzeit ausweichend antworteten – sich deshalb genau erinnern können, daß sie als Kind geschlagen wurden und sich nicht alles nur einbilden.

Sexuelle Gewalt hinterläßt fast nie sichtbare Spuren, der Zweifel des Opfers an der eigenen Wahrnehmung wird dadurch verstärkt. Die Kontakt- und Vertrauenspersonen wissen nur selten von der sexuellen Ausbeutung, vielfach fügt der Täter mehreren Kindern sexuelle Gewalt zu – ohne daß die Kinder untereinander vom Leid der anderen wissen. Das Opfer bleibt allein. Anders bei Prügel: Kinder weinen und flehen, wenn sie geschlagen werden – das ganze Haus, die Nachbarschaft »hört mit«. Mädchen und Jungen sprechen über Schläge; sie wissen, daß z.B. Lehrer sie nicht »züchtigen« dürfen. Auch wenn viele die Prügel durch Mutter und Vater hinnehmen, so spüren bzw. wissen sie meistens doch, daß die Eltern ihnen Unrecht tun.

Kindesmißhandlung entsteht häufig als spontane Reaktion in einer Überforderungssituation. Ärger am Arbeitsplatz, Partnerschaftskonflikte, beengte Wohnverhältnisse usw. belasten die Eltern, das Kind nervt, die Hand rutscht aus. Auch körperliche Gewalt wird in vielen Fällen mit zunehmender Mißhandlungsdauer ritualisiert, doch sind die ersten Gewaltanwendungen fast immer spontane Handlungen. Die sexuelle Ausbeutung von Mädchen und Jungen ist im Gegensatz dazu eine von Anfang an zielgerichtete und geplante Gewaltanwendung. Über Zuwendung, Drohungen, Erpressungen und die geplante Isolation des Kindes (z.B. indem er einen Keil in die Beziehung zu Dritten schlägt) zieht der Täter (die Täterin) das Opfer systematisch in eine »Geheimhaltungsallianz« und macht es sich gefügig (s. Kapitel VIII).

Auch Mütter schlagen ihre Söhne und Töchter; sexueller Mißbrauch ist im Unterschied zur Kindesmißhandlung hingegen vor allem ein männliches Delikt: Die Täter sind zu 80 bis 90 Prozent Männer, die Opfer häufiger Mädchen. Die Unterschiedlichkeit der Problematiken zeigt sich zudem in der Tatsache, daß nur in exotischen Ausnahmefällen Männer und Frauen neben den eigenen auch noch Kinder aus dem Verwandten- und Bekanntenkreis mißhandeln – hingegen mißbraucht auch bei innerfamilialer sexueller Gewalt ein großer Teil der Täter neben der Tochter/dem Sohn noch weitere Opfer aus dem außerfamilialen Verwandten- und

Bekanntenkreis (z.B. die Schulfreundin des Mädchens, die Nichte, das Nachbarskind/s. Kapitel VIII).

Prügelnde Eltern haben häufig den Wunsch, die Mißhandlung zu beenden. Die blauen Flecken des Opfers erinnern sie z.B. an eigene Gewalterfahrungen in der Kindheit. Die Erkenntnis, daß sie ihrer Tochter/ihrem Sohn die gleiche Gewalt zufügen, schmerzt viele Mütter und Väter. Einige bitten selbst bei Beratungsstellen um Unterstützung, andere geben bei der Konfrontation durch Dritte die Mißhandlungen zu, viele beginnen über die eigenen Kindheitserlebnisse zu sprechen und können das Leid der Tochter/des Sohnes nachvollziehen. Unter dem Motto »Hilfe statt Gewalt« hat nicht zuletzt der Deutsche Kinderschutzbund einen wesentlichen Beitrag dazu geleistet, daß Eltern und Kinder im Falle von körperlicher Kindesmißhandlung heute leichter über die Gewalt sprechen und um Hilfe bitten können.

Bei sexuellem Mißbrauch greift dieses Konzept der Hilfe jedoch nicht, denn Mißbraucher (Mißbraucherinnen) zeigen sich bei der Konfrontation mit den eigenen sexuellen Gewalttaten selten geständig. Da die Tat nur in Ausnahmefällen sichtbare Spuren hinterläßt, leugnen Mißbraucher das Verbrechen, um die eigene Haut zu retten. Ist die Tatsache der sexuellen Ausbeutung unstrittig, so geben Täter (Täterinnen) in der Regel nur so viel zu, wie ihnen hieb- und stichfest nachgewiesen wird. Fast nie haben sie ein Schuldbewußtsein; sie sind nur in Ausnahmefällen bereit, die Verantwortung für ihr Handeln zu übernehmen. Ein Eingeständnis der sexuellen Gewalt an Mädchen und Jungen im Rahmen eines Strafverfolgungsverfahrens ist dementsprechend in der Regel kein Ausdruck von Reue, sondern Taktik – Mißbraucher zeigen sich einsichtig, gestehen die »Spitze des Eisberges«, damit sie mit einer geringeren Strafe davonkommen.

Immer wieder werden Stimmen laut, die behaupten, Ansätze der Arbeit mit Kindesmißhandlung seien mehr oder weniger auf die Problematik des sexuellen Mißbrauchs übertragbar. Sie geben vor, es sei im Interesse des Mädchens/Jungen, daß sie/er – auch wenn der Vater der Täter ist – mit diesem gemeinsam weiterleben könne. Erfahrungen aus den USA werden fälschlicherweise als Beweis für die Tauglichkeit von Behandlungskonzepten angeführt, die gleichermaßen Opfer und Täter berücksichtigen sollen. Die unterschiedlichen rechtlichen Voraussetzungen in den USA und in der BRD werden in dieser Diskussion nicht in ausreichendem Maße gesehen. Während bei uns das Opfer bei innerfamilialem Mißbrauch vielfach aus dem eigenen Lebensraum herausgerissen – fremduntergebracht – wird oder mit dem Täter unter einem Dach weiterleben muß, haben in mehreren Bundesstaaten der USA die Täter nach Bekanntwerden der sexuellen Ausbeutung per einstweiliger Anordnung sofort die gemeinsame Wohnung zu verlassen. Das Verbleiben des Mädchens/Jungen in der vertrauten

Umgebung hat Priorität. Ohne Zweifel dokumentiert der Staat auf diese Art und Weise Parteilichkeit mit dem Opfer und stellt dessen Schutz sicher, so können im Einzelfall familienorientierte Beratungskonzepte eine sinnvolle Ergänzung zur jeweils parteilichen Hilfe für Kind und Mutter sein.

Während die meisten FamilientherapeutInnen die Grenzen ihres Therapieansatzes bei sexuellem Mißbrauch erkennen, halten einige VertreterInnen dieser therapeutischen Schule noch immer starr an den alten Konzepten fest. Sie sehen z.B. nach wie vor die Notwendigkeit, das »Familiengeheimnis« zu lüften. Dabei wird in der Praxis oftmals der Schutz des Mädchens/Jungen nicht hinreichend sichergestellt. Jugendliche und erwachsene Frauen berichten über massive körperliche Gewalt und Erpressungen, mit denen der Täter sie nach der Veröffentlichung des sexuellen Mißbrauchs erneut zum Schweigen und zur Zurücknahme ihrer Aussage zwang – ihre Erlebnisse dokumentieren die Folter in Familien und öffentlichen Institutionen (s. Kapitel III, VIII und XIV). Die Offenlegung eines sexuellen Mißbrauchs ist deshalb ohne räumliche Trennung von Täter (Täterin) und Opfer unverantwortlich – sie ist der gröbste Fehler, den BeraterInnen in der Arbeit mit der Problematik machen können. Durch einen solchen Interventionsschritt wird das Mädchen/der Junge der Gewalt restlos ausgeliefert. Zahlreiche Praxisberichte belegen eindrucksvoll, daß häufig zu Hause neben der Therapie der Mißbrauch ohne Wissen der TherapeutInnen weiterläuft. Selbst in Fällen, in denen Therapeuten regelmäßig oder vorrangig mit Teilsystemen der Familie arbeiten (z.B. Tochter-Mutter, Tochter-Geschwister-Mutter, Mutter-Vater, Tochter-Vater), wird häufig nur der »alte« Mißbrauch »aufgearbeitet«. Der Mißbraucher (die Mißbraucherin) »steht zu dem Ausrutscher«, übernimmt nach außen hin die Verantwortung für den sexuellen Mißbrauch – doch das Mädchen/der Junge wird weiterhin sexuell ausgebeutet und unterliegt einem doppelten Schweigegebot.

Betroffene Mädchen und Jungen identifizieren sich in der Regel mit dem Aggressor; sie entschuld(ig)en und idealisieren ihn – aus Angst und unterdrückter Wut. Der Ambivalenz der Beziehung des Mädchens/Jungen zum Täter (zur Täterin) gerecht werden heißt, ihr/ihm einen Schutzraum zu geben, in dem das Kind langsam lernen kann, negative Gefühle zum Täter – oder aber auch zur Täterin – zu artikulieren, Schmerz und Wut zuzulassen. Opfer brauchen parteiliche Hilfe statt Strafe. Sie dürfen nicht dadurch bestraft werden, daß HelferInnen ihre Bindung an den Mißbraucher falsch einschätzen und die Loyalität des Opfers mit dem Aggressor irrtümlich als Ausdruck einer positiven Beziehung zum Täter (zur Täterin) bewerten (s. Kapitel V).

GRUNDSÄTZE DER ARBEIT
MIT BETROFFENEN MÄDCHEN UND JUNGEN

Ruhe bewahren, überhastetes Eingreifen schadet nur!

Die Tatsache bzw. die Vermutung der sexuellen Gewalt lösen auch bei professionellen HelferInnen emotionale Betroffenheit und Unsicherheit aus. »Dem Kind muß sofort geholfen werden!« – »Ich halte die Vorstellung nicht aus; die Kleine sitzt jeden Tag vor mir in der Klasse und ich muß immer daran denken, daß sie abends zu Hause vermutlich vergewaltigt wird!« – »Was soll ich nur tun, ich darf doch nicht eine Familie zerstören!« – »Dem Typen muß man doch das Handwerk legen!« Ganz gleich, ob wir als PädagogInnen, ÄrztInnen, SozialarbeiterInnen oder JuristInnen arbeiten, die Konfrontation mit sexueller Gewalt gegen Kinder läßt niemanden kalt. Oftmals werden Gewalt- und Mißbrauchserfahrungen der eigenen Kindheit wieder lebendig und verleiten nur allzu leicht zu überstürztem Handeln. Dabei gilt es zunächst einmal, Ruhe zu bewahren, denn nicht das Kind ist in einer akuten Krise, sondern die Person, die den Mißbrauch vermutet bzw. von ihm erfährt. Das betroffene Mädchen/der Junge lebt in der Regel schon über einen längeren Zeitraum – oftmals jahrelang – in der Mißbrauchssituation und mußte notgedrungen Überlebensstrategien entwickeln. Jetzt hat sie/er die Kraft und den Mut gefunden, die eigene Isolation zu durchbrechen. Das Opfer wählte bewußt oder unbewußt eine Vertrauensperson und fand in ihr einen Menschen, der ihre/seine versteckten und/oder offenen Hinweise auf die Gewalterlebnisse verstanden und nicht beiseite geschoben hat. Dieses anfängliche Vertrauen des Kindes muß gefestigt werden; für das Mädchen/den Jungen ist es lebensnotwendig, daß dieser Mensch besonnen reagiert. Überstürztes Handeln »überrollt« sie/ihn, verstärkt ihre/seine Ohnmacht. Zunächst einmal muß abgeklärt werden, wer das Kind sexuell mißbraucht, denn in vielen Fällen ist nicht der Vater der Täter, wie oftmals voreilig angenommen wird. Besonnenheit ist auch geboten, damit der Täter (die Täterin) nicht erfährt, daß das Kind sich jemandem anvertraut hat, denn er/sie würde mit an Sicherheit grenzender Wahrscheinlichkeit das Mädchen/den Jungen mit zusätzlicher Gewalt erneut zum Schweigen bringen und zur Zurücknahme der eigenen Aussage zwingen. Mädchen und Jungen stehen in diesen Fällen als LügnerInnen dar und bleiben in der Regel weiterhin über Jahre der sexuellen Gewalt ausgeliefert. Verplappert ein kleines

Mädchen z.B. der Erzieherin im Kindergarten ihr »Geheimnis mit dem Opa«, der mit ihr immer »zaubert« und nachschaut wie groß ihr »Loch« schon ist, so muß die Erzieherin sehr ruhig und besonnen reagieren, damit sie mit dem Kind im Gespräch bleiben kann. Sie darf keine Panik entwickeln, denn sonst wird dem betroffenen Mädchen der »Verrat des Geheimnisses mit dem Opa« bewußt, das Kind wird erneut schweigen.

Besonders PädagogInnen schmerzt die Vorstellung, daß ein kleines Mädchen oder ein Junge sexuell ausgebeutet wird. Sie haben als LehrerInnen oder ErzieherInnen mit dem Opfer täglich Kontakt, kennen meist die Familienverhältnisse und können sich leicht bildlich ausmalen, »wie dieser große Mann das kleine Kind mißbraucht«. Die Kontaktpersonen möchten häufig so schnell wie eben möglich den Mißbrauch beenden, um dem Kind zu helfen und selber wieder in Ruhe schlafen zu können. Doch jede zu frühe Konfrontation »liefert« das Mädchen/den Jungen erneuter Gewalt aus. In vielen Fällen gewinnen Professionelle die notwendige Ruhe nur durch die Erkenntnis, daß es besser ist, den Mißbrauch ein paar Wochen weiterlaufen zu lassen, um Schritt für Schritt Strategien zur Befreiung des Kindes zu erarbeiten, als es durch voreiliges Agieren weitere fünf, zehn, 13 Jahre der sexuellen Gewalt auszuliefern. Was hilft es, wenn z.B. der Vater den Verdacht der Erzieherin »ahnt« und das Kind aus dem Kindergarten abmeldet!

Neben fachlicher Unterstützung von außen brauchen auch Professionelle bei der Konfrontation mit sexuellem Mißbrauch als erstes Möglichkeiten, um eigene Betroffenheit, Ängste, Wut und Unsicherheiten aussprechen zu können. Das Gespräch mit vertrauten KollegInnen, mit MitarbeiterInnen von Beratungsstellen und die Einzelsupervision außerhalb der eigenen Institution sind gute Möglichkeiten, um sich der eigenen Kompetenz bewußt zu werden, um dann in Ruhe Schritt für Schritt den Kontakt mit dem Mädchen/Jungen zu intensivieren und in Kooperation mit Jugendamt und anderen sozialen Diensten einen Hilfeplan zu entwickeln.

Dem Opfer glauben!

Es fällt schwer, betroffenen Mädchen und Jungen zu glauben, denn ihre Realität ist kaum zu glauben – besonders, wenn der Täter (die Täterin) persönlich bekannt ist. Auch viele Professionelle können sich kaum vorstellen, daß dieser Mann (diese Frau), den sie womöglich als sympathischen Menschen oder angesehenen Bürger kennengelernt haben, DAS gemacht haben soll.

Nicht selten nehmen LehrerInnen, ErzieherInnen, SozialarbeiterInnen usw. die stummen Schreie der Opfer wahr und schöpfen zu Recht Verdacht. Sie machen sich auch z.B. Gedanken darüber, daß ein Mädchen/ Junge sexualisiertes Verhalten zeigt, vom Gespenst in der Nacht spricht, nach dem Unterricht noch auf dem Schulhof herumtrödelt, noch nicht nach Hause gehen will oder fragt, ob »alle Papas ins Bett machen«. Doch vielfach ist es die Angst, einen Mann oder eine Frau zu Unrecht der sexuellen Ausbeutung eines Kindes zu verdächtigen, die viele davon abhält, den Hinweisen des Opfers Glauben zu schenken und die eigene Vermutung auszusprechen.

Es fällt leichter, einem Kind zu glauben, wenn frau/man den Blick zunächst ausschließlich auf das betroffene Mädchen oder den Jungen richtet und die Frage nach dem Täter (der Täterin) sowie Sinn und Zweck einer Strafanzeige zurückstellt. »Ich glaube dir!« Bekommt ein sexuell mißbrauchtes Mädchen oder Junge diese Bestätigung oder spürt sie/er, daß eine Person sie/ihn auch ohne viele Worte verstanden hat und den Wahrheitsgehalt ihrer/seiner versteckten oder offenen Hinweise nicht bezweifelt, so erhält sie/er allein schon dadurch mehr Unterstützung, als den meisten betroffenen Frauen und Männern in ihrer Kindheit jemals zuteil wurde.

»So etwas erzählt man doch nicht über den eigenen Vater/Bruder/die eigene Mutter!« Die weitverbreitete Idealisierung der Familie als Ort der Liebe und Geborgenheit führt dazu, daß sogar eindeutige Aussagen betroffener Kinder und Jugendlicher auch heute noch als unwahr abgetan werden. Aus der verständlichen Scheu, einen Menschen zu Unrecht zu verdächtigen, und aus Angst, den Zerfall einer Familie verantworten zu müssen, verdrängen Kontaktpersonen der Opfer die Wahrheit immer wieder. Diese Skrupel überwindet frau/man leichter, wenn sie/er sich bewußt macht, daß etwa zwei Drittel aller Täter keine unmittelbaren Familienangehörigen sind. Die Kurzformel »Väter als Täter« stimmt nur bedingt, denn die meisten Täter gehören zum außerfamilialen Nahbereich des Kindes. D.h.: Auch wenn sich die Vermutung eines sexuellen Mißbrauchs bestätigt, so muß der Täter noch lange nicht zwangsläufig der Vater des Kindes sein. Vergreift sich z.B. der Schulbusfahrer, Fußballtrainer, die Erzieherin, der Arbeitgeber, der Babysitter, ein älterer Cousin oder Jugendlicher aus der Nachbarschaft an einem Mädchen oder Jungen, kann der Schutz des Opfers oftmals ohne »Familiendrama« sichergestellt werden. Doch auch im Falle der sexuellen Gewalt durch den Vater, Bruder, Opa oder die Mutter hat der Täter (die Täterin) die Verantwortung für den Zerfall der Familie zu tragen. Er hat das Vertrauen und die Verletzbarkeit des Opfers ausgenutzt und dadurch die Familie zerstört – nicht diejenigen, die das Verbrechen aufdecken und für das Kind Partei ergreifen.

Sexuell mißbrauchte Mädchen und Jungen brauchen Menschen, die ihnen Glauben schenken und sie nicht aus einer falsch verstandenen Wertschätzung des Familienerhalts der Lüge bezichtigen bzw. die Hinweise auf ihre Not ignorieren.

»Einmal erzählt sie mir die härtesten Geschichten, ganz sachlich, so als ob sie alles im Fernsehn gesehen hätte – dann wiederum erklärt sie lächelnd, sie hätte sich alles nur ausgedacht und ich ließe mir leicht eine Geschichte auf die Nase binden. Die widerspricht sich laufend selber; die Fakten passen nicht zusammen. Ich kann der nicht mehr glauben!« Häufig beschreiben HelferInnen das scheinbar widersprüchliche Verhalten eines Mädchens oder Jungen. Sie vergessen, daß das gelernte Verhalten den Kontakt zu Dritten prägt. Kinder müssen die nicht zu ertragende Realität vom eigenen Erleben abspalten und erzählen deshalb die eigenen Erlebnisse meist zunächst so, als ob sie über eine andere Person berichten. Dennoch macht ihnen der »Verrat« Angst und Schuldgefühle. So nehmen sie anschließend oftmals die eigenen Aussagen zurück.

Auch erfahrene TherapeutInnen lassen sich häufig durch das Verhalten der Opfer irritieren. Durch Nachfragen wollen sie die Wahrheit herausfinden. Betroffene spüren den Unglauben und ziehen sich dann fast immer zurück. Im Kontakt mit sexuell mißbrauchten Mädchen und Jungen ist es deshalb wichtig, ihnen zu glauben und ihre Erlebnisse auf gar keinen Fall in Frage zu stellen. In den meisten Fällen verharmlosen die Opfer die sexuelle Gewalt, berichten nur über die »Spitze des Eisberges«. Oft sprechen sie z.B. nur über einen einzigen Vorfall – selbst dann, wenn sie schon jahrelang sexuell ausgebeutet wurden.

Dem Mädchen/Jungen glauben heißt jedoch nicht, jede Silbe eines Kindes als objektive Wahrheit zu bewerten, sondern von der Wahrhaftigkeit des Opfers ausgehen, auch wenn die einzelnen Mosaiksteinchen der Erinnerungen zunächst nicht zueinander zu passen scheinen. In vielen Fällen verdrängen die Opfer sexueller Gewalt wesentliche Details, oder aber die Täter (Täterinnen) haben die kindliche Wahrnehmung derart verwirrt, daß die Aussagen der Kinder auf den ersten Blick als widersprüchlich erscheinen. Unterstellen BeraterInnen betroffenen Mädchen und Jungen, diese sagten bewußt die Unwahrheit, oder/und zweifeln sie deren Aussagen zunächst einmal prinzipiell an, so disqualifizieren sie sich damit als PartnerInnen der gemeinsamen Wahrheitsfindung (vgl. Holzkamp 1994). Opfer sexueller Gewalt brauchen vielmehr GesprächspartnerInnen, die sich auf ihre Seite stellen und sie auf dem sehr schmerzhaften Weg der Abklärung und Aufarbeitung der eigenen Erinnerungen begleiten.

Sexuelle Gewalt gegen Kinder und Jugendliche hinterläßt nur in Ausnahmefällen eindeutige körperliche Spuren. Dennoch ziehen auch MitarbeiterInnen pädagogischer und sozialarbeiterischer Arbeitsfelder häufig ÄrztInnen zu Rate; diese sollen im Rahmen einer körperlichen Untersuchung Spuren der Gewaltanwendung feststellen. Fast immer ein hoffnungsloses Unterfangen! Nicht nur, daß die (gynäkologische) Untersuchung für betroffene Mädchen und Jungen eine erneute Traumatisierung bedeuten kann, in den wenigsten Fällen können MedizinerInnen körperliche Folgen nachweisen. Beweiskraft hat vielmehr die Aussage des Opfers, denn Vertreter der forensischen Psychiatrie zeigen immer wieder auf, daß Kinder die glaubwürdigsten aller Zeugen sind und ihre Aussagen über sexuelle Gewalterfahrungen nahezu immer der Wahrheit entsprechen – allerdings die Realität eher verharmlosend denn übertreibend. Nur in seltenen Ausnahmefällen verschieben sich schon einmal die Aussagen zur Person des Täters (der Täterin) – d.h.: Mädchen benennen z.B. ihren Onkel als Mißbraucher. Erst wenn ihr Gegenüber sich als vertrauenswürdig erwiesen hat, fassen sie den Mut und erzählen, daß die massiveren Übergriffe vom eigenen Vater oder Bruder kommen.

Helga Willmann, Mitbegründerin von »Zartbitter Münster«, prägte einen Satz, der unabhängig von allen wissenschaftlichen Beweisen die Glaubwürdigkeit der Betroffenen belegt: »Allein der Gedanke an sexuellen Mißbrauch tut so weh, warum sollte sich ein Mädchen umsonst diese Schmerzen zufügen!«

Mit dem Opfer ins Gespräch kommen!

»Das Schweigen brechen!« – so und ähnlich lauten die Titel von Veröffentlichungen über sexuelle Gewalt gegen Mädchen und Jungen, aus denen häufig die LeserInnen den »Kurz-Schluß« ziehen, Betroffene müßten unbedingt über den Mißbrauch sprechen. Etwas »brechen« bedeutet »Gewaltanwendung«. Es kann und darf nicht Anliegen sein, durch eine massive Intervention das bestgehütete Geheimnis aus sexuell mißbrauchten Mädchen und Jungen »herauszubrechen«. Es gilt vielmehr, Betroffene darin zu unterstützen, daß sie ihre Sprache – ihre Ausdrucksmöglichkeit – wiederfinden, die sie sowohl durch das Redeverbot des Täters (der Täterin) als auch durch die Taubheit und den Unglauben der Umwelt verloren haben.

Jedes betroffene Kind teilt den sexuellen Mißbrauch Dritten mit. Mädchen und Jungen haben zwar häufig noch keine Worte für das, was ihnen angetan wurde und wird. Sie sagen nicht: »Ich werde mißbraucht!« Kleine Kinder »verplappern« sich vielmehr. Sie erzählen z.B., daß der Opa mit ihnen immer »Stehaufmännchen« spielt und sie das nicht weitererzählen sollen. Alle, die mit Kindern leben und arbeiten, wissen, daß die kleinen Dötze meist alles, worüber sie den Mund halten sollen, in die Welt hinauströten – so auch den Mißbrauch. Der Täter hat dem Kind verboten, über die sexuelle Ausbeutung zu sprechen; entsprechend kindlicher Logik hat er aber nicht verboten, die Gewalterlebnisse ohne Worte, nonverbal, mitzuteilen. Besonders im Vorschul- oder Grundschulalter bringen die Opfer deshalb ihre Gefühle und Erfahrungen häufig im Spiel oder in Zeichnungen zum Ausdruck. Sie spielen z.B. in der Puppenecke des Kindergartens Vergewaltigungsszenen nach. PraktikerInnen bagatellisieren diese eindeutigen Hinweise auf Gewalterfahrungen häufig, indem sie mutmaßen, das Kind habe lediglich die Eltern beim Geschlechtsverkehr überrascht. Dem ist nicht so, denn Kinder im Vorschulalter sind in ihrer Wahrnehmung eher akustisch orientiert und spielen lediglich zufällig beobachtete Szenen häufig lautstark mit indifferenten Bewegungen nach. Ist der gespielte Bewegungsablauf jedoch eindeutig, so ist zumindest davon auszugehen, daß das Mädchen/der Junge regelmäßig Pornos sieht oder z.B. den Mißbrauch eines anderen Kindes beobachtet hat.

Das Ausmaß und die Formen der sexuellen Ausbeutung von Kindern sind auch für die meisten Professionellen noch immer unvorstellbar – es verschlägt auch ihnen die Sprache. So fällt es leichter, eine theoretische Diskussion über Definitionen, Ursachen und Folgen der sexuellen Gewalt zu führen, als den konkreten Ablauf der Handlungen des Täters und das Erleben des Kindes in Worte zu fassen. Betroffene sind in besonderem Maße empfindsam für atmosphärische Spannungen und spüren sehr genau die Unsicherheiten ihres Gegenübers – sie nehmen sich zurück und teilen nur so viel mit, wie ihre GesprächspartnerInnen verkraften können. Will frau/man sexuell mißbrauchten Mädchen und Jungen Hilfe bei der Überwindung der Sprachlosigkeit anbieten, so gilt es deshalb zunächst, das Gespräch über Sexualität und (sexuelle) Gewalterfahrungen zu üben; sie/er muß sich mit den eigenen blinden Flecken beschäftigen, damit sie/er verbale und nonverbale Äußerungen von Mädchen und Jungen aufnehmen kann und nicht mehr weghören und -sehen muß. Die von »Zartbitter Köln« herausgegebenen Materialien »Auf den Spuren starker Mädchen« und »Ey Mann, bei mir ist es genauso« eignen sich nicht nur für die Arbeit mit weiblichen und männlichen Jugendlichen, sondern ebenso als Hilfestellung für Erwachsene, die das Gespräch über Sexualität und sexuelle Gewalt üben wollen (s. Kapitel XVI).

Kinder entwickeln ihre eigene Sprache. Auch professionelle HelferInnen müssen die nonverbalen Ausdrucksformen der Betroffenen verstehen lernen, um bei der Diagnose des sexuellen Mißbrauchs auf die »hieb- und stichfeste« verbale Aussage des Opfers verzichten zu können.

Der Täter (die Täterin) hat dem Mädchen/Jungen ein Redeverbot auferlegt. Im täglichen Umgang mit Betroffenen gilt es, ihnen die Redeerlaubnis wiederzugeben. Dabei empfiehlt sich ein behutsames Vorgehen. Zunächst sollte im Kindergarten, in der Klasse oder der Jugendgruppe mit der Gesamtgruppe über »gute und schlechte Geheimnisse« gesprochen werden. Schon kleinen Kindern kann vermittelt werden, daß »gute Geheimnisse« Spaß machen – wie z.B. kleine Streiche und Geschenke – und daß alle Geheimnisse, die sie bedrücken oder ihnen Angst machen, schlechte oder schreckliche Geheimnisse sind, über die sie sprechen dürfen – auch wenn sie versprochen haben, das Geheimnis zu wahren (s. Kapitel XV).

Im Alltag greifen viele PraktikerInnen immer wieder auf Kinderbücher und Materialien zurück, um mit Hilfe dieser Medien leichter mit betroffenen Mädchen und Jungen ins Gespräch zu kommen. Sicherlich signalisieren die Präventionsmaterialien die eigene Gesprächsbereitschaft gegenüber dem Opfer sexueller Gewalt, doch lassen auch einige neuere Kinderbücher Einfühlung in die Psychodynamik von Kindern vermissen. Der Bestseller »Geh nie mit einem Fremden mit« (Haberland/Kirchberg 1993 12. Auflage) macht Kindern z.B. schlichtweg Angst und lähmt damit ihre Widerstandskraft in Situationen der Gefahr. Andere Bücher funktionieren nach der Methode »Brecheisen«, fordern betroffene Mädchen und Jungen zum Sprechen auf, ohne ihnen den notwendigen emotionalen Rückhalt anzubieten. In Kapitel XVI werden Materialien vorgestellt, die sexuelle Gewalt in kindgerechter Art und Weise benennen, betroffenen Mädchen und Jungen Mut machen und ihnen Wege der Bewältigung aufzeigen. Mit ihrer Hilfe können die Kontakt- und Vertrauenspersonen der Opfer scheinbar »nebenbei« einen tabufreien Raum schaffen und sich als GesprächspartnerInnen anbieten.

Unter Berufung auf Fürniss scheint das Konzept der »Traumagruppen« derzeit zur »Zauberformel« vieler PraktikerInnen geworden zu sein. In Gruppen sollen die kindlichen Opfer sexueller Ausbeutung aufgefordert werden, den Täter zu benennen sowie den Mißbrauch zu schildern! Es ist davon auszugehen, daß einzelne Mädchen und Jungen in dieser Situation nicht die Kraft zur notwendigen Grenzziehung entwickeln können, u.U. aufgrund des Gruppendrucks mehr preisgeben, als sie eigentlich wollen und verkraften können. Wie müssen sich andererseits Kinder fühlen, die sich nicht trauen und nichts sagen können? Als besonders problematisch ist ein solches Vorgehen zudem, wenn in einer Gruppe Kinder sind, die vom gleichen Täter mißbraucht und womöglich noch gezwungen wurden, sich gegenseitig zu mißbrauchen!

Ebenso grenzverletzend kann die in einigen Konzepten der Traumaverarbeitung empfohlene Elternarbeit wirken. Die Eltern sollten – so das Bestreben einiger »Fachleute« – in der Gruppe alles aussprechen, was ihre Töchter und Söhne vom Mißbrauch berichten, denn da Mißbrauch ein »Syndrom der Geheimhaltung« sei, gehe es vor allem um die Aufdeckung der Gewalt. Eine derartige Intervention zerstört in vielen Fällen ein gerade neu wachsendes Vertrauensverhältnis von Opfern sexueller Gewalt zu ihren nicht mißbrauchenden Eltern: Die Kinder erleben, daß alles, was sie ihren Müttern und Vätern anvertrauen, anschließend alle wissen. Womöglich werden sie von ihren kleinen Freundinnen und Freunden darauf angesprochen, was ihre Eltern in der Gruppe erzählt und von einem zum anderen weitergetragen wurde. Besonders schädlich können die Folgen einer solchen Aufdeckungsarbeit in Fällen von sexueller Gewalt in Institutionen sein: Keine Therapeutin/kein Therapeut kann ausschließen, daß unter den Eltern auch Täter (Täterinnen) sitzen, die gemeinsam mit den Pädagogen (Pädagoginnen) die Kinder mißbrauchen und die über die Gruppenarbeit nun stets erfahren, was ihre Opfer inzwischen auszusprechen wagen. »Notfalls« können redefreudige Kinder durch »gezielte Maßnahmen« erneut zum Schweigen gebracht werden.

Bleibt zu hoffen, daß das schon lange angekündigte Buch von Prof. Dr. Tillmann Fürniss über seine Arbeitsweise bald auch in deutscher Sprache erscheint, damit ein sachlicher Diskurs über sein Konzept geführt und Mißverständnisse abgebaut werden können, die entstehen, wenn ein Interventionskonzept fast ausschließlich mündlich vermittelt und von einem zum anderen weitergegeben wird.

Der Täter (die Täterin) hat die kindliche Vertrauensseligkeit des Opfers mißbraucht. Betroffene Kinder und Jugendliche brauchen deshalb meist viel Zeit, um wieder Vertrauen zu finden und offen über die Gewalterfahrungen sprechen zu können. Dieses Vertrauen kann und darf kein Dritter erzwingen! Mädchen und Jungen dürfen selbst bestimmen, wann und wem sie ihre schmerzhaften Erfahrungen preisgeben.

Den Verdacht sorgfältig prüfen!

Kommt der Verdacht der sexuellen Ausbeutung eines Mädchens oder Jungen auf, so sollen die Kontaktpersonen diesen zunächst in Kooperation mit einer (Spezial-)Beratungsstelle und/oder dem Jugendamt sorgfältig prüfen. Zunächst einmal muß geklärt werden, ob die Aussagen und Verhaltensauffälligkeiten des Kindes bzw. des vermeintlichen Täters Hinweise auf sexuelle Gewalt und/oder auf andere Belastungen geben (z.B. körperliche Kindesmißhandlung, Kindesvernachlässigung, persönliche Belastungen der Eltern). Im Rahmen einer HelferInnenkonferenz empfiehlt es sich, u.a. folgende Fragen zu klären:

◆ Zu welchen jugendlichen und erwachsenen Personen hat das Kind innerhalb und außerhalb der Familie Kontakt? (Dem Kurzschluß »Die Täter sind immer die Väter« vorbeugen!)

- Welchen Tagesablauf haben die einzelnen Familienmitglieder?
- Welche Belastungen hat die Familie (z.B. Krankheit, finanzielle Sorgen, Trennungen)?
- Welche Ressourcen hat die Familie?
- Gibt es in der Familie eine Suchtproblematik?
- Sind die Grenzen zwischen den Generationen innerhalb der Familie klar oder diffus?
- Wer schläft wo?
- Welche sozialen Kontakte haben die einzelnen Familienmitglieder?
- Gibt es »Hausfreunde«, die z.B. auffallend große Geschenke machen?
- Mit wem fährt das Mädchen/der Junge in Urlaub?
- Welche Geschenke bekommt das Kind? Von wem?
- Existieren »Liebesbriefe«?
- Sind auf unerklärliche Weise Lieblingsspielzeuge des Kindes verschwunden bzw. beschädigt worden?
- Wurden in der Familie schon einmal Haustiere mißhandelt? Wenn ja, von wem?
- Hat das Mädchen/der Junge körperliche Verletzungen? Wenn ja, wie werden sie erklärt?
- Gab bzw. gibt es in der Familie Formen der körperlichen oder psychischen Kindesmißhandlung bzw. -vernachlässigung?
- Hat das Kind Gewalt gegen andere Familienmitglieder miterlebt?
- Wird das Kind immer wieder als LügnerIn dargestellt? Wenn ja, von wem?
- Gibt es eine Person, die das Mädchen/der Junge nicht besuchen möchte? Wenn ja, warum?
- Gibt es in der Familie ein Lieblingskind bzw. ein »Aschenputtel«?
- Wie haben die Eltern sich kennengelernt?
- Besteht zwischen den Eltern des Kindes ein außergewöhnlich großer Altersunterschied und/oder gab es einen solchen auch in früheren Beziehungen?
- Wie wird die Mutter vom Vater dargestellt?
- Gibt es in der Familie Waffen?
- In welcher Weise wird in der Familie über Aufklärung gesprochen?

Die Beantwortung der im konkreten Fall jeweils relevanten Fragen dient nicht nur der Klärung eines Verdachts, sie richtet auch in eindeutigen Fällen sexueller Gewalt den Blick auf Hinweise, die von der Aussage des Opfers unabhängig sind und das Mädchen/den Jungen somit von der Verantwortung für die Aufdeckung entlasten.

In der Praxis wird der Nachweis der sexuellen Gewalt häufig allein mit den verbalen Aussagen des Kindes begründet und damit dem Opfer die gesamte »Verantwortung« für die Aufdeckung aufgebürdet – eine erneute extreme Belastung für das Kind, die es, wenn eben möglich, zu vermeiden gilt.

BeraterInnen sollten auch bei einem begründeten Verdacht der sexuellen Ausbeutung eines Kindes den Blick dafür offenhalten, daß Opfer und Täter nicht immer leicht zu identifizieren sind. Ein Beispiel aus dem Beratungsalltag:

Frau K. wendet sich an eine Spezialberatungsstelle gegen sexuelle Gewalt mit dem Verdacht, ihr Mann mißbrauche den gemeinsamen fünfjährigen Sohn. Sie beschreibt die auffälligen Reaktionen ihres Mannes auf das Thema »Sexueller Mißbrauch«. Auch stimme »etwas« zwischen ihrem Mann und dem Sohn nicht. In mehreren Beratungsgesprächen wird deutlich, daß Frau K. keine konkreten Hinweise auf einen Mißbrauch des Jungen beobachtet. Mehr und mehr verdichtete sich jedoch die Vermutung, daß der Vater selbst als Junge sexuelle Gewalt erlebt hat und deshalb so »merkwürdig« reagiert. Mit Unterstützung der Beraterin findet Frau K. den Mut, ihren Mann einfühlsam und direkt nach eigenen sexuellen Gewalterfahrungen zu fragen. Ihre intuitive Wahrnehmung wird bestätigt: Herr K. vertraut seine schmerzhaften Kindheitserfahrungen seiner Frau an. Er ist auch bereit, vorübergehend bei einem Freund zu wohnen, da er nachvollziehen kann, daß seine Frau das Mißtrauen gegen ihn noch nicht sofort abbauen kann und auf jeden Fall den Schutz des Sohnes garantieren möchte. Auch sieht er selbst nach den zahlreichen Mißverständnissen der letzten Zeit die Vorteile eines räumlichen Abstandes. Überdies nähern sich die Eheleute im intensiven Gespräch miteinander wieder an und entdecken eine neue Qualität ihrer Beziehung. Herr K. holt sich therapeutische Unterstützung und nimmt sich den Raum und die Zeit, seine alten Verletzungen aufzuarbeiten. Er überwindet die Ängste und Barrieren im Kontakt mit seinem Sohn, der seinen Vater sehr liebt.

Für das Opfer Partei ergreifen!

Parteilichkeit mit betroffenen Mädchen/Jungen heißt, sich voll und ganz auf ihre Seite zu stellen, ihre Gefühle und Empfindungen ernst zu nehmen und einen Raum zu schaffen, in dem sie ohne Vorwürfe und Unglauben über ihre Erlebnisse und ihre Ambivalenz zum Täter sprechen können, wenn sie darüber sprechen möchten. Betroffene Kinder und Jugendliche brauchen einen täterfreien Raum; sie brauchen BeraterInnen, die den

Mißbrauch ausschließlich aus ihrer Perspektive sehen und sich nicht von den Argumenten und dem Auftreten des Täters (der Täterin) »blenden« lassen – mag er noch so sympathisch wirken.

Viele Mädchen/Jungen mußten die schmerzhafte Erfahrung machen, daß ihre Kontaktpersonen (z.B. LehrerInnen, SozialarbeiterInnen) ihnen zwar zunächst glaubten – doch nur so lange, bis daß sie den Täter (die Täterin) kennenlernten und dieser sie mit »Charme um den Finger wickelte« bzw. auf die Mitleidstour die gegen ihn erhobenen Vorwürfe als Produkt kindlicher Phantasie oder bewußte Intrige vom Tisch wischte. Häufig genügt allein das Wissen, der Täter (die Täterin) könnte zu einem anderen Zeitpunkt die gleiche Beratungsstelle betreten, um Betroffenen erneut die Sprache zu verschlagen. Jugendliche Opfer brauchen deshalb die explizite Zusage, daß die Beraterin/der Berater zum Täter (zur Täterin) keinen Kontakt aufnimmt, solange das Mädchen/der Junge dies nicht will.

In der Arbeit mit kleinen Kindern empfiehlt es sich jedoch, den Täter (die Täterin) kennenzulernen: Ihn (sie) »leibhaftig« zu erfahren, kann es BeraterInnen erleichtern, das Kind zu verstehen. Sie können aufgrund eines persönlichen Eindrucks des Täters (der Täterin) leichter nachempfinden, auf welche Art und Weise dieser (diese) das Kind unter Druck setzte (durch rigides Auftreten, Blicke usw.). Vor dem Gespräch mit Mißbrauchern (der Mißbraucherinnen) müssen sich BeraterInnen jedoch genau prüfen, ob sie/er sich ihrer selbst sicher sind und z.B. dem »Charme« von Tätern (Täterinnen) nicht auf dem Leim gehen. Solche Gespräche sollten zunächst nur mit Zustimmung der Opfer (bzw. der Mütter) und ggf. außerhalb der Räume der Beratungsstelle stattfinden. Auch empfiehlt es sich nicht, ein Gespräch unter vier Augen zu führen. Ob es den BeraterInnen gelingt, von dem Täter (die Täterin) Informationen über den situativen Zusammenhang der Mißbrauchshandlungen zu bekommen oder ihn sogar zu einem Teilgeständnis zu bewegen, hängt nicht zuletzt davon ab, in welcher Atmosphäre das Gespräch geführt wird. Massive Konfrontationen manifestieren die Verleugnungsstrategien von Tätern. Eine sachliche und ruhige Gesprächsführung ist im Interesse der Opfer geboten!

Für das Opfer Partei zu ergreifen heißt nicht, jegliche Kontaktaufnahme zu Tätern (Täterinnen) abzulehnen. Viele jugendliche Mädchen/Jungen und Mütter betroffener Kinder bitten um Unterstützung bei der Konfrontation des Mißbrauchers. Häufig lehnen HelferInnen rigoros jegliches Gespräch mit Tätern ab und lassen damit das Opfer bei diesem schweren Schritt allein. Hinter den dogmatisch vorgetragenen konzeptionellen Begründungen für eine solche Arbeitsweise verbirgt sich nicht selten eine unaufgearbeitete Angst vor Tätern. Eine zu starke Identifizierung mit dem

Opfer verstärkt die »Ohn-Macht« der HelferInnen; betroffene Kinder brauchen jedoch Erwachsene, die – falls notwendig – die Konfrontation des Täters nicht scheuen. Um Mißverständnissen vorzubeugen: Eine parteiliche Arbeit für das Opfer schließt in jedem Fall eine Beratung des Täters (der Täterin), nicht aber ein Gespräch mit diesem (dieser) aus (s. Kapitel VIII).

Keinesfalls sollte dem Mädchen/Jungen die Zusicherung gegeben werden, daß die Beraterin ihr/sein Handeln ausschließlich nach dem formulierten Willen des Opfers ausrichtet. Das »Ver-Sprechen«: »Ich tue nur, was du willst!« bürdet dem Mädchen/Jungen weiterhin alle Verantwortung für ihre/seine eigene Situation, die des Täters und der Familie auf.

Immer wieder geben Kinder und Jugendliche eindeutige Signale, daß sie sich eine Veränderung der Situation wünschen; sie können jedoch nicht offen die Verantwortung für ihre Entscheidung tragen, wagen noch nicht einmal ihre Bedürfnisse in Worte zu fassen. »Ich werde gemeinsam mit dir überlegen, alles mit dir besprechen, und es passiert nichts, worüber du nicht informiert bist!« ist ein Versprechen, das BeraterInnen einlösen können. Es sichert dem Kind die Berücksichtigung seiner Wünsche und Bedürfnisse zu und läßt den HelferInnen gleichzeitig genügend Handlungsspielraum, um gegebenenfalls aktiv einzugreifen, wenn z.B. das Wohl des Mädchens/Jungen bzw. der Geschwister massiv gefährdet ist.

Bei innerfamilialer sexueller Gewalt durch den Vater:
Die Mutter stärken!

Für die Mutter bricht bei der Offenlegung der sexuellen Gewalt gegen ihr Kind durch einen Familienangehörigen die Welt zusammen. Ist der Vater der Mißbraucher, so hat er in der Regel einen »Keil« in die Beziehung zwischen Mutter und Tochter/Sohn geschlagen. Demzufolge hat die Frau ein niedriges Selbstwertgefühl als Mutter; sie fühlt sich als Versagerin und glaubt oftmals, ihr Mann habe die bessere Beziehung zum Kind. Johanna Stumpf beschreibt die tiefe Erschütterung der Mütter, die von dem Verbrechen am eigenen Kind durch den Partner erfahren (s. Kapitel XIII).

Mütter können sich nur auf die Seite des Opfers stellen, wenn sie den Mißbrauch glauben können und Dritte sich ganz eindeutig auf ihre Seite stellen, denn nicht die Mutter, sondern der Täter muß die Tat verantworten. So darf die Mutter auch nicht konfrontiert werden, sondern Ziel der Arbeit muß es sein, sie für eine Zusammenarbeit, für eine Parteinahme für das Kind zu gewinnen. Dementsprechend sollte die Mutter – wenn eben möglich – auf die Offenlegung des Mißbrauchs vorbereitet werden. Im

Rahmen einer Fallkonferenz aller professionellen Kontaktpersonen der Familie gilt es, folgende Fragen zu beantworten:

- ◆ Wer kennt die Mutter?
- ◆ Welche Stärken hat die Mutter?
- ◆ Hat der Täter sie abgewertet?
- ◆ Welche Stärken hat das Kind von der Mutter vermittelt bekommen?
- ◆ Wer könnte bei der Mutter ganz vorsichtig das Thema »Sexuelle Gewalt« ansprechen, ohne den konkreten Verdacht zu thematisieren?
- ◆ Ist es möglich, im Kindergarten oder in der Schule einen Elternabend zu dem Thema »Wie kann ich mein Kind vor sexuellem Mißbrauch schützen?« anzubieten?
- ◆ Zu wem hat die Mutter das größte Vertrauen bzw. zu wem könnte sie Vertrauen finden?

In der Praxis zeigt sich immer wieder, daß einigen Müttern im Rahmen eines Elternabends plötzlich die verdeckten Hinweise ihres Kindes auf einen Mißbrauch bewußt werden. »Meine Tochter will nie mehr zu dem Opa, der sei immer so komisch.«, oder: »Mein Mann sagt immer, ich sei ja nur eifersüchtig und zu prüde. Heute müsse man die Kinder von klein auf offen aufklären!« Nicht selten melden sich betroffene Mütter nach einem Elternabend bei der Referentin. Die Tatsache, daß sie eine Ansprechpartnerin kennenlernen, die offen für die Mütter betroffener Kinder Partei ergreift, macht es ihnen möglich, den Tatsachen ins Auge zu sehen und die Wirklichkeit nicht verdrängen zu müssen. Doch selbst wenn Mütter nach so einem Elternabend noch immer ahnungslos sind, haben sie doch erfahren, daß es Hilfen für betroffene Kinder und Mütter gibt, so daß sie nach der Offenlegung wissen, an wen sie sich wenden können.

Mutter und Tochter/Sohn brauchen jeweils eine eigene Beraterin, denn ihre Interessen sind keinesfalls immer die gleichen. In den meisten Fällen richtet sich die Wut des Opfers zudem zunächst gegen die Mutter – nicht gegen den Täter, denn dieser hat mit großer Raffinesse die Mutter abgewertet und das Kind »auf seine Seite gezogen«. Die Beraterin der Mutter muß diese stützen, damit sie einerseits das Verhalten des Kindes verstehen kann, aber andererseits nicht die eigenen Interessen vergißt und auch der Tochter/dem Sohn klare Grenzen setzen kann.

Das Opfer schützen!

Wurde der Täter mit dem Mißbrauch konfrontiert, so kann der Schutz des Mädchens/Jungen nur durch eine räumliche Trennung gewährleistet werden. In jedem Fall sollte versucht werden, daß der Täter die gemeinsame Wohnung verläßt, denn das Kind, die Geschwister und die Mutter haben das Recht, in der vertrauten Umgebung zu bleiben. Claudia Marquardt nennt die rechtlichen Möglichkeiten, dem Täter den Zutritt zur Wohnung zu verwehren (s. Kapitel XII). Wenn jedoch das Opfer bzw. die Mutter und Geschwister räumlichen Abstand zum Tatort haben möchten, sollte für sie eine andere Bleibe gesucht werden. Solange der Täter nicht inhaftiert wurde, ist es sicherlich auch oftmals notwendig, daß die Frau und die Kinder zunächst Zuflucht in einem Frauenhaus finden. Kann die Mutter die räumliche Trennung des Täters vom Opfer nicht gewährleisten, so muß das Mädchen/der Junge aus der Familie herausgenommen und stationär untergebracht werden. Niemals darf ein Opfer nach der Konfrontation des Täters in dessen Reichweite bleiben, denn so gut wie immer versucht der Täter mit erneuter Gewalt, das Kind erneut zum Schweigen zu bringen.

Geschlechtsspezifische Hilfen für Mädchen und Jungen

Mädchen und Jungen brauchen jeweils geschlechtsspezifische Hilfen. Sicherlich, viele Mädchen vertrauen sich zunächst häufig Männern an. Nur Männer scheinen ihnen stark genug, um die sexuelle Gewalt zu stoppen. Frauen sehen sie als schwach und wehrlos an. So wichtig es für betroffene Mädchen ist, daß ihre männlichen Bezugspersonen (z.B. Sozialarbeiter, Therapeuten, Lehrer) für sie Partei ergreifen und die Handlungen des Mißbrauchers verurteilen, ebenso wichtig ist es für sie, daß sie im Kontakt mit Therapeutinnen und Beraterinnen einen Raum für die Entwicklung eines neuen Selbstbildes als Frau bekommen. Sie brauchen Beraterinnen, die ihnen vorleben, daß auch Frauen stark sind, selbstbestimmt ihre eigenen Interessen vertreten und sie schützen können.

Keinesfalls sollte dogmatisch darauf bestanden werden, daß nur Therapeutinnen mit weiblichen Opfern arbeiten dürfen. Jedes Mädchen hat vielmehr das Recht, selbst zu entscheiden, ob sie sich einer Frau oder einem Mann anvertrauen möchte. Doch melden sich in der Praxis immer wieder Männer zu Wort, die Mädchen und Frauen vor allem ein neues Männerbild vermitteln wollen und deshalb mit weiblichen Opfern arbeiten. Dies ist in der Regel ein erneuter »Mißbrauch«, denn die Betroffenen werden dazu benutzt, daß diese männlichen Berater sich von Tätern »abgrenzen« können: »Ich bin anders als Mißbraucher, der bessere Mann, denn mir vertrauen sich Mädchen an!« In einigen Fällen geht die »Hilfsbereitschaft dieser männlichen Retter« so weit, daß sie den Mädchen und Frauen sogar »praktische Anleitung geben, um ihre Liebesfähigkeit zu fördern«: Sie gehen innerhalb der Therapie sexuelle Beziehungen mit ihren Klientinnen ein – mißbrauchen sie (s. Kapitel XIV).

Ebenso wie betroffene Mädchen brauchen auch Jungen geschlechtsspezifische Hilfen. Sie brauchen Männer, die ihnen beim Aufbau eines neuen Selbstbildes helfen, die ihnen vorleben, daß auch Männer Gefühle zeigen, schwach sein und Hilfe annehmen dürfen. Da auch Jungen meistens von männlichen Tätern mißbraucht werden, müssen Berater die Angst der Jungen vor Homosexualität ernst nehmen und auf sie eingehen.

Während männliche Jugendliche von Männern beraten werden sollten, empfiehlt es sich oftmals bei kleinen Jungen (etwa bis zum 8. Lebensjahr), daß zunächst Frauen mit ihnen arbeiten, denn war der Mißbraucher ein Mann, so haben viele von ihnen Angst, alleine mit einem Mann im Raum zu sein.

Den Täter in die Verantwortung nehmen!

»Täter-Opfer-Ausgleich« – ein Schlagwort, das die Fachdiskussion immer wieder bestimmt, doch sexuelle Gewalt kann im nachhinein nicht ungeschehen gemacht, der Schaden kann nicht erstattet werden. Dennoch können Täter (Täterinnen) einen Beitrag zur Schadensreduzierung leisten, indem sie zu ihren Taten stehen, von sich aus ihre Handlungen benennen und somit die Beweislast von den Schultern des Kindes nehmen. Daß Täter (Täterinnen) zu ihren Taten stehen, ist nicht nur im Strafverfahren von Bedeutung, sondern ebenso in Fällen ohne gerichtliche Auseinandersetzungen. Klare Detailangaben durch den Aggressor erleichtern dem Opfer den mühsamen Weg, alleine alle schmerzhaften Mosaiksteinchen der Erinnerungen zusammentragen zu müssen.

Immer wieder betonen Tätertherapeuten, daß »sexuelle Gewalt im Kopf beginne«. Täter stimulierten sich über Phantasien, planten die sexuelle Gewalt und legten sich im Kopf allerlei Erklärungen – sprich: Ent-schuldigungen – für ihr Verhalten zurecht. »Das schadet dem Kind nicht ... macht ihm/ihr Spaß ... sie/er hat mich verführt.« Diese Verleugnung der eigenen Verantwortung für das am Kind verübte Verbrechen wird von täterfreundlichen Wissenschaftlern gestützt (s. Kapitel XVII), die u.a. die Folgen für die Opfer bagatellisieren (z.B. Wolff 1994), von »kleinen Jung-Stieren« sprechen (Lautmann 1994) oder das Kind als VerführerIn darstellen und die Machtverhältnisse vollkommen umkehren. So stellt Professor Ernest Borneman z.B. die These auf: »Wer nie erlebt hat, wie ein launisches Püppchen von zehn Jahren einen gestandenen Mann von 40 herumkommandiert, der weiß wenig über Sexualität« (zit. nach EMMA Sept./Okt. 1993). Übernehmen Täter-Therapeuten derartige »Ent-schuldigungen«, so bleiben sie in der Verleugnungsdynamik der Täter verfangen. Eine derartige Tätertherapie hilft niemandem, weder Opfer noch Täter. Auch wenn längst nicht alle Täter in ihrer Kindheit sexuelle Gewalt erlebt haben – wie vielfach fälschlicherweise behauptet wird –, so haben sie jedoch alle massive Kränkungen erlebt. Neben einer geschlechtsspezifischen Sozialisation, die Jungen von klein auf den »Herrschaftsanspruch« über Frauen und Kinder vermittelt, sind bei jedem Täter individuelle Verletzungen als zusätzliche Ursache der Gewaltanwendung auszumachen. Wird das Ausmaß der verübten Gewalt gegen Mädchen und Jungen von Tätertherapeuten bagatellisiert, so nehmen diese weder die Tat ihrer Klienten noch deren Erinnerungen an eigene in der Kindheit erlittene Verletzungen ernst. Dementsprechend setzt auch der Heilungsprozeß des Täters voraus, daß der Mißbraucher in gleicher Weise in die Verantwortung genommen wird, wie die Landesarbeitsgemeinschaft der Autonomen Mädchenhäuser NRW e.V. es für die (therapeutische) Arbeit mit Täterinnen fordert: »Parteilichkeit ist, was die Frau solidarisch-kritisch in die Verantwortung nimmt und fordert nicht das, was sie schont.« (LAG Autonomer Mädchenhäuser NRW e.V. 1994)

So sehr Frauen gefordert sind, geschlechtsspezifische Konzepte der Täterinnentherapie zu entwickeln, ebenso gefordert sind männliche Therapeuten, geschlechtsspezifische Ursachen männlicher Gewalt nicht zu leugnen und in ihrer Arbeit zu berücksichtigen. Keinesfalls dürfen in der Arbeit mit Tätern Frauen erneut instrumentalisiert werden. Es ist z.B. empörend, daß in einer »fortschrittlichen«, auf Täterarbeit spezialisierten Klinik das weibliche Pflegepersonal dazu benutzt wird, im Rollenspiel die Rolle des Opfers nachzuspielen. Diese Arbeitsweise wird dadurch »legitimiert«, daß durch exakte Rekonstruktion der Tat an der Verleugnung der Täter gearbeitet würde. Warum reicht den Therapeuten nicht der Einsatz von (lebensgroßen) anatomisch korrekten Puppen (zu bestellen bei Donna Vita)? Warum fordern diese »Kliniker« Täter sogar dazu auf, Frauen erneut zu instrumentalisieren? Ein klarer Fall von Mittäterschaft!

URSULA ENDERS/JOHANNA STUMPF
WAS KANN ICH TUN, WENN ICH SEXUELLE GEWALT VERMUTE?

1. Ruhe bewahren, überhastetes Eingreifen schadet nur!
2. Kollegin suchen, mit der frau/mann über die eigenen Unsicherheiten und Gefühle sprechen kann.
3. Den Kontakt zum Mädchen/Jungen vorsichtig intensivieren, um eine positive Beziehung herzustellen.
4. Das Kind immer wieder ermutigen, über ihre/seine Gefühle zu sprechen.
5. In der Gruppe das Thema »gute und blöde Geheimnisse« erarbeiten. Gute Geheimnisse machen Spaß; alle Geheimnisse, die blöde, komische und schreckliche Gefühle machen, sind keine wirklichen Geheimnisse. Über sie darf man sprechen!
6. In der Gruppe das Thema »angenehme und unangenehme Berührungen« ansprechen.
7. In der Gruppe das Recht auf sexuelle Selbstbestimmung und das Thema »Sexueller Mißbrauch« vorsichtig ansprechen und damit signalisieren: „Ich weiß, daß es sexuellen Mißbrauch gibt ... Mit mir kannst du darüber reden ... Ich glaube betroffenen Mädchen und Jungen".
8. Eine Mitarbeiterin einer Beratungsstelle hinzuziehen, um mehr Sicherheit zu gewinnen.
9. Hinweise auf den sexuellen Mißbrauch notieren (Tagebuch über die Verhaltensweisen und Aussagen des Mädchens/Jungen führen).
10. Bei Verdacht eines innerfamilialen sexuellen Mißbrauchs (durch den Vater), wenn möglich den Kontakt zur Bezugsperson des Kindes (Mutter) intensivieren, um deren Belastbarkeit besser einschätzen zu können (z.B. Zusammenarbeit bei der Vorbereitung von Kindergartenfesten, Gespräche am Elternsprechtag).
11. Abklären, welche anderen Ursachen die Verhaltensauffälligkeiten des Kindes haben könnten!
12. Abklären, wer außer dem Vater der Täter (die Täterin) sein könnte.
13. Kontakt zum Jugendamt aufnehmen (ggf. ohne Namensnennung).
14. HelferInnenkonferenz anstreben, um die Verantwortung zu verteilen und eine gemeinsame Strategie abzusprechen.
15. Niemals einen Mißbrauchsverdacht offenlegen, ehe eine räumliche Trennung von Opfer und Täter (Täterin) vorbereitet und möglich ist.

16. Eine evtl. Anzeige mit einer Anwältin zuvor durchsprechen und gut vorbereiten. Niemand ist zur Anzeige verpflichtet!

IRIS CHROMOW/URSULA ENDERS
DAS JUGENDAMT: DEM TÄTER GRENZEN SETZEN

Aufgabe des Jugendamtes ist es, das Wohl von Kindern und Jugendlichen – ihr Recht auf eine Erziehung zur leiblichen, seelischen und gesellschaftlichen Tüchtigkeit – zu gewährleisten. Wird das Wohl eines Mädchens oder Jungen gefährdet, so besteht seitens des Jugendamtes die Verpflichtung, alles zu tun, um ihren/seinen Schutz sicherzustellen. Das Jugendamt muß handeln, doch müssen seine Aktivitäten stets berücksichtigen, daß ohne räumliche Trennung vom Täter (von der Täterin) die Sicherheit des Opfers im größten Maße gefährdet ist, sobald der Mißbraucher vom Verdacht der sexuellen Ausbeutung weiß (z.B. durch das Jugendamt oder die Mutter) – d.h., das Jugendamt muß dafür Sorge tragen, daß der Täter von den gegen ihn erhobenen Vorwürfen nichts erfährt, ehe der räumliche Schutz des Kindes sichergestellt ist. Dennoch haben BezirkssozialarbeiterInnen Handlungsspielräume: Aufgrund ihrer gesetzlich verankerten Kontrollfunktion sind sie die eigentliche »Schaltstelle« bei sexueller Gewalt gegen Mädchen und Jungen. Die MitarbeiterInnen des Jugendamtes haben das Recht und die Pflicht, in Kooperation mit anderen Fachdiensten (Schule, Kindergarten, Beratungsstelle usw.) und gegebenenfalls privaten Vertrauenspersonen des Kindes (z.B. die Mutter einer Schulfreundin, der das Mädchen sich anvertraut hat) den Verdacht eines sexuellen Mißbrauchs abzuklären, die räumliche Trennung des Täters (der Täterin) vom Opfer vorzubereiten und durchzusetzen und sowohl dem betroffenen Mädchen oder Jungen als auch deren/dessen Kontakt- und Vertrauenspersonen (z.B. den Geschwistern und der Mutter) Hilfen bei der Bewältigung anzubieten/zu vermitteln.

Sexueller Mißbrauch ist eine Wiederholungstat, und so kann selbst in Fällen, in denen der Täter (die Täterin) sein Fehlverhalten zugibt, der Schutz des Kindes und der Geschwisterkinder ohne räumliche Trennung vom Mißbraucher nicht gewährleistet werden.

Bezirkssozialarbeit ist kein leicht verdientes Brot. Häufig melden Kindergärten und Schulen die sexuelle Gewalt gegen ein Mädchen/einen Jungen dem Jugendamt und erwarten, daß dieses den »Zustand« umgehend abstellt – nur, eines soll es nicht tun: Die Familie zerstören! »Das dürfen Sie dem Kind doch nicht antun! – Der Mann meint das sicher nicht böse!« An der Idealvorstellung der Familie als Ort der Liebe und Geborgenheit soll nicht »gekratzt« werden – ungeachtet der Tatsache, daß bei innerfamilialer sexueller Gewalt die Familie vom Täter ohnehin schon zerstört wurde, selbst wenn sie nach außen hin noch die »Fassade der geordneten Verhältnisse« aufrechterhält. Dementsprechend sehen sich BezirkssozialarbeiterInnen einerseits mit dem weitverbreiteten Vorurteil des »Kinderklauers« konfrontiert, andererseits werden ihnen bittere Vorwürfe gemacht, wenn sie nicht unverzüglich handeln bzw. die versteckten Hinweise auf eine Mißbrauchssituation nicht sofort als solche erkennen. »Ja, waren Sie denn blind? Sie kennen die Familie doch schon seit Jahren! Wofür haben Sie denn Sozialarbeit studiert!« Durch eine solche Argumentation wird den MitarbeiterInnen des Jugendamtes die Verantwortung für den Mißbrauch in die Schuhe geschoben; der Täter (die Täterin) hingegen entlastet.

Es ist für BezirkssozialarbeiterInnen sicherlich oftmals nicht leicht, ihren Standpunkt in der Arbeit zu finden und selbstbewußt die eigene Kontrollfunktion zu bejahen. Denn gerade diese ist es, die ihnen die Möglichkeit gibt, dem Täter (der Täterin) Grenzen zu setzen und das Kind zu schützen. Dabei darf Bezirkssozialarbeit keinesfalls zu einer Ermittlungsbehörde verkümmern, die den Mißbrauch erst dann als gegeben ansieht, wenn er im Sinne des Strafrechts als bewiesen gilt. Aufgabe des Jugendamtes ist es vielmehr, Mädchen und Jungen vor weiteren Übergriffen zu schützen und aktiv einzugreifen, wenn Gefahr im Verzuge ist.

Einem betroffenen Mädchen oder Jungen und ihren/seinen Kontakt- und Vertrauenspersonen kann nur effektiv geholfen werden, wenn verschiedene Fachdienste kooperativ zusammenarbeiten. Die Bezirkssozialarbeit muß als »Schaltstelle« die Aktivitäten der verschiedenen Dienste koordinieren (z.B. Fallkonferenzen vorbereiten und durchführen) und die Kontaktpersonen des Kindes stärken, damit diese das Wissen um den Mißbrauch zunächst aushalten und besonnen reagieren können.

Innerfamiliale sexuelle Gewalt gegen Kinder
(bis etwa zwölf Jahre)

1. Ruhe bewahren! Überstürztes Handeln schadet nur! Bei einer zu frühen Konfrontation des Täters (der Täterin) oder der anderen Familienmitglieder macht die Familie »dicht«, und das Opfer bleibt dem Mißbrauch schutzlos ausgeliefert.
2. Inanspruchnahme von fallbezogener Supervision.
3. Jüngere Mädchen und Jungen kommen meist nicht selbst zum Jugendamt, sondern der Mißbrauch wird über eine Kontakt- bzw. Vertrauensperson gemeldet. Diese Person gilt es zu unterstützen, damit sie den Kontakt zum Kind intensivieren, eine positive Beziehung herstellen kann. Die BezirkssozialarbeiterInnen sollten mit der Bezugsperson überlegen, wie diese kindgerecht und äußerst behutsam das Thema Berührungen mit dem Kind ansprechen (z.B. im Spiel, durch Malen) kann.
4. Klären, welche weiteren Personen Kontakt zum Opfer/zur Familie haben (z.B. Erzieherin im Kindergarten, Kinderärztin/arzt, LehrerIn), und ob es eine Kontaktperson der Mutter gibt.
5. Wenn möglich, die anderen Familienmitglieder auf die Offenlegung der sexuellen Gewalt vorbereiten. Bei sexueller Gewalt durch den Vater sollte die Kontaktperson der Mutter diese stärken und, wenn möglich, ganz vorsichtig das Thema sexuelle Gewalt gegen Mädchen und Jungen ins Gespräch bringen, ohne die sexuelle Ausbeutung der Tochter/des Sohnes anzudeuten.
6. Fakten zusammentragen (z.B. Hinweise des Opfers in der Schule/im Kindergarten) und schriftlich festhalten.
7. Kontaktpersonen davon abhalten, unüberlegt anzuzeigen!
8. Kontaktpersonen bestärken, damit sie bei ihrer Aussage bleiben.
9. HelferInnenkonferenz organisieren und durchführen, um Fakten zusammenzutragen und Verantwortung zu verteilen.
10. Möglichkeiten einer Unterbringung für Opfer, Geschwister und Mutter vorbereiten.

11. Ggf. Gespräch mit der Mutter über den Mißbrauch mit dem Ziel, diese zu stützen und für eine Zusammenarbeit zu gewinnen.
12. Konfrontation des Täters (der Täterin)!
13. Umgehende räumliche Trennung des Täters (der Täterin) vom Opfer! Falls z.B. der Täter nicht auszieht oder die Mutter sich nicht sofort für eine Trennung vom Partner entscheiden kann, muß das Mädchen/der Junge aus der Familie herausgenommen werden. Auf jeden Fall ist darauf hinzuarbeiten, daß der Täter die gemeinsame Wohnung verläßt – nicht nur zum Wohle des Opfers, sondern auch zum Schutz der Geschwisterkinder und der Mutter.
14. Vermittlung von Beratungs- und Therapieangeboten für Opfer, Geschwisterkinder und Mutter. Mutter und Tochter/Sohn brauchen jeweils eine eigene parteiliche Beraterin/einen Berater.
15. Falls vorhanden und der Täter geständig ist, diesem ein Therapieangebot vermitteln.
16. Klären, ob Anzeige sinnvoll – im Interesse des Opfers – oder ob vormundschaftsgerichtliche Maßnahmen ausreichen, um den Schutz des Kindes zu gewährleisten.

In jedem Fall sollten bei einer Anzeige die Interessen des Opfers durch eine Nebenklage vertreten werden.

Sexuelle Gewalt gegen jugendliche Mädchen und Jungen

Die Reihenfolge der aufgelisteten Punkte entspricht nicht in jedem Einzelfall der Reihenfolge der Arbeitsschritte.

1. Ruhe bewahren!
2. Inanspruchnahme von fallbezogener Supervision!
3. Der/dem Jugendlichen glauben, daß sie/er mißbraucht wurde, auch wenn sie/er noch weiter mit dem Täter zusammenleben möchte und nicht im Detail über den Mißbrauch berichtet.
4. Mit dem Mädchen/Jungen immer wieder überlegen, wie sie/er sich wehren kann; herausfinden, welche Widerstandsformen sie/er bereits entwickelt hat.
5. Dem Opfer sagen, daß Sie nichts unternehmen, was Sie nicht vorher mit ihr/ihm gemeinsam besprochen haben, daß Sie aber auch Verantwortung für sie/ihn übernehmen und unter Umständen irgendwann einmal eine Entscheidung für ihren/seinen Schutz treffen müssen.
6. Dem Mädchen/dem Jungen Alternativen zum Elternhaus zeigen (z.B. einmal in ein Mädchenhaus gehen!).

7. Die Isolation des Opfers langsam auflösen, indem – falls möglich – weitere Vertrauenspersonen des Mädchens (Jungen) im gemeinsamen Gespräch informiert werden und deren Unterstützungsbereitschaft für das Opfer geweckt wird.
8. Fakten sammeln und schriftlich festhalten.
9. Falls bereits Anzeige erstattet wurde bzw. das Mädchen/der Junge den Täter anzeigen möchte, Anwältin mit der Nebenklage beauftragen.
10. HelferInnenkonferenz organisieren und durchführen, um Fakten zusammenzutragen und Verantwortung zu verteilen.
11. Ggf. Gespräch mit der Mutter, mit dem Ziel, diese zu stützen und für eine Zusammenarbeit zu gewinnen.
12. Ggf. Konfrontation des Täters!
13. Falls der Täter von Dritten über den Verdacht informiert wurde, muß der Schutz des Mädchens/Jungen gewährleistet werden (räumliche Trennung!).
14. Ggf. Vermittlung in Therapie oder Selbsthilfegruppe.

JedeR hat das Recht auf den Schutz der Privat- und Intimsphäre. Datenschutz und Schweigepflicht verpflichten die Angehörigen der Heil- und Sozialberufe, bezüglich der ihnen von KlientInnen anvertrauten Fakten, Verschwiegenheit zu wahren. Doch für sexuellen Mißbrauch gilt: Schweigen ist der Nährboden der Gewalt. Das Schweigen von Dritten schadet dem Opfer – schützt hingegen den Täter. Wird ein Mädchen/Junge sexuell ausgebeutet bzw. besteht der Verdacht der sexuellen Gewalt, so müssen die MitarbeiterInnen pädagogischer, sozialer, medizinischer und juristischer Arbeitsfelder kooperieren, denn nur, wenn die verschiedenen offenen oder versteckten Hinweise des Opfers und dessen Kontaktpersonen zusammengetragen werden, läßt sich der Schutz des Kindes gewährleisten.

In der Praxis berufen sich auch bei sexuellem Mißbrauch viele Professionelle auf den Datenschutz und die Schweigepflicht und verhindern damit die notwendige Kooperation der Institutionen; sie verstecken sich hinter vermeintlichen gesetzlichen Regelungen. Unsicherheiten und Fehlinformationen über die Gesetzgebung verhindern somit häufig die für das Opfer notwendige Hilfe. Die gesetzlichen Regelungen der Informationsweitergabe bei Vorliegen oder Verdacht einer Kindesmißhandlung bis zur Eröffnung des Strafverfahrens unter den Gesichtspunkten von Schweigepflicht und Datenschutz hat Carsten Witt untersucht. Die von ihm zusammengetragenen Fakten gelten ebenso bei Kindesvernachlässigung wie bei sexuellem Mißbrauch. Sie machen deutlich, daß bei Befürchtung eines drohenden Notfalls (§ 34 StGB) die Auskunft von Institution zu Institution möglich ist (vgl. Witt 1987):

1. Der ein Kind behandelnde Arzt bzw. die Krankenhausleitung sind zur Weitergabe des Krankheitsbefundes an Polizei und Staatsanwaltschaft berechtigt, wenn eine wirksame Einwilligung vorliegt oder eine körperliche Mißhandlung, Vernachlässigung oder ein sexueller Mißbrauch eines Mädchens/Jungen nach Krankenhaus-

entlassung zu befürchten ist. Eine gesetzliche Pflicht zur Weitergabe des Krankheitsbefundes besteht nicht.

2. Der Arzt und die Krankenhausleitung haben ebenso das Recht, das Jugendamt zu informieren, wenn eine körperliche Mißhandlung, eine Vernachlässigung oder die sexuelle Ausbeutung eines Kindes zu befürchten ist. Allerdings: Sind diese Voraussetzungen gegeben, so entsteht auf Verlangen des Jugendamtes eine Informationspflicht über Krankheitsbefund und Verdacht einer körperlichen Kindesmißhandlung, Kindesvernachlässigung oder eines sexuellen Kindesmißbrauchs!

3. Polizei und Staatsanwalt dürfen in den genannten Fällen Einzelangaben über den Verdacht an das Klinikum weitergeben. Eine Verpflichtung hierzu besteht nicht.

4. Polizei und Staatsanwaltschaft sind zur Information des Jugendamtes bei Verdacht oder Vorliegen einer körperlichen Kindesmißhandlung, einer Kindesvernachlässigung und eines sexuellen Kindesmißbrauchs verpflichtet.

5. Das Jugendamt darf im Rahmen einer Strafanzeige wegen körperlicher Kindesmißhandlung, Vernachlässigung bzw. eines sexuellen Mißbrauchs alle ihm bekannten Daten an Polizei und Staatsanwaltschaft weitergeben. Eine Pflicht hierzu besteht nicht. Auf Verlangen müssen lediglich Vor- und Familienname, Geburtsdatum, Geburtsort, derzeitige Anschrift des Kindes und (evtl.) Name und Anschrift des derzeitigen Arbeitgebers weitergegeben werden.

6. Das Jugendamt darf dem Arzt/Klinikum alle ihm bekannten Daten weitergeben, wenn dies zur Hilfe bei körperlicher Kindesmißhandlung, Vernachlässigung oder sexuellem Mißbrauch notwendig ist. Eine Verpflichtung besteht für das Jugendamt nur hinsichtlich der Weitergabe von Vor- und Familienname, Geburtsdatum, Geburtsort, derzeitige Anschrift des Kindes und (evtl.) Name und Anschrift des derzeitigen Arbeitgebers.

Literaturempfehlung:
Witt, Carsten: Die Zusammenarbeit von Klinikum, Polizei,
Staatsanwaltschaft und Jugendamt zur Verfolgung und Verhinderung
von Kindesmißhandlung unter den Gesichtspunkten von Datenschutz
und Schweigepflicht. In: Unsere Jugend 5/87, S. 178 – 190

GESA RAACK
»DAS SIND DIE BEINE, DIE SIND ZUM WEGLAUFEN.«
DIAGNOSTIK ANHAND VON KINDERZEICHNUNGEN

Heike ist vier Jahre alt, als sie ins Kinderheim kommt. Gründe für die Einweisung sind Obdachlosigkeit der Familie und mangelnde Versorgung durch die Mutter. Bereits am ersten Abend fällt den Erzieherinnen beim Baden die gerötete Scheide des Mädchens auf. Die Kleine ist blaß, sieht kränklich aus und hat ein Hautekzem im Gesicht. Zu diesen körperlichen Symptomen beobachten die MitarbeiterInnen des Heimes Verhaltensauffälligkeiten des Kindes und ihr Verdacht, daß Heike sexuell mißbraucht wurde, verdichtet sich. Das Mädchen zeigt z.B. ein sexualisiertes Verhalten gegenüber Gleichaltrigen und verhält sich im Kontakt gegenüber Erwachsenen einerseits distanzlos, andererseits ängstlich (besonders gegenüber dem Arzt und anderen Männern).

Zu den Erzieherinnen faßt Heike schnell Vertrauen und erzählt vom Mißbrauch durch den »Papa Rolf«, den Lebensgefährten der Mutter. Diese Aussagen nehmen die Erzieherinnen ernst und halten sie teilweise schriftlich fest. Nach etwa drei Monaten wird zur weiteren Abklärung des Verdachts auf sexuellen Mißbrauch eine ärztliche und psychologische Untersuchung des Kindes durchgeführt.

Die psychologische Befunderhebung findet in der vertrauten Umgebung des Kindes statt. Ich lerne die Vierjährige an der Hand ihrer Erzieherin kennen. Heike nimmt spontan Blickkontakt mit mir auf, lächelt etwas verlegen und spricht mich schon nach einigen Minuten an. Sie redet aufgeregt und stottert – ich kann sie nicht verstehen. Einige Male hebt sie ihr Röckchen; so als wolle sie etwas zeigen. Die Erzieherin erlaubt ihr, eine Flasche Sprudel zu holen. Eilig läuft Heike los und läßt in ihrer Aufregung die Flasche fallen. Nach einem explosionsartigen Knall weicht die starke Anspannung des Kindes. Heike setzt sich an einen Tisch und fängt an zu malen. Dies sei ihre Lieblingsbeschäftigung, erklärt die Erzieherin und holt einen Stoß Bilder aus dem Schrank. Stolz zeigt mir Heike ein Bild nach dem anderen und erzählt auch dazu.

Aus diagnostischen Gesichtspunkten sind zwei Bilder von besonderem Interesse. Sie fallen aus dem Rahmen der anderen Zeichnungen – deutlich

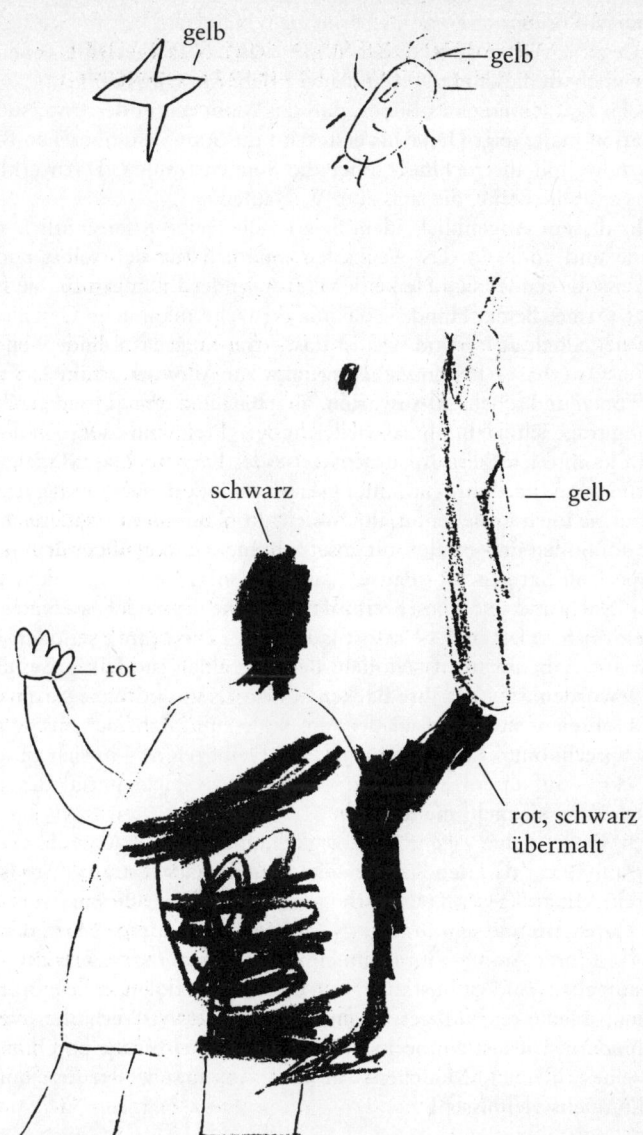

gelb

gelb

schwarz

gelb

rot

rot, schwarz
übermalt

*Um den Gesamteindruck des Bildes zu erhalten, wurden vom Verlag die
Pastellfarben mit Bleistift nachgezogen.*

ist die Mißbrauchsthematik zu erkennen. Behutsam komme ich mit Heike ins Gespräch über diese Bilder, frage, was das Dargestellte bedeute und taste mich an die damit verbundenen Erlebnisinhalte heran.

Beim Betrachten eines Bildes, daß das Mädchen in der Untersuchungssituation malt, zeigt Heike als erstes auf die Sonne am oberenen Bildrand und fährt mit ihrem Finger über die Sonnenstrahlen. Dazu erklärt sie: »Das sind die Beine, die sind zum Weglaufen.«

In diesem Augenblick identifiziert sich Heike offensichtlich mit der Sonne und vollzieht das Weglaufen innerlich für sich selbst nach. Anschließend wendet sich Heike der Person in der Bildmitte zu. Sie benennt Kopf, Arme, Beine, Hände – das überkritzelte männliche Geschlechtsteil läßt sie jedoch aus. »Und was ist das?« frage ich nach einer Weile: »Das ist der Osterhase« bekomme ich prompt zur Antwort. Heike lacht in hellen Tönen und scheint abzuwarten, ob ich mich damit zufriedengebe. Vorsichtig frage ich nach, ob das vielleicht der »Pipimann« sei (von der Erzieherin kannte ich diese Ausdrucksweise des Kindes). Das Mädchen nickt zustimmend und ihre Stimmungslage verändert sich schlagartig. Erst schaut sie mich unsicher an, ihr Gesicht ist blaß geworden, danach schaut sie zum Boden und erzählt mit leiser Stimme, diesmal aber gut verstehbar: »Papa Rolf hat gefickt – Pause – auf dem Sofa, ich konnte nicht weglaufen.« Nach und nach beschreibt das Mädchen, wie der Stiefvater sie am Oberarm festhielt und sie selbst laut schrie. Die Mama sei dann gekommen und habe ihr nicht geholfen. Beim Erzählen ist Heikes Gesicht ganz rot geworden; sie bläst ihre Backen auf, so als unterdrücke sie ein Weinen oder Schreien. Sie schaut wieder zum Boden und zieht sich aus dem Blick- und Sprechkontakt mit mir zurück. Sie bleibt reglos – in sich zusammengesackt – auf ihrem Stuhl sitzen. Selbst das Spielmaterial des »Sceno-Tests« kann sie nicht mehr reizen.

Ich spüre meine eigene Hilflosigkeit und bin für Augenblicke handlungsunfähig – da erlebe ich, wie die Kleine sich selbst aus ihrer Isolation befreit: Mit äußerster Kraftanstrengung – gepreßter Stimme – ruft sie nach der Erzieherin und lebt in ihrer Nähe wieder auf. Heike hat in der kurzen Zeit seit ihrer Ankunft im Heim ein Vertrauensverhältnis zu der Erzieherin aufgebaut und ist imstande, sich die Hilfe zu holen, die sie braucht. So vermag Heike ein völliges Absinken in depressive Verhaltensweisen zu verhindern. Dies ist ein beeindruckendes Beispiel für die psychische Stärke eines kleinen Mädchens in der Auseinandersetzung mit ihren Mißbrauchserlebnissen!

Heike hatte schon einmal – kurz nach ihrer Heimeinweisung – ihr traumatisches Erlebnis bildlich ausgedrückt und ihrer Erzieherin folgende Erklärung dazu gegeben: »Papa Rolf, auf dem Sofa gefickt, da konnte ich gar nicht weggehen, in Popo und Scheide mit Pipimann – da konnte ich nicht mehr Aa machen, weil das so weh getan hat.«

Auf diesem Bild drückt Heike das Mißbrauchsgeschehen als Vorgang zwischen Körperteilen aus: Auf der rechten Bildhälfte stellt sie die männlichen Geschlechtsteile mit Glied dar, für das sie die Farbe Rot wählt – die Farbe der bedrohenden Aggressivität. Die linke Bildhälfte zeigt Gesäß und After des Mädchens. Der After hat an einer Seite spitze Zacken – zeichnerischer Ausdruck für die Schmerzen des Kindes. Die Dynamik zwischen Täter und Opfer stellt die Vierjährige durch den breiten, im kräftigen Schwarz gemalten Trennungsbalken zwischen den Körperteilen der beiden Personen dar. In Sprache umgesetzt, könnte hier ein »dickes Nein« stehen. Schwarz ist keine kindertümliche Farbe. Verwenden Kinder sie, so bringen sie damit innere Notsituationen zum Ausdruck – hier: Angst, Schutzlosigkeit. Das Mädchen leistet Widerstand, erlebt aber trotzdem ihre »Ohn-Macht«.

Vergleicht man die beiden Bilder miteinander, läßt sich eine Entwicklung des Mädchens hinsichtlich ihrer Auseinandersetzung mit dem Mißbrauchserleben feststellen. Bei dem ersten Bild läßt sich Heike noch ganz von den Gefühlsqualitäten der Bedrohung und des Verletztwerdens leiten. Demgegenüber hat die kleine Zeichnerin auf dem zweiten Bild schon wesentlich mehr Distanz zu dem traumatischen Erleben herstellen können. Es gelingt ihr, den Täter als Ganzes darzustellen – ihm fehlen »nur« die Füße. Sich selbst scheint das Mädchen als Sonne zu malen. Derartige Identifikationen entsprechen dem kindlichen Erleben. Die Dynamik zwischen Täter und Opfer drückt sich in der jeweiligen Bewegungsmöglichkeit aus: die Sonne hat Beine zum Weglaufen. Heike vollzieht in ihrer Phantasie nach, was sie im realen Erleben aufgrund der Gewaltanwendung des Täters nicht hat tun können. Der Mann hat keine Füße. Dies mag der Ausdruck für Heikes Wunsch sein, der Täter möge sich nicht von der Stelle bewegen, nicht zu ihr hinlaufen können. Geht man davon aus, daß Heike sich als Sonne an den oberen Rand des Bildes gemalt hat, so ist dies als ein weiterer Hinweis zu werten, daß das Mädchen zwischenzeitlich die gewaltsamen Übergriffe mit mehr Abstand erleben kann. Sie zeichnet sich nicht mehr auf die gleiche Ebene mit dem Aggressor, sondern nimmt eine Position weit über ihm ein, wo sie seinem Zugriff nicht mehr ausgeliefert ist. Anstelle der schwarzen Barriere im ersten Bild taucht hier ein gelber Streifen zwischen Heike und dem Mann auf. Es gibt wieder Lichtseiten im Leben des Mädchens – sie fühlt sich vor dem Mißbraucher geschützt.

Wie mächtig Heike den Täter dennoch erlebt, zeigt die Person inmitten des Bildes. Wieder findet die rote Farbe Verwendung, diesmal an Kopf und linker Hand. Heike hat den Kopf nachträglich mit einem kräftigen Schwarz übermalt und sagt dazu mit lauter Stimme und bestimmtem Ton: »Der ist weg.« Bei diesen Worten spüre ich die Angst des Kindes vor einer möglichen Wiederbegegnung mit dem Mißbraucher.

Heike hat dem Mann auf ihrem Bild einen übergroßen, erigierten Penis gemalt – dieser reicht bis zur Achselhöhle. Auch diesen Körperteil hat sie überkritzelt, aber so, daß man ihn dennoch deutlich erkennen kann. Das Übermalen und -kritzeln findet sich auf Kinderzeichnungen immer dann, wenn etwas ungeschehen gemacht werden soll. Es ist ein aktives Sich-zur-Wehr-Setzen, ein Versuch, bedrohliche Erlebnisinhalte zunichte zu machen. Beide Bilder sind als Ausdruck eines dramatischen inneren Prozesses des Kindes zu werten – als ein Versuch, die realen Mißbrauchserlebnisse auf eine kindgemäße und äußerst kreative Art zu verarbeiten.

Die skizzierte Interpretation der beiden Kinderzeichnungen mag vor dem Hintergrund verschiedener Theorieansätze angreifbar sein. Auf der anderen Seite gibt es bei der diagnostischen Arbeit mit Kindern im Vorschulalter oftmals kaum deutlichere Hinweise auf erlittene Gewalt als im unmittelbaren Ausdruck kindlichen Malens. Der Verdacht verdichtet sich auch im Fall der vierjährigen Heike – zudem durch die im Gespräch über die Bilder bzw. bei deren Erstellung gemachten spontanen Aussagen der kleinen Zeichnerin.

URSULA ENDERS/STEPHAN SIMONE/JOHANNA STUMPF
»ICH HABE MIT MEINEM PAPA EIN GEHEIMNIS.«
AUFDECKUNGSGESPRÄCH IM KINDERGARTEN

Jessica, vier Jahre alt, war ein fröhliches Mädchen. Doch plötzlich fiel den ErzieherInnen ihrer Kindertagesstätte auf, daß sie sich einerseits oft zurückzog und traurig war, andererseits ein recht aggressives Verhalten zeigte. Die Verhaltensänderung des Mädchens konnten sie sich nicht erklären; sie machten sich Sorgen.

Die Vierjährige selbst gab ihnen die Antwort: Auf die Frage eines Erziehers, was sie am Wochenende gemacht habe, wollte sie nicht antworten: »Wenn ich das erzähle, wollen die anderen Kinder das auch machen.« Auf die Nachfrage sagte sie: »Wir haben mit Papas Penis gespielt! Erst haben wir die Gardinen zugezogen. Unsere Nachbarn können reingucken. [...] Dann haben wir Mama und Papa gespielt.« Im weiteren Gespräch erfuhr der Erzieher, daß Jessicas Vater »immer mehr gemacht hat. Dann hat es weh getan. Er hat ein bißchen weitergemacht.« Plötzlich stockte Jessica, sie war erschrocken: Sie durfte das Geheimnis nicht verraten, denn »dann kommt Papa ins Gefängnis«. Der Erzieher reagierte sehr einfühlsam und nahm dem Mädchen die Schuldgefühle über ihren »Verrat«: »Weißt du, dann haben wir beide jetzt eben auch ein Geheimnis.« Jessica atmete auf.

Die Information über den Mißbrauch löste im MitarbeiterInnenteam der Kindertagesstätte große Unsicherheiten aus, denn niemand konnte sich vorstellen, daß dieser scheinbar liebevolle Vater so etwas tat. Bisher waren alle davon ausgegangen, daß Vater und Tochter eine außergewöhnlich gute Beziehung hatten – zumal das Mädchen allem Anschein nach ihren Papa über alles liebte.

Doch was tun? Trotz aller Zweifel entschlossen sich die ErzieherInnen, für das Mädchen Partei zu ergreifen und riefen das Jugendamt an. Unglücklicherweise fragte der Mitarbeiter direkt nach dem Namen der Familie. Das Telefongespräch war damit sofort beendet, denn zu groß war die Sorge der ErzieherInnen, das Jugendamt könnte Anzeige erstatten oder sofort die Kleine aus der Familie holen.

Auf ihrer Suche nach Unterstützung hörten sie von uns – »Zartbitter Köln«. Zunächst wurde ein Termin mit dem ErzieherInnenteam in der Kindertagesstätte vereinbart. Im Rahmen dieses Gesprächs sprachen wir zunächst über die Ängste und Unsicherheiten der ErzieherInnen – vor allem über die Belastung, täglich dem Mädchen und dem Vater zu begegnen und gleichzeitig zu wissen, daß der Mißbrauch weiterläuft. In einem zweiten Schritt entwickelten wir gemeinsam eine Handlungsstrategie und verteilten die Aufgaben und Verantwortlichkeiten.

Die Leiterin der Kindertagesstätte nahm, unterstützt von einer Mitarbeiterin von »Zartbitter Köln«, wieder den Kontakt zum Jugendamt auf. Der Name der Familie sollte vorerst nicht genannt werden. Zunächst galt es zu klären, inwieweit das Jugendamt für die Problematik offen war. Im persönlichen Kontakt mit der zuständigen Bezirkssozialarbeiterin baute sich sehr schnell das ihr von der Kindertagesstätte entgegengebrachte Mißtrauen ab, denn die Sozialarbeiterin erwies sich als eine sehr fachkompetente und kooperationsbereite Kollegin. Sie war bereit, ihre Arbeitsschritte mit uns abzusprechen, und ließ uns Zeit, zunächst einmal vorsichtig den Kontakt zur Mutter aufzubauen und das Kind auf eine Offenlegung des Mißbrauchs vorzubereiten.

In einem nächsten Schritt arbeiteten sich die ErzieherInnen unter Anleitung von »Zartbitter Köln« in die Präventionsarbeit gegen sexuellen Mißbrauch ein. Sie wollten durch ihre Arbeit das Mädchen stärken, ihr die Redeerlaubnis geben und Schuldgefühle nehmen. Schwerpunkte ihrer Arbeit waren die Themenbereiche »Trau deinem Gefühl!« »Dein Körper gehört dir!« und »Es gibt gute und schlechte Geheimnisse« (s. Kapitel XV und XVI). Die Themen stießen bei allen Kindern auf großes Interesse. Ein kleines Mädchen erzählte z.B., daß sie von ihrem Opa nur Süßigkeiten bekam, wenn sie ihm ein Küßchen gab. Ein Junge ärgerte sich darüber, daß er von Erwachsenen immer auf den Schoß gezerrt wurde, obwohl er das nicht mochte. Gemeinsam überlegten die Kinder, bei wem sie sich Hilfe holen können, wenn sie ein »schlechtes Geheimnis« haben, und jemand ihnen z.B. einen Kuß gibt und sagt, daß sie darüber nicht reden dürfen. Jessica nannte ganz spontan ihre Oma als Vertrauensperson. Auf die Frage, ob sie es nicht auch ihrer Mama erzählen könne, antwortete sie: »Dann bekomme ich ein paar auf den Popo!« Die Bewertung der Kleinen legte die Schlußfolgerung nahe, daß der Mißbraucher sie mit der Drohung »Mutter ist dir böse, wenn sie von unserem Spiel erfährt!« zum Schweigen verpflichtet hatte.

Über einen Zeitraum von mehreren Wochen sprachen die ErzieherInnen immer wieder über »schlechte Geheimnisse, die Bauchschmerzen machen«. Dann nahm der Erzieher Jessica zur Seite und zeigte ihr ein von ihm gezeichnetes Bild, das einen Jungen mit entblößtem Bauch – mit Bauchschmerzen – darstellte.

Der Erzieher erklärte der Kleinen sein Bild.

Erzieher: Das ist nicht irgendein Junge, das bin ich – und ich hatte ganz viele Bauchschmerzen. Weißt du warum?

Jessica: (schüttelt den Kopf)
Erzieher: Wegen des Geheimnisses mit deinem Papi. Das ist ja auch unser
Geheimnis, aber das ist ja kein gutes Geheimnis, und darum
hatte ich ganz viele Bauchschmerzen. Und du hast mir das
Geheimnis ja erzählt. Und ich hab das gemalt und mir gedacht,
daß wir das vielleicht der Doris erzählen können, weil die dich
ja auch ganz gerne hat.
  (Doris ist eine Erzieherin)
Jessica: (nickt)
Erzieher: Soll ich mal die Doris holen?
Jessica: Ja!
Erzieher: Dann erzählen wir das der Doris.
Jessica: Ja!
  (Der Erzieher steht auf und holt Doris. Sie setzt sich zu den beiden und
Jessica beginnt zu erzählen)
Jessica: Doris, mit dem Papa hatte ich das gemacht. (Jessica deutet auf
die Zeichnung)
Doris: Was?
Jessica: Das!
Erzieher: Ich habe mich hier gemalt. Ich hatte ganz viele Bauchschmerzen
wegen des schlechten Geheimnisses. Und wir wollen doch über
doofe Geheimnisse sprechen. Und du wolltest das der Doris
erzählen?
Jessica: Ja – da hatte ich ein bißchen Angst.
Doris: Wovor hattest du Angst?
Jessica: Der Papa wollte das mit mir machen...
Doris: Was hat der gemacht?
Jessica: Das da drin. (Jessica deutet auf die Zeichnung)
Doris: Das da drin? Hat der Papa sich den Bauch festgehalten? Was
hat der denn gemacht?
Jessica: Der Papa hatte mal seinen Penis hier reingesteckt. (Jessica deu-
tet auf ihren Unterleib)
Doris: Bei dir in die Scheide reingesteckt?
Jessica: Aber nicht so ganz, weil das nicht geht.
Doris: Warum geht das nicht?
Jessica: Weil ich hier ein bißchen klein war.
Doris: Hat dir das weh getan?
Jessica: Nee, aber mein Papa sagte: Wenn es weh tut, dann sag es mir.
Dann hatte ich gesagt, es tut weh!
Doris: Hat dann der Papi aufgehört?
Jessica: Nee, dann haben wir ein bißchen weitergemacht.
Doris: Und wann hat er aufgehört?

Jessica: In einer Minute.
Doris: Hat dir das Spaß gemacht?
Jessica: Ja – aber eigentlich war das nicht so..., mein Papi war lieb.
Doris: Dein Papi war lieb?
Jessica: Ja!
Doris: Der fand das schön, dein Papi?
Jessica: Ja!
Erzieher: Ist das denn schon ganz lange her?
Jessica: (überlegt) Bestimmt übermorgen.
Doris: Macht dein Papa das öfters mit dir?
Jessica: Nee, das dürfen wir nicht. Dann wird mein Papi nämlich einge-
          sperrt.
Doris: Eingesperrt?
Jessica: Im Gefängnis, dann hab ich keinen Papa mehr.
Doris: Woher weißt du das?
Jessica: Das hat mein Papa mir erzählt.
Doris: Hat er das nur einmal gemacht?
Jessica: Nein, zweimal – einmal im Wohnzimmer und einmal im Schlaf-
          zimmer – weil, sonst sehen uns die Leute.
Erzieher: Jetzt hab ich gar nicht mehr so viele Bauchschmerzen, weil die
          Doris das jetzt auch weiß. Hattest du denn auch Bauchschmer-
          zen von dem blöden Geheimnis?
Jessica: Nee – ich hatte auch ein bißchen.
Doris: Findest du das denn jetzt auch gut, daß du mir das auch erzählt
          hast?
Jessica: Ja!
Doris: Dann darfst du mir das auch erzählen.
Jessica: Aber eigentlich darf ich das nicht sagen.
Doris: Aber es ist besser, wenn du mit jemandem darüber redest.
Erzieher: Erzählst du es dann nächstens wieder?
Jessica: Ja!

Die intensive Arbeit in der Gesamtgruppe hatte das Mädchen so sehr
gestärkt, daß sie relativ leicht ein zweites Mal ihre Isolation durchbrechen
und über den Mißbrauch erzählen konnte.

Parallel zu der Arbeit mit dem Kind intensivierte eine Mitarbeiterin der
Kindertagesstätte den Kontakt zur Mutter. Ihr Ziel war es, das Selbstwertgefühl der Frau als Mutter zu stärken, denn auch sie glaubte bisher,
daß ihr Mann besser mit der Kleinen zurechtkomme. Dieser tat das Seini-
ge dazu, um ihre Position als Mutter zu schwächen, und machte ihr häufig Vorhaltungen, sie würde sich nicht genug durchsetzen.

Im Teamgespräch setzten sich die ErzieherInnen mit der Frage auseinander, welche Stärken und Fähigkeiten die Tochter von der Mutter vermittelt bekommen hatte. Die Antwort war schnell gefunden: Die Mutter war eine sehr herzliche und warme Frau, sie bewies ein außerordentliches Durchhaltevermögen und meisterte die Doppelbelastung Beruf und Haushalt. Auch war die Mutter kontaktfreudig und stand sehr ehrlich zu ihren eigenen Schwächen. Wußte sie in der Erziehung des Kindes mal nicht weiter, so fragte sie um Rat. Die ErzieherInnen mochten die Mutter, und es fiel ihnen nicht schwer, den Kontakt zu ihr zu intensivieren.

Um der Mutter die Chance zu geben, selber den Mißbrauch wahrzunehmen, bot eine Mitarbeiterin von »Zartbitter Köln« in der Kindertagesstätte einen Elternabend an. (s. Kapitel XV) Die Mutter zeigte sich in der Diskussion sehr interessiert, denn – obgleich sie von dem Mißbrauch keine Ahnung hatte – war ihr doch aufgefallen, daß ihr Mann eine sehr freie Sexualerziehung praktizierte und der Kleinen ihrer Meinung nach zuviel erklärte. Er hatte ihre Einwände immer als prüde und altmodisch abqualifiziert. In ihrer Wahrnehmung gestärkt, ging die Mutter nach Hause.

Am nächsten Morgen »beschwerte« sich der Vater in der Kindertagesstätte über den Elternabend. Was das denn solle, seine Frau habe ihm Ärger gemacht. Im Gespräch von »Kumpel zu Kumpel« klagte er dem Erzieher sein Leid: Seine Frau mache ihm Druck, weil er die Kleine angeblich zu früh aufkläre. Sein Unrechtsbewußtsein war gleich Null; er schob dem Mädchen die Schuld zu, denn die Vierjährige würde ihn immer belästigen und wolle immer sehen, ob er mit seinem Penis lachen und weinen könne. Einmal habe er auch schon einen Orgasmus bekommen. Seine Frau dürfe das allerdings nicht erfahren, die mache immer so ein Theater. War der Erzieher zu Beginn des Gespräches noch sehr angespannt, denn er durfte sein Wissen nicht verraten, so fühlte er sich nach dem »Geständnis« des Täters sehr erleichtert: Das war das I-Tüpfelchen – jetzt konnte gehandelt werden.

Gemeinsam mit der Mitarbeiterin des Jugendamtes informierte »Zartbitter Köln« die Mutter über den Mißbrauch. Nachdem diese alle Fakten kannte, stellte sie sich eindeutig auf die Seite der Tochter und trennte sich vom Partner. Gegen den Mißbraucher wurde ein Strafverfahren eingeleitet, doch wurden weder Mutter noch Tochter jemals vernommen. Aufgrund der Berichte der ErzieherInnen, des Jugendamtes und von »Zartbitter Köln« konnte der Mißbraucher zu einem Geständnis bewegt werden. So hatte die schrittweise Arbeit in der Kindertagesstätte nicht nur Tochter und Mutter gestärkt, sondern beiden zudem die Belastungen des Strafverfahrens erspart.

URSULA ENDERS
VON AUFGESCHLOSSENEN POLIZISTEN, STARKEN MÄDCHEN, HILFREICHEN PUPPEN, LIEBEN TEDDYS UND SCHLAUEN FÜCHSEN

Erfahren die Strafverfolgungsbehörden von der sexuellen Gewalt gegen ein Mädchen oder einen Jungen, so müssen sie aktiv werden; sie müssen ermitteln. Meist vernehmen die BeamtInnen zunächst das betroffene Kind oder dessen Kontakt- und Vertrauenspersonen und konfrontieren anschließend den Beschuldigten mit deren Aussage. Ob und wieviel das Opfer über den Tathergang erzählt und ob es später im Verfahren bei den eigenen Aussagen bleibt, hängt auch wesentlich von den MitarbeiterInnen der Polizei und deren Gesprächsführungskompetenz ab. Erlebt das Kind die BeamtInnen im ersten Kontakt als verständnisvoll, so wird die Angst vor dem Täter und dem späteren Gerichtsverfahren erheblich reduziert.

Ebenso wie ÄrztInnen, SozialarbeiterInnen, JuristInnen usw. sind auch KriminalbeamtInnen im Rahmen ihrer Ausbildung nur unzureichend für das Gespräch mit betroffenen Kindern geschult worden. Die Landeskriminalschule Düsseldorf hat zwar dieses Ausbildungsdefizit erkannt und bietet seit einigen Jahren themenspezifische Fortbildungen an, aber diese Schulungsmaßnahmen haben auch ihre Grenzen, verlangt doch die Befragung von sehr kleinen Kindern nicht zuletzt therapeutische Kompetenz, um eine Sekundärtraumatisierung des Opfers zu vermeiden. Einige Polizeidienststellen haben dies erkannt und kooperieren bereits im Rahmen des Ermittlungsverfahrens mit speziellen Fachdiensten. So auch im Falle der dreijährigen Lena. Die Kleine war von Günther, einem Bekannten der Familie, mißbraucht worden. Das Mädchen hatte ihn oral befriedigen müssen. Der Mißbraucher hatte zudem seine Tat fotografiert und die Aufnahmen in ein Fotolabor zum Entwickeln gegeben. Dank der Aufmerksamkeit des Fotografen lagen der Polizei die Fotos als Beweismittel vor, der Fall konnte aufgedeckt und damit die Ausbeutung des Mädchens gestoppt werden. Doch der Mißbraucher leugnete nach wie vor seine Tat und behauptete, die Fotos seien ihm untergeschoben worden. Auf Anraten der Polizei meldete sich Lenas Mutter bei »Zartbitter Köln«. Die aufgeschlossenen Beamten wollten vorerst auf eine Vernehmung des kleinen Mädchens verzichten, wenn wir bereit wären, mit der Kleinen zu sprechen, einen Bericht für die Strafverfolgungsbehörden zu schreiben und gegebenenfalls als Zeuginnen vor Gericht auszusagen. Dies war nicht der erste Fall, in dem wir mit den Strafverfolgungsbehörden kooperierten. In einem anderen Fall war es den Beamten z.B. gelungen, den Täter aufgrund unserer eindeutigen Zeugenaussagen zu einem Geständnis zu bewegen, so daß in dem damaligen Verfahren weder Mutter noch Tochter jemals vernommen wurden.

In dem Vorgespräch mit Lenas Mutter ging es mir vor allem um die Situation der Eltern. Der Mißbrauch war gestoppt, das Mädchen geschützt, doch was bedeutete es für die Mutter und den Vater, daß einer ihrer Bekannten sich an der Kleinen vergangen hatte? Wie verhielt sich die Verwandtschaft? Welche Sorgen machten sich die Eltern um ihr Kind? Wer konnte sie unterstützen? Wie hießen die Kontaktpersonen des Kindes? Auch praktische Fragen mußten geklärt werden (z.B. die Finanzierung eines Erholungsurlaubs für die Familie, denn sowohl Lena als auch die Eltern brauchten vor allem Abwechslung – Abstand von den Ereignissen). Zudem nannte ich der Mutter die Namen mehrerer Anwältinnen, die ich ihr als anwaltliche Vertretung der Nebenklage empfehlen konnte.

In einem weiteren Schritt bereitete ich gemeinsam mit der Mutter das Gespräch mit dem Mädchen vor. Den Tathergang ließ ich mir nur ganz grob beschreiben (Name des Täters, Beziehung des Kindes zum Täter. Wie wurde der Mißbrauch öffentlich?). Wichtiger waren mir die Informationen über das Kind: Welche Vorlieben hat die Kleine? Singt sie z.B. gerne? Womit spielt sie am liebsten? Welche Ausdrücke benutzt sie für die Geschlechtsorgane? Hat sich ihr Verhalten in der letzten Zeit verändert? Auch die Raumfrage mußte geklärt werden, denn die Befragung eines Kindes sollte niemals in dessen Wohnung durchgeführt werden. Das Gespräch über den Tathergang läßt die Erlebnisse für das Opfer wieder lebendig werden. Es ist für ein Mädchen/einen Jungen unzumutbar, wenn sie anschließend weiter in dieser Atmosphäre verweilen muß. In Lenas Fall bot sich der Kindergarten der Kleinen als Gesprächsort an. Das Mädchen fühlte sich in der ihr vertrauten Atmosphäre sicher, kannte die Spielmaterialien und konnte anschließend den Raum wechseln.

Als letztes bat ich die Mutter, Lenas Lieblingspuppen und Stofftiere mit zu dem Gespräch zu bringen. Sie sollte die Kleine auch darüber informieren, daß eine Frau sie kennenlernen wolle. Diese Frau sei extra da, um mit Mädchen zu spielen und sich mit ihnen zu unterhalten.

Lena war ein ausgesprochen aufgewecktes Mädchen. Sie nahm schnell Kontakt mit mir auf und zeigte mir voller Stolz ihren Gruppenraum im Kindergarten. Dann interessierte sie sich für meine Handpuppen und die anatomisch getreuen Diagnosepuppen. Nach dem Motto »Zeigst du mir deine, zeig ich dir meine!« stellten wir uns gegenseitig unsere Puppen vor. Lena zog mit großem Interesse die Diagnosepuppen aus, untersuchte sie und benannte die Geschlechtsteile (Muschi und Pipimännchen). Dann machten wir ein »Ratespiel«: Wer hat eine Muschi? Wer hat einen Pipimann? Ich zählte die mir von der Mutter genannten Namen der Kontaktpersonen des Kindes auf. Lena nannte jeweils das entsprechende Geschlechtsteil, reagierte recht unbefangen. Als ich ebenso unvermittelt wie die anderen den Namen des Täters nannte, schreckte das kleine Mädchen zusammen, beantwortete knapp die Frage und wechselte das Thema. Ein solches Verhalten ist typisch: Kinder setzen Grenzen, wenn es für sie zu schmerzhaft wird. Diese Grenzen müssen wir akzeptieren! Entsprechend Lenas Wunsch spielten wir anschließend Ball, sahen uns ein Kinderbuch an und sangen Kinderlieder.

Etwas später wandte sich die Kleine von selbst wieder der Puppenfamilie zu, nahm die Männerpuppe in die Hand und untersuchte den Penis mit dem Kommentar: »Der Pipimann ist blöd!« Auf meine Frage: »Wie groß ist denn der Pipimann von Günther?« antwortete sie: »So groß« und deutete einen relativ großen Penis an. Diesmal wich die Kleine nicht zurück; sie hatte Vertrauen zu mir gefaßt und selbst das Thema »Pipimann« angesprochen. Ich hatte durch meine Fragestellung den Namen des Täters nochmals vorgegeben, jedoch genügend Spielraum für eine Antwort gelassen, die auch vor Gericht Aussagekraft hat.

Entsprechend auch meine nächste Vorgabe: Ich nahm die Mädchenpuppe in die Hand, streichelte sie liebevoll und sagte: »Dies ist Lena. Hat der Pipimann von Günther die Lena angepackt?« Diese Formulierung ging von einer aktiven Handlung des Täters und der passiven Rolle des Mädchens aus; sie stellte damit von vornherein die Verantwortlichkeiten klar und erleichterte es dem Kind, mir mehr zu erzählen: Lena nickte stumm. »Wo hat der Pipimann von Günther Lena angepackt?« Ein methodischer Fehler, ich hätte diese Frage richtigerweise offen formulieren müssen – z.B.: „Wessen Pipimann hat Lena angepackt?". Die Vorgabe, daß das Mädchen einen Penis angefaßt hatte, durfte ich machen, da die Fotos die Tat eindeutig dokumentierten. Auf mein Nachfragen wich das Mädchen verschreckt zurück, diese Frage war für sie zu schmerzhaft, sie konnte sie mir nicht beantworten. Durch die klare Grenzziehung des Kindes wurde mir mein methodischer Fehler bewußt: Ein so kleines Kind sollte niemals aufgefordert werden, »selbst« den Mißbrauch zu »verraten«; dies ist viel zu bedrohlich für das betroffene Mädchen/den Jungen. Ich nahm deshalb eine meiner Handpuppen und ließ auch Lena eine wählen. Die Kleine entschied sich für einen Teddy. In einem nächsten Schritt bat meine Handpuppe den Teddy, mir weiterzuhelfen: Er sei doch Lenas Freund und Lena sei traurig; er könne mir bestimmt zeigen, wo Günthers Pipimann Lena angepackt habe. Das kleine Mädchen zog die Handpuppe an und packte ganz eindeutig auf den Mund der »Lena-Puppe«. Die nonverbale Aussage des Kindes entsprach der auf den Fotos dokumentierten Form der sexuellen Ausbeutung.

Jetzt wollte Lena mit mir Mutter und Kind in der Puppenecke spielen. Ich war nach ihrer Anweisung die kleine Lena – noch ein Baby – und mußte schlafen. Meine Mutter sorgte für mich. Nach einer Weile holte Lena unaufgefordert die »Lena-Puppe« und legte sie zu mir ins Bettchen. Wir deckten sie zu, und das kleine Mädchen erzählte, ohne gefragt zu werden, daß Günther sie im Schlafzimmer angepackt habe. Auf meine Frage, wie er das gemacht habe, nahm die Dreijährige einen Holzlöffel aus der Puppenecke und berührte damit die Vagina der »Lena-Puppe«. Ganz instinktiv schützte sich das Mädchen vor einer zu schmerzhaften Konfrontation mit ihren traumatischen Erlebnissen und demonstrierte nicht mit der eigenen Hand die Verletzungen, sondern wählte ein Hilfsmittel – den Holzlöffel. Im weiteren Verlauf des diagnostischen Spiels wiederholte Lena nochmals ihre Aussage.

Obwohl ich eine relativ große Erfahrung in der diagnostischen Arbeit mit kleinen Kindern habe, stoße ich noch immer an meine Grenzen, denn die wenigsten Mädchen und Jungen fassen so schnell Vertrauen wie Lena – die meisten Kinder müssen zunächst über einen längeren Zeitraum die Beraterin kennenlernen, um sich ihr anzuvertrauen, andere wollen und können ihr Geheimnis nicht lüften. Auch hängt das Ergebnis der Diagnostik ganz wesentlich von der Erfahrung und der aktuellen Befindlichkeit der Beraterin ab. Die Kleinen spüren sehr genau die Grenzen ihrer Gesprächspartnerin – und die werden immer wieder erreicht. Nicht selten komme ich mir selbst wie eine »Vergewaltigerin« vor, wenn ich das schmerzverzerrte Gesichtchen vor mir sehe, sobald ich z.B. den Namen des Mißbrauchers erwähne. Ich selbst kann diese Arbeit nur vor dem Hintergrund leisten, daß meine Arbeit die Belastungen des Kindes in einem bereits aufgerollten Strafverfahren reduziert. Eine Garantie, daß durch unsere Bemühungen dem Kind die Aussage vor Gericht erspart bleibt, kann allerdings niemand geben. So mußte auch Lena als Zeugin aussagen, denn obgleich ich einen schriftlichen Bericht anfertigte und vor Gericht als sachverständige Zeugin aussagte, mußte das Gericht noch ein zusätzliches Glaubwürdigkeitsgutachten des Kindes anfertigen lassen und Lena vor Gericht befragen – denn der Täter stritt beharrlich alles ab.

Dennoch war unsere Arbeit nicht sinnlos: Lena stand nicht unvorbereitet im Zeugenstand. Nicht nur, daß eine Anwältin ihre Interessen im Rahmen einer Nebenklage vertrat, die Kleine war eine selbstbewußte Zeugin und hatte gelernt, über ihre Erlebnisse zu sprechen. Auch war sie nicht allein: Ihre Eltern begleiteten und unterstützten das Kind in vorbildlicher Art und Weise. Zu ihrer Befragung vor Gericht hatte Lena sich noch zusätzliche Verstärkung mitgenommen: Während sie die kindgemäß formulierten Fragen des Richters beantwortete, hielt sie ihre neue Handpuppe fest im Arm – einen schlauen Fuchs.

Antwort auf einen Einwand

Die hier beschriebene Puppendiagnostik wurde von Undeutsch (1994) als im höchsten Maße suggestiv kritisiert. Er bezog sich in seinen Ausführungen auf die Darstellung des Falls in der Ausgabe dieses Buches aus dem Jahre 1990. Seine Argumentation ist teilweise nachvollziehbar, wenn man von der knappen Darstellung im Buch ausgeht. Undeutsch berücksichtigt jedoch in seiner Kritik nicht, daß in diesem Fall der Tathergang bereits durch Fotos dokumentiert war; auch war mein Auftrag nicht die Exploration der Details des Tathergangs und die Feststellung der Glaubwürdigkeit des Kindes. Diese Aufgabe übernahm eine vom Gericht bestellte Sachverständigengutachterin.

In den achtziger Jahren mußten Beratungsstellen häufig »einspringen« und Kinder befragen, da seinerzeit viele GutachterInnen sich nur unzureichend mit der Problematik der sexuellen Gewalt an Mädchen und Jungen beschäftigt hatten und deshalb aufgrund ihrer eigenen blinden Flecken betroffene Mädchen und Jungen nicht verstanden. Inzwischen hat sich diese Situation verbessert, obgleich die fehlende Fachkompetenz einiger GutachterInnen immer noch zu beklagen ist (s. Kapitel XVII).

Leider sind die Beratungsstellen auch heute noch oftmals im Interesse der Kinder gezwungen, diese zu befragen, denn sowohl die familiengerichtlichen als auch strafrechtlichen Verfahren laufen sehr schleppend, so daß es Monate bis z. T. Jahre dauert, bis Gerichte GutachterInnen bestellen und diese dann auch Zeit haben, die kindlichen Opfer zu explorieren. Das bedeutet, daß Kinder extrem lange auf therapeutische Hilfen warten müssen, damit ihre Glaubwürdigkeit nicht aufgrund einer nicht auszuschließenden »Suggestion« innerhalb der Therapie angezweifelt wird. »Zartbitter Köln« löst dieses Dilemma, indem die therapeutische Diagnostik des Kindes auf Tonband aufgenommen und in Absprache den Gerichten zur Verfügung gestellt wird. Auf der Basis dieser exakten Tonbandprotokolle und ihrer späteren gutachterlichen Exploration können die vom Gericht vereidigten Sachverständigen dann ihr Glaubwürdigkeitsgutachten erstatten.

Bei einer solchen Vorgehensweise sind die Unterschiede zwischen einer forensischen und therapeutischen Diagnostik zu beachten. Ziel der therapeutischen Diagnostik ist nicht die exakte »Ermittlung« des Tatherganges, sondern die Einschätzung der emotionalen Situation des Opfers, damit – falls notwendig – therapeutische Hilfen eingeleitet werden.

Bleibt zu hoffen, daß sich die Praxis der Familien- und Strafgerichte dahingehend verbessert, daß betroffene Mädchen und Jungen nach Bekanntwerden eines Verdachts umgehend richterlich im Beisein einer Gutachterin/eines Gutachters vernommen werden, damit ihnen in Zukunft Mehrfachbefragungen erspart bleiben, und sie umgehend notwendige Hilfen bekommen können.

Literaturempfehlung:
Fegert, Jörg: Sexuell mißbrauchte Kinder und das Recht. Band 2. Ein Handbuch zu Fragen der kinder- und jugendpsychiatrischen und psychologischen Untersuchung und Begutachtung. Köln 1993

JÖRG FEGERT
ÄRZTLICHE DIAGNOSEMÖGLICHKEITEN IN KLINIK UND PRAXIS

Wird ein sexueller Mißbrauch vermutet, so wenden sich SozialarbeiterInnen und JuristInnen häufig auch an MedizinerInnen mit der Bitte um eine hieb- und stichfeste Diagnose. Da die sexuelle Ausbeutung von Mädchen und Jungen jedoch nur selten sichtbare Spuren hinterläßt, können die ÄrztInnen in der Regel keine eindeutige Diagnose stellen. Doch oftmals lassen schon die während der Untersuchung beobachteten Verhaltensweisen des Kindes und die festzustellenden Befunde den Verdacht eines sexuellen Mißbrauchs erhärten; sie sind in vielen Fällen wichtige diagnostische Hinweise.

ÄrztInnen brauchen Fachwissen und Sensibilität, um im Einzelfall die (verdeckten) Zeichen der Betroffenen zu verstehen und eine adäquate Hilfe geben zu können. Allerdings zeigen auch die im Gesundheitsbereich tätigen Fachleute nach wie vor große Unsicherheiten im Umgang mit der Problematik. Eine australische Untersuchung dokumentiert exemplarisch die begrenzten Handlungskompetenzen von (Haus-)Ärzten. 74,6 Prozent der MedizinerInnen zögerten, Konsequenzen aus ihrem Verdacht zu ziehen – sie hatten Zweifel an ihrer Diagnose; 16,6 Prozent schenkten den Aussagen des Kindes keinen Glauben; 45,6 Prozent hatten Skrupel, eine Familie zu zerstören; 5,7 Prozent schwiegen aufgrund negativer Vorerfahrungen in anderen Fällen; 3,1 Prozent hatten Angst, mit ihrem Verhalten dem Kind zu schaden (vgl. Winefield & Castell-Mc Gregor 1986).

Für die Diagnose und den Umgang mit der Problematik des sexuellen Mißbrauchs müssen MedizinerInnen im besonderen Maße geschult werden, denn die meisten betroffenen Mädchen und Jungen haben ohnehin mehr oder weniger häufig Kontakt zu ihnen; sie kommen z.B. mit psychosomatischen Folgekrankheiten oder körperlichen Verletzungen in die Sprechstunde oder ins Krankenhaus. Sind die MitarbeiterInnen des Gesundheitswesens sensibel für die offenen oder versteckten Hinweise auf die sexuelle Gewalt, so kann diese in vielen Fällen schon in den Anfängen erkannt und gestoppt werden.

Sexuell mißbrauchte Mädchen und Jungen fühlen sich häufig schuldig, schämen sich für das an ihnen verübte Verbrechen und begegnen ihren Mitmenschen meist mit einem tiefen Mißtrauen. Die körperliche Untersuchung erleben sie vielfach als einen erneuten »Übergriff«. ÄrztInnen müssen bei der Untersuchung die Ängste der Betroffenen berücksichtigen, die eigene parteiliche Haltung für das Opfer klar zum Ausdruck bringen, oftmals selbst das Thema ansprechen und die Erlaubnis zum Reden geben. Bei der körperlichen Inspektion und Palpation (Tastuntersuchung) müssen folgende Regeln beachtet werden:

1. Die Ärztin/der Arzt sollte klären, ob die Untersuchung im Beisein einer dem Kind vertrauten Person stattfinden kann.
2. Dem noch angezogenen Kind sollten zunächst die Untersuchungsschritte erklärt werden.
3. Erlaubt der Allgemeinzustand eines Kindes den Aufschub der Untersuchung, so ist zu akzeptieren, wenn das Mädchen/der Junge die Untersuchung zunächst ablehnt, denn das Kind darf nicht erneut »vergewaltigt« werden.
4. Ängstlichen Kindern sollte die Möglichkeit einer Untersuchung in Teilschritten angeboten werden.
5. Insbesondere ängstliche Kinder sollten – wenn eben möglich – von einer gleichgeschlechtlichen Ärztin/einem Arzt untersucht werden.
6. Der Einsatz von Instrumenten ist auf ein Minimum zu reduzieren, denn gerade das Einführen von Gegenständen (Kolposkopen o.ä.) kann für sexuell mißbrauchte Mädchen und Jungen eine Retraumatisierung sein.
7. Typische Haltungen wie sonst bei gynäkologischen und analen Untersuchungen sollten weitgehend vermieden und durch seitliche Lagen auf einer Liege oder entsprechendes Einkuscheln bei der Begleitperson ersetzt werden.
8. Die gesamte Untersuchung muß mit sehr viel Zeit und Ruhe durchgeführt werden.
9. Der/die UntersucherIn sollte sich bei aller Vorsicht und Rücksichtnahme so »normal« wie möglich verhalten, um nicht dem Kind durch die eigene emotionale Beteiligung Angst zu machen.
10. Nach Abschluß der Untersuchung sollte der/die ÄrztIn warten, bis das Kind wieder angezogen ist, um dann mit dem Mädchen (Jungen) den Untersuchungshergang nochmals zu besprechen.
11. Ärztinnen/Ärzte vermeiden bisweilen eine Untersuchung, um Erwachsene (d.h. auch sich selbst) vor der unangenehmen Wahrheit

zu schützen (vgl. Durfee et. al. 1986). Solche (unbewußten) Loya-
litätskonflikte werden vermieden, wenn MedizinerInnen das Kind
entsprechend eines routinemäßig festgelegten Ablaufes untersuchen.

Die körperliche Untersuchung

Zuweilen bestätigt die körperliche Untersuchung den Verdacht des sexuellen Mißbrauchs, denn schon beim Entkleiden des Mädchens/Jungen und
bei der Inspektion kann die Ärztin/der Arzt vielfach Auffälligkeiten beobachten.

Ein eventuelles Mißverhältnis zwischen nicht altersadäquater Unterwä-
sche oder Kleidung und mangelnder Körperpflege mag ebenso die Aufmerksamkeit der/des Mediziner/in/s wecken wie Allergien und Haut-
krankheiten mit atypischem Verlauf (z.b. Pyodermien, Exzeme, Auf-
blühen von Allergien im Sommer). Bei der Inspektion der Haut muß insbesondere auf Hämatome und Bißwunden geachtet werden, z.B. auf
Bißringe und Narben im Genitalbereich, an den sekundären Geschlechts-
merkmalen und an sogenannten »erogenen Zonen« (Hals, Ohrläppchen
etc.) (vgl. Trube-Becker 1984).

Auch die Haare sollten gründlich untersucht werden. Wir fanden im
Anschluß an vehement traumatisierende sexuelle Erlebnisse im Zusammenhang mit einer ausgeprägten Angstproblematik wiederholt eine deutlich ausgeprägte, jedoch passagere Allopecia areata (einen psychogenen,
kreisrunden Haarausfall).

Im Mund können sich Verletzungsspuren oder venerische Bakterien,
Viral- oder Pilzinfektionen finden. Im Zweifelsfall kann z.B. ein Rachen-
abstrich Gonokkoken als Erreger einer Halsentzündung offenbaren.

Eine vorsichtige Palpation des Abdomen sollte gründlich prüfen, ob der
Bauch auch wirklich überall weich ist. Innere Blutungen, Verletzungen
oder Fremdkörper können einen pathologischen abdominalen Tastbefund
hervorrufen.

Die ausführliche Untersuchung muß ebenfalls eine Inspektion der Geni-
tal- und Analregion beinhalten. Hier sind zu beachten: Hämatome und
Unterblutungen im Genitalbereich, über dem Gesäß und am Rücken. So
können z.B. beidseitige Hämatome oder Unterblutungen unterhalb der
Nierenlager eine Folge des Festhaltens beim Analverkehr sein. Wichtig ist,
daß die Kinder nicht nur starr auf der Untersuchungsliege liegen, damit
auch die Innenseiten der Oberschenkel untersucht werden können (z.B.
nach Striemen, Zigarettenbrandnarben oder anderen Spuren einer möglichen Züchtigung). Körperliche Mißhandlung und sexueller Mißbrauch
kommen besonders bei Jungen relativ häufig kombiniert vor.

Bei der Inspektion des Genitales kann die Ärztin/der Arzt eine Rötung, Entzündung, Einrisse, auch Darmrisse, Brandnarben von Zigaretten etc. feststellen. Jeder Verdacht auf eine genitale Entzündung, Geschlechtskrankheiten und genitale Pilzinfektionen sollte diagnostisch geklärt werden. In einer Kinderklinik in Denver (Cantwell 1983) wurde für eine Studie bei allen Mädchen unter 13 Jahren routinemäßig bei der Aufnahme der horizontale Durchmesser der Scheidenöffnung mit einem Zentimetermaß gemessen. Diese Untersuchung ist nach Angaben der Autorin, so ungewohnt sie wirken mag, nicht traumatisierend und leicht durchführbar. Ein horizontaler Durchmesser über 4 mm korrelierte in dreiviertel aller Fälle mit sexuellem Mißbrauch. Von 202 Mädchen, bei denen vor der Aufnahme ins Kinderkrankenhaus kein Verdacht auf sexuellen Mißbrauch bestand, wurden auf diese Weise 45 Fälle von sexuellem Mißbrauch aufgedeckt.

Auch die Analregion sollte gründlich inspiziert werden. Eine Untersuchung aus einer Universitätsklinik in Yorkshire (Hobbs und Wynne 1986) beschreibt allein 27 auffällige Analbefunde in der Klientel von zwei Pädiatern in Leeds (146.000 Einwohner) in einem Zeitraum von acht Monaten. In allen Fällen konnte die Ursache »sexueller Mißbrauch mit Analverkehr« eindeutig aufgeklärt werden. Am häufigsten stellten die Ärzte neben Einrissen und Erweiterungen des Anus eine Reflexerweiterung des Anus fest. Die Autoren beschreiben, daß sich diese paradoxerweise bei leichtem Spreizen der Pobacken einstellte. Darüber hinaus diagnostizierten die beiden Kinderärzte pathologische Veränderungen im Sphinktertonus, Eversionen des Analkanals, hämorrhoidenähnliche Gebilde sowie ganz allgemein Rötungen, Verdickungen und Schwellungen der Analregion.

In manchen Fällen wird sich die gynäkologische Untersuchung nicht vermeiden lassen. Neben der Diagnostik und Behandlung von Verletzungen, der Entfernung von Fremdkörpern steht vor allem die Diagnostik und Behandlung von Genitalinfektionen im Vordergrund. Leider ziehen gerade Gynäkologen nur in den seltensten Fällen Konsequenzen aus solchen Infektionen.

Auch heute noch werden in Lehrbüchern phantastische Vorstellungen über die Übertragungsmechanismen von Geschlechtskrankheiten bei Kindern vertreten; Mädchen und Jungen sollen sich über wohltemperierte Waschlappen, Schwämme o.ä. infizieren (vgl. Stachiw & Frank 1984). Tatsächlich resultieren jedoch die meisten Genitalinfektionen bei präpubertären Kindern aus sexuellem Mißbrauch. Nach Justice & Justice (1979) sind gerade die sexuell übertragenen Krankheiten einer der härtesten Indikatoren für sexuellen Mißbrauch. Genitale Schürfwunden, Verletzungen, Blutungen und Ausfluß sind ebenso bis zur Pubertät sehr selten; ihre Ursache muß geklärt werden. Ebenso können Schwangerschaften in der Pubertät und Hymenalveränderungen oder die Defloration Hinweise auf sexuelle Gewalt sein, sind es jedoch nicht zwingend.

Neuere klinische Studien unterstreichen die Bedeutung von Pilz- und Parasiteninfektionen bei kleinen Mädchen vor der Pubertät als möglichen diagnostischen Hinweis auf sexuellen Mißbrauch. So berichten Fuster u.a. (1987), daß bei 17 Prozent aller untersuchten Mädchen, bei denen ein Verdacht auf sexuellen Mißbrauch bestand, eine positive Kultur von Chlamydia Trachomatis nachgewiesen werden konnte. De Jong (1985) berichtet über Infektionen mit Candida oder Gardnerella vaginalis bei Mädchen in der Vorpubertät.

In bestimmten Fällen ist die Dokumentation der Befunde notwendig (z.B. mit Hilfe von Fotos). Forensisch erfahrene Labors machen z.B. Spermanachweise.

Vorrangig sind die Verhaltensbeobachtungen bei der Untersuchung. Zwar hängt die Scham der Kinder sehr von divergierenden religiösen Standards und kulturellen Normen ab, doch sollten Verhaltensweisen, die ansonsten für Kinder unüblich sind, unbedingt registriert werden. Altersunangemessenes, sexualisiertes und/oder kokett wirkendes Verhalten kann ein Hinweis auf sexuellen Mißbrauch sein. Manchmal werden z.B. Mädchen von den Pflegekräften als »kleine Luder« bezeichnet!

Wenn sich kleine Kinder über alle Maßen schämen, die Höschen auszuziehen oder etwa kokett dafür Gegenleistungen erwarten, sollte dies unbedingt notiert werden. Bei einer Untersuchung eines sechsjährigen Mädchens sagte z.B. der anwesende vierjährige Bruder: »Gib ihr doch Bonbons wie Papa, dann macht sie's!«.

Anamneseerhebung

Eine gründliche Anamneseerhebung muß neben dem Protokoll der körperlichen Beschwerden auch eine Familien- und Sozialanamnese, eine Exploration zum Verhalten des Kindes und eine Beschreibung seiner Gefühlswelt beinhalten.

1. Körperliche Beschwerden

Die Anamnese zu körperlichen Beschwerden muß vor allem die bei der Beschreibung der körperlichen Untersuchung genannten Problembereiche beachten, z.B.:
◆ inzwischen verheilte Verletzungen, Kratzer, Bißwunden etc. an der Brust oder im Anal- und Genitalbereich

◆ ungeklärte Blutungen oder Ausfluß im Genital-, Rektal- und Ure-
thralbereich-Infektionen, Juckreiz, Rötungen, Schwellungen o.ä. im
Genitalbereich
◆ unspezifische Beschwerden wie rezedevierende Harnwegsinfektion,
Unterleibsbeschwerden, Bauchschmerzen, Übelkeit, Erschöpfung,
Anspannung.

2. Familien- und Sozialanamnese

Beim Verdacht des sexuellen Mißbrauchs kommt neben der üblichen
Familienanamnese mit der Darstellung der Entwicklung der Familie ins-
besondere die Beschreibung der Grenzen der einzelnen Familienmitglieder
untereinander als auch der Gesamtfamilie nach außen eine besondere
Bedeutung zu. Viele Familien bauen bei innerfamilialem sexuellem
Mißbrauch besonders starre Grenzen nach außen auf, wähend innerhalb
der Familie die Grenzen zwischen den Generationen verwischen. Solche
Grenzen lassen sich in vier Bereichen festmachen:

◆ Grenzen zwischen Gesellschaft und Familie
Bei der Exploration muß ein besonderes Augenmerk auf die Möglichkeit von Kontakten auf der Ebene der Gleichaltrigen gelegt werden. Die
Isolation der Familie, das hohe moralische Bild der Gesellschaft vom
Familienvater, Freundschaften in der gleichaltrigen Gruppe, mögliche
Freundschaften der Mutter (des Vaters), die Möglichkeit »fremdzuge-
hen«, all diese Faktoren können eine entscheidende Bedeutung im Bedin-
gungsgefüge des sexuellen Mißbrauchs spielen. In den Familienbeschrei-
bungen finden sich immer wieder Kategorisierungen. Weinberg (1976)
unterscheidet z.B. zwischen zwei Typen von Familien, in denen er sexuellen Mißbrauch beobachtete: die »endogame Familie«, die, quasi auf sich
bezogen, gerade diese Grenzen gegenüber der Gesellschaft massiv
geschlossen hat, und das andere Extrem, die »chaotische Familie«, in der
Mißbrauch eines unter vielen Stigmata (Alkohol, Delinquenz etc.) ist;
jeder versucht sich in dieser Familie, je nach Macht, auszuleben. Zu den
Familien des zweiten Typs haben oftmals verschiedene HelferInnen und
staatliche Kontrollinstanzen Zutritt; die Wirkung ihres Eingreifens ist
jedoch beschränkt.
◆ Generationsgrenzen
Die Grenzen zwischen den Generationen sind bei sexuellem Mißbrauch
diffus. Typischerweise ist eine Parentifizierung von Kindern wie auch eine
Verkindlichung des Täters zu beobachten.

◆ Interpersonelle Grenzen

Die Beziehungen zwischen den einzelnen Personen in der Familie können durch starke Koalitionen genauso wie durch deutliche Abgrenzungen geprägt sein.

◆ Intrapsychische Grenzen und Maßstäbe

Sexueller Mißbrauch findet im Verborgenen statt und wird geheimgehalten. Das Opfer entwickelt Ängste, entdeckt zu werden, oder Verdrängungsmuster, da es die Realität nicht aushalten kann. Für das Mädchen/den Jungen, im gewissen Sinne jedoch für die gesamte Familie, verschieben sich die intrapsychischen Maßstäbe.

Florence Rush nennt dieses allmähliche Verlieren des Realitätssinns, das die Betroffenen zum Wahnsinn treibt, »begaslichten«. »Gaslight« (»Das Haus der Lady Alquist«) ist ein Film aus dem Jahre 1944, in dem Ingrid Bergmann von ihrem geldgierigen Ehemann (Charles Boyer) systematisch verrückt gemacht wird. Dies geschieht vor allem dadurch, daß die Maßstäbe und die Wahrnehmung der Frau verwirrt werden. »Als sie eine Bedienstete wegschickt, um etwas zu erledigen, versichert er ihr, daß der Auftrag nie erteilt wurde; eine Schere, die sie auf einen Tisch gelegt hat, taucht an anderer Stelle wieder auf; und als das Gaslicht flackert, redet er ihr ein, daß nicht das Licht, sondern ihr Wahrnehmungsvermögen versage. Mit der Zeit wird sie unsicher und labil, und bald ist sie so verstört, daß sie kaum noch reagieren kann. Boyer täuscht Besorgnis vor und schlägt vor, nach einem Arzt zu schicken, eine Erholungskur zu machen, doch gerade als sie am Rande eines totalen Nervenzusammenbruchs steht, erscheint Joseph Cotton auf der Bildfläche, stellt den Bösewicht bloß und rettet die Frau vor dem Verlust ihres Realitätssinns, ihres Vertrauens, vor dem Wahnsinn.«

Bei der Erhebung der Familiengeschichte muß die Tatsache beachtet werden, daß sowohl sexueller Mißbrauch als auch körperliche Mißhandlung häufiger in Familien vorkommen, in denen schon die Eltern als Kind sexuelle oder körperliche Gewalterfahrungen machen mußten. Mütter, die ihre eigenen traumatischen Gewalterfahrungen nicht aufgearbeitet haben, verdrängen oftmals im Sinne einer eigenen Überlebensstrategie den Mißbrauch am eigenen Kind bzw. sind häufig weniger in der Lage, die Tochter/den Sohn vor sexueller Ausbeutung und körperlicher Mißhandlung zu schützen (vgl. Goodwin et. al. 1981).

Mit Hilfe des folgenden Fragenkatalogs können aktuelle Risikofaktoren für sexuellen Mißbrauch (vgl. Finkelhor & Baron 1986 und Kerns 1981) abgeklärt werden:

1. Wer lebt in der Wohnung?
   (Alter, Familienstand, Dauer der Beziehungen; Stiefvaterfamilien)
2. Wer besucht die Familie häufig oder regelmäßig?
   (Familienangehörige, Freunde, Babysitter, Putzfrauen etc.)
3. Wer geht wie lange arbeiten oder zur Schule etc.?
4. Welche Belastungen gibt es?
   (Gesundheitliche Sorgen, Geldsorgen, Arbeitslosigkeit, Wohnungs-
   schwierigkeiten)
5. Wer schläft wo zusammen mit wem?
   (Schlafzimmerarrangements und tatsächliche Schlafgewohnheiten)
6. Gibt es akute Belastungen?
   (Tod, Scheidung, Unfall, Kündigung, Schwangerschaft, Umzug)
7. Wer hat Freunde und soziale Kontakte?
   (Beschreibung der Familienmitglieder [Stärken, Schwächen, Vorlieben, Attraktivität, soziale Beziehungen der Familienmitglieder],
   Soziogramm, Familienbeziehungstest)
8. Hat jemand in der Familie Probleme?
   (Alkohol-, Drogen-, Medikamentenmißbrauch etc., Kontrollverlust,
   Schlagen, körperliche Mißhandlungen)

In der Praxis hat sich die Beschreibung eines üblichen Tagesablaufs der
Familie und das Anfertigen von Grundrißskizzen der Wohnung als dia-
gnostisches Mittel im Rahmen der Familien- und Sozialanamnese
bewährt!

3. Diagnostik Psychischer und Psychosozialer Symptome

In den letzten 20 Jahren wurde eine Unzahl von möglichen Folgen des
sexuellen Mißbrauchs beschrieben. Es zeigt sich, daß fast jedes bekannte
kinderpsychiatrische Störungsbild in Verbindung mit Mißbrauch auftreten kann. Teilweise sind auch entgegengesetzte Reaktionen möglich. So
scheint eher auffällig, daß auf einem Verhaltenskontinuum vor allem die
Extrembereiche (totale Überanpassung vs. massive Dissozialität; sog.
»Frigidität« vs. Prostitution, Promiskuität; Mutismus vs. Distanzlosig-
keit) die Folgen des sexuellen Mißbrauchs kennzeichnen. Deshalb scheint
es sinnvoller zu sein, störanfällige Bereiche zu beschreiben. Die Ausprä-
gung der jeweiligen Symptomatik in diesen Bereichen scheint, abgesehen
von individuellen, konstitutionellen und lebensgeschichtlichen Faktoren,
auch vom Alter der Betroffenen abzuhängen. Bestimmte Reaktionen können somit als phasenspezifisch angesehen werden.

Das Auftreten eines oder mehrerer in der folgenden Auflistung genannten Symptome hat keinen »Beweischarakter«. Die skizzierten kinderpsychiatrischen Störungsbilder stellen vielmehr Anhaltspunkte dar, um die Möglichkeit eines sexuellen Mißbrauchs in die eigene Diagnose einzubeziehen. Die Aufstellung orientiert sich entsprechend der internationalen Klassifikation ICD 9 am multiaxialen Klassifikationsschema für psychiatrische Erkrankungen im Kindes- und Jugendalter (Remschmidt und Schmidt 1977):

Störungen des Sozialverhaltens

Häufig sind es Störungen im Sozialverhalten, die zuerst, zum Beispiel in der Schule, auffällig werden:
◆ Auffälligkeiten in der Schule
Hierher gehören Schulleistungsknicks (in beide Richtungen, d.h. sowohl extremer Leistungsabfall wie hervorragende Schulleistungen, z.B. in zeitlichem Zusammenhang mit Veränderungen in der Familie, wie Eintritt eines Stiefvaters in die Familie etc.)
Andererseits können in der Schule auch beginnender sozialer Rückzug, auffälliges Sexualverhalten, besonders frühes Erscheinen, nicht nach Hause wollen, nicht am Sportunterricht (Schwimmen) teilnehmen wollen, Müdigkeit etc. beobachtet werden.
◆ Weglaufen
Weglaufen, Streunen scheint gerade bei Mädchen ein recht spezifisches Symptom für vorausgegangenen sexuellen Mißbrauch zu sein. McCormack et al. (1986) fanden bei einer Untersuchung über 144 streunende Jugendliche heraus, daß 73 Prozent der weiblichen »runaways« sexuell mißbraucht worden waren. Bei den Jungen fand sich immerhin ein Prozentsatz von 38 Prozent. Hinsichtlich der Psychopathologie fanden sich sowohl bei den Jungen als auch bei den Mädchen bei denjenigen Trebegängern, die vorher sexuell mißbraucht worden waren, deutliche Unterschiede zu den anderen Jugendlichen. Diese bestanden vor allem darin, daß diese Jugendlichen häufiger Ängste und Suizidgedanken äußerten. Männliche Mißbrauchsopfer berichteten häufiger über eine körperliche Symptomatologie und hatten Angst vor erwachsenen Männern. Weibliche Mißbrauchsopfer zeigten eine größere Anfälligkeit für Prostitution, Promiskuität und kriminelle Aktivitäten.
Hotaling und Finkelhor (1985) legten eine hervorragende Literaturübersicht und wertende Zusammenfassung von über 75 Forschungsberichten zur Problematik der verschwundenen Kinder vor. Diese Studie, die 1985 für das US-Justizministerium erstellt wurde, beschreibt detailliert

den Kreislauf vom Weglaufen bzw. Entführt-Werden und der Verwicklung in Kinderpornografie und Kinderprostitution.

◆ Delinquenz
◆ Emotionale Störungen
◆ mit Beziehungsschwierigkeiten (Auffälligkeiten im Kontakt zu anderen Geschwistern, Unfähigkeit zu Vertrauen)
◆ Angst, Ängste
◆ Schuldgefühle

Häufig werden Schuldgefühle der mißbrauchten Kinder (in Anlehnung an die auch von Freud deutlich bestätigte Haltung von K. Abraham) als Eingeständnis der eigenen lustvollen Beteiligung oder im Sinne ödipaler Phantasien mißverstanden. Bemerkenswert ist die Interpretation Sandor Ferenczis, der das lähmende Schuldgefühl der mißbrauchten Kinder als »Introjektion des Schuldgefühls des Erwachsenen« darstellt. (s. Kapitel V) Als Sandor Ferenczi 1932 dies in seinem Vortrag über »Sprachverwirrungen zwischen den Erwachsenen und dem Kind« auf dem Kongreß der Internationalen Psychoanalytischen Vereinigung darlegt, ist die Reaktion der führenden Analytiker übereinstimmend negativ. Nach seinem Tode kurze Zeit nach dem Kongreß verhindern Jones und andere, daß der Beitrag im International Journal of Psycho-Analysis erscheint. Aus einem Brief von Jones an Freud vom 3. Juni 1933 läßt sich auch entnehmen, daß es bei der Kongreßleitung umstritten war, ob Ferenczi diesen Vortrag überhaupt halten dürfe. Aus diesem Vortrag:

»Lassen Sie mich nun von einigen Einsichten berichten, zu denen mir dieses intimere Verhältnis mit den Patienten verhalf. Vor allem wurde meine schon vorher mitgeteilte Vermutung, daß das Trauma, speziell das Sexualtrauma, als krankmachendes Agens nicht hoch genug angeschlagen werden kann, von neuem bestätigt. Auch Kinder angesehener, von puritanischem Geist beseelter Familien fallen viel öfter, als man es zu ahnen wagte, wirklichen Vergewaltigungen zum Opfer. Entweder sind es die Eltern selbst, die für ihre Unbefriedigtheit auf diese pathologische Art Ersatz suchen, oder aber Vertrauenspersonen wie Verwandte, Hauslehrer, Dienstpersonal, die die Unwissenheit und Unschuld der Kinder mißbrauchen. Der naheliegende Einwand, es handele sich um Sexualphantasien des Kindes selbst, also um hysterische Lügen, wird leider entkräftet durch die Unzahl von Bekenntnissen dieser Art von Sichvergehen an Kindern seitens Patienten, die sich in der Analyse befinden.«

◆ Störungen des Selbstwertgefühls (Gefühle minderwertig, schmutzig etc. zu sein)
◆ Wut
◆ Hilflosigkeit

- depressive Verstimmung (mit oder ohne Suizidalität)
- Suizidalität; Automutilation (vgl. z.B.: De Young 1982: Beschreibung von selbstschädigenden Handlungen bei sexuell mißbrauchten Mädchen)

Bei einer Untersuchung von 195 Frauen in einer Kriseninterventionsstation in Kanada (Briere & Runtz 1986) zeigte sich, daß sexuell mißbrauchte Frauen in ihrer Vorgeschichte häufiger Selbstmordversuche unternommen hatten (55 Prozent vs. 23 Prozent bei nicht mißbrauchten Frauen).

Gerade bei Jugendlichen, die einer psychotherapeutischen Behandlung oder gar einer jugendpsychiatrischen stationären Behandlung bedürfen, finden sich gehäuft die ersten mittel- bis langfristigen Folgen protrahierten sexuellen Mißbrauchs in der Kindheit. Hier stellt sich den Therapeuten oder den Klinikern die Aufgabe, die Mißbrauchsvorgeschichte zu erkennen und in ihrer Bedeutung für die bestehende Symptomatik zu erfassen. Von den 20 jugendlichen Mädchen, die seit 1988 auf der Jugendlichenstation der Abteilung für Neurologie und Psychiatrie des Kindes- und Jugendalters der FU Berlin stationär behandelt wurden, berichteten sechs Mädchen über einen sexuellen Mißbrauch innerhalb ihrer Familie; ein Mädchen wurde im Heim mehrere Jahre durch einen deutlich älteren Jugendlichen mißbraucht. Diese Zahlen bestätigen somit die Angaben aus zwei amerikanischen Studien über die Häufigkeit eines sexuellen Mißbrauchs in der Vorgeschichte bei stationär jugendpsychiatrisch behandelten Patientinnen. Emsley und Rosenfeld (1983) fanden eine Rate von 34,6 Prozent (neun von 26 Mädchen). In der sehr viel detaillierteren Studie von Sansonet-Hayden et al. (1987) berichten elf von 29 Mädchen über sexuellen Mißbrauch in ihrer Vorgeschichte, was einen Prozentwert von 37,9 Prozent ergibt. Betrachtet man die sicher an sehr kleinen, deutlich behandlungsbedürftigen Kollektiven erhobenen Zahlen (Berlin: 35 Prozent, USA 1983: 34,6 Prozent, Kanada 1987: 37,9 Prozent), so kann man davon ausgehen, daß etwa ein Drittel der jugendlichen Mädchen, die eine behandlungsbedürftige jugendpsychiatrische Symptomatik zeigen, in ihrer Vorgeschichte sexuell mißbraucht wurden.

Vergleicht man nun die Betroffenen mit unserer übrigen Klientel, so ergeben sich hinsichtlich der Symptomatiken keine wesentlichen Unterschiede zu den nicht mißbrauchten stationär behandelten Patientinnen. Deutliche Unterschiede zeigten sich jedoch für den jeweiligen Schweregrad der Störung, für die Behandlungsdauer und für die Komplikation durch Suizidversuche. Vier der sieben Mädchen aus unserer Jugendlichenstation der FU Berlin wurden nach einem oder mehreren Suizidversuchen zur Behandlung aus den Intensivstationen unseres oder anderer

Krankenhäuser in Berlin übernommen. Bei den übrigen 13 Patientinnen war dies nur in einem Fall so.

Spezifische Störungen des Kindes- und Jugendalters

◆ Eßstörungen: Anorexie, Bulimie, Adipositas
   Häufig ist anhand von Kasuistiken ein Zusammenhang zwischen Eßstörungen und sexuellem Mißbrauch postuliert worden (z.B. Sloan & Leichner 1986). Feministische Ansätze haben in der Therapie von Eßstörungen den klassisch auf die Mutter-Kind-Beziehung orientierten therapeutischen Blick auf die Einflüsse von Vätern und Männern ganz allgemein gelenkt (z.B. die Veröffentlichungen von S. Orbach). Eine methodisch korrekte Untersuchung (N = 87 Finn et. al. 1986) erbrachte jedoch keine signifikanten Korrelationen. Sexueller Mißbrauch, ein ohnehin schon häufiges Trauma, wird also bei Eßgestörten nicht signifikant häufiger angetroffen. Allerdings berichteten die sexuell mißbrauchten eßgestörten Frauen signifikant häufiger über Selbstmordversuche.

◆ Schlafstörungen: Ein- und Durchschlafstörungen
   Schlafstörungen haben bei sexuellem Mißbrauch häufig eine doppelte Genese. Einerseits ist die Einschlafsituation häufig der Zeitpunkt, an dem der Mißbrauch sich ereignet (es geschieht nicht selten, daß die Kinder nachts von den Tätern im Halbschlaf überfallen werden), andererseits sind Schlafstörungen ja auch allgemein häufig Ausdruck einer (hier sehr realen) Angst.

◆ Vor allem Sekundäre Enuresis und Enkopresis, psychogene Stuhlverhaltung
   In vielen Faltblättchen wird immer wieder unspezifisch von Einnässen gesprochen. Es ist schon statistisch evident, daß bei zwei so häufigen Phänomenen wie primärer Enuresis und sexuellem Mißbrauch kaum Korrelationen zu erwarten sind. Ganz allgemein wird wohl im Laienverständnis die psychodynamische Bedeutung einer primären Enuresis eher überbewertet.

◆ Auffällige Gewohnheiten; vor allem mit autoaggressivem Charakter
   Trichotillomanie, Nägelbeißen, Zwicken etc.

◆ Sogenannte neurotische Störungen

◆ Zwangsphänomene: Grübelzwang, Waschzwang

◆ Angstneurosen

◆ Neurotische Depression

◆ Konversionssyndrome (psychogene Lähmungen; Schmerzzustände; sog. pseudoepileptische Anfälle)

◆ Körperliche Störungen mit psychischer Ursache (psychosomatische Störungen)

◆ Atemnot, psychogenes Globusgefühl und Erstickungsängste; »Asthma«, Bauchschmerzen, Erbrechen etc.

◆ Dissoziative Störungen und psychoseähnliche Phänomene; Psychosen, Dissoziative Störungen:
plötzliche, zeitlich begrenzte Änderungen der normalen integrativen Funktionen des Bewußtseins (z.b. multiple Persönlichkeit, Amnesien, Fugue)

Diese Krankheiten sind sehr selten, stellen jedoch in der jetzigen Diskussion ein Verständnismodell dar. Die Hypothese, daß das Mißbrauchserleben oft nur durch ein »Abspalten« dieser Erfahrungen zu überleben sei, ist zu einem Gemeinplatz in den psychologischen Interpretationen der Verarbeitung des Traumas geworden.

In letzter Zeit sind jedoch im Zusammenhang mit dieser Diskussion immer wieder Falldarstellungen von multiplen Persönlichkeiten gegeben worden. Eine Übersicht bietet Coons (1986).

◆ Borderline Störungen:
Das im tiefenpsychologischen Diskurs vor allem verankerte Konzept der Borderline Psychose ist wohl aus theorieimmanenten Gründen (vgl. Fegert 1987) bislang kaum auf Zusammenhänge mit sexuellem Mißbrauch untersucht worden, über die davon im Konzept deutlich unterschiedene sog. Borderline Persönlichkeitsstörung im Sinne von DSM III gibt es eine Reihe von Untersuchungen. So fanden Barnard & Hirsch (1985) bei 56,6 Prozent ihrer Patientinnen, die sexuell mißbraucht worden waren, die DSM III-Diagnose einer »Borderline personality« mit z.B. Schwierigkeiten in den zwischenmenschlichen Beziehungen, Sexualstörungen, Promiskuität, Depressionen, Selbstmordversuche, Identitätsstörungen etc. verbunden.

◆ Psychosen:
Bei Befragungen von psychiatrisch hospitalisierten Frauen fanden verschiedene UntersucherInnen sexuellen Mißbrauch gehäuft in der Vorgeschichte. Beck et al. (1987) fanden z.B. eine solche Vorgeschichte bei 46 Prozent der von ihnen untersuchten chronisch hospitalisierten Frauen, sie diskutieren, ob gerade diese Frauen besonders schwere Psychosenverläufe mit Chronifizierung und Resistenz gegen Pharmakotherapie aufweisen.

◆ Sucht
Der oben dargestellte Zusammenhang zwischen Weglaufen, Kinderprostitution und Sucht ist in der Praxis seit langem bekannt. Der 10. Bundesdrogenkongreß zum Thema »Frau und Sucht« behandelte ausführlich die Bedeutung sexuellen Mißbrauchs für die Entstehung von Sucht bei Frauen. Konzeptionelle Konsequenzen in feministischen Drogentherapieein-

richtungen (wie z.B. »Violetta Clean« in Berlin) wurden vorgestellt (FDR 1988).

◆ Sexualstörungen

Nicht altersentsprechend sexualisiertes Verhalten (aufreizend, provozierend), Promiskuität, Prostitution, (vor allem bei Jungen) sexueller Mißbrauch jüngerer Kinder, Exhibitionismus

Probleme in der Partnerwahl (Wiederholung) und in Partnerbeziehungen, spezielle Aversionen (z.B. Alkohol- und Schweißgeruch, bestimmte Praktiken betreffend)

4. Diagnostische Hilfsmittel

Beobachtungsgabe und Erfahrung der UntersucherIn sind die wichtigsten Mittel bei der Diagnose sexuellen Mißbrauchs. Nach einer Umfrage der Los Angeles Times (Timmick 1985) erhielten 70 Prozent der Opfer, die sich jemandem anvertrauten, keine Hilfe. Die Ursache dafür, daß die Betroffenen in ihrer Not allein gelassen werden, liegt wohl darin, daß weder Eltern noch die in Institutionen Tätigen im Umgang mit diesem Problem kompetent sind. SozialarbeiterInnen, LehrerInnen, PsychologInnen, ÄrztInnen stehen relativ unvorbereitet der wachsenden Bedeutung dieses Phänomens in ihrer Berufspraxis gegenüber. Sogenannte »Opferbefragungen« zeigen ganz klar die Bedeutung von Hilfe und Beistand bei der Verarbeitung der Erlebnisse sexueller Ausbeutung auf. Die »social support«-Forschung stellt jedoch den professionellen Helfern, allen voran den Ärztinnen und Ärzten, ein schlechtes Zeugnis aus. (Popiel & Susskind 1985) Faßt man die Ergebnisse dieser Studie und die der Arbeit von Silverman (1978) zusammen, dann ist eine kompetente, ruhige Umgangsweise das wichtigste diagnostische Mittel. Die Betroffenen erleben es als hilfreich, wenn jemand bei ihnen bleibt und für ein Gespräch offen ist. Sie brauchen Menschen, die ihnen gegenüber eine allgemeine Wertschätzung zum Ausdruck bringen, ihnen Mut machen, am Alltagsleben wieder teilzunehmen, sie detailliert über mögliche Folgen informieren und differenziert beraten. »Overprotection« und der Versuch, sie zu zerstreuen oder durch Witzeleien aufzumuntern, belasten betroffene Mädchen und Jungen ebenso wie der Vorschlag, das Ganze doch geheimzuhalten oder einfach zu vergessen.

In der Praxis hat sich der Einsatz von Verhaltensfragebögen (Eltern-, Lehrer-, Erzieherfragebögen) als Screening-Methode bewährt, vor allem die child behavior checklist (CBCL) von Achenbach und Edelbrock (1983).

Über die Arbeit mit anatomisch korrekten Puppen wurde in Amerika eine ausführliche Diskussion geführt. Die Puppen ermöglichen es Kindern, im Spiel erlebte sexuelle Übergriffe zu thematisieren. Auch kann die UntersucherIn mit Hilfe der Puppen leicht das Vokabular des Kindes für die Genitalien erfragen.

Bisher wurde gegen den Einsatz der anatomisch korrekten Puppen wiederholt der Vorbehalt geäußert, daß diese Hilfsmittel erst das explizite Verhalten des Kindes provozieren. Jampole und Weber (1987) konnten im Rahmen einer Vergleichsstudie die Bedenken ausräumen. Sie verglichen zehn Kinder, die sicher sexuell mißbraucht waren, mit zehn anderen Kindern, die sicher keine sexuellen Gewalterfahrungen hatten. Es zeigten sich signifikante Unterschiede zwischen den beiden (allerdings sehr kleinen) Gruppen. Das Spiel der mißbrauchten Kinder enthielt wesentlich mehr sexuelle Inhalte; die betroffenen Mädchen und Jungen spielten verschiedene Formen des Geschlechtsverkehrs. Dieses Ergebnis wurde von White, Strong und Santilli in einer Vergleichsstudie mit zwei Gruppen von jeweils 25 Kindern bestätigt.

In der Arbeit mit anatomisch korrekten Puppen muß man sich über die Zielsetzung des Vorgehens genau im klaren sein. Direkte Interviewtechniken, die zum Ziel haben, das Vokabular des Mädchens/Jungen zu explorieren und sich dann zeigen zu lassen, was vorgefallen ist, sind zu unterscheiden von einem eher nicht direktiven Vorgehen, das gerade bei schwer gestörten Kindern sinnvoll erscheint. Über den Einsatz von Puppen bei kleinen Kindern sowie bei intellektuell beeinträchtigten Kindern informiert ein Buch über anatomische Puppen. (Jörg Fegert/Marion Mebes 1993)

Jegliches Spielzeug und Bastelmaterial erleichtert es oft gerade kleineren Kindern, ihre Gefühlswelt zum Ausdruck zu bringen. Große Bedeutung kommt in diesem Zusammenhang allen Arten von Puppen zu (Handpuppen, Kasperlepuppen, ein Puppenhaus mit Betten, Erwachsenen- sowie Kinderpuppen).

Ein wichtiger praktischer Hinweis zur Arbeit mit dem Puppenhaus: Zur Diagnostik empfiehlt es sich, das Puppenhaus vor dem Spielkontakt auszuräumen und dem Kind als Spielvorgabe zu geben: »Die Familie ist gerade umgezogen und richtet sich neu ein, magst du mal den Einzug machen?...« So gibt man den Kindern nicht unsere Vorstellungen von Wohnungsaufteilung und Schlafzimmerarrangements vor, sondern erlaubt ihnen, diese aus ihrer Sicht zu gestalten. Leider besitzen die meisten handelsüblichen Puppenhäuser keine Kellerräume. In der Arbeit mit Kindern, die sexuell mißbraucht wurden, ist mir jedoch immer wieder die Situation begegnet, daß Kinder, die in Keller- oder Hobbyräumen (Werkstatt etc. ist oft Vaters Be-»Reich«) mißbraucht wurden, zum Spielen einen Keller verlangten. Man kann also von vornherein anbieten, einen Keller aus Kästen unter das Puppenhaus zu bauen.

Über die Interpretation von Kinderzeichnungen wird allgemein häufig gestritten (Di Leo 1973). Sie sind sicherlich kein geeignetes Mittel, allein auf ihrer Basis eine zweifelsfreie Diagnose zu stellen. Es hat sich jedoch hervorragend bewährt, Kinder bei den ersten Kontakten malen zu lassen. Auch bieten alte und neue Zeichnungen des Kindes immer wieder Anlässe, über die Erlebnisse sexueller Gewalt zu sprechen.

Hibbard u.a. (1987) untersuchten die Zeichnungen von 57 sexuell mißbrauchten Kindern im Alter von drei bis sieben Jahren auf die Darstellung sexueller Inhalte. Verglichen wurden diese Zeichnungen mit denen einer parallelisierten Vergleichsgruppe von sicher nicht sexuell mißbrauchten Kindern. 10 Prozent der vermutlich betroffenen Mädchen und Jungen, hingegen nur 2 Prozent der Kinder aus der Vergleichsgruppe, zeichneten Genitalien bei freien Zeichnungen. Auch wenn Genitalien in Zeichnungen der Drei- bis Siebenjährigen einen gewissen Hinweischarakter haben, sind Kinderzeichnungen im Einzelfall noch kein eindeutiger Beweis. Vor einer Überinterpretation der Zeichnungen muß gewarnt werden (vgl. auch Goodwin 1982).

Als Explorationsergänzung eignen sich projektive Testverfahren, wenngleich auch sie keine eindeutige Beweiskraft haben (z.B. Szenotest; Familie mit Tieren, CAT, TAT, Rorschach). Auch das Erstellen eines Familiensoziogramms kann sehr hilfreich sein. Bei Jugendlichen empfiehlt es sich häufig, die jeweils üblichen Persönlichkeitsfragebögen einzusetzen.

Der Umgang mit Fällen sexuellen Mißbrauchs verlangt eine korrekte und ausführliche Dokumentation aller Beobachtungen und Befunde. Die UntersucherIn muß, ganz gleich, welche Strategie sie verfolgen mag, immer damit rechnen, daß sie/er dem Kind als sachverständige Zeugin/ Zeuge oder als Sachverständige/r im Gerichtsprozeß beistehen muß. Zur Dokumentation und zur Selbstkontrolle bei Untersuchungsabläufen hat sich der Einsatz der Videotechnik bestens bewährt.

Eine der wichtigsten Bedingungen für eine Diagnostik ist die inhaltliche Auseinandersetzung der UntersucherIn mit der Problematik. Gerade für uns Männer stellen sich hier besondere Probleme. Einerseits begegnen wir im Berufsalltag immer wieder sexuell mißbrauchten Mädchen, andererseits setzt uns gerade die Zugehörigkeit zur Gruppe der potentiellen Täter unbewußte Scheuklappen auf: Es fällt uns besonders schwer, Mißbrauch wahrzunehmen. Eine geschlechtsspezifische Auseinandersetzung mit der Problematik ist deshalb für eine sinnvolle Arbeit unabdingbar. Vielleicht kann eine solche Auseinandersetzung auch eine größere Akzeptanz der geschlechtsspezifischen Arbeit von Frauen für Frauen bewirken. Daß ein gewisses Mißtrauen von Frauen gegenüber männlichen Beratern berechtigt ist, zeigt eine epidemiologische Untersuchung von Gartell u.a. (1986). Von 1.057 befragten männlichen US-Psychiatern gaben 7,1 Prozent an, sexuelle Kontakte mit Patientinnen zu haben (3,7 Prozent der 257 Psychiaterinnen). Mit mehreren Patientinnen hatten nur männliche Psychiater Sexualkontakte. Auch die Kenntnis solcher Zahlen sollte Männer dazu führen, Bereiche geschlechtsspezifischer Therapiearbeit zu akzeptieren, ohne vor einem solch kleinen Verlust männlicher Omnikompetenz gleich in Krisen narzistischer Kränkung zu verfallen. Die Tatsache, daß wir Männer in diesem Bereich unsere Kompetenz und einen ethisch verantwortlichen Umgang erst unter Beweis stellen müssen, bietet eine Chance zur inhaltlichen Reflexion und Verbesserung der Arbeit.

XII
STRAFANZEIGE – JA ODER NEIN?

Wird ein Fall von sexuellem Mißbrauch bekannt, so stellen sich nicht nur Laien, sondern oftmals auch Profis die Frage, ob sie den Täter nicht anzeigen sollten. »Der soll doch bestraft werden!« oder »Ist doch nur wünschenswert, wenn so einer mal für ein paar Jahre aus dem Verkehr gezogen wird!« So verständlich eine solche Argumentation auch sein mag, in vielen Fällen übersieht sie jedoch die emotionale Situation des Kindes, denn die Wut Dritter ist meist nicht die Wut des Opfers. Deshalb gilt es im Einzelfall genauestens zu prüfen, ob eine Strafanzeige im Interesse des Mädchens oder Jungen liegt – ob z.B. ein Kind mit der Tatsache leben kann, daß der Täter ins Gefängnis kommt.

Eine Strafanzeige sollte niemals ohne Vorbereitung gestellt werden. Claudia Marquardt beschreibt in ihrem Beitrag sowohl rechtliche Möglichkeiten, den Schutz des Kindes auch ohne eine Strafanzeige zu gewährleisten, wie auch die, in einem laufenden Strafverfahren die Interessen des Opfers anwaltlich zu vertreten. Hellmut Richter zeigt Handlungsspielräume des Richters in einem laufenden Verfahren auf. Leider nutzen nicht alle Richter die in diesem Beitrag aufgezeigten Spielräume, so daß im konkreten Einzelfall die Bewertung der Frage »Strafanzeige – ja oder nein?« die jeweils vor Ort üblichen Verfahrensweisen der Gerichte berücksichtigen muß.

CLAUDIA MARQUARDT
RECHTLICHE MAßNAHMEN ZUM SCHUTZ DES KINDES

Seit Jahrhunderten schon werden in aller Welt Kinder getötet, geschlagen und sexuell mißbraucht. Der Säuglingsmord wurde sogar in Europa bis ins 20. Jahrhundert praktiziert (vgl. Gisela Zenz, 1979, Seite 23). Noch im 19. Jahrhundert war es beliebt, Kinder im Bett »ersticken zu lassen«. In der Antike war es allgemeine Praxis, daß erwachsene Männer Kinder sexuell mißbrauchten. Bis ins 18. Jahrhundert finden wir Schilderungen von sexuellem Mißbrauch an Kindern ohne jedes Unrechtsbewußtsein der Erwachsenen (vgl. Lloyd de Mause, 1980). Kinder wurden und werden von Erwachsenen für ihre Interessen mißbraucht und manipuliert. Und solange sich die Erwachsenen nicht daran erinnern wollen, welche Verletzungen ihnen in der Kindheit zugefügt worden sind, werden Kinder weiterhin gequält werden, denn dem Erwachsenen, der sich nicht erinnert, ist es nicht möglich, sich in das kindliche Erleben einzufühlen. Sexueller Kindesmißbrauch ist für mich daher nur ein Teilaspekt der Frage, welche Achtung eine Gesellschaft der physischen und psychischen Integrität ihrer Kinder entgegenbringt. Dabei sollten die rechtlichen Maßnahmen nur dem Schutz des Mädchens/Jungen dienen. Erwachseneninteressen und Erhalt der sogenannten »Familie« oder auch des Familieneinkommens haben hier keinen Platz.

Im folgenden werden Möglichkeiten aufgezeigt, wie das Mädchen oder der Junge durch rechtliche Interventionen wirksam geschützt werden kann. Niemand ist gesetzlich verpflichtet, einen Fall von sexuellem Kindesmißbrauch den Ermittlungsbehörden anzuzeigen. Dies gilt auch für Personen, die dienstlich davon erfahren (§ 138 StGB). Grundsätzlich sollte eine Strafanzeige zunächst unterbleiben. In der Regel steht das Ermittlungsinteresse von Polizei und Staatsanwaltschaft dem Kindeswohl diametral entgegen. Deshalb sollte eine Strafanzeige nur über eine mit der Problematik vertraute Rechtsanwältin gemacht werden. (Adressen von Anwältinnen sind über Beratungsstellen, Frauenhäuser, Frauenbuchläden und Pro Familia zu erhalten).

Eine Strafanzeige sollte keinesfalls vorschnell erstattet werden. Sicher werden oft deshalb so schnell Strafanzeigen erstattet, weil die vielfältigen Möglichkeiten des Zivilrechts zu wenig bekannt sind. Aber auch die zivilrechtlichen Schritte müssen gut überlegt werden. Die rechtlichen Maßnahmen müssen so weitgehend sein, daß die zum Schutz des Kindes bereiten Erwachsenen die Verantwortung für das Kind übernehmen können. Diese Erwachsenen müssen dem Kind klar sagen, daß sie jetzt die Verantwortung für es übernehmen und es vor dem Täter schützen werden. Das Kind soll sich nicht mehr verantwortlich fühlen müssen.

Es müssen rechtliche Maßnahmen eingeleitet werden, die eine dauerhafte räumliche Trennung vom Täter gewährleisten. Beim sexuellen Kindesmißbrauch sind Interventionen, die die Familie oder die Eltern schützen, absolut unangebracht. Zunächst sollte erforscht werden, ob das Kind und seine Geschwister in ihrer Umgebung über von ihnen geschätzte Personen verfügen, die bereit sind, die Kinder in Zukunft zu schützen. Als erstes sollte geklärt werden, ob die Mutter diese Aufgabe übernehmen will und kann. Wenn sie dazu bereit ist, sollte sie die rechtlichen Schritte mit anwaltlichem Beistand selbständig übernehmen.

Durch unüberlegte Gesetzestechnik ist leider ein Kompetenzwirrwarr zwischen Familien- und Vormundschaftsgericht entstanden. Die jeweilige Zuständigkeit ist oft selbst für Fachleute undurchsichtig. Das Nebeneinander von Vormundschafts- und Familiengericht erschwert sicher auch das Verständnis der folgenden Darstellung.

Zuweisung der Ehewohnung durch das Familiengericht

Ist der Täter der Ehemann der Mutter, so kann das Familiengericht auf Antrag der Mutter gemäß § 1361 b BGB innerhalb von Stunden anordnen, daß der Ehemann die Wohnung unter Mitnahme seines persönlichen Eigentums zu räumen hat. Es wird ihm gleichzeitig verboten, die Wohnung wieder zu betreten. Sinnvollerweise sollte ein solcher Beschluß die Androhung von Ordnungsgeld und Ordnungshaft für den Fall enthalten, daß der Täter sich nicht an das gerichtliche Verbot hält. Aufgrund des gerichtlichen Wohnungszuweisungsbeschlusses räumt der Gerichtsvollzieher den Ehemann aus der Wohnung. Die Kindesmutter kann aber auch einfach das Schloß zur Wohnung auswechseln lassen und unter Hinweis auf den Gerichtsbeschluß die Polizei zur Hilfe rufen, wenn der Ehemann vor der Wohnung auftaucht. Es empfiehlt sich, das zuständige Polizeirevier von der gerichtlichen Entscheidung zu informieren und die Polizei zu bitten, in den ersten Tagen gelegentlich vor der Wohnung Streife zu fahren und einem Hilferuf der Mutter unverzüglich Folge zu leisten.

Ist der Vater der Täter, so sollte ebenso schnell beim Familiengericht erwirkt werden, daß der Mutter das alleinige Sorgerecht für das Mädchen/den Jungen und selbstverständlich auch für die Geschwister übertragen wird. Bei ausländischen Vätern sollte gleichzeitig darauf geachtet werden, daß das Gericht auch die Herausgabe des Passes, in dem das Kind eingetragen ist, anordnet. Vormundschaftsgericht und Familiengericht können die zentralen Grenzbehörden in Koblenz bitten, darauf zu achten, daß das Kind die BRD nicht verläßt.

Für die Zuweisung der Ehewohnung und die Übertragung der elterlichen Sorge auf die Mutter sollten Anträge auf einstweilige Anordnung gestellt werden. Das Gericht wird gebeten, wegen der besonderen Dringlichkeit schnell zu entscheiden und auf eine mündliche Verhandlung und Anhörung zu verzichten. Das Gericht wird also zunächst im Eilverfahren entscheiden und später im Hauptverfahren mündliche Verhandlung anberaumen, um den Vater und, für die Entscheidung über das Sorgerecht, auch das Mädchen/den Jungen anzuhören.

In der Regel wird das Familiengericht im Eilverfahren noch keine Entscheidung über das Sorgerecht treffen, sondern der Mutter nur das alleinige Aufenthaltsbestimmungsrecht übertragen. Das Gericht sollte aber gedrängt werden, auch das alleinige Sorgerecht zügig zu übertragen. Die Mutter ist für zahllose Entscheidungen wie Beauftragung einer Anwältin für das Kind und Ausübung des Zeugnisverweigerungsrechtes für das kleine Kind auf das alleinige Sorgerecht angewiesen. Deshalb darf die Entscheidung auch nicht vom Ausgang des Strafverfahrens abhängig gemacht werden.

Ohnehin müssen Vormundschafts- und Familienrichter eine eigene Würdigung des Falles vornehmen. Sie sind an die Entscheidung der strafrechtlichen Instanz nicht gebunden. Im Strafverfahren wird der Angeklagte im Zweifel freigesprochen. Im vormundschafts- und familienrechtlichen Verfahren dagegen tritt das Elternrecht als pflichtgebundenes Recht hinter das Kindeswohl zurück, wie das Bundesverfassungsgericht unermüdlich betont.

Umgangs- und Kontaktverbot

Auf Antrag der Kindesmutter kann das Familiengericht gemäß § 1634 II 2 BGB das Umgangsrecht des Vaters mit dem Kind und seinen Geschwistern ausschließen, wenn dies zum Schutz der Kinder erforderlich ist. Verfehlungen gegen das Kind sind Grund zum Ausschluß des Umgangsrechts.

Gestützt auf den Beschluß des Familiengerichts, das Umgangsrecht des Vaters auszuschließen, sollte dann beim zuständigen Landgericht eine einstweilige Verfügung beantragt werden. Diese sollte dem Vater verbieten, zum Kind in irgendeiner Weise Kontakt aufzunehmen. Das Kontaktaufnahmeverbot des Landgerichtes sollte dem Täter für den Fall der Nichtbefolgung des gerichtlichen Verbotes Ordnungsgeld bis zu DM 100.000,—, ersatzweise Ordnungshaft, androhen. Sinnvollerweise sollte das Umgangs- und Kontaktverbot auch auf die vielleicht noch nicht betroffenen Geschwister ausgedehnt werden. Selbst wenn die Geschwister vom Täter noch nicht mißbraucht wurden, so sind sie doch auch gefährdet. Ich habe erlebt, daß der Vater die zweitjüngste Tochter erstmals, mißbrauchte, nachdem das Jugendamt die älteste Tochter in ein Heim gebracht hatte. Auch das bereits angelaufene Ermittlungsverfahren hatte ihn nicht daran hindern können. Im übrigen wird der Vater die Möglichkeit des Kontakts mit einem der Geschwister dazu nutzen, durch dieses Kind auf das Opfer Druck auszuüben.

Solange kein Scheidungsverfahren anhängig ist, kann die Mutter diese Anträge ohne anwaltliche Hilfe stellen. Nur für die Anträge beim Landgericht besteht Anwaltszwang. Die Anträge auf einstweilige Anordnung müssen glaubhaft gemacht werden. Das macht man, indem man dem Gericht eine eidesstattliche Versicherung einer Person – das kann die Mutter selbst sein – vorlegt, die den Mißbrauch bezeugt. Irgendeine Person mag versichern, daß ihr das Kind vom Mißbrauch erzählt hat. Hilfreich ist auch der Bericht von Kindergarten, Schule oder Jugendamt.

Scheidung

Schließlich kann die Mutter beim Familiengericht auch die sofortige Scheidung ohne Abwarten des Trennungsjahres erreichen. Der Scheidungsantrag muß durch eine Anwältin gestellt werden.

Vormundschaftsgerichtliche Maßnahmen

§ 1666 I BGB bestimmt:
»Wird das körperliche, geistige oder seelische Wohl des Kindes durch mißbräuchliche Ausübung der elterlichen Sorge, durch Vernachlässigung des Kindes, durch unverschuldetes Versagen der Eltern oder durch das Verhalten eines Dritten gefährdet, so hat das Vormundschaftsgericht, wenn die Eltern nicht gewillt oder nicht in der Lage sind, die Gefahr abzuwenden, die zur Abwendung der Gefahr erforderlichen Maßnahmen zu

treffen. Das Gericht kann auch Maßnahmen mit Wirkung gegen einen Dritten treffen.«

Das Vormundschaftsgericht hat also unter Beachtung der Prinzipien der Verhältnismäßigkeit, der Eignung der Maßnahme und der Wahl des geringsten Mittels ein weiteres Ermessen bei der Auswahl seiner Maßnahmen zum Schutz des Kindes.

Entzug des Sorgerechts

Das Vormundschaftsgericht kann beiden Eltern oder nur dem Täter die elterliche Sorge entziehen. Es ist wenig sinnvoll, der Mutter, die sich nicht parteilich auf die Seite ihres Kindes stellt, die elterliche Sorge zu belassen. Die Kindesmutter, die nicht bereit ist, sofort und für immer die Trennung vom Täter zu vollziehen, zeigt, daß sie nicht in der Lage ist, die Verantwortung für das Kind zu übernehmen, es zu schützen und ihm bei der Bewältigung der Folgen zu helfen. Nur die Mutter, die sich vom Täter trennt, gibt auch dem Kind eindeutig zu verstehen, daß sie ihn allein für schuldig und verantwortlich hält.

Neben dem Sorgerechtsentzug kann das Vormundschaftsgericht gegen die nicht verheirateten Eltern wie gegen jede dritte Person ein Umgangs- und Kontaktverbot aussprechen. (Für das Umgangsverbot gegenüber den verheirateten Eltern ist gemäß § 23 b, Abs. 1 Nr. 3 GVG in Verbindung mit § 1634 Abs. 2 BGB das Familiengericht zuständig.)

Die weitgehende Norm des § 1666 I BGB erlaubt es dem Vormundschaftsgericht zum Beispiel auch, dem Täter unter Androhung von Ordnungsgeld und Ordnungshaft zu untersagen, sich an bestimmte Orte zu begeben, wo sich das Kind üblicherweise aufhält (Straße, in der das Kind wohnt, Schulweg etc.).

Das Vormundschaftsgericht muß im Interesse des Kindes von Amts wegen handeln. Deshalb kann jede Person (Betreuungspersonen, Verwandte, Freunde, Nachbarn usw.) das Vormundschaftsgericht bitten, Maßnahmen zum Schutz des Kindes einzuleiten.

Gemäß § 1666 I 2 BGB kann das Vormundschaftsgericht auch Maßnahmen mit Wirkung gegen einen Dritten ergreifen. Das Gericht kann also die oben beschriebenen Ge- und Verbote gegen den Freund der Mutter, den Stiefvater des Kindes, den Nachbarn, den Onkel, den Großvater usw. verhängen.

Entzieht das Vormundschaftsgericht beiden Eltern oder der allein sorge-
berechtigten Mutter die elterliche Sorge, so setzt es in der Regel automa-
tisch das zuständige Jugendamt als Vormund ein. Dieses Vorgehen ist
gesetzeswidrig. Denn § 1791 b BGB bestimmt, daß das Jugendamt nur
dann zum Vormund bestellt werden darf, wenn eine als Einzelvormund
geeignete Person nicht vorhanden ist. Der Bürgerliche Gesetzgeber war
mit Recht der Meinung, daß eine engagierte Einzelperson sich mehr um
das Wohl eines Kindes bemüht als ein Amt. Damit eröffnet § 1791 b BGB
die Möglichkeit, daß engagierte Betreuungspersonen, Verwandte und
Freunde des Kindes die Vormundschaft, und damit die rechtliche Verantwortung, übernehmen. Die interessierte Einzelperson muß zwingend vom
Vormundschaftsgericht bestellt werden, wenn sie charakterlich geeignet
ist. Das Gericht muß vor der Benennung des Einzelvormundes allerdings
das Jugendamt anhören (vgl. Huhn, Rechtspflegerstudienhefte 1981, Seite
49, Seite 51: »Zum Vormund hat das Gericht den auszuwählen, der nach
seinem charakterlichen, intellektuellen und fachlichen Vermögen dem
Wohl des Kindes am besten dienen kann«). Nur wenn eine als Einzelperson geeignete Person nicht vorhanden ist, kann gemäß § 1791 a BGB auch
ein rechtsfähiger Verein zum Vormund bestellt werden, wenn er vom Lan-
desjugendamt hierzu für geeignet erklärt worden ist. Diese Vorschrift ist
eigentlich eine interessante Möglichkeit für Beratungsstellen wie Wildwasser, Zartbitter, Schattenriß usw., Vormundschaften für Kinder zu übernehmen. Dem Verein oder der Einzelperson wird die Personensorge für
das Kind übertragen. Wichtige Aspekte der Personensorge sind zum Beispiel das Aufenthaltsbestimmungsrecht und die Ausübung des Zeugnisverweigerungsrechtes. Die Personensorgeberechtigten können auch eine
Anwältin mit der Vertretung der rechtlichen Interessen beauftragen; es
können also alle Maßnahmen getroffen werden, die im Interesse des Kindes sind. Das über 14 Jahre alte Kind muß zur Auswahl des Vormundes
vom Gericht persönlich angehört werden. Jüngere Kinder sollten auch
vom Gericht gehört werden (§ 50 b FGG, Gesetz über die Freiwillige
Gerichtsbarkeit).

Sollte das Vormundschaftsgericht entgegen unseren Anträgen untätig
bleiben oder Entscheidungen treffen, die nach unserer Auffassung mit
dem Wohl des Kindes nicht zu vereinen sind, so hat jede Person, die ein
berechtigtes Interesse an dem Kind hat, das Recht zur Beschwerde (§ 57 I,
Nr. 9 FGG). Das berechtigte Interesse liegt bei jeder Person vor, die durch
eine persönliche Beziehung zu dem Kind oder durch ihren Beruf verständlichen Anlaß hat, für das persönliche Wohl des Kindes einzutreten. Das
über 14jährige Kind kann selbständig Beschwerde gegen Entscheidungen

des Vormundschaftsgerichts einlegen (§ 59 FGG). Wirksam ist auch die sogenannte Untätigkeitsbeschwerde, wenn das Vormundschaftsgericht untätig bleibt.

Anwaltliche Vertretung für das Kind

Es empfiehlt sich, das Kind im frühestmöglichen Stadium anwaltlich vertreten zu lassen. Nach meiner Erfahrung sind die Mädchen oder Jungen stolz und glücklich, eine eigene Rechtsanwältin zu haben. Es tut ihnen auch gut zu wissen, daß sie mit eigenen Anträgen und Sachvorträgen Einfluß auf die gerichtlichen Verfahren nehmen können. Es ist wichtig für das Kind oder auch die Jugendlichen, nicht mehr nur Objekt von Erwachsenen zu sein, sondern als Subjekt eigenständig ihre Interessen wahrnehmen zu können. Die Rechtsanwältin kann unabhängig die kindlichen Interessen sowohl im Sorgerechts- wie auch im Strafverfahren vertreten. Das Jugendamt ist seinen behördlichen Handlungsnormen zur Absicherung behördlicher Eigeninteressen unterworfen. Diese Interessen müssen nicht mit den Kindesinteressen identisch sein (vgl. Ludwig Salgo, 1985, S. 259 ff.). So legen die Jugendämter zum Beispiel fast nie Beschwerde gegen eine Gerichtsentscheidung ein.

Das über 14 Jahre alte Kind kann selbständig ohne Mitwirkung seines gesetzlichen Vertreters eine Anwältin mit seiner Vertretung im Sorgerechtsverfahren (vor dem Vormundschafts- und dem Familiengericht) beauftragen. Dies folgt aus § 59 FGG (Salgo, S. 266 mit weiteren Nachweisen, Münchner Kommentar Rdnr. 98 zu § 1671 BGB, AG Mönchengladbach, Fam. RZ 86, 389, AG Kerpen 13 x 53/88). Nach Sorgerechtsentzug kann auch der Vormund (Einzelperson, Verein, Jugendamt) die Anwältin mit der zivil- und strafrechtlichen Vertretung des Kindes beauftragen.

Ist den Eltern das Sorgerecht noch nicht entzogen worden, so sollte das Vormundschaftsgericht beiden Eltern zumindest die Vertretungsmacht entziehen. Voraussetzung für die Entziehung der Vertretungsmacht ist ein erheblicher Interessengegensatz zwischen den Eltern oder einem Elternteil und dem Kind (§ 1796 II BGB). Sowohl für das Sorgerechtsverfahren wie für das Strafverfahren bestehen erhebliche Interessengegensätze zwischen Kind und beschuldigtem Elternteil, denn dieser ist in dem Verfahren daran interessiert, sich vom Vorwurf des sexuellen Mißbrauchs zu befreien. Aber auch der nicht beschuldigte Elternteil hat offensichtlich andere Interessen als das Kind, wenn dieser Elternteil den Mißbrauch bestreitet und das Kind nicht eindeutig unterstützt (vgl. OlG Frankfurt Fam. RZ 80, S.

927-928; Palandt-Diederichsen, Anm. 6 zu § 1629; Salgo a.a.O. 264). Das Vormundschaftsgericht entzieht den Eltern die Vertretungsmacht und bestellt eine/n ErgänzungspflegerIn, der/die Anwältin mit der strafrechtlichen wie mit der zivilrechtlichen Vertretung des Kindes beauftragt. Die anwaltliche Vertretung wird, da das Kind in der Regel vermögenslos sein wird, über Prozeßkostenhilfe finanziert.

Strafverfahren

Sexueller Kindesmißbrauch ist strafbar. Aber niemand, auch nicht das Jugendamt, ist verpflichtet, das Strafverfahren zu initiieren. Haben Polizei oder Staatsanwaltschaft Kenntnis vom Verbrechen, so kann das Ermittlungsverfahren nicht mehr aufgehalten werden. Allerdings ist das Jugendamt verpflichtet, den Schutz des Mädchens/des Jungen vor der Fortsetzung des Mißbrauchs sicherzustellen. Die Entscheidung, ob ein Strafverfahren gegen den Täter in Gang gesetzt wird, sollte vom Willen des Kindes, soweit dies wegen seines Alters möglich ist, abhängig gemacht werden. Es ist ratsam, daß eine Anwältin dem Kind bei der Entscheidung zur Seite steht. Eine Strafanzeige muß gut überlegt werden. Das mißbrauchte Kind ist Objekt erwachsener Wünsche gewesen. Wir müssen aufpassen, daß wir das Kind nicht wieder zum Objekt erwachsener Wünsche machen.

Eile ist nur dann geboten, wenn die sexuelle Handlung noch nicht lang her ist und deshalb eine Spurensicherung durch die Polizei möglich ist. So könnte uns das Mädchen/der Junge berichten, der Täter habe Sperma mit einem Handtuch abgewischt oder Sperma sei auf ein Bettlaken, den Teppich, Wäsche des Mädchens geflossen. Dann sollte die Polizei gebeten werden, unverzüglich diese Spuren zu sichern, um so die Beweise für ein späteres Strafverfahren zu sichern. Wenn der sexuelle Akt nicht länger als 72 Stunden zurückliegt, kann eine kinderärztliche Untersuchung zur Spurensicherung sinnvoll sein. Ist das Kind mit einer kinderärztlichen Untersuchung einverstanden, so kann eine erfahrene Kinderärztin (-arzt) dem Kind das Gefühl nehmen, körperlich beschädigt zu sein (vgl. Dr. Corinna Vogt, 1987). Mit der Untersuchung sollten nur Kinderärztinnen/ärzte betraut werden, die Erfahrungen auf diesem Gebiet haben. Denn sie sollten wissen, wie vorsichtig sie mit dem Mädchen/Jungen umgehen müssen. Außerdem müssen sie wissen, welche Spuren zu sichern sind, und dürfen nichts vergessen.

Die Rechtsanwältin wird vor allem die Beweislage prüfen. Ein Freispruch oder auch nur die Einstellung des Verfahrens ist schlimmer als eine nicht erstattete Anzeige. Der Täter fühlt sich schuldfrei und wird sich in der Öffentlichkeit brüsten. Im schlimmsten Fall führt ein Freispruch dazu, daß das Kind und seine Geschwister wieder mit dem Täter zusammenleben müssen, weil nunmehr auch die zivilrechtlich befaßten Instanzen dem Täter seine Unschuld glauben (vgl. dazu Zenz, Seite 390).

Auch ein Glaubwürdigkeitsgutachten kann vernichtend für das Kind sein. Häufig sind gerade die psychischen Folgen des sexuellen Mißbrauchs (wie Ausweichen in die Phantasie, Verwirrung über die Abläufe der Tat, sexualisiertes Verhalten, das zu weiterem Mißbrauch durch andere Täter führte, und Prostitution) für die Gutachter Grund genug, dem Mädchen oder dem Jungen zu attestieren, seine Aussage sei nicht glaubwürdig. Ich habe erlebt, daß die Gutachterin von einer meiner Mandantinnen behauptete, sie sei nicht glaubwürdig, während der Täter zufällig zum gleichen Zeitpunkt ein Geständnis ablegte. Hätte sein Verteidiger das Gutachten gekannt, wäre es nie zum Geständnis gekommen. Die psychischen Folgen eines psychologischen Gutachtens dürfen nicht unterschätzt werden. Das Gutachten, das über viele Seiten das Opfer psychologisch »auseinandernimmt« und zu dem Ergebnis kommt, die Aussage sei nicht glaubwürdig, fügt dem Opfer eine Wunde zu, die schwer heilbar ist.

Niemals sollte zugelassen werden, daß das Mädchen/der Junge ohne anwaltlichen Beistand von den Ermittlungsbehörden vernommen wird! Leider werden Kinder und Heranwachsende immer wieder, oft sogar allein, zu Vernehmungen geschickt. Nochmals: Polizei und Staatsanwaltschaft haben ganz andere Interessen als das Kindeswohl im Auge. Je seltener das Kind aussagen muß, desto besser. Je mehr Personen von der Aussage des Kindes eine Niederschrift fertigen, desto mehr Widersprüche wird die Verteidigung des Täters später in der Akte finden. Denn bei den Vernehmungen werden dem Opfer oft durch die vernehmende Person Geschehnisabläufe »in den Mund gelegt«.

Oft enden Ermittlungsverfahren, in die Jugendliche ohne anwaltlichen Beistand geschickt werden, damit, daß die/der Jugendliche wegen falscher Anschuldigung auf der Anklagebank vor dem Jugendrichter sitzt. Häufig haben Jugendliche, um sich endlich aus den Klauen des Täters zu befreien, Vermögensdelikte begangen. Im Vertrauen darauf, daß ihnen nun endlich geholfen wird, erzählen sie bei der polizeilichen Vernehmung auch von diesen Delikten. So kommt es überflüssigerweise dazu, daß neben der Hauptverhandlung gegen den Täter, die das Opfer schon ungeheuer belastet, zusätzlich auch die Hauptverhandlung vor dem Jugendrichter in eigener Sache ansteht. Die Verteidigung des Täters wird das zu nutzen wissen.

Bittet die Polizei um eine Vernehmung des Opfers, so sollte spätestens zu diesem Zeitpunkt eine Anwältin eingeschaltet werden. Besser ist es aber, wenn das Kind noch vor Einleitung des Strafverfahrens anwaltlichen Beistand erhält. Das Strafverfahren ist für das Mädchen/den Jungen immer eine große Belastung. Nur anwaltlicher Beistand kann das Kind wirksam im Ermittlungsverfahren und der sich anschließenden Hauptverhandlung schützen.

Zu den besonderen Belastungen des Strafverfahrens zählt auch, daß sie sich sehr lange hinziehen können. Ich kenne Verfahren, die trotz eindeutiger Beweislage bis zur Anklageerhebung über zwei Jahre dauerten. Wenn die Ermittlungsverfahren so lange dauern, kommt die Hauptverhandlung oft zu einem Zeitpunkt, an dem das Kind gerade alles verdrängt. Mit der Hauptverhandlung in erster Instanz muß das Strafverfahren auch nicht beendet sein. Berufung und erfolgreiche Revision des Täters haben zur Folge, daß wieder eine Hauptverhandlung ansteht und das Kind erneut aussagen muß.

Die Rechtsanwältin wird sich bemühen, das Kind im Ermittlungsverfahren so gut wie möglich zu schützen. Wenn das Kind dies wünscht, so wird sie durch geeigneten Sachvortrag darauf hinwirken, daß der Täter in Untersuchungshaft genommen wird und dort auch bleibt. Wiederholungs- und Verdunkelungsgefahr sind mögliche Haftgründe bei sexuellem Kindesmißbrauch. So versucht der Täter regelmäßig, die Aussagen seines Opfers zu beeinflussen. Viele Opfer fühlen sich erst in Sicherheit, wenn der Täter in Haft ist.

Der Haftrichter wird gebeten, dem Täter Haftverschonung nur unter der Auflage zu gewähren, daß er sich vom Opfer und seinem räumlichen Lebensbereich fernhält. Verstößt der Täter gegen die Auflagen, so wird die Anwältin dies dem Gericht mitteilen, damit er gleich wieder in Untersuchungshaft genommen werden kann.

Während des Ermittlungsverfahrens wird die Anwältin den Gang der Ermittlungen durch Einsicht in die Akte verfolgen und versuchen, durch Sachvortrag und Ermittungsanregungen das Verfahren in die gewünschte Richtung zu lenken. Ferner wird sie beantragen, daß das Mädchen oder der Junge zur Nebenklage zugelassen wird. Die Erhebung der Nebenklage hat erhebliche Vorteile, weil sich nun das Kind, vertreten durch seine Anwältin, aktiv am Verfahren beteiligen kann. Als Nebenklagevertreterin kann sie das Kind in der Hauptverhandlung besser schützen, da sie durch die folgenden Rechte entscheidenden Einfluß auf das Verfahren nehmen kann:

◆ Richterablehnung wegen Besorgnis der Befangenheit, § 24 StPO
◆ Sachverständigenablehnung, § 74 StPO

- Fragerecht in der Verhandlung, § 240 StPO
- Beweisantragsrecht, § 245 StPO
- Erklärungsrecht, § 257 StPO
- Recht zum Schlußvortrag, § 258 StPO

Auch wird die Anwältin sicherstellen, daß die Vorschriften des Opferschutzgesetzes eingehalten werden und zum Beispiel Kinder unter 16 nur vom Vorsitzenden befragt werden (§ 241 a StPO). Sie beantragt zum gegebenen Zeitpunkt den Ausschluß der Öffentlichkeit und bittet das Gericht gleichzeitig, den Vertrauenspersonen des Kindes die Anwesenheit zu gestatten. Allerdings kann der Anschluß als NebenklägerIn nur durch die gesetzliche Vertretung des Kindes erklärt werden. Das Sorgerechtsverfahren muß also, wie oben erklärt, abgeschlossen sein.

Wenn der Täter nach Abschluß des Strafverfahrens verurteilt wird, so wird er auch zur Zahlung der Kosten der Nebenklage verurteilt. Für die Nebenklage kann aber auch Prozeßkostenhilfe beantragt werden. Und es gibt die Möglichkeit, daß der Weiße Ring (eine Opferschutzvereinigung) die Kosten des Verfahrens übernimmt.

Eine Klage auf Schmerzensgeld für das Opfer kann im Strafverfahren gleich mit entschieden werden (§ 403 ff STPO). Es kommt vor, daß das Mädchen oder der Junge nicht zur Nebenklage zugelassen wird, weil zum Beispiel das Verfahren, das den Mißbrauch an ihr/ihm betrifft, im Hinblick auf noch schwerere Verbrechen des Täters eingestellt wurde. Dennoch sollte das Kind zu einer Aussage in der Hauptverhandlung von einer Anwältin als Zeugenbeistand begleitet werden.

Zur Vorbereitung der Hauptverhandlung sollten sich alle Personen, die etwas zum Mißbrauch oder den Folgen für das Kind aussagen könnten, detaillierte Notizen machen, damit sie nichts bis zur Hauptverhandlung vergessen. Alle sollten ihre Beobachtungen ausführlich der Anwältin berichten.

Dem Mädchen oder Jungen wird noch einmal der Gang der Hauptverhandlung erklärt. Man zeigt ihm den Sitzungssaal und die Kantine oder Caféteria, in der es mit seiner Vertrauensperson warten wird, bis die Anwältin beide holt. Die Sitzordnung im Saal wird gezeigt. Während der Aussage wird die Anwältin dicht neben dem Kind sitzen. Sie mag seine Hand halten oder den Arm um es legen. Sie wird so sitzen, daß das Kind den Täter nicht sehen muß. Das Mädchen oder der Junge wird gefragt, ob während der Aussage außerdem noch eine Vertrauensperson als Beistand bei ihm sitzen soll.

Forderungen zur Verbesserung der Situation

Alle mit sexuellem Kindesmißbrauch befaßten JuristInnen sollten Fortbildung erhalten.

Die Mädchen oder Jungen sollten unverzüglich eigenen anwaltlichen Beistand bekommen.

Bei der Staatsanwaltschaft sollten Sonderdezernate für dieses Delikt eingerichtet werden. Diese sollten personell so gut ausgestattet sein, daß Ermittlungsverfahren sich nicht mehr über Monate oder gar Jahre hinziehen.

Ebenso müssen die Vormundschaftsgerichte personell verstärkt werden, denn auch die Vormundschaftsverfahren dauern in der Regel unerträglich lange.

HELLMUT RICHTER
DER PROZESS – HANDLUNGSSPIELRÄUME DES RICHTERS

Im Vorfeld einer strafrechtlichen Verfolgung bei sexuellem Mißbrauch an Mädchen und Jungen kann das Vorgehen nicht losgelöst davon betrachtet werden, welche Folgen eine Anzeige für die Betroffenen hat. Alle, die privat oder im Berufsleben mit der Problematik in Kontakt kommen, sollten bei der Entscheidung, ob sie im Einzelfall Strafanzeige erstatten oder nicht, den Ablauf des justizförmlichen Verfahrens kennen und den durch gesetzliche Vorschriften bestimmten begrenzten Handlungsrahmen der Strafverfolgungsbehörden berücksichtigen.

Nach Anzeigeerstattung und Anklageerhebung durch die Staatsanwaltschaft befaßt sich der Richter mit der Angelegenheit. Sein Aktionsspielraum wird durch wesentliche Eckpfeiler begrenzt: Der angeklagte Täter ist bis zu seiner Verurteilung als unschuldig zu betrachten, er hat Anspruch auf ein uneingeschränkte Verteidigung gewährleistendes und faires Verfahren. Die Maxime der Unmittelbarkeit bei der Beweisaufnahme besagt, daß unabhängig vom vorprozessualen Ermittlungsergebnis für die Entscheidungsfindung bei Gericht nur das zählt, was in der mündlichen Verhandlung selbst an Tatsachen zutage tritt. Zudem muß der Richter darauf achten, daß der zum Verfahrensgrundsatz erhobene Gedanke des Opferschutzes eingehalten wird. Die gesetzlichen Vorschriften machen deutlich: Der Richter ist kein »Sozialarbeiter« mit einseitiger Ausrichtung hin zur alleinigen oder auch nur bevorzugten Parteinahme für die sexuell mißbrauchten Kinder und Jugendlichen. Er ist vielmehr dazu berufen, einen durch den Verstoß gegen Gesetzesnormen entstandenen gesellschaftlichen Konflikt entsprechend den prozessualen Vorschriften zu lösen. Der eigene Stellenwert, den der Schutz des Opfers in der neueren Gesetzgebung gefunden hat, gibt dem Richter allerdings Möglichkeiten, während der Verfahrensvorbereitung und im Prozeß selbst »kindgerecht« vorzugehen.

Bei Gericht werden überwiegend Fälle verhandelt, bei denen Opfer und Täter in einer engen, häufig verwandtschaftlichen Beziehung zueinander stehen. Diese Beziehung stellt das betroffene Kind in ein nur schwer zu bewältigendes Spannungsverhältnis: Auf der einen Seite erwartet die Öffentlichkeit von der Justiz, daß die Tatbestände möglichst lückenlos aufgeklärt und der Täter gegebenenfalls verurteilt wird – auf der anderen Seite steht die auch bei schwerwiegenden Mißbrauchserfahrungen fast immer vorhandene Loyalität des Opfers, ja Zuneigung gegenüber der nahen Bezugsperson, durch die es die Beeinträchtigung erfahren hat. Zudem entwickeln viele Kinder sowohl bei Inzest oder inzestähnlichen Konstellationen als auch bei Mißbrauch durch einen Fremdtäter Schuldgefühle, wenn sie zur Tataufklärung beitragen. Sie setzen sich bei Tatverdächtigen aus dem engeren oder weiteren Familienverband zudem der Gefahr aus, in ihrer gewohnten Umgebung isoliert und »verurteilt« zu werden, falls sie vor Gericht aussagen.

Die Tatsachenaufklärung im Strafprozeß muß Psychodynamik und Situation des Kindes berücksichtigen. Gerät das Opfer in das Räderwerk der Institutionen, so hat es keinerlei Kontrolle mehr darüber, was in der Folge auf es zukommt. Polizei, Staatsanwaltschaft, Verteidiger des Angeklagten und Richter müssen den Blick dafür öffnen, daß am Ende eines gesetzmäßigen Vorgehens innerhalb des Strafverfahrens eine Sekundärtraumatisierung des Opfers stehen kann; dies gilt es zu vermeiden.

Das Verfahren bedarf der sorgfältigen Vorbereitung. Das betroffene Kind muß – falls der Täter nach den Aussagen der anderen Zeugen noch nicht geständig ist – behutsam, sachkundig und rücksichtsvoll angehört werden. Die Art der Befragung hat das jeweilige Alter des Kindes, seinen intellektuellen und emotionalen Entwicklungsstand zu berücksichtigen. Gelingt es dem Richter, die Spielräume der Strafprozeßordnung zu nutzen und durch ein sensibles Vorgehen dem Kind soweit wie eben möglich gerecht zu werden, so kann von einer »strukturellen Ausbeutung« des Kindes, wie Kritiker die gegenwärtige gerichtliche Verfahrensweise bei der Vernehmung betroffener Kinder vor Gericht diskreditieren, kaum gesprochen werden. Unbestreitbar bleibt, daß in jedem Falle das Erscheinen eines durch eine sexuelle Mißbrauchshandlung betroffenen Kindes oder Jugendlichen vor Gericht – gleich ob Einzelrichter, Schöffengericht oder Strafkammer – eine Belastung darstellt, die für den jungen Zeugen möglichst gering gehalten werden muß.

Aufgabe des Gerichts ist es, das Tatgeschehen seinem Unrechtsgehalt nach schuldangemessen zu sanktionieren. Dies setzt eine möglichst umfassende Aufklärung des Tatbestandes und aller Umstände voraus, die für die Beurteilung des Tatgeschehens und der Täterpersönlichkeit notwendig sind. Einerseits muß Art, Umfang und Gewicht des Rechtsverstoßes festgestellt werden – auf der anderen Seite müssen die gerichtlichen Maßnahmen die Persönlichkeit des Täters, seine Lebenssituation und seine Beziehung zum Opfer berücksichtigen. Insbesondere wenn die Zeugenaussagen von Dritten (z.B. Nachbarn, Verwandten, ErzieherInnen, LehrerInnen, MitarbeiterInnen von Beratungsstellen) nur unzulänglich den Sachverhalt erhellen, kommt der Aussage des betroffenen kindlichen oder jugendlichen Zeugen eine entscheidende Bedeutung zu. Die für das Opfer verantwortlichen Bezugspersonen, die darüber entscheiden, ob das Kind freiwillig vor Gericht erscheint oder nicht, sollten dies in ihrer Entscheidung berücksichtigen.

Welche Möglichkeiten eröffnen sich nun dem Richter, die an ihn gestellte Aufgabe zu erfüllen und gleichzeitig möglichst schonend mit dem Opfer umzugehen?

Vor Eröffnung des Verfahrens

Während des Ermittlungsverfahrens, aber auch im Hauptverfahren sind vor allem die im Opferschutzgesetz aufgestellten Grundsätze zu beachten (§§ 406 d bis 406 h StPO), die einen gewissen Schutz des Kindes gewährleisten – insbesondere wenn das Opfer als NebenklägerIn auftritt und die eigenen Interessen von einer Anwältin/einem Anwalt vertreten läßt.

Manchmal liegt eine Verfahrenseinstellung gemäß §§ 153, 153 a StPO eher im Interesse des Kindes als eine unter allen Umständen erzwungene Verurteilung des Täters – z.B. wenn es sich um eine Tat von geringem Gewicht handelt, kein hoher Schuldvorwurf zu erheben ist und ein Verfahren für das Opfer eine besonders große Belastung bedeuten würde.

Der Richter kann in einzelnen Fällen durch die Auferlegung eines Bußgeldes oder gemeinnütziger Leistungen zumindest gerichtlich die Verantwortung für das verwerfliche Vergehen dokumentieren und gegebenenfalls beim Täter das erforderliche Schuldbewußtsein wecken. Es hat sicherlich noch keinem Richter geschadet, bei einer solchen Entscheidung die Meinung und Ansicht des Jugendamtes oder einer Beratungsstelle anzuhören und zu beachten – vorausgesetzt, letztere Institution ist ausweislich des Akteninhalts bereits mit dem Geschehen befaßt.

Vorbereitung des Hauptverfahrens

Ob der Richter in der Vorbereitung des Hauptverfahrens ein aussagepsychologisches Gutachten einholen muß, hängt von dem Alter, der intellektuellen Begabung des Kindes und von der Eindeutigkeit seiner bisherigen Aussagen vor der Polizei ab. Dabei kann in vielen Fällen hilfreich sein, wenn auch professionelle HelferInnen zur Zeugenaussage bereit sind. Häufig nehmen MitarbeiterInnen verschiedener Arbeitsfelder Hinweise auf den Mißbrauch wahr (der Kinderarzt stellt z.B. eine Scheidenverletzung fest) bzw. das betroffene Kind vertraut sich ihnen an (erzählt z.B. der ErzieherIn, daß »der Papa immer in ihr Bett macht«). Bisher berufen sich jedoch viele HelferInnen auch in Fällen der sexuellen Ausbeutung von

Mädchen und Jungen auf ihre Schweigepflicht und den Datenschutz und melden noch nicht einmal ihre Beobachtungen dem Jugendamt. Nur wenige HelferInnen sind bereit, mit den Strafverfolgungsbehörden zu kooperieren.

Der Richter muß die Glaubwürdigkeit des kindlichen oder jugendlichen Opfers hinreichend beurteilen und den Wert von dessen Zeugenaussagen als Beweismittel abschätzen können. Ist ihm dies auch unter Berücksichtigung anderer Beweismittel nicht möglich, so wird er kaum umhin können, ein aussagepsychologisches Gutachten einzuholen. Keinesfalls aber darf er vorschnell nach dem Sachverständigen rufen, weil jede auch noch so behutsame Befragung eine Belastung des Kindes durch die erneute Konfrontation mit dem wohl in den meisten Fällen als unangenehm empfundenen Tatgeschehen darstellt.

Hält man die Einschaltung einer oder eines Sachverständigen nach sorgfältiger Abwägung für erforderlich, so sollte man als Richter wissen, wen man bestellt. Letztlich kann nur eine längere Erfahrung die Gewißheit verschaffen, ob von dem/der Sachverständigen zuverlässig exploriert und ausgewertet worden ist. Daß dies dem Richter letztlich die Beweiswürdigung nicht abnehmen darf, sei an dieser Stelle erwähnt.

Zur Vorbereitung der Hauptverhandlung gehört auch, daß der Richter eine Begleitung des Kindes durch eine vertraute und/oder geeignete Person (Mutter, SozialarbeiterIn o.ä.) während des Verfahrens und beim Prozeß sicherstellt. Nach meiner über siebenjährigen Erfahrung als Vorsitzender Richter einer Jugendschutz-und Jugendkammer erweist es sich nur selten als notwendig, einen kindlichen Zeugen ohne vertraute Bezugsperson anzuhören. Es sollte deshalb die Regel sein, Kinder nicht allein der Befragung vor Gericht auszusetzen.

In Einzelfällen ist es sinnvoll und notwendig, durch ein Vorgespräch mit Eltern, Elternteilen oder sonstigen Bezugspersonen des Kindes oder Jugendlichen über Bedenken gegen die Befragung des Opfers zu sprechen und diese gegebenenfalls abzubauen. Daß ein derartiges Gespräch sich allein um den Verfahrensablauf während der Zeit der Anwesenheit des Kindes im Gerichtssaal drehen kann, versteht sich von selbst.

Eine Anwältin, die vom Opfer bzw. dessen gesetzlichem Vertreter mit der Vertretung der Interessen des Opfers betraut wurde, kann ebenso zur Vorbereitung des Prozesses einen wesentlichen Beitrag leisten, indem sie dem Kind und dessen Vertrauens- und Kontaktpersonen das Verfahren bei Gericht erklärt und sie über ihre Rechte und Pflichten aufklärt.

Bisher wurden leider nur wenige Kinder während des Verfahrens von professionellen Vertrauenspersonen begleitet (z.B. TherapeutInnen und ÄrztInnen). Es hat sich in vielen Verfahren als hilfreich erwiesen, daß das Kind während der Verhandlung wenigstens die Gutachterin in seiner

Nähe wußte. Erfahrungsgemäß gibt es einem betroffenen Zeugen ein Gefühl größerer Sicherheit, wenn eine Person an der Gerichtsverhandlung teilnimmt, mit der das Kind oder die Jugendliche zuvor ein offenes Gespräch geführt hat.

Hauptverhandlung

Um die Belastungen des kindlichen oder jugendlichen Opfers so gering wie möglich zu halten, hat bereits der Gesetzgeber Vorkehrungen getroffen, die peinlich beachtet werden sollten:

§ 241 a StPO besagt, daß Zeugen unter 16 Jahren vom Vorsitzenden zu befragen sind, der das Fragerecht auch anderen Prozeßbeteiligten erteilen kann, d.h.: Auch die Verteidigung hat zunächst ihre Fragen an den Vorsitzenden Richter zu stellen; der wiederum befragt selbst das Kind oder erteilt das Fragerecht einer anderen Person. Z.B. kann er bei einem besonders ängstlichen Opfer die – dem Kind schon bekannte – Gutachterin bitten, die Fragen des Gerichtes zu stellen.

§ 172 Nr. 4 GVG ermöglicht dem Gericht bei Personen unter 16 Jahren ohne weitere Begründung den Ausschluß der Öffentlichkeit für die Dauer der Anhörung oder Vernehmung des Zeugen. Diese in Verfahren bei Kindern und Jugendlichen regelmäßig angezeigte Maßnahme trägt erheblich zum Abbau von Scheu und Befangenheit bei.

§ 247 StPO läßt sogar die vorübergehende Entfernung des Angeklagten aus dem Sitzungssaal zu, wenn »bei der Vernehmung einer Person unter 16 Jahren als Zeuge in Gegenwart des Angeklagten ein erheblicher Nachteil für das Wohl des Zeugen zu befürchten ist«. Von dieser Bestimmung wird nur verhältnismäßig selten Gebrauch gemacht. Richter fürchten, mit dem Ausschluß des Angeklagten gegen das Prinzip zu verstoßen, wonach der Angeklagte das Recht hat, jederzeit in der Verhandlung anwesend zu sein. Bei sorgfältiger Prüfung zeigt sich indes bei einer nicht geringen Zahl von Fällen sexuellen Mißbrauchs an Mädchen und Jungen, daß die Vernehmung im Angesicht des Angeklagten das seelische Gleichgewicht des jungen Opfers stark beeinträchtigt. Gegebenenfalls kann dies durch die Befragung einer sachverständigen Person, gegebenenfalls der im Prozeß anwesenden Aussagepsychologin, geklärt werden.

Bei der Vernehmung des Kindes vor Gericht sollten tunlichst die vielfach im aussagepsychologischen Gutachten enthaltenen Hinweise über die zumutbare Dauer der Befragung, die Notwendigkeit von Pausen, die An- und Abwesenheit naher Verwandter des Kindes während der Anhörung und das vorübergehende Entfernen des Angeklagten aus dem Sitzungssaal beachtet werden. Auch die Ermittlungsprotokolle der Polizei und die

Berichte von SozialarbeiterInnen, ÄrztInnen oder LehrerInnen geben dem Gericht Informationen über die Belastungsfähigkeit des Mädchens oder Jungen.

Erst einige Zeit der Erfahrung wird den Richter dazu befähigen, eine kindgemäße Sprache zu finden. Übertriebene Betulichkeit ist ebenso unangemessen wie forsches, ungeduldig aufmunterndes Auftreten. In einem unbefangenen und offen geführten Vorgespräch sollte die Empfindsamkeit des kindlich-jugendlichen Zeugen erkundet werden. Im Rahmen eines solchen Kontaktes kann sich der Richter auch ein Bild über die Fähigkeiten des Kindes, sich durch Sprache oder Gesten auszudrücken, und über sein Wissen um die Vorgänge machen. Erst danach sollte die Befragung über die Beziehung zu dem Täter und das Tatgeschehen einsetzen – und zwar mit aller Zurückhaltung und Einfühlung, die die Einschätzung des Zeugen nach dem Vorgespräch und den Informationen von Dritten aufgibt. Ruhe und Geduld sind verläßliche Garanten einer verständnisvollen Befragung. Befleißigen sich ebenso Staatsanwaltschaft und Verteidigung – bei selbstverständlicher Wahrung ihrer prozessualen Rechte – einer behutsamen Vorgehensweise, dann besteht die Hoffnung, daß nicht Angst, Scham, Hilflosigkeit und das Gefühl des Ausgeliefertseins das Erleben des Kindes bei der Befragung bestimmen, sondern Vertrauen, Offenheit und Sachlichkeit. Eine sekundäre Traumatisierung des Opfers durch das Strafverfahren kann so vermieden oder zumindest gering gehalten werden.

Legt der Täter ein umfassendes Geständnis ab, so kann der Richter es in einer Reihe von Fällen verantworten, ohne die Aussage des kindlichen oder jugendlichen Opfers auszukommen. Da ein Geständnis ein allgemein anerkannter Strafmilderungsgrund ist, erscheint es legitim, den Tatverdächtigen hierüber aufzuklären.

Dies kann schon von seiten der Polizei bei der ersten Vernehmung geschehen; es kann jedoch auch zu jedem Zeitpunkt des Verfahrens – letztlich auch noch zu Beginn der Hauptverhandlung – darauf hingewiesen werden.

Bei der Straffindung kommt es dem Täter auch zugute, wenn er durch ein Geständnis dem kindlich-jugendlichen Zeugen die Vernehmung vor Gericht erspart; er zeigt dadurch ein Mitgefühl für das Opfer. Vermieden werden muß aber der Eindruck, daß der Tatverdächtige einen entsprechenden Hinweis des Richters als Zusage einer besonders milden Bestrafung versteht und etwa deshalb seine Verteidigung vernachlässigt. Ein verantwortungsvoller Richter wird auch auf diesen Gesichtspunkt aufmerksam machen; er sollte sich aber zum Schutze des Kindes nicht davon abhalten lassen, dem Tatverdächtigen den vorgenannten Hinweis zu erteilen.

Kann das Gericht einen solchen Hinweis mit einer Konfrontation des Täters mit eindeutigen Beweismitteln (z.B. serologische Gutachten, gerichtsmedizinisch belegte Befunde, kriminaltechnisch ausgewertete Spuren oder Fotodokumentationen) und auch Zeugenaussagen und Berichten sozialer Dienste verbinden, so setzt dies bei vielen Tatverdächtigen durchaus einen Denkprozeß in Gang, an dessen Ende ein ausführliches, offenes Gespräch im Sinne eines überzeugenden Geständnisses steht. Auf Vernehmung oder Anhörung des kindlich-jugendlichen Zeugen kann in diesen Fällen verzichtet werden.

Im Sinne des Opferschutzes sollte der Richter schon möglichst früh – bereits vor der Hauptverhandlung – die Geständnisbereitschaft des Täters in einem Gespräch mit der Verteidigung klären. Eltern und MitarbeiterInnen aus Heimen beschreiben immer wieder, daß bereits die Ladung zum Gerichtstermin Mädchen und Jungen in helle Aufregung versetzt, die sich bis zum Prozeßtermin häufig nicht mehr legt. Der Richter sollte daher – in Rücksprache mit der Verteidigung und der Staatsanwaltschaft – von der Ladung des Opfers absehen, wenn er dies nach dem zu erwartenden Verfahrensverlauf verantworten kann.

Muß ein Kind vor Gericht vernommen werden und hat der Täter es der Lüge bezichtigt, so ist es von ganz entscheidender Bedeutung, nach dem Geständnis und/oder der Verurteilung des Täters dem jungen Zeugen mitzuteilen, daß das Gericht ihm glaubt. Das verletzte Selbstwertgefühl und die Würde des Kindes verlangen es, daß auch der Richter dem Mädchen oder Jungen die Glaubwürdigkeit ihrer/seiner Aussagen bestätigt, denn auch bei einer noch so behutsamen Befragung hat das Opfer im Laufe der Ermittlungen nochmals bedrückende Erfahrungen machen müssen.

Der Richter kann die Belastungen des Kindes mindern, indem er dafür Sorge trägt, daß eine Begegnung des Mädchens oder Jungen mit dem Angeklagten und dessen Anhang außerhalb des Gerichtssaales möglichst vermieden wird. Leider haben bei weitem nicht alle Gerichtsgebäude Zeugenwarteräume, in denen das Kind die Zeit bis zur Anhörung oder Vernehmung zusammen mit einer Vertrauensperson überbrücken kann. Ein in der Nähe des Verhandlungssaales gelegenes unbenutztes Beratungszimmer und ein mit der Problematik vertraut gemachter Justizwachtmeister dürften das Problem leicht lösen. Auch sollten unvorhergesehene Verzögerungen dem Opfer und seiner Begleitung alsbald mitgeteilt werden, damit sie sich rechtzeitig darauf einstellen können und nicht in Ungewißheit verharren müssen. Folgerichtig sollte nach dem Auftritt des Kindes oder Jugendlichen vor Gericht Vorsorge getroffen werden, daß das Opfer unbeeinträchtigt – ohne Anpöbeleien, Bedrohungen oder gar Tätlichkeiten – den Heimweg antreten kann.

Keinem Richter, der ein Kind oder einen Jugendlichen vor Gericht zitiert hat, kann es gleichgültig sein, wie dieser kleine Mensch die Erfahrungen verarbeitet. Außer hinreichend Vorsorge zu treffen, daß wenigstens der Heimweg in vertrauter Begleitung gesichert ist, bleiben ihm kaum Möglichkeiten der Nachsorge.

Man kann den Standpunkt vertreten, dies sei nicht die Aufgabe eines Richters, dessen Tätigkeit mit der Beendigung des Strafverfahrens abgeschlossen ist. Gleichwohl kann es nicht schaden, die ohnehin in der Regel bestehenden Kontakte zu Jugendämtern, Jugendheimen, Schulen und Beratungsstellen wie auch der Polizei zu nutzen, um sich über die Folgen und Teilnahme des Opfers am Prozeß zu erkundigen. Dies nicht zuletzt, um aus eventuellen Fehlern oder Ungeschicklichkeiten zu lernen und sie in Zukunft zu vermeiden.

Nicht selten fragen Eltern, Elternteile oder andere Bezugspersonen des Kindes den Richter nach dem Strafverfahren um Rat. Sie bitten ihn, sie bei der Suche nach Hilfen für das Kind – nach Wegen der Bewältigung der traumatischen Erlebnisse – zu unterstützen. Dieser Verantwortung sollte sich der Richter nicht durch oberflächliche oder gar ausweichende Hinweise entziehen. Es gibt inzwischen in immer mehr Städten und Gemeinden Selbsthilfeprojekte und Beratungsstellen, die im Umgang mit der Problematik des sexuellen Mißbrauchs vertraut sind. Der mit sexuellem Mißbrauch befaßte Richter sollte daher einen Überblick über die vor Ort existierenden Hilfsangebote haben. Auf Anforderung stellen die Projekte und Institutionen gerne Informationsmaterial zur Verfügung. Schon der Hinweis auf eine geeignete Stelle kann eine Handreichung sein, die einem betroffenen Kind und dessen Bezugspersonen entscheidend weiterhilft.

In den letzten Jahren haben Feministinnen verstärkt die gesetzliche und gesetzgeberische Behandlung sexueller Gewalttaten gegen Frauen zur Diskussion gestellt. Durch das wachsende Bewußtsein hat auch der sexuelle Mißbrauch an Kindern und Jugendlichen einen neuen Stellenwert erhalten. Interdisziplinäre Gesprächs- und Arbeitskreise, Selbsthilfegruppen und Fortbildungsveranstaltungen beschäftigen sich immer intensiver mit der Problematik, deren gesellschaftlichen Auswirkungen und den Möglichkeiten der Bewältigung sexueller Gewalterfahrungen. Auch die Justiz muß in dieser Diskussion mit einem offenen Ohr präsent sein.

Als Richter kann ich mich nicht umfassend mit der Problematik des sexuellen Mißbrauchs beschäftigen, ohne auf die Frage einzugehen, ob die Bestrafung des Täters als eine sinnvolle und verantwortbare Konfliktlösung angesehen werden kann, wenn man die weitreichenden Auswirkungen des justizförmlichen Verfahrens für Opfer und Täter berücksichtigt. Meines Erachtens ist Strafe eine adäquate Antwort auf einen essentiellen Verstoß gegen die allgemein anerkannten Wertnormen, so auch in Fällen des sexuellen Angriffs. Ob in den übrigen Fällen differenziert werden muß und neben der Strafe oder an deren Stelle eine andere Lösungsmöglichkeit gestellt werden kann – z.B. Therapie oder Maßnahmen nach den Grundsätzen des Täter-Opfer-Ausgleichs –, muß noch erforscht und weiterdiskutiert werden. Die Zukunft wird uns Wege weisen müssen – doch schon jetzt können die MitarbeiterInnen psychosozialer Arbeitsfelder und der Strafverfolgungsbehörden einen wesentlichen Beitrag leisten, das Leid der betroffenen jungen Menschen zu lindern.

Sexuelle Gewalt an Mädchen und Jungen ist ein Verbrechen, das fast immer über einen längeren Zeitraum von einem dem Opfer nahestehenden Erwachsenen verübt wird. Wie aber soll z.B. ein Mädchen, dem von klein auf vom Vater unter dem Deckmantel »Elternrecht« Unrecht zugefügt wurde, ein realistisches Rechtsempfinden entwickeln? Das Opfer hat erfahren, daß man ungestraft anderen Unrecht zufügen »darf« (vgl. Doris Gauer 1988).

Die Fähigkeit, sich mit List und Tricks durchzumanövrieren, die Realität zu leugnen und die eigenen Gefühle unter der Maske der Normalität zu verstecken, sind Fertigkeiten, die sexuell mißbrauchte Kinder und Jugendliche notgedrungen lernen mußten. Betrogen werden und betrügen – eine Erfahrung, die sie von klein auf machten. Es ist nicht verwunderlich, wenn Betroffene die in der Not gelernten Fertigkeiten zum eigenen »Vorteil« einsetzen.

Prinzip des Rechtsstaates ist es, bei der Urteilsfindung und der Bemessung des Strafmaßes für den Angeklagten entlastende Momente Berücksichtigung zu finden. Dieser Anspruch wird bei der Verurteilung straffällig gewordener Opfer sexueller Gewalt oftmals nicht eingelöst.
Drogenkonsum, Prostitution, Eigentums- und Tötungsdelikte weiblicher Straftäter sind häufig eine mittelbare oder unmittelbare Folge sexueller Gewalterfahrungen, doch wird dieser Zusammenhang in der Praxis der Strafverfolgungsbehörden immer noch in vielen Fällen ignoriert: Mädchen müssen oft sogar dann die »volle Verantwortung tragen«, wenn sie im Affekt den Mißbraucher töteten oder eine dritte Person verletzten, die z.B. durch sexuelle Übergriffe die alte Angst und Wut reaktivierte. Anders bei Vergewaltigern: Eine belastete Kindheit wird bei ihnen – so die gängige Praxis – als strafmindernd angesehen.

XIII
NICHT NUR ÜBERLEBEN, SONDERN LEBEN WOLLEN WIR!
HILFEN FÜR BETROFFENE

HILDEGARD HEIMLICH
DER KÖNIG HAT DER PRINZESSIN SEHR WEH GETAN ...
– PSYCHODRAMA MIT EINEM SEXUELL MISSBRAUCHTEN
MÄDCHEN

J. L. Moreno, der Begründer des Psychodramas, beobachtete das Spiel
Wiener Mädchen und Jungen und stellte fest, daß Kinder im Spiel »so tun
als ob«. Sie verarbeiten auf diese Art und Weise ihre Erlebnisse und berei-
ten sich auf das Erwachsenwerden vor. Aus dieser Erkenntnis entwickelte
Moreno seine therapeutische Methode. Hier dient das (Theater-)Spiel als
Projektionsfläche unverarbeiteter Konflikte. Im »so tun als ob« hat das
Kind das Gefühl, nicht es selbst zu sein, sondern z.B. die »Prinzessin«; das
Mädchen ist die »Prinzessin«, die eine Geschichte spielt, und nicht das
Kind, das ein Geheimnis »verrät«. Insofern eignet sich das Psychodrama
ganz besonders in der Therapie mit Mädchen und Jungen, die sexuell
mißbraucht wurden.

Mit achteinhalb Jahren kam Nadine auf die Kinderstation unseres kinderneurologischen Zentrums. Die Diagnose lautete: »Spezifische emotionale Störungen des Kindes- und Jugendalters mit Beziehungsschwierigkeiten, Intelligenzminderung im Sinne einer Lernbehinderung, rechtsbetonte
zentralmotorische Koordinationsstörung«.

Das Mädchen lebte in äußerst problematischen Familienverhältnissen.
Als erstes eheliches Kind aus der dritten Ehe der Frau B. hatte Nadine drei
ältere Stiefgeschwister.

Gewalttätigkeiten, starker Alkoholkonsum und Arbeitsprobleme von
Herrn B. bestimmten den Familienalltag. Nadine kannte nahezu keine
Regelmäßigkeiten, an manchen Tagen gewährten die Eltern ihr große
Freiheiten, an anderen setzten sie rigide Regeln. Die Achtjährige hatte
massive Schulprobleme. Es fiel ihr schwer, Regeln einzuhalten; sie zeigte
ein hyperaktives, distanzloses Verhalten, streunte herum und konnte sich

kaum konzentrieren. Die Schule für Erziehungshilfe, die das Mädchen seit einem Jahr besuchte, stieß an die Grenzen ihrer pädagogischen Möglichkeiten und drohte, Nadine auszuschulen. Die Schulprobleme nannten dann auch die Eltern als ihre Hauptmotivation, die Tochter im Zentrum vorzustellen und einer Behandlung zuzustimmen.

Die Mutter brachte Nadine zur stationären Aufnahme. Die sehr große, leicht adipöse Achtjährige wirkte wie ein etwa zwölfjähriges, vorpubertierendes Mädchen. Sie war hübsch, trug halblanges Haar und extrem kurze Röcke und Kleider sowie enge Jeans.

In den ersten drei Beobachtungswochen fiel bereits Nadines Verhalten gegenüber Männern auf; sie versuchte jede Beziehung zu Männern (Zivildienstleistenden, Kinderärzten, Kinderpflegern) zu sexualisieren und zeigte sich vor ihnen häufig nackt. In ihrem extrem extrovertierten Verhalten bezog sie sich sehr stark auf andere; wenig Kontakt hingegen hatte das Mädchen zu sich selbst, konnte kaum Gefühle wahrnehmen und äußern, verzog grimassenartig ihr Gesicht, wenn sie lachen oder weinen mußte. Meist fiel es ihr schwer, Phantasie und Wirklichkeit zu unterscheiden. Unter der Annahme, daß das Mädchen sexuell mißbraucht worden war, entschied ich mich, mit Nadine im Rahmen einer fünfmonatigen Einzeltherapie psychodramatisch zu arbeiten, dreimal pro Woche eine Stunde.

Zunächst holte ich Nadine zur Therapiestunde jeweils von der Station ab. Es war ein langer Weg bis zum Therapiezimmer, denn das Mädchen rannte oft weg und wollte gefangen werden. Auch konnte sie nicht an verschlossenen Türen vorbeigehen, mußte zwanghaft jede öffnen, um nachzusehen, was sich dahinter verbarg. Nach einigen Wochen verstand Nadine, daß sie selbst für den pünktlichen Beginn der Therapiestunde verantwortlich war; ich half ihr, den Weg zum Therapiezimmer zeitlich zu verkürzen, indem ich sie in der ersten Zeit an die Hand nahm.

Nadine liebte Clownspiele. Sie genoß es von Anfang an, sich ausgiebig zu schminken, verkleidete sich gerne und forderte mich auf, ebenfalls Clown zu spielen. In jeder Therapiestunde der gleiche Ablauf: Nadines Spiel war stets sehr kurz, wortlos und stereotyp. Ich schminkte mich nach ihren Anweisungen genauso wie sie und setzte mich neben das Mädchen vor einen großen Spiegel. In der Rolle des Clowns verbalisierte ich als »Doppel« die Gedanken, Gefühle, Erfahrungen, Wahrnehmungen usw. des Mädchens und sagte z.B.: »Ich bin ein Clown, der alle zum Lachen bringt, aber selbst bin ich sehr traurig und alleine.« Mit Hilfe dieser »Doppelgängertechnik« gab ich Nadine eine Hilfe, um in Kontakt mit ihren eigenen Gefühlen zu kommen; das Kind fühlte sich verstanden, liebte das Spiel und gewann langsam Vertrauen zu mir. Auch konnte sie es immer mehr genießen, daß ich ihr Gesicht mit Schminke berührte und sie streichelte. Von Stunde zu Stunde wurde die Achtjährige phantasiereicher und spontaner, fand in der Rolle des Clowns eigene Worte – ihre Sprache – wieder. Oft endeten die Stunden damit, daß Nadine die Clownsmaske entstellte, mit schwarzer Farbe Kreuze auf die Stirn zeichnete oder eine furchterregende Maske malte. Das Abschminken am Ende der Stunde war für das Kind schwer zu ertragen, und so kam ich auf die Idee, mit Hilfe einer Polaroidkamera und später mit einem Fotoapparat das geschminkte Gesicht im Bild festzuhalten und ihr mitzugeben.

Nach einiger Zeit entwickelte das Mädchen eine tragfähige Beziehung zu mir. Sie schaffte es z.B. in der Regel, auf direktem Weg alleine zum Therapiezimmer zu gehen, und konnte es akzeptieren, daß nach einer Stunde die Zeit mit mir beendet war. Ihr psychodramatisches Spiel veränderte sich. In dieser Phase spielte Nadine immer wieder das Märchen »Hänsel und Gretel« – der Konflikt zwischen Gretel und der Hexe stand dabei im Vordergrund. In der antagonistischen Rolle der bösen Hexe machte es ihr besonderen Spaß, mich in der Rolle der Gretel zu erschrecken, meine Angst zu sehen und ihre Macht zu spüren. Ganz offensichtlich wählte Nadine die Rolle der Gretel als ihre eigene und spielte immer wieder, wie sie von der Hexe, der bösen Mutter, bedroht wurde. Das Märchenspiel bot dem Kind ein Projektionsfeld für das eigene Erleben und schützte es davor, seine Eltern »verraten« zu müssen. Eine Interpretation auf ihre spezielle Lebenssituation hätte Nadine niemals annehmen können; sie war in ihrem Alter noch von den Eltern abhängig und wollte/mußte diese schützen und positiv sehen – ganz gleich, was sie mit ihnen erlebt hatte. Ich achtete darauf, mich nicht durch eine Interpretation zwischen Eltern und Kind zu stellen, und sprach deshalb mit Nadine über das Spiel nur in der Form des Rollensharings (z.B. »Ich habe als Gretel fürchterliche Angst, aufgefressen zu werden.« »Als Hexe macht es mir riesig Spaß, herumzuschreien und dich zu erschrecken.«).

Im Laufe der Zeit veränderte Nadine die Handlung des Märchens – sie führte die Rolle einer guten Hexe ein. Im ständigen Rollentausch ließ sie die gute und die böse Hexe sich begegnen; die beiden kämpften miteinander und redeten über Kinder. Nach langen Auseinandersetzungen überzeugte die gute Hexe die böse, daß es mehr Freude macht, Kinder zu unterstützen, statt sie zu essen. Dieses Rollenspiel ermöglichte es Nadine, ihre ambivalenten Gefühle ihrer Mutter gegenüber zuzulassen; sie testete mich immer wieder mit der Frage: »Wer bist du, Hildegard, bist du eine gute oder böse Hexe?«

Nadines Verhalten gegenüber Männern, Gespräche mit den Eltern sowie Beobachtungen der Vater-Tochter-Beziehung verhärteten den Verdacht des sexuellen Mißbrauchs. Bei Besuchen wirkten Vater und Tochter wie ein Liebespaar, gingen eng umschlungen, Arm in Arm, küßten sich (Zungenkuß) und streichelten sich auf erotische Weise. Das Mädchen saß zum Teil breitbeinig auf dem Schoß des Vaters und schmuste ausgiebig mit ihm. Für den Erwachsenen schien dieses Verhalten selbstverständlich – er zeigte keine Scham- oder Schuldgefühle. Im Stationsalltag suchte die Achtjährige zwanghaft Nähe zu Männern; sie verhielt sich wie ein »Püppchen«, zeigte ein aufgedrehtes »lolitahaftes« Verhalten und imitierte »Anmache«. Beim Baden im Schwimmbad oder der Badewanne fand sie kein Ende und zeigte sich gegenüber den männlichen Betreuern nackt. Wenn sie herausfand, daß eine männliche Person Nachtwache oder ärztlichen Dienst hatte, klagte sie häufig über Bauchschmerzen und wollte nackt untersucht werden.

Innerhalb einer Mitarbeiterkonferenz trafen wir die Absprache, daß die männlichen Betreuer nicht auf das anmachende und exhibitionistische Verhalten Nadines eingehen sollten und Untersuchungen nur von der Stationsärztin durchgeführt wurden. Zum Schwimmen begleitete eine weibliche Betreuungsperson das Mädchen.

In Einzelgesprächen mit der Mutter deutete deren Therapeutin den sexuellen Mißbrauch vorsichtig an und bagatellisierte zunächst die Problematik z.B. mit der Frage, ob Nadine Videos gesehen oder Mutter und Vater beim Geschlechtsverkehr beobachtet habe. Nachdem die Mutter Vertrauen gefunden hatte, berichtete sie, daß der Stiefvater über Jahre hinweg Nadines geistig behinderte Stiefschwester sexuell mißbraucht und schließlich im Beisein der Achtjährigen vergewaltigt hatte. Auf Veranlassung der Mutter kam die behinderte Tochter in ein Heim.

Auch die Mutter machte in ihrer Kindheit sexuelle Gewalterfahrungen. Nach der frühen Trennung ihrer Eltern erlebte sie mit zwölf Jahren die Vergewaltigung ihrer älteren Schwester durch einen »Onkel«, einen Freund der Mutter. Zwei Jahre später war sie das Opfer. Frühe wechselnde Männerbeziehungen – Schwangerschaft – erste Ehe mit 17 Jahren – Gewalterfahrungen in der Ehe – zweite Scheidung – ihren jetzigen Ehemann heiratete sie überstürzt, schon in der Hochzeitsnacht fand sie ihn angetrunken mit einer Freundin im Ehebett. Die Ehe war gekennzeichnet durch die Alkoholproblematik des Mannes, durch körperliche Mißhandlung und Gewalt gegen sie und die Kinder. Ihr Ehemann zwang sie oft zum Beischlaf; er drohte, Nadine und deren jüngeren Bruder umzubringen, wenn seine Frau sich ihm widersetzte. Frau B. flüchtete wiederholt mit ihren Kindern für einige Wochen oder Monate ins Frauenhaus, nachdem ihr Mann sie krankenhausreif geschlagen hatte, doch kehrte sie immer wieder zu ihm zurück. Aufgrund der Vorgeschichte verwundert es nicht, daß Frau B. die Verantwortung für ihre Kinder nicht tragen und ihre ältere Tochter nur indirekt schützen konnte, indem sie eine Heimunterbringung beantragte.

Im weiteren Verlauf der Einzeltherapie regredierte Nadine in eine frühkindliche Phase; sie ließ sich bis zu einer halben Stunde von mir tragen, legte den Kopf auf meine Schulter und preßte ihren Körper eng an meinen. Sie liebte es, beim Tragen so fest wie möglich gedrückt und im Schoß gewiegt zu werden; sie liebte es, wenn ich sie streichelte und Wiegenlieder summte. Wortlos, aber mit unendlicher Intensität fand das Mädchen in dieser Phase den Kontakt zu ihrem eigenen Körper wieder. Sie zeigte erste spontane Gemütsäußerungen, ein erstes Lächeln, das später in ein frohes, fröhliches Lachen überging. Lachen und Weinen liegen nahe beieinander, und so konnte Nadine in dieser Zeit auch Trauer zulassen. Als sie von mir aus dem Kurzurlaub einen Kartengruß erhielt, konnte sie erstmalig lange weinen.

Einige Zeit später entdeckte Nadine im Therapieraum ihre Höhle. Der Raum war immer gleich ausgestattet mit Verkleidungskoffer, Schminke, Handpuppen, Decken, Kissen, kleinen Stühlen und einem Tisch sowie einem großen Holzhaus mit Innenbeleuchtung und Matratzen. In diesem Holzhaus baute sich das Mädchen ihre Höhle, indem sie die Türen und Fensteröffnungen mit Decken verdunkelte. Ich mußte draußen vor der verschlossenen Zimmertür des Holzhauses stets warten, bis die inzwischen Neunjährige mit Handpuppen eine Bettszene aufgebaut hatte. Nach etwa zehn bis 15 Minuten rief sie mich herein und forderte mich nonverbal auf, ihr aus ihrer Sprachlosigkeit herauszuhelfen und die Szene mit ihr auszuspielen.

Das psychodramatische Ausspielen der Bilder zeigte immer deutlicher, daß das Mädchen nicht nur im selben Zimmer war, als die Schwester vom Vater vergewaltigt wurde, sondern alles miterlebte. Nadine spielte die Szene immer detaillierter nach, mit viel Blut (rote Farbe) an Mund und Scheide der Schwester (Prinzessin) und stoppelbärtigem (schwarze Farbe), schwarzhaarigem, betrunkenem Vater (König). Die Mutter (Königin) befand sich fernab vom Geschehen in einer Ecke und Nadine selbst (eine zweite Prinzessin) direkt neben der Schwester.

Auch in dieser Phase blieb ich in der Beschreibung des Puppenspiels, vermied eine Interpretation ihrer Erlebnisse. Ich faßte die Szenen in Worte, z.B.: »Der König hat der kleinen Prinzessin sehr weh getan, er hat mit seinem Penis ihre Scheide verletzt und jetzt blutet und weint sie. Sie hat ihren König sehr gerne, aber sie mag das nicht, das tut weh, sie ist noch viel zu klein, sie hat Angst ...!« und »Die andere Prinzessin hat alles gesehen und schreckliche Angst bekommen. Der König schläft betrunken ein...«

Nach mehreren Therapiestunden wollte das Mädchen nicht mehr die Szene nur aufbauen, sondern maskiert und verkleidet ausspielen. Mir gab Nadine mit Hilfe von Zeichen und kurzen Anweisungen klare Rollenbeschreibungen und Zuweisungen, sie selbst übernahm die Rolle des Vaters (Königs). Sie genoß die Rolle des Mächtigen, hatte Freude an Gewalttätigkeiten und erlebte ein kathartisches Ausspielen. Im Rollentausch mit dem Aggressor bekam das Mädchen wieder Kontakt zu der traumatischen Situation des sexuellen Mißbrauchs, ohne – in der Rolle des Opfers – die eigene Angst und Ohnmacht erneut erleben zu müssen. Der therapeutische Effekt dieses Rollentausches mit dem Täter befreite sie von ihrer Blockierung und ihrem Trauma. Nach diesem psychodramatischen Spiel bereitete es Nadine großes Vergnügen, sich als Ungeheuer zu maskieren und ihre Haare schwarz zu färben. Beim Abschminken grölte sie befreiend laute Radiomusik – bezeichnenderweise unter anderem »rock around the clock«.

Nadine hatte wieder Kontakt zu ihrer eigenen Spontaneität und Kreativität gefunden; sie konnte ihr aufgesetztes lolitahaftes Verhalten ablegen und alters- bzw. kindgemäß spielen und agieren. In der darauffolgenden Zeit verbesserten sich ihre schulischen Leistungen (Einzelunterricht in der Krankenhausschule) und waren annähernd altersgemäß.

In den nächsten Wochen bereiteten wir uns allmählich auf den Abschied vor. Das Mädchen liebte es, mit mir zu kochen und über ihre psychodramatischen Spiele zu sprechen. Auch zeigte sie großes Interesse an Begriffserklärungen: Freund, Vater, Mann, Junge, Ehemann, ... sich mögen, sich lieben, miteinander schlafen, verheiratet sein, die Unterscheidung von Kind und Erwachsener – Nadine suchte Klarheit, befreite sich von (sprachlichen) Verwirrungen.

Aufgrund der großen Entfernung ihres Heimatortes zum Zentrum konnte das Mädchen nach ihrer Entlassung nicht in eine Psychodramakleingruppe integriert werden. Eine ambulante Nachsorge war aus Kostengründen und wegen der Entfernung von unserem Zentrum nicht möglich. Wir entließen Nadine nach Hause, da der Vater sich in der begleitenden Therapie zum Mißbrauch bekannte und positive Veränderungsansätze zeigte und die Mutter durch die von ihr eingeleitete Heimunterbringung indirekt die ältere Tochter vor weiteren Übergriffen geschützt hatte.

Nach anderthalb Jahren löste ein Rückfall des Vaters eine erneute Familienkrise aus: Arbeitslosigkeit – Alkohol am Steuer – ein erneutes Strafverfahren – erneute Gewalttätigkeit gegen die Frau. Und wieder flüchtete die Mutter mit den Kindern in ein Frauenhaus. Nadine zeigte ähnliche Verhaltensweisen wie vor der stationären Behandlung. Erneut meldete sich die Mutter in unserem Zentrum – diesmal mit der Bitte, eine geeignete Unterbringung für ihre Tochter außerhalb der Familie einzuleiten.

Unsere positive Prognose für die Familie hatte sich nicht bestätigt. Zwar war es uns gelungen, das Mädchen zu stärken, den Mißbrauch offenzulegen und mit Mutter und Vater zu arbeiten, doch machte die Zusammenarbeit mit dieser Familie die Grenzen unserer therapeutischen Möglichkeiten deutlich: Es reicht nicht, wenn ein Täter Einsicht zeigt; es reicht nicht, wenn Mütter ihre Töchter indirekt schützen; es reicht nicht, das Opfer zu stärken. Sexuell mißbrauchte Mädchen und Jungen brauchen (räumlichen) Schutz, sie brauchen ein stabiles Umfeld, um den Teufelskreis der sexuellen Gewalt, der sich häufig von Generation zu Generation fortsetzt, zu durchbrechen.

Für Nadine ist heute gesorgt. Offen bleibt die Frage nach der Entwicklung ihres jüngeren Bruders, der noch zu Hause lebt. Auch er ist Opfer sexueller Gewalt, denn auch er hat den Mißbrauch an den Schwestern und die sexuelle Gewalt gegen die Mutter miterlebt.

Aktualisierende Anmerkung von Ursula Enders (1995):

Inzwischen liegt die Begleitung des Mädchens einige Jahre zurück. Vor dem Hintergrund der heutigen Erfahrungen im Umgang mit der Problematik der sexuellen Gewalt gegen Mädchen und Jungen ist die zunächst erfolgte Rückführung des Kindes in die Familie kaum noch nachzuvollziehen, denn es ist davon auszugehen, daß die Familie nicht nur durch die Arbeitslosigkeit, den Alkoholkonsum und die Gewalttätigkeit des Vaters in eine neue Krise geriet, sondern daß ebenso der Mißbrauch an Nadine weiterlief. Zudem stellt sich die Frage, ob nicht auch Nadines jüngerer Bruder vom Vater sexuell mißbraucht wurde.

An diesem Fallbeispiel wird nochmals deutlich, wie oft wir alle in der Vergangenheit das Ausmaß der sexuellen Gewalt unterschätzt und nur zu gerne an Versprechungen von Tätern geglaubt haben. Es zeigt aber auch, daß eine intensive Arbeit mit Mädchen und Jungen und ihre Kontaktpersonen Selbsthilfekräfte fördern kann, sich einen Ausweg aus der Gewaltsituation zu suchen. Nadine hat ihren gefunden.

URSULA ENDERS/JOHANNA STUMPF
SCHRITT FÜR SCHRITT – BERATUNG BETROFFENER MÄDCHEN UND FRAUEN

Ein altes Sprichwort lautet: »Die Zeit heilt alle Wunden«. Doch so einfach ist das in Wirklichkeit nicht, denn Wunden müssen gereinigt werden, damit sie nicht eitern. Sie brauchen Pflege und Zeit, um vernarben zu können.

Ebenso wie körperliche Wunden können auch Verletzungen der Seele nicht durch eine einmalige »Operation« von heute auf morgen geheilt werden; die Bewältigung sexueller Gewalterfahrungen geht »nicht auf einmal«, sondern sie ist vielmehr ein Prozeß, in dem Betroffene Schritt für Schritt wieder lernen, an sich zu glauben, ihre Interessen zu vertreten und ihre Isolation zu überwinden.

Die Bearbeitung von Extremtraumatisierungen kostet Kraft, und so gilt es in der Arbeit mit betroffenen Mädchen und Frauen, ihnen zunächst eine Unterstützung bei der Stabilisierung ihres Alltags zu geben. Oftmals ist eine direkte Thematisierung der Gewalterfahrungen nicht möglich oder notwendig, sondern Mädchen und Frauen bewältigen ihre Ohnmachtserfahrungen, indem sie im Hier und Jetzt sich selbst auf dem Hintergrund ihrer Erlebnisse verstehen lernen (z.B. die Folgen der sexuellen Ausbeutung akzeptieren und/oder als Überlebensstrategie erkennen lernen) und ihre eigene Kraft wiederentdecken, indem sie selbstbestimmte Verhaltensweisen und Einstellungen erlernen und einüben (z.B. Lob, Hilfe und Geschenke ohne Schuldgefühle annehmen und »Nein« sagen können).

Hilfe bei der Bewältigung heißt, das Mädchen/die Frau da zu unterstützen, wo sie gerade ist. Keinesfalls darf in sie »eingedrungen« werden, denn die Betroffene muß nicht über die sexuellen Gewalterfahrungen sprechen; sie darf vielmehr selbst bestimmen, wann und bei wem sie über ihre Erlebnisse spricht. Insbesondere jugendliche Mädchen wollen vielfach zunächst Ruhe haben, nachdem der Mißbrauch beendet wurde. Sie möchten endlich einmal an andere Dinge denken und ihr Leben genießen können. Das ist ihr gutes Recht!

Die Beratung und Therapie muß das Mädchen/die Frau bei der Lösung ihrer aktuellen Probleme unterstützen, d.h.: Thema ist das, was die Betroffene von sich aus anspricht, nicht das, was die Beraterin als wichtig ansieht. So hat diese auch kein Recht, das Mädchen/die Frau mit dem Verdacht der sexuellen Ausbeutung zu konfrontieren, wenn die Klientin sich selbst ihrer Betroffenheit noch nicht bewußt ist.

Die Gestaltung der Beratungssituation muß sich am Erleben des Mädchens/der Frau orientieren. Im folgenden werden stichwortartig Leitlinien der Beratung aufgelistet. Sicherlich wird eine Beraterin nicht immer allen genannten Aspekten einer parteilichen Arbeit gleichermaßen gerecht. Im Gespräch mit Kolleginnen können Beraterinnen anhand der Liste reflektieren, welche Punkte sie in ihrer bisherigen Arbeit bereits berücksichtigt haben und wo sie sich im Kontakt mit Betroffenen noch unsicher fühlen und Unterstützung von Kolleginnen brauchen.

◆ Herstellung von Vertrauen
dazu gehört:
Sich und dem Mädchen/der Frau Zeit lassen; dem Mädchen/der Frau glauben; parteilich sein; persönlich aufrichtig sein.

◆ Überwindung der Sprachlosigkeit
dazu gehört:
Selbst offen über sexuellen Mißbrauch sprechen können;
das Mädchen/die Frau nicht drängen, aber immer die Bereitschaft zum Gespräch über sexuellen Mißbrauch signalisieren;
das »Redeverbot« selbst ansprechen.

◆ Umgang mit Scham- und Schuldgefühlen
dazu gehört:
Mitteilen, daß frau weiß, welche Überwindung es das Mädchen/die Frau gekostet hat, zur Beratung zu kommen; Parteilichkeit; Normalität herstellen (gegen das Konzept »das ist nur mir passiert«); Selbstwertgefühl stärken; langsam arbeiten, damit das Mädchen/die Frau in der Beratungssituation nicht erneut »ausgezogen« wird.

◆ Überwindung des Ohnmachtsgefühls
dazu gehört:
Zunächst den Alltag des Mädchens/der Frau stabilisieren; das Mädchen/die Frau das Beratungsziel bestimmen lassen; Autonomiebestrebungen fördern; aktive Ansätze bestärken; Kompetenzen und Widerstandsformen des Mädchens/der Frau aufzeigen (z.B. Folgen als Überlebensstrategie erkennen).

◆ Vertrauen in die eigene Wahrnehmung stärken
dazu gehört:
Aktuelle Befindlichkeiten des Mädchens/der Frau akzeptieren; das Mädchen/die Frau bestärken, ihren Empfindungen, Wahrnehmungen und Erinnerungen zu vertrauen und danach zu handeln.

◆ Überwindung des Rückzugs auf sich selbst
dazu gehört:
Geduld; Blickkontakt halten; nicht überfordern; die Rückzugsstrate-

gie als positives Schutzverhalten definieren und akzeptieren; kleine Schritte in Richtung »Sich öffnen« bestärken; Modell für Offenheit geben.

◆ Überwindung des Objektstatus
dazu gehört:
das Mädchen/die Frau als Subjekt sehen; physische und psychische Grenzen des Mädchens/der Frau akzeptieren; als Beraterin ebenso Grenzen setzen, sich nicht selbst überfordern; das Mädchen/die Frau nicht nur auf das Erlebnis des sexuellen Mißbrauchs reduzieren, ebenso mit positiven Erlebnissen arbeiten, z.B. Recht auf Genuß und Selbstbestimmung, wie auch Kompetenzen fördern.

»Gott sieht und hört alles!« Die christliche Erziehung vermittelt Kindern von klein auf das Bild vom allmächtigen und gerechten Gott. Mädchen und Jungen, die sexuelle Gewalt erfahren, können nicht verstehen, warum der »Vater unser im Himmel, dessen Wille geschehe«, ihr Leid geschehen läßt. Verzweifelt suchen sie nach Erklärungen. Einige glauben, sie seien schuldig und müßten die »gerechte Strafe Gottes« hinnehmen.

»Du sollst Vater und Mutter ehren!« – ein Gebot der Kirche, das viele Väter (Mütter) benutzen, um den Widerstand der Tochter/des Sohnes zu brechen. Und da die Kirche zudem noch Sexualität außerhalb der Ehe verbietet, fühlen sich viele Opfer unendlich schuldig.

»Im Religionsunterricht lernten wir noch Anfang der siebziger Jahre, daß Geschlechtsverkehr vor der Ehe ein typisches Beispiel für die Todsünde sei. Also war ich in Gottes Ungnade gefallen, denn mein Vater mißbrauchte mich. Obgleich ich bereits 1968/69 als Schülerin politisch aktiv war, konnte ich mich nur schwer von der Lehre des Schulgeistlichen distanzieren. Siebzehn Jahre religiöse Erziehung kann frau nicht einfach über Bord werfen!« (Marlies, 36 Jahre)

Christen setzen nicht selten das Opfer unter Druck: Das Mädchen/der Junge soll dem Täter vergeben. Sie vergessen, daß niemand das Recht hat, dies von einem Opfer zu verlangen. Auch Jesus vergab seinen Peinigern nicht, sondern bat von sich aus Gott Vater um Vergebung für sie: »Vater vergib ihnen, denn sie wissen nicht, was sie tun!« Jesus hat mit diesen Worten ein Beispiel dafür gegeben, daß Menschen selbst bestimmen dürfen, wann und ob überhaupt sie sich mit denen aussöhnen wollen, die ihnen Unrecht zugefügt haben (vgl. Ineke Jonker 1988).

Bei der Arbeit mit sexuell mißbrauchten Mädchen und Jungen geben auch professionelle BeraterInnen häufig den religiösen Bindungen des Opfers eine zu geringe Beachtung. Für viele Kinder war eine starke Bibelfigur ein positives Identifikationsmodell, die Lektüre des Gebetbuches gab ihnen Kraft und/oder das Gespräch im Religionsunterricht bzw. in der Pfarrgemeinde eine Orientierung. Auch wenn die Kirchen häufig sexistische Lehren vertreten und Frauen als Verführerinnen (Eva im Paradies), Huren oder schwache und wehleidige Personen darstellen, dürfen BeraterInnen die religiösen Gefühle von Betroffenen nicht ignorieren oder als Irrglauben abqualifizieren. Es gilt vielmehr, die Opfer darin zu unterstützen, daß sie sich von patriarchalischen Strukturen (der Kirche) distanzieren und sich gegen diese zu wehren lernen.

Angelika (35 Jahre) faßte ihre Auseinandersetzung mit dem Mißbrauch durch ihren Vater in Worte:

Vater unser
der Du Deine Tochter mißbraucht hast
Schande über Deinen Namen.
Meine Zeit ist gekommen
mein Wille geschehe
immer und für alle Zeit.
Meine Rechte nehme ich mir heute
und gebe Dir die Schuld
wie auch allen anderen Schuldigen.
Du hast keine Macht mehr über mich,
denn ich befreie mich von allem Übel.
Mein ist das Leben, die Kraft
und die Weiblichkeit!

Angelika

URSULA ENDERS
EIN INDIANER KENNT KEINEN SCHMERZ!
– ODER: DER BLINDE FLECK DER THERAPEUTEN

»Die Opfer sind Mädchen!« – so kurz und knapp schien der größte gemeinsame Nenner zu sein, auf den sich erstaunlicherweise ExpertInnen der unterschiedlichsten Couleur – vom »gestandenen« Therapeuten bis hin zur überzeugten Feministin – in der Diskussion über die sexuelle Ausbeutung von Kindern bis Anfang der neunziger Jahre geeinigt hatten. Inzwischen wird nicht mehr bestritten, daß nicht nur jedes zweite bis vierte Mädchen, sondern ebenso jeder siebte bis zehnte Junge sexuell mißbraucht wird (vgl. Bange 1992), doch auch heute noch sind vor allem männliche Mitarbeiter pädagogischer, psychosozialer und juristischer Arbeitsfelder gegenüber der Ohnmacht, Sprachlosigkeit und dem Schmerz männlicher Opfer blind.

Auf Fortbildungen und in der Supervision beschreiben männliche Kollegen in zunehmendem Maße ihre Betroffenheit und Unsicherheit über die Tatsache, daß sexuelle Gewaltausübung eine männliche »Domäne« ist und daß auch sie selbst sich als männliche Mitglieder dieser patriarchalisch strukturierten Gesellschaft mit den eigenen Täteranteilen auseinandersetzen müssen. Auf eigene sexuelle Gewalterfahrungen in der Kindheit angesprochen, verschlägt es jedoch auch den Mutigsten im wahrsten Sinne des Wortes die Sprache. Unzweifelhaft sind auch viele der »selbsterfahrenen« männlichen Fachkollegen betroffen, dennoch tasten sich nur wenige an die eigenen Verletzungen heran; andere berichten allenfalls von sonstigen Mißbrauchserfahrungen – z.B. vom Mißbrauch durch die Mutter, die sie nach der Trennung vom Partner bzw. nach dessen Tod in die Rolle des Haushaltsvorstandes drängte und damit überforderte. Nur selten überwinden Männer ihre Sprachlosigkeit über eigene sexuelle Gewalterfahrungen bzw. darüber, wie sie den Mißbrauch an der Schwester miterlebten und/oder als Junge im Ehebett der Eltern auf der Ritze schlafen mußten, um Mutter vor den Übergriffen des Vaters zu schützen. (Eine Atmosphäre von Sexualität und Gewalt!)

Eine geschlechtsspezifische Sozialisation vermittelt Jungen von klein auf die »Rolle des männlichen Eroberers«, der Macht und Kontrolle über andere (vor allem Mädchen und Frauen), aber auch über seine eigenen Ängste und Gefühle hat. Jungen sind keine Opfer! Opfer sind weiblich! Und so bereitet es »Fachmännern« meist ungleich weniger Schwierigkeiten über den Mißbrauch an Mädchen zu sprechen, als sich engagiert und parteilich für betroffene Jungen einzusetzen.

...Und die Jungen?! Sie bleiben auch heute noch fast immer in ihrer Not allein. Selbst wenn ihre Betroffenheit wahrgenommen und ihnen geglaubt wird, so bekommen sie in den wenigsten Fällen eine adäquate Unterstützung bei der Bewältigung ihrer Erlebnisse. Bisher gibt es in der BRD kaum Konzepte einer Hilfe, die die geschlechtsspezifischen Verarbeitungsmechanismen von Jungen in ausreichendem Maße berücksichtigen.

Jungen neigen dazu, negative Erfahrungen zu minimalisieren, zu verdrängen, sie umzudeuten oder positiv zu besetzen. Einige prahlen mit ihren Erfahrungen, aus dem Mißbrauch wird das »Privileg« einer »Einführung in die Sexualität«. Wider das eigene Gefühl wird das »Abenteuer« den Freunden ausgeschmückt geschildert und als tolles Erlebnis verkauft (vgl. Spoden 1989).

Jungen werden ebenso wie Mädchen vor allem von heterosexuellen Männern und meist nicht – wie fälschlicherweise vielfach angenommen – von Frauen und homosexuellen Männern sexuell ausgebeutet. Und da der Täter oft ein ihnen bekannter Mann oder älterer Jugendlicher ist und sie nicht selten eine durch die sexuelle Handlung ausgelöste Erektion bekommen, werten sie die Gewalterfahrungen vielfach als Beweis ihrer eigenen vermeintlichen Homosexualität, denn – »wenn dieser Mann, der z.B. verheiratet ist und Kinder hat, das mit mir macht, dann muß ich doch schwul sein!« – so die kindliche Logik. Auch die Eltern betroffener Jungen gehen häufig aus Scham über die angebliche »abartige Veranlagung« ihres Sohnes schweigend über das an ihrem Kind verübte Verbrechen hinweg.

Ein Indianer kennt keinen Schmerz! Jungen müssen tapfer sein und sich zur Wehr setzen! Selbst ist der Mann, und bittet er um Hilfe, so ist er schwach – sprich: unmännlich. Ein Junge weint doch nicht! Von klein auf lernen Jungen, sich gegen Angriffe von außen offensiv zu wehren – ganz wie die vorbildlichen Helden, die Rächer und die Einzelkämpfer. Nur selten dürfen sie Angst, Trauer und Schmerz zeigen. Doch auch männliche Opfer erleben »Ohn-Macht«. Die eigene Hilflosigkeit kompensieren Jungen nicht selten durch besonders aggressive Verhaltensweisen. In Identifikation mit dem Aggressor übernehmen viele betroffene Jungen die Rolle des »Mächtigen« und gewinnen so ihre verlorengegangene Macht und Kontrolle – ihre »männliche« Identität – zurück. Schwächere zu kontrollieren, wird auf diese Art und Weise zur »männlichen Normalität«, zum vermeintlichen Recht des Mannes. Jungen agieren dementsprechend häufig das Erlebte aus. »Das Spektrum ihres Verhaltens reicht von einer betont 'männlichen' Körpersprache über verbale Angriffe bis hin zur

Gruppenvergewaltigung; die Grenzen sind fließend, das Ausmaß entsprechend.« (Spoden 1989)

Einige männliche Opfer werden zu jugendlichen Tätern: Sie wiederholen aktiv, was sie passiv am eigenen Leib erfahren mußten. Oft mißbrauchen sie kleine Mädchen und Jungen in der gleichen Art und Weise, wie der Erwachsene sich zuvor an ihnen vergangen hat (dieselben Handlungen, ähnliche Orte ...). Carl Marquit, ein amerikanischer Therapeut, weist insbesondere auf die zwölfjährigen (und jüngeren) Täter hin. Selbst schon bei Zweijährigen beobachtete er eine Stimulation sexueller Aktivitäten bei Gleichaltrigen und Jüngeren – auch Säuglingen. Ein derart sich verhaltendes Kind sei eindeutig selbst Opfer eines sexuellen Mißbrauchs, jedoch noch zu jung, um für sein Tun verantwortlich gemacht zu werden (vgl. Marquit 1986).

Obgleich nicht übersehen werden darf, daß ein Teil der männlichen Opfer (ebenso wie einige weibliche) selbst wieder zum Täter wird, dürfen betroffene Jungen nicht auf dieses mögliche, aber keinesfalls zwangsläufige Folgeverhalten hin »therapiert« werden. Es ist erschreckend, wie im Alltag immer wieder das Leid männlicher Opfer übersehen wird, und Mütter, Väter, Pädagogen und Therapeuten sich »nur« darum sorgen, ob der kleine Junge jetzt auch zum Täter wird. »Auch Indianer kennen Schmerz« – auch sie haben ein Recht auf Anteilnahme und Schutz.

Einmal mehr springen Frauen in die Bresche: Sie sehen die Not betroffener Jungen und bieten diesen Hilfe an. Doch ebenso wie ihren männlichen Kollegen erleichtert auch einigen Frauen die Beschäftigung mit dem gegengeschlechtlichen Opfer die Verdrängung der eigenen blinden Flecken. Sicherlich, in Einzelfällen (z.B. bei kleinen Jungen im Vorschulalter, die von Männern mißbraucht wurden) ist zunächst die Arbeit mit einer Frau weniger mit Angst besetzt, doch auch Jungen brauchen geschlechtsspezifische Hilfen. Sie brauchen männliche Identifikationsfiguren, die ihnen beim Aufbau eines neuen Selbstbildes helfen, die ihnen vorleben, daß auch Männer Gefühle zeigen, Hilfe annehmen und Konflikte ohne (sexuelle) Gewalt lösen können.

Ist es falschverstandene weibliche Fürsorge, wenn Frauen öffentlich geschlechtsspezifische Jungenarbeit fordern? Wohl kaum! Auch Feministinnen können nicht mehr das Ausmaß der sexuellen Gewalt gegen Jungen, die in etwa 20 Prozent der Fälle auch von Frauen verübt wird, und die Ignoranz der (Fach-)Öffentlichkeit gegenüber der Problematik schweigend hinnehmen. Nehmen wir Frauen unsere Verantwortung ernst, so müssen wir vor allem unsere männlichen Kollegen in die Pflicht nehmen, damit diese Konzepte der Hilfen für betroffene Jungen entwickeln und anbieten.

Literaturempfehlung:
Bange, Dirk/Enders, Ursula: Auch Indianer kennen Schmerz. Köln 1995
Talbert, Marc: Messer aus Papier. Aurich Verlag 1989 (Roman)
Kuhn, Frauke: Es fing ganz harmlos an. Herder Verlag 1990 (Roman)

JOHANNA STUMPF
MIT-TÄTERIN ODER MIT-OPFER?
– BERATUNG DER MUTTER

»... und die Mutter? Wieso hat die Mutter das nicht verhindert?! Wenn das meinem Kind passierte, ich würde das sofort merken und wüßte, was ich zu tun hätte!« Diese Reaktion findet sich – nach kurzem Entsetzen über den Täter – oft bei unbeteiligten Dritten, wenn sie von der sexuellen Ausbeutung eines Mädchens oder Jungen erfahren.

Doch nicht nur Laien klagen die Frauen an, auch »Profis« stimmen in die Empörung über die vermeintlichen »Rabenmütter« ein: »Erst neulich hatte ich einen Fall; die Frau macht mir doch nicht weis, daß sie nichts gemerkt hat!« Mit einer solchen Argumentation gehen SozialarbeiterInnen, ÄrztInnen, JuristInnen und TherapeutInnen der vom Täter inszenierten Dynamik der Familie auf dem Leim; sie entschuld(ig)en ebenso wie die betroffenen Mädchen und Jungen den Mißbraucher und richten ihre Wut gegen die – in den meisten Fällen unwissende – Mutter. Gleichermaßen wie die Betroffenen unterschätzen sie das vom Täter systematisch aufgebaute Bündnis des Opfers mit dem Aggressor und berücksichtigen nicht im ausreichenden Maße, daß Mädchen und Jungen nicht in der Lage sind, der Mutter »das Geheimnis« anzuvertrauen (s. Kapitel V).

Die Diskussion über die sexuelle Gewalt gegen Mädchen und Jungen macht deutlich, daß im allgemeinen Bewußtsein eine Verschiebung der Verantwortlichkeit beider Elternteile einseitig zu Lasten der Frau stattfindet. Es scheint auch heute noch gesellschaftlich anerkannter Konsens zu sein, daß Mütter ihre Töchter und Söhne vor allen Gefahren behüten müssen und können – ganz gleich, was passiert. Wohlgemerkt: die Mütter! Väter werden aus der Verantwortung für den Schutz und die Sorge um das Wohl ihrer Kinder entlassen.

Eine umfangreiche amerikanische Studie zur Häufigkeit der sexuellen Gewalt gegen Mädchen und Jungen belegt auf eine drastische Art und Weise diese These. Im Rahmen dieses Forschungsprojektes dokumentierten staatliche Jugendbehörden alle bekannt gewordenen Fälle von sexuellem Mißbrauch an Kindern. Ein Forschungsziel war die Ermittlung der Tätergruppen. Tatsächlich aber wurde in der Spalte »Täter« nicht zwischen dem tatsächlichen Mißbraucher und der Person unterschieden, die »zuließ, daß der Mißbrauch stattfand« (üblicherweise die Mutter). So tauchten in dieser offiziellen Studie mehr »Täterinnen« als Täter auf. Kein

Wunder, denn die Mutter des Kindes konnte so gut wie immer, der Mißbraucher jedoch fast nie benannt werden!

Darüber hinaus spiegeln verschiedene Ansätze zur Ursachenerklärung sexueller Gewalt gegen Kinder die durchgängige Entlastung des Täters und gleichzeitige Belastung der Mutter wider. Danach vernachlässigen Frauen ihre »ehelichen Pflichten«: Die kalte, sich sexuell verweigernde Ehefrau soll den Mann durch dieses Verhalten dazu treiben, seine Befriedigung beim Kind zu suchen. Angeblich delegieren die den Ehe- und Haushaltpflichten überdrüssigen Ehefrauen mehr oder weniger bewußt diese Aufgaben an die Töchter. Auch die Berufstätigkeit, Krankheit oder selbst eine Schwangerschaft der Frau sollen den Mann veranlassen, sein »Glück« bei der Tochter/dem Sohn zu suchen.

Mögen in Ausnahmefällen Frauen bewußt ihre Kinder der sexuellen Ausbeutung ausliefern, so entspricht die generelle Schuldzuweisung an die Mütter keinesfalls den Fakten. Die skizzierten Ursachenerklärungen sind vielmehr Ausdruck des alten Mythos vom Triebtäter – Männer sollen demnach nicht Herr ihrer Triebe sein und sich an Kindern vergreifen, wenn die Ehefrauen nicht als allzeit bereite Sexualobjekte zur Verfügung stehen. Ganz zu schweigen davon, welche »Schuld« eine Mutter nach dieser Logik auf sich lädt, wenn sie ihr Recht auf sexuelle Selbstbestimmung selbstbewußt vertritt und sich gegen sexuelle Übergriffe und Vergewaltigungen in der Ehe wehrt!

Auch Mütter sind Menschen! Den an sie gestellten überzogenen Erwartungen können sie nicht entsprechen. Die heftigen Reaktionen auf ihr scheinbares Versagen haben tiefer liegende Gründe: das Bild von der Allmacht und Allwissenheit der Mutter. Schon für den Säugling stellt sich die Mutter als ein Wesen dar, das weiß, was das Kind braucht (Nahrung, Wärme, Zärtlichkeit) und das die Macht hat, diese Gaben zu gewähren oder zu verweigern. Durch die enge Assoziation »Mutter–Nahrung« wird die Mutter für das Kind zur »Herrin über Leben und Tod«.

Im Laufe der Entwicklung erfährt das Kind zwar, daß auch die Allmacht und Allwissenheit der Mutter ihre Grenzen hat, doch tief im Unbewußten – auch jedes Erwachsenen – hält sich hartnäckig die frühe Erfahrung und beeinflußt die Erwartungen an Mütter: »Meine Mutter weiß nun mal, was ich brauche, wie es mir geht ... Meine Mutter kann alles tun, um mich vor Gefahren zu schützen.«

Das Zusammenspiel von kindlicher Allmachts- und Allwissenheitserwartung wie auch die gesellschaftliche Delegation der Alleinverantwortung für das Wohl von Kindern an Mütter, führen zu unerfüllbaren Anforderungen. Die Realität, die Mütter als Frauen in einer patriarchalisch strukturierten Gesellschaft vorfinden, setzt deren Handlungsspielräumen

Grenzen. Frauen sollen sich einerseits ihren Männern unterordnen, andererseits die starken Beschützerinnen ihrer Kinder – auch gegenüber ihren Männern – sein! Sie sollen den Mißbrauch wahrnehmen, obwohl der Täter mit Raffinesse und/oder Gewalt das Opfer zum Schweigen verpflichtet hat. Sie sollen die Harmonie in der Familie gewährleisten und gleichzeitig sehen und aufdecken, daß an und von Menschen, die sie lieben, ein Verbrechen begangen wird!

Andere Untersuchungen (z.B. Byerly 1985) belegen, daß die Mütter in den meisten Fällen vom Mißbrauch ihrer Töchter und Söhne nichts wissen. Erst nachdem der Mißbrauch (von Dritten) aufgedeckt wird, erinnern sich viele von ihnen an die kleinen Auffälligkeiten im Verhalten des Kindes. Deren Bedeutung haben sie zuvor fast immer falsch interpretiert: »Vielleicht ist mein Kind so still/aggressiv..., weil es Schwierigkeiten in der Schule/im Kindergarten/mit Freunden hat, oder weil ich zu großzügig/zu streng/zu nervös... bin.«

Nachdem die Fakten auf dem Tisch liegen, setzen sich oftmals für die Mütter die verschiedenen Hinweise im Verhalten des Kindes und des Täters zu einem Puzzle zusammen; sie können sich z.B. endlich erklären, warum die Tochter plötzlich so traurig war oder der Ehemann darauf bestand, alleine mit dem Kind in Urlaub zu fahren. Die Mütter erkennen die entsetzliche Realität – und entwickeln fast immer starke Schuldgefühle: »Das hätte ich doch merken müssen!« Den Frauen geht es damit ebenso wie uns (professionellen) HelferInnen: Auch wir haben die Zeichen und Hinweise von Mädchen und Jungen bisher häufig übersehen oder fehlinterpretiert – ein Phänomen, das z.B. auch im Umgang mit Suizid- und Suchtproblematiken bekannt ist: Hinterher fällt uns auf, was wir vorher schon hätten sehen »müssen«.

Wenn Mütter vom Mißbrauch an der Tochter/am Sohn erfahren...

Mütter erfahren auf sehr unterschiedliche Art und Weise von der sexuellen Ausbeutung ihrer Kinder – häufig über Nicht-Familienmitglieder, denen sich das Opfer anvertraut hat (LehrerInnen, Mutter der Freundin, MitarbeiterInnen des Jugendamtes usw.). Nur in wenigen Fällen wendet sich das Mädchen/der Junge direkt an die Mutter. Das vom Täter auferlegte verschärfte Schweigegebot gegenüber dieser verfehlt meist nicht die beabsichtigte Wirkung. Erst Jugendliche oder junge Erwachsene, die die Familiensituation besser einschätzen können, sind eher in der Lage, mit der Mutter offen über den (meist schon seit langem andauernden) Mißbrauch zu sprechen.

Wie auch immer, die Botschaft trifft die Mütter »plötzlich und uner-wartet«, und wie bei jeder Hiobsbotschaft reagieren diese mit Schockver-halten: Sie fühlen sich wie betäubt, können zunächst weder fühlen, den-ken noch handeln. Das Abspalten des eigenen Erlebens – dieses Sich-Gefühllos-Machen – hilft ihnen, über den ersten Schock hinwegzukom-men, ohne zusammenzubrechen, und ist deshalb eine sinnvolle Reaktion im Sinne einer Überlebensstrategie.

In einer zweiten Phase versuchen Frauen meist, sich über den Verstand zu wehren: Sie zweifeln die Realität an. Alles erscheint ihnen wie ein böser Traum; sie stellen die Aussagen des Kindes in Frage, suchen nach Grün-den, warum das alles nicht wahr sein kann; sie ärgern sich über alles und jeden (Kind, Täter, sich selbst, die Informanten).

Danach brechen meist die Gefühle über die Mütter herein: Die Frauen machen sich Vorwürfe: »Ich hätte es merken müssen... Ich habe mein Kind nicht geschützt... Folglich bin ich eine schlechte Mutter.« Auch fühlen sich die Frauen verletzt und betrogen – sowohl durch den Täter, der sie hinterging, als auch durch das Kind, das sich ihnen nicht anver-traute. Eifersuchtsgefühle kommen auf: »Warum wurde eine andere bevorzugt?... Bin ich als Frau unattraktiv?« Diese Eifersuchtsgefühle sind nicht nur für Außenstehende, sondern auch für die Mütter selbst nur schwer zu verstehen und zu akzeptieren – und deshalb meist wiederum mit Schuldgefühlen verbunden. »Wie kann ich nur als erwachsene Frau mit einem Kind konkurrieren?... Ich darf doch nicht auf meine eigene Tochter/meinen Sohn eifersüchtig sein!« Die Frau steht in einem Konflikt zwischen ihren Gefühlen als Frau/Sexualpartnerin des Mannes und ihrer Rolle als Mutter – Haßgefühlen der Tochter gegenüber.

Immer wieder wird in Müttern ein nur allzu verständliches Rachebe-dürfnis wach: »Am liebsten würde ich dem 'werweißwas' antun!« Die Beziehung zu dem Partner, dem Täter, wird abrupt in Frage gestellt, Frau-en sind hin- und hergerissen zwischen dem Wunsch, den Täter zu schüt-zen und Haß- und Ekelgefühlen ihm gegenüber.

Aber auch Sorgen um die Zukunft bestimmen den Alltag der Mütter: »Was soll nur aus unserer Familie werden? ... Was kann und muß ich tun? ... Kann ich das überhaupt bewältigen?« Das Bekanntwerden des Mißbrauchs hat häufig Konsequenzen, und so fürchten Frauen nicht sel-ten, daß ihnen ihr Kind genommen wird und die ganze Familie auseinan-derbricht. Sie sorgen sich um das Kind: »Vielleicht ist meine Tochter/mein Sohn jetzt für immer geschädigt!« und: »Ob sie/er jemals wieder Vertrau-en zu mir haben wird?« Mütter zweifeln an sich und der Welt und schä-men sich für die »Schande in ihrer Familie«.

Mütter von Mißbrauchsopfern waren selbst häufig in ihrer Kindheit sexuellen Übergriffen ausgesetzt. Ihre Kindheitserlebnisse bestimmen ihr Verhalten in dem Sinne, daß sie später – natürlich unbewußt – oftmals Partner wählen, die zu Machtmißbrauch neigen. Sobald sie von der Ausbeutung ihres Kindes erfahren, werden ihre alten, verdrängten Erinnerungen wieder lebendig – gemeinsam mit den Demütigungen und der Gewalt, die sie selbst in der Partnerschaft erfuhren.

Somit befindet sich nicht nur das Mädchen/der Junge, sondern ebenso die Mutter in einer schweren seelischen Krise, wenn der Mißbrauch offengelegt wird. In dieser Zeit brauchen Mütter viel Verständnis, Zuwendung und Unterstützung, denn auch sie sind – indirekt – Opfer der sexuellen Gewalt gegen das Kind. Doch gerade in dieser extremen seelischen Belastungssituation erwarten Verwandte, Bekannte und Professionelle von Müttern schnelle und weitreichende Entscheidungen: Mütter sollen das Mädchen/den Jungen schützen, die Familie erhalten, sich vom Partner trennen, dem Kind bei der Bewältigung helfen, Verständnis für den Täter haben, ihr Leben in die Hand nehmen, sie sollen..., sie sollen..., sie sollen...! Von ihnen wird Übermenschliches erwartet und verlangt.

Erfahrungsgemäß reagieren Mütter – je nach Temperament – unterschiedlich auf das Bekanntwerden des sexuellen Mißbrauchs. Einige stecken den Kopf in den Sand und leugnen die Realität: »Meine Tochter hat eine lebhafte Phantasie... Mein Sohn lügt, er kann seinen Stiefvater sowieso nicht leiden und will ihm jetzt was anhängen...« Manche Frauen bagatellisieren den »Vorfall« und spielen die Fakten herunter: »Mein Mann hat das Kind doch nur aufklären wollen... So was gehört zur modernen Erziehung, man darf heutzutage doch nicht mehr so prüde sein... Ein bißchen Streicheln macht doch nichts; meine Tochter soll sich nicht so anstellen!« Andere Frauen stehen zu ihren Töchtern und Söhnen und wollen ihr Kind schützen, doch glauben sie häufig, die »Familienangelegenheit« durch ein Gespräch mit dem Täter regeln zu können. Eine Illusion, denn auch wenn der Täter ihnen hoch und heilig verspricht, daß »das« nicht mehr vorkommt, haben sie das Problem damit noch nicht aus der Welt geschafft. Einige Mütter akzeptieren die Tatsache des sexuellen Mißbrauchs. Doch weisen auch sie – ebenso wie breite Kreise der (Fach-) Öffentlichkeit – dem Opfer die Schuld zu: »Du reizt den ja auch immer!... Kein Wunder, wenn ein junges Mädchen halbnackt durch die Wohnung läuft!«

Viele Mütter handeln überstürzt, sprechen mit Personen, die für den Täter Partei ergreifen, oder erstatten sogar Strafanzeige... Und plötzlich sehen sie sich mit heftigsten Gegenreaktionen konfrontiert: Bedrohungen, finanziellen Erpressungen, Beschimpfungen, Anzeigen wegen Verleumdung bis hin zu körperlicher Gewalt. Selbst dann, wenn Mütter besonnen reagieren und sich an professionelle HelferInnen mit der Bitte um Unterstützung wenden, ist dies noch lange keine Garantie, daß sie das Opfer schützen können. Nicht selten machen Mütter auch heute noch mit Profis »bittere« Erfahrungen – so auch Frau M., die leider kein Einzelfall ist. Ihre Geschichte hat vielmehr exemplarischen Charakter für die Situation vieler Mütter, die den Mißbrauch benennen und ihr Kind schützen wollen:

Frau M., die sich von ihrem Mann getrennt hatte, erfuhr eines Tages von ihrem fünfjährigen Sohn, daß ihr Mann den Jungen bei den 14tägig stattfindenden Besuchskontakten mißbrauchte: »Der Papa steckt mir immer den Finger in den Po«. Das Kind versuchte auch mit allen Mitteln, die Kontakte zum Vater zu verhindern.

Frau M. nahm Kontakt zum Jugendamt auf; die dortige Mitarbeiterin wiegelte ab: »Das kann nicht sein, ihr Mann ist doch nicht schwul, der Junge bildet sich das ein«.

Die Mutter wandte sich daraufhin an das Vormundschaftsgericht, um das alleinige Sorgerecht zu beantragen und die Besuchskontakte zu unterbinden. Der Richter zeigte wenig Verständnis. »Ihr Mann ist doch Oberstudienrat, der macht so was nicht.« Weiterhin wurde ihr angeraten, in Anbetracht des noch nicht endgültigen Entscheids bezüglich des Sorgerechts nicht noch einmal zu versuchen, ihrem Mann »etwas anzuhängen«.

Zu Hause war die Situation inzwischen eskaliert: Der Junge näßte wieder ein, weinte und schrie, wenn der Vater ihn abholte. Die Mutter wandte sich wieder an das Jugendamt; die zuständige Sozialarbeiterin bot sich an, bei einem der Besuchstermine anwesend zu sein, den Nachmittag mit Vater und Kind zu verbringen. Frau M. war, wenigstens was diesen einen Kontakt betraf, beruhigt. Im nachhinein stellte sich jedoch heraus, daß die Sozialarbeiterin die beiden gerade bis vor die Haustür begleitete und dann alleine ließ.

Anschließend ging Herr M. in die Offensive: Er drohte seiner Frau eine Verleumdungsklage an und beantragte für sich das Sorgerecht über den Sohn mit dem Hinweis, Frau M. sei nicht in der Lage, das Kind zu erziehen, da sie psychisch krank sei. Daraufhin wagte sie es nicht mehr, die psychologische Beratung, die sie, kurz nachdem ihr der Mißbrauch an ihrem Jungen bekanntgeworden war, begonnen hatte, weiterhin in Anspruch zu nehmen.

Als Herr M. anfing, das Kind frühzeitig vom Kindergarten abzuholen, legte sie der Erzieherin das Problem dar und bat sie, zukünftig das Kind nicht mehr mit ihrem Mann gehen zu lassen. Diese weigerte sich mit dem Hinweis, daß der Vater genauso erziehungsberechtigt sei wie die Mutter, und begegnete Frau M. fortan feindselig. Offensichtlich informierte sie auch die anderen Mütter über die Frau, die ihrem Mann so was anhängt, denn Frau M. wurde von da an, wenn sie das Kind abholte, von den anderen geschnitten.

Frau M. geriet immer mehr in Isolation und sah sich schließlich gezwungen, mit ihrem Sohn in eine andere Stadt zu ziehen.

Bisher haben sich nur wenige professionelle Helferinnen mit der speziellen Situation der Mütter von Mißbrauchsopfern wirklich vertraut gemacht und sind in der Lage, ihnen angemessene Unterstützung anzubieten. Bis heute ist es ein Glücksfall, wenn eine Mutter eine Beraterin findet, die ihr eine verständnisvolle und kompetente Hilfe anbieten kann.

Was Mütter brauchen, wenn sie vom Mißbrauch ihres Kindes durch den Lebenspartner erfahren...

Die Sicherheit des Mädchens/Jungen hat in der Arbeit mit sexuellem Mißbrauch immer höchste Priorität. Und da die sexuelle Ausbeutung von Mädchen und Jungen eine Wiederholungstat ist, kann der Schutz des Kindes nur durch die räumliche Trennung des Täters vom Opfer gewährleistet werden – insbesondere wenn der Mißbraucher mit dem Kind zusammenlebt. Allerdings erklären Täter sich nur selten bereit, die gemeinsame Wohnung zu verlassen, und so stehen Mütter bei Bekanntwerden der sexuellen Gewalt durch den Partner vor einer schweren Entscheidung. Die wenigsten Frauen haben die Kraft, den Lebensgefährten ad hoc »vor die Tür zu setzen«; auch gibt es in der BRD noch nicht – wie in anderen Ländern – gesetzliche Regelungen, daß der Täter per einstweiliger Anordnung – beantragt von Dritten – sofort die gemeinsame Wohnung zu verlassen hat. Betroffene Mütter brauchen in dieser Krisensituation Beraterinnen, die ihnen mit viel Geduld und Verständnis zur Seite stehen, ihre ambivalenten Gefühle gegenüber dem Kind und dem Täter akzeptieren, sie nicht überfordern, ihnen jedoch zunächst »handfest« bei der konkreten Alltagsbewältigung (Behördengänge usw.) zur Seite stehen. Eine Aufarbeitung der emotionalen Konflikte können Mütter in dieser Situation sicherlich noch nicht leisten. Im Vordergrund steht zunächst einmal die Unterbringung von Mutter und Kind, die Sicherung des Lebensunterhalts und die Klärung, inwieweit Verwandte und Bekannte sich auf die Seite von Mutter und Opfer stellen... Häufig müssen Frauen und Kinder vorübergehend mit Notlösungen vorlieb nehmen (z.B. Frauenhaus), denn kaum eine Kommune verfügt über eingerichtete Wohnungen, in denen Basisfamilien (Mütter und Kinder) in Notsituationen für einige Zeit leben können.

In jedem Fall aber muß schnell gehandelt werden, denn sobald der Täter von der Offenlegung seines Verbrechens erfährt, wird er Frau und

Kind verstärkt unter Druck setzen; er versucht, die sexuelle Gewalt wieder »unter den Teppich zu kehren« (s. Kapitel VIII).

Nicht immer sind Mütter in der Lage, sich parteilich vor die Opfer zu stellen und deren Schutz zu gewährleisten. In diesen Fällen müssen die betroffenen Mädchen und Jungen außerhalb der Familie untergebracht werden – meist in einem Heim, denn nur selten können Verwandte oder Bekannte der Familie das Kind in ausreichendem Maße gegenüber den Reaktionen des Täters abschirmen. Wird ein Mädchen/Junge notgedrungen gegen den Willen der Mutter fremduntergebracht, so kann die Beraterin des Kindes keinesfalls gleichzeitig die Vertrauensperson der Mutter sein. Auch wenn die Frau sich auf die Seite des Kindes stellt, braucht sie dennoch eine eigene parteiliche Beraterin – sie braucht einen Menschen, der ihr hilft, ihre eigenen Gefühle zuzulassen. Ihre Interessen stimmen dabei nicht unbedingt mit denen des Kindes überein. Es hat sich in der Praxis immer wieder gezeigt, daß professionelle Helferinnen sich überfordern, wenn sie gleichzeitig Mutter und Kind gerecht werden wollen. Die Arbeit im Team – eine Beraterin für die Mutter, einE BeraterIn für die Tochter/den Sohn – ist Voraussetzung für eine parteiliche Arbeit für Opfer und Mutter.

Die Mutter muß sich in jedem Fall auf eine vollkommen veränderte Lebenssituation einstellen. In dieser Phase ist es für den Aufbau eines tragfähigen Beratungsverhältnisses von besonderer Wichtigkeit, daß die Beraterin die Bedürfnisse der Mutter ernst nimmt und akzeptiert, wenn diese die alltäglichen Dinge (z.B. Finanzen, Einrichtung, Arbeit) – und fast ausschließlich diese – in den Vordergrund stellt und regelt. Ein solches Verhalten ist nicht (nur) eine Ablenkung von dem »eigentlichen« Problem, sondern eine gesunde Überlebensstrategie der Frau, denn erst wenn sie sich wieder sicher fühlt (»ihren Alltag im Griff hat«), wird sie die notwendige Ruhe und Kraft finden, um sich mit sich selbst und den eigenen Gefühlen auseinandersetzen zu können.

Die Beraterin muß intensiv ihr eigenes Mutterbild reflektiert haben, um nicht selbst in emotionale Über-Reaktionen zu verfallen, wenn z.B. eine betroffene Mutter sich einerseits schuldig fühlt, weil sie ihre Tochter nicht geschützt hat, und gleichzeitig Eifersuchtsgefühle gegenüber dem Mädchen empfindet – die Kleine als Konkurrentin sieht. Auch in dieser Phase der emotionalen Aufarbeitung gehört es zu den »goldenen Regeln« für die Beratungsarbeit, der Mutter viel Zeit für die eigene Entscheidungsfindung zu gewähren – selbst wenn äußere Bedingungen scheinbar schnelle Reaktionen erfordern. Weder der Frau noch dem Kind hilft es, wenn sie in einer Zeit des emotionalen Aufruhrs zu Entscheidungen gedrängt wird, zu denen sie später eventuell nicht mehr stehen kann.

Für die Mütter ist meist eine Welt zusammengebrochen; nicht nur, daß sie mit den eigenen Gefühlen ins reine kommen müssen, sondern auch fast alle für sie bedeutsamen Beziehungen bedürfen einer Klärung – die zu dem Kind/den Kindern, zum Partner, zur Verwandtschaft, zum Freundeskreis usw. Bekanntermaßen löst die Offenlegung des Mißbrauchs auch im Umfeld der Familie heftigste Reaktionen aus. Im schlimmsten Fall gerät die Mutter als Sündenbock ins Kreuzfeuer der Kritik: »Du bist eine schlechte Mutter!... Du bringst Schande über die Familie, denn du hast zugelassen, daß jetzt alle wissen, was passiert ist!... Du willst ja nur deinem Mann eins auswischen!... Du bist ihm eine schlechte Frau gewesen, sonst hätte der es doch nicht nötig gehabt, sich an dem Kind zu vergreifen!...«; so einige der Beschuldigungen, mit denen Mütter von vielen Seiten bombardiert werden. Manchmal werden Mütter nicht offen angegriffen und geraten dennoch in die soziale Isolation: Verwandte, Freunde und Nachbarn meiden sie – ihnen ist das Thema »sexueller Mißbrauch« zu bedrohlich. Und so machen sie um Mutter und Opfer einen großen Bogen und brechen gegebenenfalls den vertrauten Kontakt ab, um weiterhin ihre eigenen Scheuklappen gegenüber der alltäglichen Gewalt aufrechterhalten zu können.

In der Beratung sollte daher geklärt werden, welche Menschen aus dem sozialen Umfeld die Mutter unterstützen und wie die Beziehungen zu ihnen intensiviert werden können. Andererseits braucht die Frau Rückendeckung, um sich vor Vorwürfen von Dritten schützen und sich innerlich von diesen distanzieren zu können – besonders dann, wenn diese von sehr nahen und geliebten Bezugspersonen erhoben werden.

Auch ein klärendes Gespräch zu dritt (Mutter, Bezugsperson, Beraterin) kann hilfreich sein. Erfahrungen zeigen immer wieder, daß gerade Frauen aus dem Umkreis der Mutter, die zuerst vorwurfsvoll reagiert haben, nach einem Dreiergespräch mehr Verständnis für deren Situation aufbringen, sie tatkräftig unterstützen bzw. zumindest nicht mehr mit Vorhaltungen belasten.

Die Klärung der Beziehung zum Täter nimmt einen weiten Raum in der Beratung der Mutter ein. Auf den ersten Blick mag es verwundern, daß Frauen meist stärker mit ihrer Partnerschaft zum Täter beschäftigt sind als mit ihrer Beziehung zum Kind, bei genauem Hinsehen und -hören wird das Verhalten der Mütter jedoch verständlicher, denn ihr ganzes bisheriges Leben steht in Frage: »Es kann doch nicht sein, daß ich so jemanden liebe/geliebt habe!... Was ist mit mir los, daß ich mich jahrelang getäuscht habe?« Auch die ambivalenten Gefühle zum Täter belasten die Frauen: »... aber ich liebe ihn doch!... Er hat auch viele gute Seiten.« Häufig suchen sie nach Entschuldigungen für das Verbrechen des Partners:

»Sicher wußte er nicht, daß Kindern ‚das' schadet... Er wollte das Kind nur aufklären!« Und immer wieder kommt es zum scheinbaren »Rückfall« der Mutter: »Ich glaube das alles nicht. Das wird sich alles als Irrtum herausstellen!« In der Regel dauert es auch bei intensivster Beratung und/oder Therapie eine lange Zeit, bis Mütter den Mißbrauch des Kindes durch den eigenen Partner als Realität anerkennen können, denn sie stehen bei Bekanntwerden der Tat vor den Trümmern ihres bisherigen Lebens. Wie sie sich auch entscheiden – für das Kind oder den Täter –, der sexuelle Mißbrauch hat eine Realität gesetzt, die alle Beziehungen der Frau beeinflußt: Entscheidet sie sich für das Kind, so muß sie sich mit dem Verlust des Partners auseinandersetzen – eine schmerzhafte Entscheidung, ganz gleich, was auch immer geschehen ist; entscheidet sie sich für den Partner, so verliert sie ihr Kind – eine sicherlich ebenso schmerzhafte Entscheidung. Die Mutter wird also hin und her gerissen zwischen ihrer Rolle als loyaler Ehefrau, die »in guten wie in schlechten Zeiten« zu ihrem Mann zu stehen hat, und ihrer Rolle als Mutter, die ihre Kinder vor jeglicher Gefahr schützen soll. In jedem Fall erlebt sie sich als Versagerin und Verliererin.

Die Beraterin sollte ihr Hauptaugenmerk auf die Stärken der Mutter richten, ihr diese bewußt machen und ihr dabei helfen, sie weiter zu entwickeln. Krisensituationen können bislang ungeahnte Kräfte freisetzen. Viele Mütter nehmen – nachdem sie den ersten Schock überwunden haben – ihr neues Leben beherzt in die Hand. Mit Unterstützung von Menschen, die zuhören, mitfühlen, sie entlasten und ihnen immer wieder Mut machen, gewinnen Frauen oft mehr Autonomie und Selbstvertrauen als sie jemals zuvor hatten. Gibt es einen besseren Schutz der Kinder vor weiteren sexuellen Übergriffen als das Beispiel einer Mutter, die selbstbewußt ihr Leben meistert?

Literaturempfehlung:
Enders, Ursula/Stumpf, Johanna: Mein Kind wurde sexuell mißbraucht.
Mütter melden sich zu Wort. Köln 1996

URSULA ENDERS / JOHANNA STUMPF
WENN MÜTTER ERFAHREN, DASS IHRE TOCHTER/IHR SOHN SEXUELL
MISSBRAUCHT WURDE ...

1. Die Mutter muß angenommen und ernstgenommen werden.
2. Viele Mütter wurden selbst als Mädchen sexuell mißbraucht. Ebenso wie die eigenen schmerzhaften Erlebnisse haben sie den Mißbrauch an der Tochter/am Sohn verdrängt, haben die Hinweise des Kindes nicht verstehen können. Sie brauchen Verständnis für ihr Verhalten und die Möglichkeit, sich über eigene Erfahrungen aussprechen zu können.
3. Zunächst muß die konkrete Situation geklärt werden. Die eigenen Mißbrauchserfahrungen können erst später aufgearbeitet werden. Deshalb ist es wichtig, daß die Beraterin die Frau ernst nimmt, aber auch gegebenenfalls das Tempo verlangsamt.
4. Die Mitteilung über den Mißbrauch versetzt die Mutter häufig in einen Schockzustand, (zeitweilige) Handlungsunfähigkeit und/oder Depression sind oft die Folge. In einigen Fällen besteht Suizidgefahr.
5. Mütter brauchen Verständnis. Sie machen sich häufig Vorwürfe, daß sie ihr Kind nicht geschützt haben. Gleichzeitig sehen sie die Tochter als Konkurrentin, sind eifersüchtig auf sie.
6. Es muß abgeschätzt werden, wie die Umwelt (Verwandtschaft, Freundeskreis, Geschwister, Nachbarschaft usw.) reagiert!
7. Die Stärken der Mutter müssen herausgearbeitet werden. (Was hat sie in anderen Bereichen für ihre Tochter/ihren Sohn geleistet? Welche Fähigkeiten und Interessen hat sie selbst? Wie meistert sie ihr Leben?) Die Mutter darf nicht auf ihr Versagen als Mutter, nicht auf den sexuellen Mißbrauch reduziert werden.
8. Es müssen Verbindungen zwischen den Stärken von Mutter und Tochter/Sohn hergestellt werden!
9. Was hindert die Mutter an der Trennung vom Partner? Die Mutter braucht Zeit, um sich zwischen Tochter/Sohn und Partner zu entscheiden. Respektiere, wenn sie sich für den Partner entscheidet!
10. Die Mutter braucht Informationen und alltagspraktische Hilfen (in rechtlichen Fragen, im Umgang mit Ämtern, in Erziehungsfragen...).

11. Die Mutter braucht Unterstützung bei Erziehungsfragen!
12. Der Mutter muß die Verantwortung für ihr Leben gelassen werden.

XIV
SICHERE ORTE NIRGENDWO?
SEXUELLE GEWALT IN INSTITUTIONEN

INGE SODERMANNS/URSULA ENDERS
AUSBEUTUNG STATT HEILUNG
SEXUELLE GEWALT IN DER THERAPIE

»Sexuelle Ausbeutung erwachsener Frauen und Männer durch Therapeuten – das gibt es doch nicht! ... Vielleicht meint der Therapeut es doch ehrlich und liebt sie wirklich!? ... Die hat den doch bestimmt mit weiblicher Raffinesse verführt! ... Vermutlich ist das Gerede Produkt der krankhaften Phantasie frustrierter Klientinnen! ...«

Die Diskussion über sexuelle Gewalt in der Familie und in Institutionen der Jugendhilfe läßt alte Mythen wieder lebendig werden. Auch die Aufdeckung der sexuellen Ausbeutung durch Therapeuten (Therapeutinnen) wird begleitet von zahlreichen Stimmen, die das Problem bagatellisieren bzw. die Täter von deren Schuld »reinzuwaschen« versuchen. Doch die Fakten lassen sich nicht mehr unter den Teppich kehren. Die Aussagen einzelner Opfer werden bestätigt durch zahlreiche empirische Untersuchen (z.B. Pope u.a. 1979, Gartell u.a. 1986, Petra 1990, Bossi 1994), die belegen, daß sexuelle Ausbeutung in der Therapie weitaus häufiger vorkommt, als noch vor wenigen Jahren gemeinhin angenommen. 10 bis 12 Prozent aller männlichen Therapeuten haben nach *eigenen* Angaben »sexuelle Beziehungen« zu Klientinnen (Pope u.a. 1979, de Rossi u.a. 1987, zit. n. Wirtz 1994). Bei Frauen liegt der Anteil der Täterinnen bei etwa 2 bis 3,5 Prozent (ebenda). Auch wenn Therapeutinnen damit ein größeres Maß an ethischer Verantwortung zeigen als ihre männlichen Kollegen (und z. B. eher einen Klienten ablehnen, von dem sie befürchten, daß sie sich in ihn verlieben könnten/vgl. Bachmann/Böker 1994), ist sexuelle Gewalt durch Therapeutinnen damit keinesfalls der »exotische Ausnahmefall«.

Wer aber sind die Täter (Täterinnen)? Beinahe tröstlich wäre der Gedanke, vor allem junge, unerfahrene, schlecht ausgebildete Therapeuten neigten dazu, die notwendigen Grenzen in der therapeutischen Situation zu mißachten. Doch dem ist nicht so: Bei den Tätern handelt es sich vor allem um »gestandene« – d.h. gut ausgebildete und berufserfahrene – Fachleute und Familienväter. Oftmals nutzen sie ihre gesellschaftliche Position (Lebenserfahrung und Status z.B. als Lehrtherapeut/-analytiker und Ausbilder), um jeden Zweifel an ihrer Integrität zu zerstreuen. Ihr Durchschnittsalter liegt über 40 Jahre (die 40- bis 49jährigen bilden die größte Gruppe). Die Opfer sind in der Regel zehn bis 15 Jahre jünger. (Fischer/Becker-Fischer 1994)

Die Mehrheit empirischer Untersuchungen weist mißbrauchende Therapeuten eindeutig als Wiederholungstäter aus (vgl. Wirtz 1994/Holroyd/Brodsky 1977: 80 Prozent Wiederholungstäter). Deshalb ist die von den meisten Tätern bei der Konfrontation mit den von ihnen verübten Gewalttaten als »Ent-schuld-igung« vorgetragene Erklärung, sie hätten sich zum Zeitpunkt des Übergriffs in einer »persönlichen Lebenskrise« befunden, nur von beschränktem Erklärungswert (vgl. Wirtz 1994). Die Annahme einer solchen »Ursachenanalyse« ginge damit davon aus, daß sich mißbrauchende Therapeuten (Therapeutinnen) in einem »Dauerzustand persönlicher Krisen« befänden. Vielmehr ist die (sexuelle) Ausbeutung von KlientInnen in der Regel das Ergebnis einer vom Therapeuten geplanten Manipulation, die die Klientin/den Klienten für die eigene (sexuelle) Bedürfnis-Befriedigung instrumentalisiert. Sie darf keineswegs als »Ausrutscher« persönlich und fachlich überforderter Helfer bewertet werden, denn nicht zuletzt die Berichte mehrerer Opfer eines Täters (einer Täterin) lassen die »Systematik der Verführungsstrategie« mißbrauchender Therapeuten erkennen.

»Ist es nicht übertrieben, davon zu sprechen, daß Therapeuten KlientInnen ausbeuten? Handelt es sich hier doch um Erwachsene, die selbst entscheiden können, was sie wollen und was nicht!« Eine solche Einschätzung läßt die Asymmetrie und das Machtungleichgewicht in der therapeutischen Beziehung außer acht. Nicht nur, daß der Therapeut die Macht der Diagnose hat, er verfügt über eine entsprechende Ausbildung und besitzt einen Wissensvorsprung, denn die/der KlientIn offenbart sich, eröffnet die eigenen Gefühle, Gedanken, Verletzlichkeiten und Sehnsüchte, ohne entsprechende Informationen über das Gegenüber zu bekommen. In der Regel kommt sie/er in einer belastenden Lebenssituation in die Therapie und erhofft sich Hilfe bei der Lösung der Probleme. D.h. die/der KlientIn soll sich öffnen, gelernte Kontrollmechanismen und Widerstände aufgeben, sich auf ein therapeutisches Setting und eine Methode einlassen – häufig ohne entsprechende Kenntnisse und Vergleichsmöglichkeiten – und sich nicht zuletzt dem Menschen anvertrauen.

Der Therapeut entscheidet letztlich über die Aufnahme der Therapie. Er bestimmt nicht nur den äußeren Rahmen (z.B. Sitzordnung, Frequenz, Termine), sondern legt ebenso die Methoden und z.T. auch die Inhalte der Therapie fest. Auch liegt es weitgehend in seiner Macht, die Therapie zu beenden. Dieses Machtgefälle nutzen mißbrauchende Therapeuten (Therapeutinnen) bewußt oder unbewußt dazu, um eigene Bedürfnisse (Wünsche nach sozialem Kontakt, Nähe, Liebe, Sexualität, Macht ...) zu befriedigen.

Die Gefahr einer solchen Verstrickung ist nicht neu. Schon die Ärzte der Antike kannten das Problem der sexuellen Ausbeutung. Daher führten sie den bis heute praktizierten Eid des Hippokrates ein, der den Arzt u.a. ausdrücklich verpflichtet, »ein Haus nur zum Heil des Kranken zu betreten und sich jeglicher Verführung von Frauen und Mädchen, von Freien und Sklaven zu enthalten«.

Auch Sigmund Freud versuchte durch das von ihm aufgestellte Abstinenzgebot, alle den Entwicklungsprozeß der Klientin/des Klienten störende Faktoren auszuschließen. Hierzu zählte der Begründer der Psychoanalyse u.a. auch den Verzicht auf das Erteilen von Ratschlägen, Tips und praktischen Hilfestellungen durch den Therapeuten – auch dann, wenn die Klientin/der Klient darum bittet. Hintergrund dieses fachlich nur allzu begründeten freudschen Abstinenzgebotes sind durch den therapeutischen Prozeß ausgelöste Übertragungsphänomene. Durch die unkonventionelle Kommunikationsstruktur im therapeutischen Setting werden frühere, z.T. verdrängte Wünsche, Triebimpulse und Beziehungserfahrungen der Klientin/des Klienten aktiviert und an dem neuen, gegenwärtigen Objekt – dem Therapeuten/der Therapeutin – festgemacht. Ziel der Therapie ist es, den Wiederholungscharakter zu erkennen und den zugrundeliegenden Konflikt zu bearbeiten. Die Struktur therapeutischer Beziehungen bedingt es, daß auch (inzestuös ödipale) Liebesbedürfnisse übertragen werden. Antwortet beispielsweise ein Therapeut (eine Therapeutin) auf den wiedererwachten kindlichen Wunsch der Klientin/des Klienten nach Beachtung und Zärtlichkeit mit der Sprache der Erwachsenensexualität, so ist dies die Ausnutzung eines Machtungleichgewichtes – und damit eine Form der sexuellen Gewalt, die mit sexuellem Kindesmißbrauch vergleichbar ist. Diese Erfahrung hat für das Opfer vergleichbare Folgen und schädigt Frauen und Männer mit früheren Gewalterfahrungen in besonders gravierender Weise. Das Gewaltpotential der Täter wird deutlich, wenn man sich vor Augen führt, daß die meisten Täter »gestandene« Therapeuten sind, die aufgrund ihrer fachlichen Qualifikation sehr wohl um die Konsequenzen ihres Handelns wissen und die Schädigung des Opfers dennoch billigend in Kauf nehmen. Ebenso wie Kindesmißbraucher bagatellisieren sie ihre Taten und »pflegen« u.a. das Selbstbild des »Vergewohltätigers«

(»Damit du mal erfährst, was Liebe heißt.«). Andere Argumente ähneln denen der Pädophilen, die vorgeben, die kindliche Sexualität zu fördern. In der Sprache der Therapie wird dementsprechend z.B. die sexuelle Ausbeutung als »Sexualtherapie mit praktischen Übungen« umbenannt. Einige mißbrauchende Therapeuten versuchen, sich selbst als »armen Schlucker« zu sehen, der den Verführungen der Klientin/des Klienten nicht widerstehen konnte. Eine solche Sichtweise leugnet die realen Machtverhältnisse: Sie macht die wahren Opfer zu Tätern und die tatsächlichen Täter zu Opfern.

Sexuelle Gewalt beginnt im Kopf – d.h. mit einer veränderten Einstellung des Therapeuten zu seinen sexuellen Phantasien (vgl. Peter Rutter 1991). Durch geplantes und systematisches Vorgehen prüfen Täter (Täterinnen), ob sich das jeweilige Gegenüber als Objekt der eigenen Bedürfnisbefriedigung »eignet«. Die Verpflichtung zum gemeinsamen Nacktbaden als Voraussetzung für die Teilnahme an der Gruppentherapie läßt z.B. selbstbewußtere KlientInnen aufhorchen, andere können sich gegen den Gruppendruck nicht wehren. Mißbrauchende Therapeuten schätzen u.a. mit Blicken ab, inwieweit ihre sexuelle Begierde Erwiderung findet. Die eigene Neugier und das voyeuristische Interesse an sexuellen Details kann über die intensive – und wieder durch das therapeutische Setting legitimierte – Befragung nach dem Sexualleben der Frau/des Mannes und den möglichen Phantasien den Therapeuten betreffend befriedigt werden. Die Reaktionen der Klientin/des Klienten auf die Reduzierung der körperlichen Distanz, »zufällige« Berührungen und zweideutige Anspielungen (»Bei Ihnen könnte ich auch nicht nein sagen.«) werden überprüft; bei evtl. Widerspruch kann die Situation ggf. per Definitionsmacht des Therapeuten als Mißverständnis erklärt oder als »Nähe-Distanz Problem« der Klientin/des Klienten dargestellt werden (»Du hast Schwierigkeiten mit ganz normaler körperlicher Nähe. Daran müssen wir arbeiten!«).

In den meisten Fällen stellen die Täter (Täterinnen) in einem nächsten Schritt eine »Pseudovertrautheit« – eine »besondere Beziehung« her. Sie verdrehen die Rollen und vertrauen der Klientin/dem Klienten eigene Probleme an, erwecken Mitleid und/oder klagen über die »emotionale Kälte und sexuelle Frigidität der Ehefrau«, berufliche Sorgen, Konflikte mit den Kindern ... Dabei negieren sie die ihnen von der Klientin/dem Klienten entgegengebrachte emotionale Nähe als Ergebnis einer positiven Übertragung in der therapeutischen Situation und nutzen diese für ihre persönlichen Interessen, sonnen sich sogar in der ihnen entgegengebrachten Bewunderung (»Du bist ja total verliebt in mich!«). Sie deuten damit die Frau/den Mann – die/der u.U. ein solches Verhalten auch tatsächlich als Antwort auf die sexuelle Herausforderung zeigt – als aktiv verführend.

Durch die Umkehrung der Verantwortlichkeiten wird der Klientin/dem Klienten Schuld zugewiesen. Das im Rahmen der Therapie gewonnene Wissen über die Verletzlichkeiten des Opfers garantiert dem Täter zudem dessen Verschwiegenheit, wenn diese nicht ohnehin »per Vertrag« sichergestellt wird. Die sexuellen Phantasien des Therapeuten werden nun als vermeintliche Phantasien der Klientin/des Klienten »bearbeitet« – sprich: konkretisiert – und die praktischen Konsequenzen reflektiert. Rechtfertigungen wie die oben dargestellten Szenarien (z.B. »wahre Liebe« oder »Sexualität als wichtiger Bestandteil der Therapie«/vgl. Rutter 1991) werden genutzt, um die Grenzüberschreitung zu legitimieren. Es beginnt entweder eine Doppelbeziehung, d.h. Therapie und Sexualität mit Verabredungen außerhalb oder die Sexualität wird im Rahmen der u.U. von der Kasse bezahlten Therapiesitzung realisiert. Wissenschaftliche Untersuchungen belegen durchgängig, daß viele Täter zum eigenen Schutz die Therapie abrupt als beendet erklären, um dann auf einer vermeintlich partnerschaftlichen Ebene eine sexuelle Beziehung aufzunehmen. Ein solches Vorgehen mißachtet die emotionale Situation des Opfers, denn wie der Vater-Tochter-Inzest nicht legitim wird, wenn die Tochter das Haus verlassen hat, ist ein Therapieabbruch zum Zwecke der sexuellen Kontaktaufnahme ein ebenso klarer Fall sexueller Ausbeutung (vgl. Bossi 1994).

Bei ihren ersten Grenzüberschreitungen lassen Therapeuten oftmals noch eine gewisse »Vorsicht« walten und wägen ihre Vorgehensweisen mit Blick auf die eigene Sicherheit noch genauestens ab. Mit der zunehmenden Routine des Wiederholungstäters perfektionieren die meisten von ihnen die »Strategien der Beschaffungskriminalität«! (Vgl. Kapitel VIII)

Noch immer spiegeln sich in den (Fach-)Diskussionen über sexuelle Gewalt in der Therapie die romantisierenden Erklärungen der Täter wider. So wird meist über die »sexuelle Beziehung« zwischen Therapeut und Klientin gesprochen. Auch wird den Betroffenen schon auf der sprachlichen Ebene der Opferstatus aberkannt, in dem die Täter zwar als solche benannt werden, der Begriff »Opfer« aber kaum Verwendung findet. Grob vernachlässigt werden auch in der Fachliteratur andere Formen der Ausbeutung, z.B. daß (sexuell mißbrauchte) KlientInnen für Haus- und Gartenarbeit oder als Bürokräfte und Babysitter benutzt werden. Noch heute ist der fachliche Diskurs zudem von blinden Flecken geprägt, die subtile und brachiale Formen sexueller Gewalt ausblenden, die unabhängig von einer »besonderen Beziehung« durch Therapeuten initiiert und/oder ausgeführt werden. Immer wieder berichten einzelne Frauen und Männer davon, daß Therapeuten sie zum Drogen- und Alkoholkonsum verleiteten bzw. ihren Widerstand mit Hilfe von Hypnosetechniken brachen. Nicht selten »verordnen« Therapeuten auch heute noch Gruppensex als »therapeutische Methode« und geben selbst »praktische Anleitung«. Ein junger Mann sprach z.B. gegenüber »Zartbitter Köln« davon, daß ein Therapeut von ihm die Entjungferung einer anderen Klientin verlangte, »um der Frau zu helfen«. Als der Klient dem nicht nachkommen wollte und konnte, erledigte der Therapeut »höchst persönlich die Aufgabe« – im Beisein des erstarrten Klienten. In diesem Fall wurde der Mann eindeutig vom Therapeuten als ausführendes Organ und Augenzeuge dessen sadistischer Lust instrumentalisiert.

Schweigegebote (z.B. schriftliche Erklärung, nichts über die »Therapie« nach außen dringen zu lassen), Drohungen und Einschüchterungen gehören zum Verhaltensrepertoire vieler Täter. Dabei setzen Therapeuten KlientInnen nicht nur mit der vermeintlichen Verantwortung für das eigene Schicksal unter Druck (»Wenn du darüber redest, bin ich beruflich ruiniert ... muß ich mit einem Prozeß rechnen ... geht meine Ehe in die Brüche ...«), sondern nutzen ebenso ihre Macht der Diagnose: Sie drohen KlientInnen mit Pathologisierung und mit Einweisung in Kliniken (»Dir als Patientin glaubt doch sowieso niemand!«, »Wenn du nicht mitmachst ... den Mund hältst ... dann, bescheinige ich dir eine Psychose ... weißt du, wo du landest?! ...«).

Nur in sehr seltenen Fällen ist das eigentliche sexuelle Erleben für die Frauen angenehm. Die Mehrzahl fühlt sich zu Recht benutzt und gedemütigt. Z.T. werten die Therapeuten ihre Opfer auch offen ab (»Glaube nur nicht, daß ich jetzt in dich verliebt bin!«). Die Beschreibungen des eigenen Empfindens ähneln denen der Opfer von Vergewaltigungen.

Aus sexuellen Beziehungen zwischen Therapeut und Klientin entstehen fast nie längerfristige partnerschaftliche Liebesbeziehungen oder sogar Ehen. In der Regel ersetzt der Täter die Frau nach einer Weile durch eine andere Klientin, oder aber er mißbraucht parallel mehrere Klientinnen, meist ohne daß die eine von der anderen weiß.

Opfer von sexueller Gewalt in der Therapie verlieren durch die Ausbeutung nicht nur den Therapeuten, dem sie vertraut haben und in den sie ihre Hoffnungen auf Heilung und Ganzwerdung setzten. Zugleich leiden sie häufig unter dem Verlust ihrer Selbstachtung (»Wie konnte mir als erwachsene Frau nur so etwas passieren?!«), ihres Vertrauens in andere und ihres Lebensmittelpunkts, denn zu dem hatte sich der Therapeut gemacht.

Exkurs

Neben der Enttabuisierung des Gesprächs über als »Beziehung« getarnte »eindeutige« Formen sexueller Ausbeutung von KlientInnen und dem Schrecken über die gravierenden Folgen für die Opfer wird die kritische Auseinandersetzung mit subtileren Formen sexueller Gewalt in der Therapie nach wie vor auch in der Fachdiskussion grob vernachlässigt. Zwei Beispiele:

◆ Auch heute noch »legen einige Therapeutinnen KlientInnen an die Brust«. Dieses Vorgehen wurde bis in die achtziger Jahre von mehreren namhaften Ausbildungsinstituten verschiedener Schulen als therapeutische Intervention bei Regression »gelehrt«.

◆ In ihrem Buch »Wo Worte nicht reichen« »lehren« Besems und van Vugt (Begründer des Heel-Institutes für gestalttherapeutische Ausbildungen) u.a. die Berührung der erogenen Zonen der Klientin durch den Therapeuten als methodisches Vorgehen bei der therapeutischen Verarbeitung sexueller Gewalterfahrungen. Der Schutz der Klientin sei durch die Anwesenheit einer Therapeutin gesichert (s. Besens/van Vugt 1990. S. 64/65).

Gehen wir davon aus, daß in der Psychotherapie frühkindliche Hilflosigkeitserfahrungen aktiviert und an der Person des Therapeuten/der Therapeutin festgemacht werden, so werden Klientinnen eine derartige sexuell getönte Grenzüberschreitung ähnlich traumatisierend erleben, wie die sexuelle Ausbeutung durch den Vater, von der die Mutter (Therapeutin) nicht nur weiß und sie duldet, sondern sogar noch mitinitiiert.

Unabhängig davon, ob die Frau/der Mann selbst die Kraft findet, sich aktiv aus der Beziehung zu lösen, oder ob es zu einem Abbruch durch den Therapeuten kommt, die Auswirkungen der sexuellen Ausbeutung sind gravierend und mit denen nach innerfamilialem Mißbrauch vergleichbar (vgl. Kapitel VII). Pope und Bouhoutsos (1992) definieren ein sogenanntes »Therapeut-Patient-Sexsyndrom« mit akuten und chronischen Phasen. Dieses Syndrom umfaßt:

◆ Ambivalenz (dem Sexualkontakt und dem Therapeuten gegenüber)
◆ Schuldgefühle (»Ich hätte mich nicht verlieben/einlassen dürfen ...«)
◆ Einsamkeit (Verlust des »Partners«; Unfähigkeit, sich anzuvertrauen)
◆ Leere (Lebensmittelpunkt fehlt)
◆ kognitive Störungen (vor allem hinsichtlich Aufmerksamkeit und Konzentrationsfähigkeit) mit »flash backs«
◆ Identitäts- und Abgrenzungsverschiebungen

- Verlust der Fähigkeit zu vertrauen
- sexuelle Verwirrung (z.T. bis zur Unfähigkeit, Sexualität zu erleben)
- Stimmungsschwankungen bis hin zu z.T. schweren Depressionen
- unterdrückte Wut
- steigende Selbstmordgefahr.

In der Beratung betroffener Frauen werden noch weitere Folgen deutlich wie z.B. die Tendenz, den Mißbrauch zu bagatellisieren, nicht zu kontrollierende ständige Grübeleien, psychosomatische Beschwerden (z.B. Eßstörungen), Alkohol- und Medikamentengefährdung und nicht zuletzt die starke Belastung der Beziehungen zum Partner, zu Kindern, Freunden und Bekannten. Je stärker die Abhängigkeit und Wehrlosigkeit der Klientin/des Klienten war, um so größer ist die Schädigung. Einigkeit besteht in der neueren Forschung darüber, daß die Folgeschäden sexueller Gewalterfahrungen in der Therapie ebenso wie in der Familie mit denen eines »posttraumatischen Streßsyndroms« von z.B. Kriegsveteranen vergleichbar sind und z. T. erst mit erheblicher Verzögerung auftreten (vgl. z.B. Herman 1993 und Wirtz 1989). Die Bearbeitung der traumatischen Erfahrung kann erst beginnen, wenn die Frau/der Mann in der Lage ist, den Mißbrauch als solchen zu begreifen und zu benennen und das erlittene Leid zuzulassen. Ein schwerer Schritt – denn bis heute finden die Opfer kaum Unterstützung im öffentlichen Bewußtsein. Obgleich mindestens zwei Drittel aller TherapeutInnen von der sexuellen Gewalt eines Kollegen (einer Kollegin) wissen (Gartell, Herman, Olarte 1987), stellen sich nur wenige dem Thema. Mißbrauch in der Therapie ist überdies in der BRD bis heute kein eindeutiger Straftatbestand. Nach geltender Rechtsprechung kann die sexuelle Ausbeutung von KlientInnen nur strafrechtlich geahndet werden, wenn die Widerstandsunfähigkeit des Opfers nachgewiesen werden kann.

Sicherlich haben die Betroffenen die Möglichkeit, auf dem zivilrechtlichen Weg ihr Recht auf Schadenersatz einzuklagen, doch ist auch diese extrem anstrengende Prozedur erst einzelnen Frauen gelungen. Bleibt zu hoffen, daß (Fach-)Öffentlichkeit als auch Politik ihre Mittäterschaft im Sinne einer duldenden Mitwisserschaft aufgeben, über die sexuelle Ausbeutung in Therapien nicht länger schweigen und offen für die Opfer Partei ergreifen.

INGE SODERMANNS / URSULA ENDERS
»DAS WEIß DOCH JEDER!«
SEXUELLE AUSBEUTUNG DURCH EINEN
HOCHSCHULPROFESSOR DER PSYCHOLOGIE
– EIN FALLBEISPIEL –

Über Jahre hielt sich das Gerücht, ein in der LehrerInnen- und PsychologInnenausbildung tätiger Hochschulprofessor der Psychologie »nehme, was er bekommen könne«. Alle hatten davon gehört: DozentInnen, StudentInnen und die örtliche PsychologInnenszene, doch glaubte frau/man nicht, dagegen etwas tun zu können. Schnell erschöpften sich die Informationsquellen bei Nachfragen: Die einen wichen verschämt aus, andere mutmaßten, Studentinnen würden sich »so« Vorteile im Examen erhoffen, und wiederum andere wußten zumindest über verbale Übergriffe des Professors in Lehrveranstaltungen zu berichten: Ganz gleich, um welche Thematik es gehe, alle Veranstaltungen endeten bei dem Professor früher oder später beim Thema Sexualität, sei es in Berichten über Sexualpraktiken oder über seine Erlebnisse, daß er z.B. zu Hause im Bett mit seiner Tochter Mann und Frau spiele. »Doch ob das alles wirklich so stimmt, was der erzählt?« – eine Frage, mit der so manche (ehemalige) Studentin/mancher Student das Thema zu beenden versuchte, nicht selten ergänzt mit dem Hinweis auf das Renomee des Professors als Autor von Fachbüchern und Ausbilder u.a. in einem Institut für Hypnotherapie.

So wußte »es« zwar jeder, doch keiner tat etwas, d.h. StudentInnenschaft und Hochschulkollegium fühlten sich ohnmächtig bzw. nahmen die sexistischen Handlungen des Professors »billigend in Kauf«.

»Die Scham überwinden«

Vielleicht war es Zufall, wohlmöglich lag es jedoch in der großen Zahl der Opfer des Professors begründet, daß sich zwei der betroffenen Frauen in einer Selbsthilfegruppe von »Zartbitter Köln« kennenlernten, in der als Mädchen sexuell mißbrauchte Frauen gemeinsam Wege der Selbstheilung suchen. Die Vertrautheit in der Gruppe erleichterte es ihnen, über die mit unendlicher Scham behaftete Opfererfahrung als erwachsene Frau zu sprechen. Die bereits gewachsene Solidarität war die Basis, auf der sie beschlossen, der sexuellen Ausbeutung von Studentinnen und Klientinnen durch den Universitätsprofessor ein Ende zu setzen.

Die beiden mutigen Frauen »hörten sich um« und erfuhren schon bald von einer dritten ihnen persönlich bekannten Akademikerin, daß auch sie als Studentin und Klientin Zeugin sexueller Gewaltanwendung durch den Professor geworden war. Ebenso war uns hauptamtlichen MitarbeiterInnen von »Zartbitter Köln« der Name des Täters aus den sehr vorsichtigen Andeutungen mehrerer Studentinnen geläufig.

Die Ohnmacht überwinden!

Unsere Teamentscheidung, die Aufdeckung der sexuellen Ausbeutung von Studentinnen und Klientinnen durch den Professor der Psychologie zu unterstützen, begründete sich nicht zuletzt in der Sorge um den Modellcharakter des Täterverhaltens für die zukünftige LehrerInnen- und PsychologInnengeneration. Inzwischen hat die empirische Forschung hinlänglich bewiesen, daß TeilnehmerInnen von therapeutischen Ausbildungsgruppen, die »sexuelle Beziehungen« zu ihren Lehrtherapeuten hatten, in besonderem Maße gefährdet sind, selbst als TherapeutIn zu mißbrauchen. Nach Pope (1979) liegt die Quote bei 23 Prozent (zit. n. Fischer/Becker-Fischer 1994). Bajit (1989) kommt in seiner Untersuchung zu dem Schluß, daß die Mehrheit der Opfer von sexuellem Mißbrauch in der Therapie minderjährig ist. Das Alter der Mädchen variiert nach Bajit zwischen drei und 17 Jahren und bei Jungen zwischen sieben und 16 Jahren. Das Durchschnittsalter beträgt bei Mädchen 13 und bei Jungen zwölf Jahre (zit. n. Bossi 1994). Unseres Wissens liegt noch keine vergleichbare Studie über den Zusammenhang von Mißbrauchserfahrungen in der Ausbildung und späterer Täterschaft bei Pädagogen (Pädagoginnen) vor. Doch ist auch hier von einer vergleichbaren Dynamik auszugehen. Zumindest belegen zahlreiche Praxisbeispiele, daß ein im Studium »im Namen der Lehre« praktizierter Verbalsexismus nicht ohne Einfluß auf das spätere Berufsverhalten der StudentInnen bleibt. Sei es durch eine Übernahme des sexistischen Verhaltens in das eigene Verhaltensrepertoire bzw. die Legitimation eigener Übergriffe mit Verweis auf den »Lehrmeister«, oder aber durch die Tradierung des Gefühls der eigenen Ohnmacht (»Dagegen komme ich ja doch nicht an!«). Im konkreten Fall war davon auszugehen, daß ein großer Teil der StudentInnenschaft bereits in einer resignativen Haltung erstarrt war: »Das wissen doch alle ... Anscheinend ist es erlaubt ... Selbst der Rektor geht dagegen nicht vor« ... »Im Zweifelsfall gehe ich halt nicht allein zu dem in die Sprechstunde«. Auch im Sinne der Prävention schien es deshalb einen Versuch wert, die sexuelle

Gewalt durch den Professor nicht einfach billigend in Kauf zu nehmen und gemeinsam mit betroffenen Frauen, politisch engagierten StudentInnen und kritischen DozentInnen dagegen anzugehen.

Das eigene Vorgehen sorgfältig planen!

Für die Aufdeckung sexueller Gewalt gegen erwachsene Frauen in Institutionen lag uns kein Konzept vor. Die bekannten Erfahrungen bezogen sich ausschließlich auf die Begleitung einzelner Frauen, die von niedergelassenen Therapeuten und Ärzten sexuell ausgebeutet wurden. In dem konkreten Fall handelte es sich jedoch um einen Hochschulprofessor, der sich vermutlich der Solidarität einiger Kollegen sicher sein konnte und sich zudem auf die Fürsorgepflicht seines Arbeitgebers berufen würde. Wie aber würde die Hochschulleitung und das Wissenschaftsministerium im Falle eines Falles reagieren? Auch waren für uns die Reaktionen innerhalb der StudentInnenschaft nur schwer einschätzbar. Der Professor galt als recht beliebt, bot er doch im Vergleich zu den z.T. antiquierten Lehrveranstaltungen einiger Kollegen u.a. fortschrittliche Themen aus dem Bereich der Humanistischen Psychologie an.

Bei allem gesellschaftspolitischem Engagement war die oberste Prämisse unseres Vorgehens, das Wohl der Betroffenen nicht außer acht zu lassen. Auch wenn die Frauen sich dafür entschieden hatten, dem Täter Grenzen zu setzen und uns um Begleitung auf diesem Weg baten, hatten sie das Recht, uns jederzeit dieses »Mandat« zu entziehen.

Nur allzu leicht geraten professionelle HelferInnen bei der Aufdeckung sexueller Gewalt ins Agieren und verlieren den Kontakt zu der jeweils momentanen Befindlichkeit ihrer KlientInnen. Je spektakulärer der Fall, um so größer ist die Gefahr! Aus diesem Grunde arbeitet »Zartbitter Köln« bei der Aufdeckungsarbeit im Team mit klaren Aufgabenverteilungen: Eine Beraterin/ein Berater ist verpflichtet, stets die aktuelle Befindlichkeit der Klientin/des Klienten genauestens im Auge zu behalten, während die Kollegin/der Kollege der Planung der weiteren Interventionsschritte mehr Beachtung schenkt und wie im konkreten Fall vor allem die Außenkontakte übernimmt (Vernetzungsarbeit im Einzelfall). In der konkreten Arbeit gehen beide Arbeitsaufträge fließend ineinander über, doch lassen sich Arbeitsschwerpunkte ausmachen. So wurden auch im Fall des Professors die Verantwortlichkeiten im Team geklärt und nach jedem Schritt innegehalten, um gemeinsam mit unseren Klientinnen ein neues Teilziel zu definieren und deren aktuelle emotionale Befindlichkeit wahr- und ernstzunehmen, d.h. jeweils die Balance zwischen dem gesellschafts-

politischen Anspruch an unsere gemeinsame Arbeit und einer den individuellen Bedürfnissen und Wünschen der Frauen angepaßten Vorgehensweise neu zu finden. Fest stand allerdings von Anfang an, daß es den
Betroffenen nicht um die Erstattung einer Anzeige und eine strafrechtliche
Verfolgung des Täters ging, sondern darum, andere vor den von ihnen
gemachten Erfahrungen zu bewahren.

Solidarität suchen!

Einige Monate später hielt eine hauptamtliche Psychologin von »Zartbitter Köln« einen Vortrag über »Sexuelle Gewalt in der Therapie«. Der
Abend fand im Rahmen einer ansonsten gemischtgeschlechtlichen Veran-
staltungsreihe exklusiv für Frauen statt. Gezielt wurden niedergelassene
Therapeutinnen eingeladen, von denen wir uns sowohl ein Interesse an
der Thematik erhoffen konnten als auch die Bereitschaft, bei Bedarf einzelnen Frauen Therapieplätze zur Verfügung zu stellen. Schon die ersten
Kontakte mit Betroffenen hatten die Notwendigkeit einer Trennung von
Aufdeckungsarbeit und therapeutischer Begleitung deutlich gemacht.
Auch war es ein Anliegen, die Solidarität der Fachkolleginnen für unsere
Arbeit zu gewinnen, denn in der unabhängig von dem konkreten Einzelfall angestrebten Fachdiskussion über die sexuelle Ausbeutung in Therapien war mit einem scharfen Gegenwind zu rechnen. Die Täter verfügen
auch in (örtlichen) Fachkreisen über eine nicht zu unterschätzende Lobby!

Die Einladung für den Vortrag richtete sich ebenso an interessierte wie
an betroffene Frauen; sie wurde über Frauenprojekte, Presse und Plakate
u.a. auch im Hochschulbereich bekanntgemacht. Durch den Eindruck,
den sie von der Referentin gewinnen konnten, faßten einige Betroffene in
den darauffolgenden Wochen den Mut, bei »Zartbitter Köln« um Unterstützung zu bitten – u.a. zwei weitere Opfer des Hochschullehrers. Sie hatten die neben anderen Beispielen vorsichtig eingestreuten für diesen Täter
typischen Strategien erkannt und sich verstanden gefühlt.

Obgleich die von dem Professor mißbrauchten und uns bekannten Frauen
bereits einige Wochen zuvor über die geplante Veranstaltung informiert
wurden, trauten sich nur einige, daran teilzunehmen – zu groß war die
verständliche Angst davor, durch verletzende Diskussionsbeiträge erneut
gekränkt und/oder durch die Informationen an eigene bislang verdrängte
Gewalterfahrungen erinnert zu werden. Da jede Frau das Recht auf ihr
eigenes Tempo hat, wurden zögernde Frauen von uns in ihrem individuellen Entscheidungsfindungsprozeß – ob Teilnahme oder nicht – unterstützt.

Andere kamen, teils von Frauen aus den Selbsthilfegruppen oder von Freundinnen begleitet. Sie überzeugten sich von der Standfestigkeit der Referentin, und empfanden die Empörung des Publikums über die Machenschaften mißbrauchender Therapeuten als Unterstützung für ihr Vorhaben und als Anteilnahme an ihrem individuellen Leid – auch wenn sie sich klugerweise nicht als Betroffene »outeten«.

Dieser Abend war für die Frauen ein entscheidender, anstrengender Schritt auf dem langen Weg, der noch vor ihnen lag, und den weder sie noch wir in seiner ganzen Länge überschauen konnten. – Dennoch: Eine wichtige Hürde war genommen. Die Frauen hatten sich aus dem geschützten Raum der Beratung und Selbsthilfe herausgewagt. Die Referentin hatte stellvertretend für sie einzelne anonymisierte Erlebnisse öffentlich gemacht. Doch die Frauen waren sich sehr wohl der Möglichkeit bewußt, daß der Täter – von »Gerüchten« über unsere Aktivitäten vorgewarnt – möglicherweise seine SympathisantInnen geschickt hatte.

Diese Annahme wurde später bestätigt. Eine »Therapie-Assistentin« des Professors bezog sich auf den Vortrag und bewertete ihn als »Zartbitter-Hetzkampagne«. Der Hochschullehrer habe doch in der letzten Zeit die alten »Therapiemethoden« nicht mehr praktiziert. Wieder einmal zeigte sich, daß Mißbraucher sich zumindest etwas zurücknehmen (müssen), wenn das öffentliche Bewußtsein über das Unrecht ihrer Taten wächst und sie sich nicht mehr der Verschwiegenheit der Opfer als auch der »Akzeptanz« von Dritten sicher sein können. Doch darf man keinesfalls den Suchtcharakter eines Täterverhaltens unterschätzen und sich der Illusion hingeben, »ein Schuß vor dem Bug« reicht aus, um einen Mißbraucher zu stoppen. Auch viele Alkoholiker drosseln z.B. zwischendurch immer wieder ihren Konsum, »um sich und der Welt zu beweisen, daß sie ja doch ohne können«.

Langsam kommen wir schneller ans Ziel!

Wir Mitarbeiterinnen von »Zartbitter Köln« standen nun vor dem Problem, daß uns eine Vielzahl von Frauen Gewalterlebnisse mit dem Hochschullehrer (bruchstückhaft) berichtet bzw. angedeutet hatten. Die Betroffenen brauchten genügend Raum, damit jede ihr eigenes Tempo bestimmen und ihre eigene Sprache finden konnte, doch gleichzeitig mußten Fakten zusammengetragen werden. In Einzelgesprächen klärten wir die persönliche Situation einer jeden Frau ab. Für einige der Opfer bestand die Notwendigkeit, die aktuellen bzw. frühere Mißbrauchs- und Gewalterfahrungen im Rahmen einer ambulanten bzw. stationären Folgetherapie zu bearbeiten. Nur ein Teil der Betroffenen sah sich in der Lage, eine aktive Aufdeckung der Gewalterfahrungen gegenüber der Hochschulleitung, dem Berufsverband der Psychologen und anderen Institutionen zu leisten. Einige entschieden sich gegen einen solchen Schritt, denn sie konnten nur mit größter Mühe ihren noch immer von den Folgeschäden bestimmten Alltag bewältigen, andere standen im Examen und fürchteten die zusätzlichen Belastungen bzw. eventuelle Sanktionen. Dennoch leisteten auch diese Frauen einen Beitrag zur Beendigung der sexuellen Ausbeutung: Sie teilten ihre Erlebnisse mit und halfen so, Andeutungen von anderen Frauen besser zu verstehen.

Drei exemplarische Skizzen über die Täterstrategien des Professors der Psychologie:

Fall A:
Die junge Akademikerin hat ihre Examensprüfung bei dem Professor mit »sehr gut« bestanden. Sie entschließt sich zu einer Promotion, die sie über ein Stipendium zu finanzieren plant. Für die Beantragung benötigt sie von dem Professor ein Gutachten über ihre wissenschaftliche Qualifikation, das dieser zu schreiben auch bereit ist. Man verabredet sich, um die notwendigen Absprachen zu treffen. Der Arbeitstermin findet an einem herrlichen Sommertag statt, und der Hochschullehrer lädt die Studentin »spontan« zu einer Motorradfahrt an einen See ein, dort könne man alles weitere besprechen. Die Frau ist einverstanden, denkt sich zunächst auch nichts dabei, als der Professor einen Nacktbadestrand ansteuert. Sie empfindet die Atmosphäre allerdings als unangenehm, nicht zuletzt aufgrund der Qualitätsurteile des Hochschullehrers bezüglich ihres äußeren Erscheinungsbildes als auch seinen indiskreten Fragen ihr Privatleben betreffend. Als sie den Professor einige Zeit später darum bittet, auf eine klare Arbeitsatmosphäre zu achten und die gebotene Distanz zu halten, reagiert dieser verärgert und ist ganz plötzlich im Gegensatz zu vorher von ihrer wissenschaftlichen Eignung nicht mehr überzeugt. Sie solle doch lieber eine Pommesbude aufmachen, so einer seiner Kommentare. Entsprechend negativ formuliert der Hochschullehrer sein mit Verzögerung erstelltes Gutachten für die Beantragung des Stipendiums, das der Studentin dann auch verwehrt wird. Die in Frauenpolitik erfahrene Frau ist nicht bereit, sich mit den Folgen der Willkür des Professors abzufinden, legt Widerspruch ein und begründet diesen mit dem Verhalten des Hochschullehrers. Sie hat Glück im Unglück: Die Kommission gibt ihrem Antrag statt, und sie darf ein zweites Gutachten eines anderen Hochschullehrers nachreichen. Das Stipendium wird bewilligt.

Fall B:

*Das Erstgespräch der Klientin mit dem ihr von der Krankenkasse emp-
fohlenen Therapeuten findet in dessen Mittagspause in einem Bistro, die
anschließenden Therapiesitzungen abwechselnd im Dienstzimmer in der
Hochschule und im Büro des Professors in dessen Privathaus statt. Inhalt
der Therapie sind u.a. frühkindliche Mißbrauchserfahrungen der Klientin
und deren Begleitsymptome. Die Frau ist erleichtert, daß sie endlich eine
Möglichkeit gefunden hat, um über ihre traumatischen Kindheitserlebnisse sprechen zu können. Im weiteren Verlauf der Therapie aber spricht der
Therapeut zunehmend von sich selbst – über seine Einstellung zur Sexualität, persönliche sexuelle Vorlieben und Erfolge bei Frauen und anderen
Klientinnen. Auch erzählt er über Eheprobleme.*

*Es folgen Einladungen zum gemeinsamen Saunabesuch, die auch auf
weitere weibliche Familienmitglieder der Klientin ausgedehnt werden.
Eine »Oben-ohne-Party« wird geplant, kommt aber zur Enttäuschung
des Therapeuten (»Ich hatte doch alles vorbereitet«) nicht zustande.*

*Für die Klientin völlig überraschend, entläßt der Professor der Psycho-
logie sie plötzlich als »geheilt« aus der Psychotherapie. Doch ruft er sie
einige Zeit später privat an. Schon während der Therapie habe er ein so
gutes Verhältnis zu ihr gehabt und ihre besondere Einfühlung und ihr Verständnis geschätzt. Nun würde er sie gerne privat zu einem kleinen Imbiß
einladen. Irritiert aber auch »irgendwie geehrt«, geht die »ehemalige« Klientin darauf ein. Beim Treffen erzählt der Therapeut von seinen persönlichen Sorgen: er fühle sich allein, seine Frau sei krank ... Die Klientin lädt
ihn noch zum »Kaffee« in ihre Wohnung ein. Dort kommt er schnell zur
Sache, läßt sich auf die von ihm bevorzugte Weise oral befriedigen und
verabschiedet sich umgehend mit der »Entschuldigung«, er müsse zu seiner kranken Frau.*

Fall C:

*Ebenfalls auf Empfehlung beginnt eine junge Frau die Therapie. Der
Professor diagnostiziert schon im Erstgespräch, das im Dienstzimmer in
der Hochschule stattfindet, ihre Probleme als eindeutig sexuell begründet.
Die Klientin ist von dem sicheren Auftreten des Therapeuten beeindruckt,
der sich auf seine große berufliche Erfahrung beruft und u.a. auch über
die von ihm praktizierten neuen, aus Amerika kommenden, therapeutischen Methoden spricht. So fühlt sich die Frau bei dem angeblich »auf
dem neuesten Stand der Wissenschaft arbeitenden« Universitätsprofessor
»in den besten Händen« und entscheidet sich für die Therapie.*

*Im Verlauf der bereits geraume Zeit laufenden Zusammenarbeit macht
der Therapeut der Klientin ein ganz besonderes Angebot zur »Heilung«*

ihrer Störung. Er erklärt sich »ausnahmsweise« bereit, ihr als Übungsobjekt zu dienen, denn nur die praktische Erprobung und Beherrschung gewisser Techniken verspreche Erfolg. Sie brauche kein Mißtrauen zu haben, seine Ehefrau sei bei diesem Spezialtermin an einem Wochenende anwesend.

Das Treffen findet im Privathaus des Therapeuten statt. Nach einem Vorgeplänkel im Whirlpool soll die Klientin nach Anleitung/Demonstration durch die Ehefrau die Technik der oralen Befriedigung beim Therapeuten praktisch einüben.

In einem nächsten Schritt fertigte »Zartbitter Köln« mit den Frauen, die sich aktiv an der Aufdeckung beteiligen wollten, Tonbandprotokolle an. Nach einer anschließenden anwaltlichen Einzelberatung entschlossen sich einige Frauen, die Protokolle in Form einer eidesstattlichen Versicherung bei einer Anwältin zu hinterlegen – ein bedeutsamer Schritt, mit dem die Betroffenen eine klare Position zu ihren Gewalterfahrungen einnahmen, sich vom Täter nochmals ein Stück mehr distanzierten, ihm eindeutig die Verantwortung für den Mißbrauch (zurück-)gaben.

In den folgenden Monaten gelang es den Frauen, sich mehr und mehr zu öffnen, beschämende oder mit starken Schuldgefühlen besetzte Inhalte zuzulassen und in Worte zu fassen. In vielen Einzelgesprächen mit »Zartbitter Köln« und im Rahmen begleitender Therapien holten sie sich die notwendige Unterstützung und ergänzten die Tonbandprotokolle um wesentliche – z.T. bislang verdrängte – Details. Der Umfang der Berichte vergrößerte sich zusehends, bis die Frauen die wesentlichsten Mosaiksteinchen ihrer schmerzhaften Erfahrungen wieder zusammengetragen hatten.

Unserer eigenen immer wieder aufkommenden Ungeduld und die der Frauen begegneten wir in dieser monatelang andauernden Phase der Dokumentation, indem wir uns stets bewußt machten: Langsam kommen wir schneller ans Ziel! Und über etwas waren sich inzwischen alle einig: Der Hochschulprofessor der Psychologie sollte seiner Lehrberechtigung enthoben werden und seine kassenärztliche Zulassung als Psychotherapeut entzogen bekommen. Ob das gelingen würde, lag auch in unseren Händen: Je sorgfältiger die Fakten dokumentiert und je stärker die betroffenen Frauen würden, um so näher rückte das Ziel!

Öffentlichkeit herstellen!

Gemeinsam mit der Frauenbeauftragten der Universität, bei der sich parallel zu unseren Aktivitäten betroffene Studentinnen gemeldet hatten, plante »Zartbitter Köln« eine Strategie der schrittweisen Aufdeckung. Zunächst einmal galt es, ein Netzwerk zu schaffen, um gemeinsam der zweifellos nicht zu unterschätzenden Täterlobby argumentativ begegnen zu können.

Auf Initiative der Frauenbeauftragten und einer Gruppe von Studentinnen hielten Mitarbeiterinnen von »Zartbitter Köln« einen Vortrag über »Sexuelle Übergriffe an der Hochschule«. Der Fachvortrag informierte zunächst über die Ergebnisse einer Studie an der Universität Dortmund, die nicht nur ein großes Ausmaß von Übergriffen an der Hochschule belegt, sondern zudem nachweist, daß die Gruppe der Professoren unter den Tätern deutlich überproportional vertreten ist.

Der zweite Teil des Vortrages skizzierte Täterstrategien und die Folgen der Ausbeutung für die Opfer. Auch dieses Mal fand ein Teil des Publikums in den genannten Fallbeispielen nicht nur die Vorgehensweisen des Professors der Psychologie, sondern ebenso die anderer Professoren und wissenschaftlicher Mitarbeiter wieder. Der vom Publikum geforderte Nennung von Namen wurde nicht entsprochen. Die Referentinnen begründeten ihre »Diskretion« keinesfalls als Ausdruck des Täterschutzes oder der Angst, sondern damit, daß dem Täter kein Anlaß für den Versuch einer Verleumdungsklage gegeben werden sollte. Die Antwort auf eine solche Anzeige kostet viel Zeit und Kraft, die frau sinnvollerweise in die Hilfe für die Opfer steckt. Gleichzeitig wurde (das Publikum) dazu aufgefordert, daß jede/jeder einzelne/r ihren/seinen Gefühlen trauen und im Verdachtsfall sich mit anderen austauschen und die eigene Wahrnehmung überprüfen solle. Denn das Schweigen von Dritten ist der Nährboden, auf dem Täter ohne die Angst vor Konsequenzen sexuelle Gewalt ausüben können.

Presse, Funk und Fernsehen griffen das Thema der Veranstaltung auf. Gestärkt durch die Berichterstattung in den Medien fanden weitere von Hochschullehrern sexuell ausgebeutete Frauen den Mut, sich bei »Zartbitter Köln« zu melden. Die meisten Opfer konnten in Folgetherapien bei niedergelassenen Therapeutinnen vermittelt werden. Doch für uns Mitarbeiterinnen von »Zartbitter Köln« begann eine noch arbeitsintensivere und belastendere Zeit, denn weitere Opfer des Professors der Psychologie meldeten sich. Zwei Frauen lebten z.B. zum damaligen Zeitpunkt in der stationären Psychiatrie, da ihr Alltag in einem für sie unerträglichen Maße von den Folgeproblemen ihrer Gewalterfahrungen belastet war. Andere berichteten über zehn Jahre zurückliegende »Erfahrungen« mit dem Professor, die ihre Lebensqualität noch immer in gravierender Weise beeinträchtigten.

»Jede Frau bestimmt ihr eigenes Tempo«

Auch zu dem Vortrag in der Hochschule waren die uns bekannten betroffenen Frauen eingeladen. Kurz vor dem Termin trafen sie sich im Büro der Frauenbeauftragten, um gemeinsam zum Hörsaal zu gehen. Für die meisten Frauen war dies der erste Kontakt zu anderen Opfern des Professors. Ganz behutsam gingen sie miteinander um, war doch die jeweils andere das Spiegelbild der eigenen traumatischen Erfahrungen. Dennoch erlebten die Frauen den Abend als einen Erfolg. Nicht nur die klare Parteinahme der Frauenbeauftragten und des überwiegenden Teils des Publikums stärkte sie, auch genossen sie es, erhobenen Hauptes die Universität – einen der Tatorte – wieder zu betreten und waren sich der Tatsache bewußt, daß es vor allem ihrem Mut zu verdanken war, daß eine solche Veranstaltung stattfinden konnte und die Presse auf sehr sachliche Art und Weise darüber berichtete.

Gleichwohl löste auch dieser Schritt aus der Isolation bei den meisten Betroffenen in den folgenden Wochen erneut Wiederbelebungen alter Angst und Scham aus. Für die Frauen stellte sich erneut die Frage: »Kann ich eine Aufdeckung meiner Gewalterfahrungen gegenüber Dritten – mir bis heute unbekannten Behörden – tragen/für mich aushalten?« oder: »Will ich überhaupt weitergehen, mich immer wieder mit dem Erlebten beschäftigen? Irgendwann muß doch mal Schluß sein!« Letztendlich entschied sich nach zahlreichen behutsam geführten Einzelgesprächen eine Gruppe von fünf Frauen, den nächsten Schritt zu wagen und den Professor gegenüber der Hochschulleitung, den Standesorganisationen und den Krankenkassen als Täter zu benennen.

» Verantwortung abgeben – Andere in die Verantwortung nehmen!«

Auch dem Rektor der Fakultät waren die »Gerüchte« nicht entgangen. Auf Vorschlag der Frauenbeauftragten lud er zum Gespräch, an dem neben Vertreterinnen des StudentInnenparlaments auch eine Dozentin teilnahm, die bereits seit Jahren als Einzelkämpferin bemüht war, Fakten zu sammeln und ihrem Kollegen Grenzen zu setzen. Jetzt hatte sie Mitstreiterinnen gefunden und stand nicht mehr auf verlorenem Posten.

Beeindruckt von der Vielzahl der Argumente signalisierte der Rektor der Fakultät Offenheit für die Problematik, erläuterte jedoch zugleich die Grenzen seiner Zuständigkeit. Er verwies auf die Verpflichtung der Universitätsverwaltung und des Wissenschaftsministeriums, als Arbeitgeber des Professors in der Fürsorgepflicht zu stehen und die Fakten genauestens prüfen zu müssen. Er bat um fundierte Sachberichte an die zuständigen Stellen.

Vor »Zartbitter Köln« lag ein riesiger Berg Arbeit: Die z.T. sehr umfangreichen und immer wieder ergänzten Tonbandabschriften mußten zusammengefaßt und von den Frauen korrigiert werden. Damit bei der Fülle des Materials wesentliche Details nicht untergingen, stellten wir jedem Bericht eine systematische Auflistung der Fakten voran.

Es dauerte einige Monate, bis »Zartbitter Köln« neben den Belastungen des regulären Beratungsalltags die Berichte endlich anonymisieren, zusammenfassen und allen zuständigen Institutionen unter Berücksichtigung aller Ebenen der Verwaltungshierarchie zukommen lassen konnte (Berufsverband der Psychologen, Therapieverbände, Techniker-Krankenkasse, Kassenärztliche Vereinigung, Ministerium für die Gleichstellung von Mann und Frau, Kultusministerium, Ministerium für Wissenschaft und Forschung, Kanzler der Universität, Rektor der Fakultät und ein niedergelassener Arzt für Psychiatrie, dessen Kooperation mit dem Täter bekannt war). Nach langen Überlegungen war die Entscheidung für dieses sehr breit angelegte Vorgehen gefallen, denn durch die Schaffung einer ausreichenden Öffentlichkeit konnte keine der Institutionen die Angelegenheit mehr als »Bagatelle« verharmlosen. Die Verantwortung lag nun in offiziellen Händen, die die notwendigen Konsequenzen ziehen mußten. »Zartbitter Köln« blieb eine »Mittlerfunktion«, d.h. die betroffenen Frauen mußten zunächst noch nicht namentlich als »Klägerinnen« auftreten, konnten demzufolge auch nicht ohne weiteres als »hysterisch« oder »bedauernswerte Einzelschicksale« abqualifiziert werden. Jetzt galt es abzuwarten, welche weiteren, den Schutz der Frauen berücksichtigenden Verfahrensvorschläge die offiziellen Stellen machten.

Die Reaktionen bestätigten die gewählte Strategie. Schon wenige Tage nach unserem Schreiben bekamen wir von den staatlichen Stellen Bestätigungen über den Eingang der Unterlagen – meist mit dem Hinweis, man habe das zuständige Wissenschaftsministerium eingeschaltet. Aus informierten Kreisen war zu erfahren, daß die Wissenschaftsministerin sich inzwischen der Sache persönlich angenommen hatte.

Dem Gegenwind standhalten!

Eine der ersten Reaktionen erfolgte durch den beschuldigten Therapeuten. Nach Aussagen von StudentInnen bat er um Solidarität, denn »Zartbitter Köln« habe eine »Hetzkampagne« gegen ihn gestartet. An der Hochschule kam es daraufhin zu heftigsten Diskussionen innerhalb der StudentInnenschaft; »Pro- und Contra-Fraktionen« kristallisierten sich heraus. Einige ExamenskandidatInnen befürchteten z.B., von heute auf morgen einen neuen Prüfer suchen zu müssen. »Zartbitter Köln« erreichten zudem Berichte über Solidaritätsbekundungen zugunsten des Täters durch andere Professoren.

Parallel zu diesen Ereignissen nahm der Professor brieflich, fernmündlich und über Mittelsfrauen Kontakt zu den Betroffenen auf. Vermutlich hatte ein therapeutisches Ausbildungsinstitut, bei dem er selber tätig war, ihm unmittelbar die anonymisierten Berichte weitergeleitet, anhand derer er einzelne Frauen identifizieren konnte. Sogar auf den Partner einer der Frauen versuchte eine der »Therapie-Assistentinnen« des Professors einzuwirken. Die Argumentation reichte von der vermuteten Aufhetzung durch »Zartbitter Köln«, über das Vorliegen von Mißverständnissen (»Die Frau habe seine gutgemeinten Hilfsangebote falsch verstanden!«), über das Angebot der Wiedergutmachung bis zur Bitte um Rücksichtnahme auf seine berufliche Zukunft und seine Familie. Dem Umfang und der Exaktheit der Schilderungen des Täterverhaltens durch die Frauen war es sicherlich zu verdanken, daß der Professor erst gar nicht den Versuch unternahm, die Aussagen der Betroffenen anzuzweifeln. Dennoch wurden die Frauen durch die Gegenreaktionen teilweise erneut verunsichert, fühlten sich bedroht und entwickelten mitunter neue Rücknahmegedanken. Doch eine anwältliche Beratung gab ihnen ihre alte Sicherheit zurück. Die Anwältin leitete Maßnahmen ein, woraufhin der Therapeut die direkte Kontaktaufnahme zu den Frauen unterließ.

Auch die Reaktionen der angeschriebenen Institutionen waren keineswegs einheitlich. Sie reichten von der kompletten Verleugnung bis hin zur Ankündigung von Maßnahmen unter gewissen Voraussetzungen. So entschloß sich z.B. die Kassenärztliche Vereinigung Nordrhein nach Zusendung von drei eidesstattlichen Versicherungen zum Entzug der Delegationsbefähigung des Professors. Die Techniker-Krankenkasse hingegen machte mögliche Konsequenzen von einer Entscheidung des Schieds- und Ehrengerichtes des Berufsverbandes Deutscher PsychologInnen (BDP) abhängig. Ein therapeutisches Ausbildungsinstitut sah trotz der sehr ausführlichen Berichte noch nicht einmal Veranlassung, mit »Zartbitter Köln« Rücksprache zu nehmen, geschweige denn die Zusammenarbeit mit dem Professor aufzukündigen. Ein anderes Institut wies sogar die Möglichkeit, daß irgendein Therapeut das beschriebene Verhalten mit seiner Berufstätigkeit in Verbindung bringen könnte, als unglaubwürdig zurück. Wieder einmal bestätigte sich, was nicht zuletzt die Untersuchung von Gartell, Herman und Olarte (1987) nachweist: Etwa zwei Drittel aller TherapeutInnen wissen von mißbrauchenden Kollegen –

allerdings: Konsequenzen werden in den wenigsten Fällen gezogen (zit. n. Bossi 1994).

Über die Hintergründe einer solchen Mittäterschaft darf spekuliert werden. Holroyd und Bouhoutsos (1985) stießen in ihren Arbeiten allerdings auf den Zusammenhang, daß die ursprünglich in der Fachdiskussion vertretenen verharmlosenden Einschätzungen der sexuellen Ausbeutung von KlientInnen häufiger auf Kollegen zurückgehen, die selbst in sexuelle Beziehungen mit Patientinnen verstrickt waren (zit. n. Wirtz 1994).

»Den eigenen Stolz wieder entdecken!«

Das Wissenschaftsministerium verlangte im Zuge weiterer Schritte die Aufhebung der von uns bis zu diesem Zeitpunkt gewahrten Anonymität der Frauen. Um diesen Schritt gemeinsam zu planen und um sich über den bisherigen Verlauf unseres Vorgehens auszutauschen, kam es zu einem ersten Treffen aller fünf Frauen. Die Skepsis gegenüber dieser Begegnung war sehr groß (»Wie sind die anderen Frauen?«, »Haben die noch Schlimmeres erlebt?« ...). Mit großer Aufmerksamkeit hörten die Frauen die Geschichte der jeweils anderen, die der eigenen doch so ähnlich war. Sie alle kannten Selbstzweifel, Verzweiflung, Scham und Angst. Gleichzeitig tat es gut, die anderen mitten im Leben stehenden Frauen zu erleben – ohne sichtbaren Makel. »Das ist doch eine tolle Frau ... von der hätte ich das nie gedacht ... vielleicht brauche ich mich selbst ja auch nicht ganz so zu verstecken ...«. Die Erleichterung der Frauen war ebenso spürbar wie die gegenseitige Stärkung. Sie schöpften neuen Mut und waren stolz auf sich: Sie hatten nichts zu verbergen, der Täter sich zu schämen. Jede einzelne der Frauen und alle gemeinsam entschlossen sich, die zusammengefaßten Berichte als eidesstattliche Versicherungen namentlich zu kennzeichnen und damit weitere rechtliche Maßnahmen zu ermöglichen. Auch empfanden sie eine erste mündliche Anhörung im Rahmen eines Vorermittlungsverfahrens des Wissenschaftsministeriums, bei dem »Zartbitter Köln« die Frauen begleitete, trotz aller Aufregung und Angst weniger als Belastung denn als Erfahrung, von offizieller Seite ernstgenommen zu werden.

Als einige Monate später eine zweite, ergänzende mündliche Befragung durch den Vertreter des Wissenschaftsministeriums mit anschließender Protokollunterschrift erfolgte, empfanden die Frauen diese kaum noch als Belastung.

Kurze Zeit später sollte ihr Engagement von einem sichtbaren Erfolg gekrönt werden: Der Täter wurde »vorläufig von seinen Dienst- und

Amtsgeschäften« befreit – d.h. vorläufig suspendiert. Die Frauen erfüllte Erleichterung darüber, anderen ihr eigenes Schicksal erspart zu haben.

Nach Ablauf der vorläufigen Suspendierungsfrist von drei Monaten plante der Professor, seine Amtsgeschäfte wiederaufzunehmen. Aufgrund großer Proteste der StudentInnenschaft wurde er erneut »bis auf weiteres freigestellt«.

Die betroffenen Frauen hatten sich inzwischen ein solch stabiles Selbstbewußtsein erarbeitet, daß auch die Information über eine vom Ministerium aus formalrechtlichen Gründen erstattete Anzeige sie nicht mehr erschüttern konnte. Das Ministerium war zu diesem Schritt verpflichtet, um abzuklären, inwieweit durch das Verhalten des Täters neben disziplinarrechtlichen auch strafrechtlich relevante Tatbestände (z.B. Betrug) vorlagen. Nach geltendem Recht ist im Falle des Professors allenfalls in einzelnen Fällen eine strafrechtliche Verurteilung im Sinne eines Mißbrauchs in der Therapie wahrscheinlich, da diese nur erfolgt, wenn die »Widerstandsunfähigkeit des Opfers« objektiv nachweisbar ist (z.B. Mißbrauch einer narkotisierten Frau oder Mißbrauch von Klientinnen, die aufgrund ihrer psychischen Situation widerstandsunfähig sind). Auch wenn die Frauen unter Berücksichtigung der persönlichen Belastungen eine Strafanzeige eigentlich vermeiden wollten, sahen sie dem Verfahren inzwischen gelassen entgegen, denn erstens hatten sie von Anfang an keine großen Hoffnungen in ein solches Verfahren gesetzt, und zweitens beschlossen sie eine eventuelle Einstellung des Verfahrens politisch zu nutzen und eine Dokumentation des Falles PolitikerInnen und dem Frauenministerium zur Verfügung zu stellen – als Argumentationshilfe für die längst fällige Gesetzesreform über sexuelle Gewalt in der Therapie.

Trotz einer Kooperation zwischen Staatsanwaltschaft und Wissenschaftsministerium mußten die Frauen nochmals eine mündliche Aussage bei der Staatsanwaltschaft machen. Etwa vier Jahre nach den ersten Meldungen von betroffenen Frauen gegenüber »Zartbitter Köln« erhob die Staatsanwältin lt. Presseberichten Anklage gegen den Hochschullehrer wegen sexueller Nötigung und unkorrekter Krankenkassenabrechnungen. Auch seine Ehefrau wurde angeklagt. Bei Drucklegung dieses Buches war der Ausgang des Verfahrens noch offen.

Offenen Widerstand leisten!

Als kompliziert erwiesen sich die Möglichkeiten einer Intervention über das Schieds- und Ehrengericht des Berufsverbandes der deutschen PsychologInnen (BDP). Dieses forderte nicht nur die eidesstattlichen Versicherungen der Frauen, sondern ebenso die für die Frauen im nachhinein teilweise nur schwer zu erstellenden Auflistungen über Dauer, genaue Termine, Kosten etc. der Therapien. Hinzu kam die Enttäuschung und Fassungslosigkeit der Betroffenen darüber, daß gerade vor dem Ehrengericht der Psychologen drei der eingereichten Fälle aufgrund einer verbandsmäßig festgelegten Verjährungsfrist von drei Jahren keine Berücksichtigung mehr finden sollten. Das konnten weder die betroffenen Frauen noch wir MitarbeiterInnen von »Zartbitter Köln« widerstandslos hinnehmen! Wir entschlossen uns, nun doch mit der nach wie vor sehr interessierten Presse zusammenzuarbeiten, um den Handlungsdruck auf den Berufsverband der Psychologen und andere Institutionen zu erhöhen.

Vor allem als Reaktion auf die überregionale Berichterstattung meldeten sich viele weitere betroffene Frauen und Männer – mit teilweise Jahre zurückliegenden Mißbrauchserfahrungen in Therapien. Ebenso erfuhr unsere gemeinsame Sache eine nicht erwartete breite Unterstützung durch Mitglieder des Berufsverbandes Deutscher PsychologInnen. Eine intensive Diskussion auf Verbandsebene führte zu einer Erhöhung der Verjährungsfrist von drei auf 15 Jahre bei Verstößen gegen das Abstinenzverbot. Und abermals stieg das Selbstwertgefühl der Frauen – auch wenn die meisten ihrer Fälle nach den alten Regeln der Berufsordnung verjährt waren; den auf verbandspolitischer Ebene erzielten Erfolg konnten sie als eine klare Zuschreibung der Verantwortung an den Täter werten.

Einige Monate später kam es endlich nach mehreren Terminverschiebungen zur Verhandlung von zwei Fällen vor dem Schieds- und Ehrengericht des Berufsverbandes. Die Frauen wurden von einer Rechtsanwältin begleitet. Entgegen der zuvor gemachten Zusage durch den Berufsverband kam es dabei zu einer direkten Konfrontation mit dem Täter. Zwar fühlten sich die Frauen zu Recht hintergangen, doch konnte ihnen selbst diese Begegnung die inzwischen erlangte Sicherheit nicht mehr nehmen, zumal das Urteil des Ehrengerichtes das ihnen zugefügte Unrecht bestätigte und die erhofften Sanktionen verhängte: Der Täter wurde aus dem Berufsverband ausgeschlossen, ihm wurde der Titel »Klinischer Psychologe« entzogen und damit die Möglichkeiten, über Krankenkassen abzurechnen, genommen; alle gesteckten Ziele waren erreicht!

Nicht entmutigen lassen!

Vier Jahre liegt die erste Meldung über die sexuelle Ausbeutung des Professors der Psychologie an »Zartbitter Köln« zurück, vier Jahre in denen sich die Fachdiskussion – nicht nur in Fragen der Verlängerung der Verjährungsfrist – entscheidend weiterentwickelt hat. Presse, Funk und Fernsehen griffen die Problematik der sexuellen Gewalt in Therapie und Institutionen auf, auf regionaler und überregionaler Ebene bildeten sich zahlreiche Arbeitsgruppen professioneller HelferInnen, um gemeinsam Konzepte zur Hilfe für Betroffene und über Sanktionen gegen Täter (Täterinnen) zu entwickeln. Die seriösen Berufsverbände und Gesellschaften für Psychotherapie haben inzwischen »Ethikkommissionen« eingerichtet, die bekanntgewordene Verstöße gegen das Abstinenzgebot ahnden und mißbrauchende Therapeuten (Therapeutinnen) aus den Organisationen ausschließen. Auch an Hochschulen wird von Frauenbeauftragten und engagierten Dozentinnen immer mutiger für die Opfer Partei ergriffen. Dennoch sollten alle Betroffenen, die das ihnen zugefügte Leid aufdecken wollen, sich der Dauer und den extremen Belastungen eines solchen Schrittes bewußt sein, auch wenn er – wie das dokumentierte Fallbeispiel zeigt – zu gehen lohnt. Voraussetzung für den Erfolg einer Aufdeckung ist jedoch die realistische Begrenzung der gesteckten Ziele, eine sorgfältige Dokumentation der Fakten, die gleichzeitige Einbeziehung aller Ebenen der Verwaltungshierarchie, eine gute Vernetzungsarbeit bzw. (Fach-) Öffentlichkeit wie auch die keinesfalls zu vernachlässigende intensive therapeutische Unterstützung des Opfers, unabhängig von der Beraterin und Juristin, die die Aufdeckung begleiten.

In einigen Fällen sollte die Frau/der Mann unter Berücksichtigung der individuellen Belastungssituation auf eine Aufdeckung der traumatischen Erfahrungen gegenüber Berufsverbänden, Behörden und Gerichten verzichten und eine andere Form der Täterkonfrontation wählen – z.B. über eine Anwältin vom Täter die Rückerstattung der Therapiekosten verlangen. Ganz gleich, für welchen Weg sich Betroffene entscheiden, eine Regel muß immer beachtet werden: sich niemals auf ein Gespräch unter vier Augen mit dem Täter einlassen!

Neben der Konfrontation im Einzelfall tut vor allem eines not: Die Novellierung des Gesetzes über sexuelle Ausbeutung in Therapien und die Schaffung eines Gesetzes, das die strafrechtliche Verfolgung aller Vorgesetzten ermöglicht, die die sexuelle Gewaltanwendung ihrer Untergebenen stillschweigend übersehen!

Literaturempfehlung:
Claudia Heyne: Tatort Couch. Zürich 1991
Monika Gerstendörfer: Sine Laude! Sexismus an der Hochschule.
Merzingen 1994

IRMGARD SCHAFFRIN
GRAPSCHER, NEHMT DIE HÄNDE WEG!
STRATEGIEN GEGEN SEXUELLE ÜBERGRIFFE DURCH LEHRER

Der im Cartoon »Grapscher, nehmt die Hände weg« illustrierte sexuelle Übergriff ist in den normalen Unterrichtsablauf »eingebettet«. In bemüht »lockerem« Ton buchstabiert der Lehrer und berührt wie zufällig die Brust der Schülerin, angeblich um ihr etwas auf einem Arbeitsblatt zu zeigen. In der Regel verwirren derartige Überraschungsattacken Mädchen so sehr, daß sie sprachlos sind und nicht reagieren können. Dieser Schülerin jedoch ist sonnenklar, daß der Erwachsene ihre persönliche Grenze – allein schon sprachlich – überschreitet. Ihre KlassenkameradInnen überspielen durch Kichern die Peinlichkeit der Situation. Doch auch davon läßt sich das Mädchen nicht einschüchtern; wütend und empört lehnt sie vielmehr die Handlung des Lehrers ab: »Hände weg! Lassen Sie das, das machen Sie nicht noch mal!«

Es kommt ihr gar nicht in den Sinn, die Zielgerichtetheit des Übergriffs in Frage zu stellen. Anscheinend kennt die Klasse die Belästigungen. Dieses Mal aber benennt das Mädchen die Grenzverletzung unmißverständlich und auch öffentlich und läßt so die Tarnung des Lehrers auffliegen. Überrascht von ihrer Direktheit, wird er künftig einer weiteren Konfrontation mit ihr sicherlich ausweichen.

Das sich unter den Schülerinnen und Schülern ausbreitende Kichern und die entsprechende Gestik sind doppeldeutig. Z.B. schaut in dem Cartoon die Nachbarin des Opfers amüsiert weg. Sie macht die anderen auf den angeblichen »Flirt« aufmerksam. In Wirklichkeit ist es ein Selbstschutz unter dem Motto: „Wenn alle hinschauen, wird er es vielleicht nicht wagen, mich auch noch anzufassen". Die Mitschülerin enttarnt zwar unbewußt, was da läuft, traut sich aber noch nicht, der Realität ins Auge zu blicken.

Die Hauptdarstellerin des Cartoons ist selbst erstaunt über ihre Stärke, hat aber zugleich berechtigte Angst, dafür gestraft zu werden, denn ihr Verhalten war weder als Mädchen noch als Schülerin »rollenkonform«. Eine Freundin steht ihr solidarisch zu Seite. Um sich vor Sanktionen des Grapschers zu schützen, sprechen die Mädchen mit einer vertrauten Lehrerin. Es ist nicht deutlich, wie diese mit der ihr anvertrauten Beschwerde umgehen will. Versucht sie es mit einer informellen kollegialen Warnung

*an den Kollegen, holt sie sich selbst Hilfe, oder hält sie es für notwendig,
zum Direktor zu gehen?*

Sexuelle Belästigungen – das sind unerwünschte sexuelle Annäherungs-
versuche jeglicher Art: körperlicher Kontakt, abfällige sexuelle Anspielungen, sexistische Witze und Bemerkungen. Alles, was von einem Mädchen
als belästigend empfunden wird, muß so bewertet und verstanden werden.
Alleiniger Maßstab für das, was dem Mädchen angetan wurde, ist ihr ein-
seitiges subjektives Gefühl. Die Absicht des Belästigers ist für die Kenn-
zeichnung einer Tat völlig unerheblich.

Täter, die Autoritätspersonen sind, genießen einen mehrfachen Schutzraum:

◆ Als Autoritätspersonen in einer hierarchisch arbeitenden Institution
  (hier die Schule) sind sie für Schülerinnen kaum angreifbar.
◆ Aufgrund ihrer Position können sie die »Arbeits«-Atmosphäre gestalten.
◆ Sie haben die Macht, sich Opfer gezielt auszusuchen.

Die Strategien der Opferbeschaffung sind »perfekt«. Die Politik heißt
»Zuckerbrot und Peitsche«. Einige bevorzugen ihre Opfer, sind großzü-
gig, wenn etwas vergessen oder falsch gemacht worden ist, geben Tips bei
Klassenarbeiten und Lob vor der ganzen Klasse mit dem gefürchteten
»Klaps« auf den Hintern. Andere schikanieren ihre Opfer, um sie dann bei
entsprechendem »Wohlverhalten« wieder »gnädig« anzunehmen. Manche
Lehrer ziehen Mädchen in persönliche Gespräche und wollen wissen, wie
sie Sex mit ihren Freunden erleben. Bei Hilfestellungen während der
Arbeitsphase setzen sich Belästiger auch neben ihre Opfer, legen den Arm
um die Schulter und flüstern anzügliche Bemerkungen. Sogar das Angebot
bzw. die Aufforderung zum Beischlaf wird ebenso aufdringlich wie
anmaßend ins Ohr geflüstert. »Hilfestellungen« im Sportunterricht bieten
Belästigern zahlreiche Möglichkeiten. Auch »Qualitätsurteile« über die
Körper der Mädchen sind im Schulalltag gang und gäbe.

Insbesondere wenn ein Lehrer vor der Klasse eine Schülerin belästigt
oder mit sexistischer Sprache eine unangenehme oder einschüchternde
Atmosphäre herstellt, beeinträchtigt dies erheblich das Wohlbefinden
aller, den Kontakt untereinander und das Arbeitsklima. Vielfach gibt es in
Klassen, die solche Lehrer ertragen müssen, eine starke Polarisierung für
oder gegen den Lehrer. Die Pro-Stimmen sind mit der Wahl der belästigten
Opfer einverstanden und vergrößern durch ihr Verhalten die Angst der
Betroffenen vor den Konsequenzen von Widerstand. Erst einmal fühlen
sich die Opfer dadurch im Stich gelassen. Die unangenehmen, peinlichen
Empfindungen können dann direkt in Aggressionen gegen andere

umschlagen. So zetteln sie zum Beispiel nach »erduldeten« Übergriffen einen mächtigen Streit in ihrer Klassengruppe an. Oft streiten sie sich vor Angst um die Folgen und die richtige Art des Widerstandes. Einige, die sich deutlich vom Lehrer abwenden und ihn einfach nur »blöd« finden, beschuldigen andere, »rumzuschleimen«. Als Schülerinnen auf eine gute Benotung angewiesen, wissen sie sich häufig nicht mehr zu helfen. Oft können Mädchen erst Jahre später über ihre Peiniger sprechen. Jeder Betroffenen muß ihr eigenes Tempo zugestanden werden, doch darf kein Mädchen aus der Forderung nach Unterstützung für die Mitschülerin entlassen werden. Erst wenn deutlich wird, daß die scheinbar unterschiedlichen Interessen gar nicht so weit auseinanderliegen, erkennen Mädchen ihr gemeinsames Anliegen: den Belästiger loswerden.

Was tun, wenn Mädchen sich gegen Belästigungen durch Lehrer wehren wollen?

Zunächst sollte ein *Protokoll* angefertigt werden, in dem alle Übergriffe aufgeführt und die beeinträchtigte Klassen- und Arbeitsatmosphäre beschrieben wird. (Vielleicht hilft die Vertrauenslehrerin!) Zum Schutze der Betroffenen sollte es nicht die Namen der Schülerinnen aufführen, die sexuell belästigt wurden. Es reicht, wenn diese der Vertrauenslehrerin bekannt sind. In einem nächsten Schritt wird das Protokoll von allen unterzeichnet, die sich wehren wollen. Auch Jungen sind in diesen Prozeß miteinzubeziehen, denn auch sie sind der einschüchternden und beklemmenden Atmosphäre ausgesetzt. Trauen sich Mädchen noch nicht, gegen die sexuellen Belästigungen aufzubegehren, so muß die Vertrauenslehrerin näher auf diese Mädchen eingehen, um mit ihnen zu überlegen, wie weit sie die Beschwerde mittragen wollen und können.

Das Protokoll dient der Vertrauenslehrerin und einer ihr vertrauten Kollegin/einem Kollegen als Grundlage für ein *Gespräch mit dem Belästiger* mit dem Ziel, daß dieser sein Fehlverhalten einsieht und sich entschuldigt. Dafür kann er Bedenkzeit bekommen. Es sollten jedoch auch die Konsequenzen aufgezeigt werden, falls er versucht, die Schülerinnen bzw. die Klasse als unglaubwürdig hinzustellen. In diesem Falle können sich die Betroffenen überlegen, ob sie sich *an die SV und an den Direktor* wenden. Erst jetzt müssen die Namen der Beschwerdeführenden benannt werden. Den SchülerInnen muß klar sein, daß der Lehrer natürlich versuchen wird, die Anschuldigungen von sich zu weisen bzw. ein einschüchterndes Tribunal zu veranstalten. Die Klasse kann in einem solchen Fall die Diskussion verweigern oder eine Vertrauensperson hinzuziehen. Die hier beschriebene direkte Konfrontation des Belästigers birgt die Gefahr, daß

© Zartbitter e.V.

die Namen der betroffenen Mädchen öffentlich werden. Möchten die Mädchen dies vermeiden, so stehen ihnen zahlreiche Möglichkeiten aus der Trickkiste zur Verfügung (z.B. den Cartoon »Grapscher nehmt die Hände weg!« anonym mit Randbemerkungen an den Lehrer schicken, ans »Schwarze Brett« heften, in der Schülerzeitung abdrucken usw.).

Schulleitungen reagieren auf Beschwerden sehr unterschiedlich. Meistens wollen sie den guten Ruf der Schule bewahren und den Schaden begrenzen. Auf keinen Fall darf dies auf Kosten der betroffenen Mädchen gehen.

Die Schulleitung könnte mit allen bisher Beteiligten (ohne Lehrer) ein Gespräch führen. Im Ergebnis sollte der Lehrer für die Wiederherstellung einer auch für die Mädchen akzeptablen Unterrichtsatmosphäre verantwortlich gemacht werden.

Es ist unverantwortlich, wenn Schülerinnen in sogenannte Verhöre verstrickt werden. Leider müssen in der Praxis Schülerinnen oftmals im Beisein des Lehrers aussagen. Solche entwürdigenden Prozeduren schüchtern ein, nehmen die Gefühle von Mädchen nicht ernst und haben nur ein Ziel: Sie sollen die Identifikation sogenannter Rädelsführerinnen ermöglichen, damit diesen dann »üble Nachrede« unterstellt und der Täter »reingewaschen« werden kann. Gelingt es einer Vertrauenslehrerin nicht, eine mädchengerechte Atmosphäre zu schaffen, verhärten sich die Fronten.

Die Schülerinnen können gemeinsam mit den Eltern eine *Dienstaufsichtsbeschwerde* gegen den Lehrer führen und sich anwaltlich beraten lassen. Als letzte Vermittlungsinstanz bietet sich die *Gleichstellungsstelle der Stadtverwaltung* an. Diesen Schritt fürchtet in der Regel die Schulleitung, denn das Problem wird in diesem Falle innerhalb der Verwaltungsstrukturen öffentlich.

Fühlen sich Frauen der Prävention von sexueller Gewalt in der Schule verpflichtet, ist eine Diskussion im Kollegium und eine Erklärung der Schulkonferenz zum Umgang mit Beschwerden über sexuelle Belästigung wichtig, die diesen aktuell und prophylaktisch regelt. Die Aufnahme von sexuellen Übergriffen als Fehlverhalten in die Schulordnung ist ein erster Schritt der Prävention.

Literaturempfehlung:
Schaffrin, Irmgard/Wolters, Dorothee: Auf den Spuren starker Mädchen – Cartoons für Mädchen – diesseits von Gut und Böse. Zartbitter Köln (Hrsg.). Köln 1993
Neutzling, Rainer/Fritsche, Burkhard: Ey Mann, bei mir ist es genauso! Cartoons für Jungen – hart an der Grenze vom Leben selbst gezeichnet. Zartbitter Köln (Hrsg.). Köln 1992

URSULA ENDERS / STEPHAN SIMONE / DIRK BANGE
»DAS DARF DOCH NICHT WAHR SEIN!«
SEXUELLE GEWALT AN MÄDCHEN UND JUNGEN DURCH
DEN REKTOR EINER GRUNDSCHULE

Sexuelle Ausbeutung von Mädchen und Jungen in Sportverbänden, (kirchlichen) Jugendgruppen und in Schulen war schon immer ein »hinter vorgehaltener Hand« heiß diskutiertes Thema. Allerdings fühlten sich die zuständigen Institutionen in der Vergangenheit meist weniger dem Wohl der betroffenen Kinder verpflichtet, als daß sie nach dem Motto »Das darf doch nicht wahr sein!« die Angelegenheit diskret zu lösen versuchten. Täter wurden bestenfalls »aus dem Verkehr gezogen«, sprich: »aus Krankheitsgründen in den vorzeitigen Ruhestand versetzt« oder einer anderen Dienststelle zugewiesen, ohne Rücksicht auf die potentiellen nächsten Opfer. Der Ruf der eigenen Institution durfte nicht beschädigt werden.

In den letzten Jahren wuchs das Problembewußtsein gegenüber der sexuellen Ausbeutung in pädagogischen Arbeitsfeldern. Als Antwort auf die hohe Zahl von Anzeigen richtete z.B. die Berliner Polizei ein Sonderkommissariat für die Ermittlung in Fällen des Kindesmißbrauchs in Sportverbänden ein. Und so kann frau/mann hoffen, daß in Zukunft vielleicht einmal nicht mehr die Institutionen einen besonders guten Ruf genießen, die sich einer »sauberen Weste« rühmen, sondern vor allem Einrichtungen, die konsequent sexuelle Übergriffe ahnden – ohne den für die Opfer notwendigen Schutz zu mißachten.

Anhand eines konkreten Fallbeispieles soll eine vorbildliche Reaktion aller Ebenen der Schulhierarchie auf die sexuelle Ausbeutung von SchülerInnen durch den Rektor einer Grundschule skizziert werden:

Ein Schüler beschwert sich zu Hause: »Mich nimmt Herr B. nie auf den Schoß!« Die Aussage des Jungen bringt den Stein ins Rollen. Zwei weitere Schüler vertrauen sich ihren Eltern an: Der Rektor verdunkelt im Unterricht die Fenster – angeblich zwecks Filmvorführung. Während die Klasse ihre Konzentration auf die Leinwand richtet, nutzt der Rektor die Dunkelheit, um einzelne Kinder zu mißbrauchen. Die Opfer schweigen aus Scham; andere Kinder sind irritiert, fragen sich, was an ihnen nicht stimmt, denn sie nimmt Herr B. nicht auf den Schoß.

Einige mutige Mütter und Väter tauschen sich aus, lassen sich anwaltlich beraten und erstatten Anzeige. Sie gehen diskret mit der Angelegenheit um, denn sie möchten verhindern, daß ihre Kinder durch eine zu breite Öffentlichkeit nochmals »entblößt« werden.

Der Täter erfährt von den gegen ihn erhobenen Vorwürfen, läßt sich erst einmal krankschreiben und geht auf Anraten seines Anwaltes sofort in eine Therapie.

Nur ganz langsam »sickern die Gerüchte durch«. Die Eltern plagt vor allem die Sorge, das Kollegium könnte sich auf die Seite des Rektors stellen und – aus Rache für die Anzeige – die Kinder unter Druck setzen. Doch die PädagogInnen stellen sich ihrer Verantwortung. Obgleich sie sich den Rektor zunächst nicht als Täter vorstellen können, tragen sie für die Information der zuständigen Stellen der Schulaufsicht Sorge und entscheiden sich in Abstimmung mit der Schulrätin zu einem mutigen Schritt, zeigen Zivilcourage. Der Konrektor informiert im Rahmen der zu Schuljahresbeginn obligatorischen Elternpflegschaftsversammlung alle Mütter und Väter über die Anschuldigungen gegenüber dem Rektor. Er drückt das Verständnis des Kollegiums für die Ängste und Empörung der Eltern aus und bittet gleichzeitig um Solidarität mit den LehrerInnen, die von den Fakten ebenso überrascht wurden wie die Eltern und sich zudem mit zahlreichen Problemen im Schulalltag konfrontiert sehen.

Die Elternschaft fühlt sich durch das offene und sachliche Vorgehen des Kollegiums ernstgenommen. Im Gegensatz zu zahlreichen anderen Fällen, in denen versucht wird, ein solches Problem gegenüber betroffenen Müttern und Vätern »abzuwiegeln«, kommt es in diesem Fall zu keinen Zwistigkeiten unter den Erwachsenen. Alle behalten gemeinsam das Wohl der Kinder im Auge. Die Eltern beschließen z.B., der Presse keinerlei Interviews zu geben. So ist selbst für die Boulevardpresse der Fall uninteressant.

Durch die Aussagen mehrerer Opfer in die Ecke getrieben, legt der Täter ein Geständnis ab – ein manchmal zu beobachtendes Verhalten, denn Mißbraucher erhoffen sich dadurch ein geringeres Strafmaß.

In den folgenden Monaten stellen sich alle Ebenen der Verwaltungshierarchie ihrer Verantwortung. Der Regierungspräsident sagt als Arbeitgeber des Täters die Übernahme evtl. anfallender Therapiekosten zu. Ebenso nimmt die Schulrätin ihre Fürsorgepflicht gegenüber dem Kollegium wahr und lädt einen Mitarbeiter von »Zartbitter Köln« ein, der den LehrerInnen eine erste inhaltliche Unterstützung gibt.

In Kooperation mit der Elternpflegschaft und den PädagogInnen bietet »Zartbitter Köln« für alle Mütter und Väter einen Informationsabend an, auf dem viele Fragen der Eltern beantwortet werden: »Wo bekomme ich

Hilfe für mein Kind? ... Welche Folgen hat sexueller Mißbrauch? ... Wie können die Eltern sich gegenseitig unterstützen? ... Welche rechtlichen Schritte sind notwendig? ...«

Kurze Zeit später entspricht die Verwaltung der Bitte des Kollegiums nach Finanzierung einer Supervision. Intensiv setzen sich die LehrerInnen sowohl mit dem persönlichen Vertrauensbruch durch den Rektor auseinander als auch mit ihren Möglichkeiten, den Opfern zu helfen: »Warum habe ich nichts gemerkt, Situationen evtl. falsch eingeschätzt? ... Wie hat der Täter unserer aller Wahrnehmung vernebelt? ... Auch unser Vertrauen wurde hintergangen; wie können wir in Zukunft wieder vertrauensvoll zusammenarbeiten? ... Wie können wir betroffenen Mädchen und Jungen bei der Bewältigung ihrer Erlebnisse helfen? ... Mit welchen Institutionen wollen und können wir kooperieren? ... Wann empfehle ich Eltern eine therapeutische Begleitung ihres Kindes? ... Spreche ich die sexuellen Übergriffe in meiner Klasse an? Wenn ja – wie? ... Welche räumlichen Umstrukturierungen müssen wir in unserer Schule durchführen, um den Kindern einen Neuanfang zu dokumentieren und die »Requisiten des Mißbrauchs« zu beseitigen?«

Die Auseinandersetzung mit diesen teilweise sehr existentiellen Fragen führen die LehrerInnen mit bewundernswerter Offenheit und großem pädagogischen Engagement. Sie nutzten die Krise für sich und ihre SchülerInnen.

Es folgt eine Zeit der trügerischen Ruhe. Eltern und LehrerInnen versuchen, wieder einen »normalen Schulalltag« herzustellen und durch gemeinsame Aktivitäten den negativen Erinnerungen der Mädchen und Jungen positive Gemeinschaftserlebnisse entgegenzusetzen. Ihr Engagement wird durch die positive Entwicklung der Kinder bestätigt; die Verhaltensauffälligkeiten vieler Mädchen und Jungen (z.B. Einnässen, massive Ängste, Autoaggressionen) nehmen langsam ab.

Durch einen Zufall erfährt die Lokalpresse von den Ermittlungen gegen dem Grundschulrektor und berichtet darüber. Am nächsten Morgen bringen SchülerInnen der vierten Klassen den Artikel mit in die Schule und plötzlich »sprudeln die Kinder los«. Unabhängig voneinander sprechen die Mädchen und Jungen aus drei Klassen darüber, daß der Rektor in verdunkelten Räumen bei Kerzenschein über Folterungen von Hexen und grausame religiöse Rituale gesprochen und ihnen damit Angst gemacht habe. Die Kinder berichten auch von Gewaltvideos und Pornofilmen, die der Rektor im Unterricht gezeigt habe. Ein Film sei besonders furchtbar gewesen: Ein Baby sei darin auf der ausgestreckten Hand einer Statue verglüht worden. Die Kinder sind froh, endlich sprechen zu können, denn das hätten sie sich vorher nicht getraut. Der Rektor habe angedroht, daß die Eltern sterben, wenn jemand darüber rede.

Auch diese Krisensituation meistern Mütter, Väter und LehrerInnen in gegenseitiger Solidarität. Die Eltern erstatten Anzeige bezüglich der von den Kindern berichteten nahezu unvorstellbaren Formen sadistischer Gewalt. Die PädagogInnen fertigen Berichte über die Aussagen der Kinder an und sagen bei der Polizei aus. Gemeinsam überlegen die Erwachsenen, wie sie den Kindern in dieser Situation zur Seite stehen können.

Zu Recht empören sich die Eltern über die Rücksichtslosigkeit der örtlichen Pfarrgemeinde, die noch immer keine Veranlassung sieht, dem Rektor seine Nebentätigkeit als Leiter des Kirchenchors zu entziehen. Anscheinend hat der Pfarrer kein Einfühlungsvermögen für die emotionalen Belastungen der Opfer und deren Eltern, die sich nach wie vor beim sonntäglichen Kirchenbesuch mit dem »religiösen Engagement« des Täters konfrontiert sehen.

Die Mütter und Väter protestieren mit Erfolg gegen die weitere volle Entlohnung des krankgeschriebenen Täters. Der Regierungspräsident prüft die Angelegenheit und spricht die vorläufige Suspendierung des Rektors aus; das Gehalt des »Staatsdieners« wird um 50 Prozent gekürzt.

Einige Monate später kommt die sexuelle Ausbeutung der SchülerInnen zur Verhandlung vor der Jugendschutzkammer des Landgerichtes. Die Staatsanwältin klagt nur einen Teil der Vorfälle an. Weder die Aussagen der Kinder über die sadistischen Erzählungen des Pädagogen noch ihre Berichte über den erzwungenen Konsum von Gewaltvideos und Pornofilmen sind Gegenstand der Verhandlung. Für die Eltern bleibt die Frage offen, ob die Staatsanwältin die diesbezüglichen Aussagen der Kinder als Phantasieprodukte einstuft (s. Kapitel XVIII), für nicht beweisbar hält oder aber in ihrer Anklage mit Rücksicht auf die Kinder auf »Nummer Sicher« geht, um den Mädchen und Jungen die Zeugenaussagen vor Gericht zu ersparen.

Das Schöffengericht verurteilt den Rektor zu einer Haftstrafe von zweieinhalb Jahren und einem mehrjährigen Berufsverbot. Nicht die Höhe des Urteils, sondern die eindeutige Bewertung des Gerichtes ist es, die Eltern und Kinder als ein Stück Vergeltung erleben: Der Vorsitzende Richter benennt die Fakten und den tiefen Vertrauensbruch, den der Täter begangen hat. Obgleich dieser geständig ist, will er Presseberichten zufolge gegen das Urteil Revision einlegen. Unabhängig jedoch, ob das erstinstanzliche Urteil rechtskräftig wird oder nicht, haben die betroffenen Mädchen und Jungen noch einen langen Weg vor sich, ehe sie – mit therapeutischer Hilfe – die Erlebnisse verarbeitet haben werden. In einem Punkt jedoch hatten sie Glück im Unglück: Ihre Eltern reagierten besonnen, und ihre LehrerInnen als auch die Schulverwaltung ergriffen für sie Partei – eigentlich eine Selbstverständlichkeit, die aber im Alltag leider oftmals noch die Ausnahme ist.

GISELA BRAUN/URSULA ENDERS
»GEH NIE MIT EINEM FREMDEN MIT!« –
WIE KINDERN ANGST GEMACHT WIRD!

»Bleib in der Nähe des Hauses! – Steig nicht in fremde Autos! – Nimm keine Süßigkeiten von Fremden! – usw.« Wer kennt sie nicht, die Angst vorm »schwarzen Mann«?! Wir alle wurden in unserer Jugend vor dem fremden Mann auf dem Spielplatz, dem Schulhof und der Kirmes gewarnt. Noch heute geben viele Eltern und Pädagogen die gleichen wohlgemeinten, aber schlechten Ratschläge. Sie vermitteln Mädchen und Jungen damit Fehlinformationen, denn die Täter sind nur selten Fremde, sondern fast immer den Opfern vertraute Personen, z.B. Väter, Jugendgruppenleiter, Musik- und Reitlehrer, beste Freunde der Familie, Tanten, Erzieher, Onkel. Solange Kindern vermittelt wird, daß sie im Schoße der Familie sicher sind und sich vor Fremden in acht nehmen müssen, erhalten sie keinerlei Informationen über die hauptsächlichen Gefahrenorte. Eine vertrackte Situation, denn Unwissenheit schwächt: Mädchen und Jungen wissen sich bei sexuellem Mißbrauch durch eine vertraute Person nicht zu wehren! Die Warnung vorm »bösen fremden Mann« macht ihnen vielmehr Angst und schwächt ihr Selbstbewußtsein. Sie verlieren den Glauben an ihre eigene Stärke und Widerstandskraft; sie erfahren nicht, daß sie bei sexuellen Übergriffen »nein« sagen, sich wehren und Hilfe holen dürfen.

Das Märchen vom »schwarzen Mann auf der Straße« verbreiteten und verbreiten jedoch nicht nur Eltern und Pädagogen; in fast allen Faltblättern, Broschüren und anderen Informationsmaterialien offizieller Stellen wurden die gleichen Fehlinformationen – häufig in extrem dramatischen Schilderungen – genannt. »Kinder in Gefahr – Sittlichkeitsverbrecher« lautete z.B. der Titel einer Broschüre. Zwar enthielt sie auch den Hinweis, daß häufig Bekannte der Familie oder sogar Verwandte die Täter sind, doch blieben in dem Text die engsten Familienmitglieder von jedem unschönen Verdacht verschont. Auch die Barmer Ersatzkasse hielt in den siebziger Jahren noch am Trugschluß fest, daß Kinder im Schoße der Familie sicher seien: »Er [der Täter] befindet sich vielleicht in Ihrem Bekanntenkreis, in Ihrer nächsten Umgebung, vielleicht sogar im Kreise Ihrer Verwandten.« Das Innenministerium Baden-Württembergs schloß Eltern als mögliche Täter explizit aus. Diesen »guten Menschen« kann und soll das Kind vertrauen – so die Empfehlung aus den achtziger Jahren, denn »daß sie gut sind, siehst du daran, daß man sogar Tage nach ihnen benannt hat: Muttertag, Vatertag«. Die Bundeszentrale für gesundheitliche Aufklärung erweckte noch vor einigen Jahren durch ungenaue Informationen den Eindruck, daß Ärzte über jeden Verdacht erhaben seien: »Dein Körper geht niemanden etwas an, außer den Vater, die Mutter und den Arzt.«

Ebenso verblüfften die offiziellen Informationen über die Täter: »Bedenken Sie: Oft sind diese Menschen krankhaft veranlagt, geistig zurückgeblieben, dem Altersschwachsinn verfallen, noch jung und in Verwahrlosung aufgewachsen, der Hemmungslosigkeit verfallen.« Entgegen allen Erkenntnissen der Forschung manifestierte diese Erklärung den alten Mythos vom krankhaft veranlagten Triebtäter.

Das Innenministerium der Schwaben kam zu einer anderen – ebenso abwegigen Ursachenanalyse: »Aber was macht ein Mann, der keine Frau hat? Er macht sich, wenn er böse ist, an Jungen und Mädchen heran!« Diese Aussage stellt die Tatsachen auf den Kopf, denn es ist eindeutig bewiesen, daß Mißbraucher ebenso häufig Sexualität mit erwachsenen Frauen leben wie Männer, die nicht mißbrauchen. Das Ministerium unterstützte mit seinem Erklärungsversuch die Argumentation vieler Täter: »Mutter ist immer so kühl, sie schläft nicht mehr mit mir. ... Nur du machst mich glücklich. ... Sonst wäre ich ganz traurig!« Ein klassisches Lügenmärchen, denn häufig bestehen sexuelle Kontakte zwischen den Eltern, auch wenn der Täter das Gegenteil behauptet!

Die gleiche Stelle »besänftigte« dann auch noch besorgte Eltern mit dem Hinweis, die Berichterstattung in den Medien ließe bei besorgten Eltern den Eindruck entstehen, Sexualdelikte mit Kindern ereigneten sich sehr häufig. Tatsache sei aber, »daß diese Sexualdelikte selten sind und meist ohne körperliche Gewalt verlaufen«. Nicht nur, daß diese Aussage sexuelle Gewalt in gefährlicher Weise im Vergleich zur körperlichen Gewalt bagatellisiert, die Formulierung »Sexualdelikte mit Kindern« suggeriert zudem eine freiwillige Beteiligung des Opfers. Diese wird an anderer Stelle dann auch offen unterstellt: »[...] in manchen Fällen ist das Kind aber sogar mit dem sexuellen Kontakt einverstanden«. Eine solche Aussage ignoriert die Tatsache, daß Mädchen und Jungen aufgrund ihres emotionalen und kognitiven Entwicklungsstandes gar nicht in der Lage sind, der Sexualität mit Erwachsenen wissentlich zuzustimmen.

Zu guter Letzt bekamen Eltern und Pädagogen von einer Krankenkasse noch einen »entscheidenden« Tip, wie sie Kinder vor sexuellem Mißbrauch schützen können: »Das Wichtigste ist eine sorgfältige und straffe Erziehung!« Ratschläge für die angestrebte Erziehung finden bis heute alle, die mit Kindern leben und arbeiten, in zahlreichen Schriften öffentlicher Stellen: »Schärfen Sie Ihrem Kind ein, daß es mit fremden Menschen nie mitgehen und sich nicht einladen lassen darf!« Solche und ähnliche Empfehlungen werden in den Informationsschriften zu Dutzenden aufgeführt. Allen ist eines gleich: Das Konzept ist Angstmache und eine Schuldzuweisung an das Opfer!

Auch ein Kinderlied des »Weißen Ringes« aus dem Jahre 1982 – auf Schallplatte kostenlos verteilt – verdeutlicht recht anschaulich die Arbeitsweise der althergebrachten Prävention: »Mein Vater hat von einem Kind erzählt, das hat nicht aufgepaßt. Ein Nachbar hat es weggelockt und hat es angefaßt. Er hat das Kind geschlagen, ihm noch viel Schlimmeres angetan...« Wen wundert es, daß ein solches Lied Kinder in Schrecken versetzt!

Angesichts dieser Melodie klingt der Titel einer Broschüre »Hab keine Angst!« wie blanker Hohn. Um so mehr, da auch dieser Text Mädchen und Jungen verängstigt: »Als das Kind sich wehrte und nach Hause wollte, legte X seinen Unterarm auf den Hals des Opfers und drückte zu. Nachdem das Mädchen tot war, rupfte er Gras ab und bedeckte damit ihren Körper.« Diese Broschüre ist als Lektüre für Kinder gedacht!

Im Dschungel des amtlichen Informationsmaterials gab und gibt es unendlich viele Verhaltensempfehlungen, wie Mädchen und Jungen sich auf Einladungen, im Café, in Kellern und auf dem Spielplatz angeblich vor sexuellem Mißbrauch schützen können. Würden sie alle Tips beachten, so hätten sie keinerlei Freiraum mehr. Doch damit nicht genug: »Auf die Kleidung achten! Manche Kinder, namentlich hübsch aussehende kleine Mädchen, sind in besonderer Weise gefährdet. Achten Sie bei der Kleidung Ihres Kindes darauf, daß es nicht unsichere Menschen sexuell reizt!« Da erwacht der altbekannte Lolita-Mythos wieder zu blühendem Leben!

Althergebrachte Prävention macht Angst, und Angst lähmt. Fehlinformationen und Panikmache verunsichern Mädchen und Jungen, schränken sie in ihrer Bewegungsfreiheit ein, schwächen ihr Selbstbewußtsein. Die daraus resultierende stärkere Abhängigkeit von Erwachsenen verstärkt die Wehr- und Rechtlosigkeit und damit die Verletzbarkeit von Kindern. Keinesfalls schützt die Warnung vorm »schwarzen Mann« vor sexueller Gewalt. Das Gegenteil ist der Fall – sie bereitet geradezu den Nährboden für sexuellen Mißbrauch. Verängstigte und abhängige Kinder, die über die hauptsächlichen Gefahrenorte nicht aufgeklärt wurden, haben weniger Chancen, sich gegen sexuellen Mißbrauch im sozialen Nahbereich zu wehren: sie werden zum Opfer erzogen.

URSULA ENDERS
ÜBER SELBSTVERTRAUEN UND (ÜBER-)LEBENSKRAFT EIN ELTERNABEND IM KINDERGARTEN ODER IN DER SCHULE

Es ist noch gar nicht lange her, da bezweifelten noch die meisten Mütter und Väter das große Ausmaß der sexuellen Ausbeutung von Jungen und Mädchen. Zumindest der eigene Bekanntenkreis war über jeglichen Verdacht erhaben: »Bei uns gibt es so etwas nicht, denn wir leben ja auf dem Land ... in der Stadt ... sind katholisch ... evangelisch ... haben alle unser Auskommen ... hier kennt jeder jeden ...« Inzwischen hat sich diese Einschätzung etwas verändert. Zwar schließen viele Eltern noch immer einen Täter in den eigenen Kreisen aus – doch nicht mehr mit hundertprozentiger Sicherheit die Möglichkeit, daß auch ihre Tochter/ihr Sohn Opfer werden könnte. Mütter und Väter geraten bei diesem Gedanken leicht in Panik, denn eine Sensationsberichterstattung in den Massenmedien hat viele glauben gemacht: Jedes Opfer hätte zwangsläufig lebenslange Folgen. Die Fragen und Sorgen der Eltern sind nur allzu verständlich: »Kann ein betroffenes Kind jemals wieder richtig glücklich werden ... eine befriedigende Sexualität leben... Vertrauen fassen... die Folgen überwinden?« Diese Ängste bewirken oftmals eine erneute Tabuisierung: Mütter und Väter meiden die Auseinandersetzung mit der Problematik, denn es schmerzt sie allein der Gedanke an die Möglichkeit, jemand könne eventuell einmal so etwas dem eigenen Kind zufügen.

Vor dem Hindergrund dieser Dynamik kann es keinesfalls Anliegen eines Elternabends sein, über Fallbeispiele aus Praxis oder Literatur die Betroffenheit der ZuhörerInnen noch zu steigern, sondern es gilt, im Gespräch und mit Hilfe von Sachinformationen und Materialien, Müttern und Vätern Mut zu machen und ihnen Anregungen für eine Erziehung zur sexuellen Selbstbestimmung ihrer Kinder zu geben. Dabei lautet das Leitmotiv: »Die Gefühle der Eltern ernst nehmen«. Wenn eines der wichtigsten Ziele der Präventionsarbeit »Trau deinem Gefühl!« heißt, so können Erwachsene ihren Kindern diese Lebenskompetenz nur vermitteln, wenn auch sie den Raum und das Selbstvertrauen haben, ihre eigenen Empfindungen wahrzunehmen und sich von ihnen leiten zu lassen.

Die Frage: »Wie geht es Ihnen, wenn Sie mal wieder Schlagzeilen über sexuelle Gewalt gegen Mädchen und Jungen in der Zeitung lesen?« steht deshalb am Anfang eines Elternabends. Oft löst das Gespräch über die unterschiedlichen Reaktionen der Anwesenden auf die skandalisierenden Presseberichte die Scheu, über sich selbst zu sprechen. Die Atmosphäre entspannt sich. Mit erstaunlich großer Offenheit beschreiben viele Mütter und Väter ihre Ängste, Wut, Selbstzweifel, Ekel, Sprach- und Hilflosigkeit: »Ich weiß gar nicht, wie ich meine Gefühle ausdrücken soll... habe schon Angst, daß unser Babysitter der Kleinen etwas antut... mir wird ganz schlecht... am besten abknallen... wie tief so ein Opfer verletzt wird... ich halte das kaum aus... mir ist es ganz schwergefallen, heute abend hier hinzukommen... ob der Mann nicht zu Unrecht verdächtigt wird...«. Entscheidend für einen positiven Gesprächsverlauf ist, daß die Eltern in ihren Sorgen ernst genommen werden. Ein akakdemisches Grundlagenreferat über sexuellen Mißbrauch ist ebenso fehl am Platze wie ideologisch verbrämte Besserwisserei. Ein/e ReferentIn sollte sich auch nicht mit eventuell anwesenden pädagogischen Fachkräften auf einen Machtkampf einlassen und zu einer Fachdiskussion verleiten lassen. Priorität auf einem Elternabend haben die Alltagsprobleme der Mütter und Väter.

Im Verlauf von Elternabenden kristallisieren sich immer wieder ähnliche »Knackpunkte« heraus. In nahezu jeder Veranstaltung kommt z.B. der neue Mythos »Die Täter sind immer die Väter« zur Sprache, der die Gruselgeschichte vom bösen schwarzen Mann auf dem Spielplatz abgelöst hat. Informationen über die realen Zahlenverhältnisse von inner- und außerfamilialem Mißbrauch und über die Vielzahl der Opfer einzelner Täter rücken die Zerrbilder wieder gerade. Dabei gilt es vor allem, die Strategien der Täter bei der Opfersuche herauszuarbeiten (z.B. Berufswahl, Kontaktaufnahme, Auswahl der Opfer/s. Kapitel VIII). Diese Auseinandersetzung macht deutlich, daß sexuelle Ausbeutung von Kindern ein systematisch vorbereitetes und damit gezieltes Verbrechen ist, das auch innerhalb von Familien verübt wird.

Breiten Raum nehmen auf Elternabenden die Fragen nach den Ursachen sexueller Gewalt ein. Keinesfalls darf der Einwand »Die Täter sind doch krank und auch Opfer« schnell abgewürgt und mit der Bemerkung »Heute geht es um die Kinder und nicht um die Täter« niedergeplättet werden. Spätestens zu Hause kommen den ZuhörerInnen berechtigte Zweifel an der Sachlichkeit eines derart rigiden Referenten. Auch Frauen brauchen und sollten das Gespräch über die Psychodynamik der TäterInnen nicht scheuen. Zum einen ist das Interesse an dieser Frage durchaus berechtigt, zum anderen bietet die mit der Beantwortung verknüpfte Ursachenanalyse sexuellen Mißbrauchs zahlreiche Anknüpfungspunkte für die spätere Diskussion geschlechtsspezifischer Präventionsstrategien. Es ist das gute Recht einer jeden Frau, für sich die Auseinandersetzung mit der TäterInnenproblematik abzulehnen, doch sollte sie bei einer Entscheidung gegen die Beteiligung an dieser Fachdiskussion konsequenterweise auch keine Referentinnentätigkeit auf Elternabenden ausüben, denn es ist auch das gute Recht von Müttern und Vätern, auf ihre diesbezüglichen Fragen eine Antwort zu bekommen und nicht abgewürgt zu werden.

Immer noch weit verbreitet ist der Irrglaube, Täter würden von aufreizenden Mädchen provoziert. Diese Argumentation basiert auf dem »Lolita-Mythos«, der Täter aus der Verantwortung entläßt und Opfer beschuldigt. Die Tatsachen werden damit auf den Kopf gestellt. Lilly Walden, Theatermacherin aus Berlin, gibt ein anschauliches Beispiel, das den Nagel auf den Kopf trifft:

»Ein kleiner Junge boxt seinen Vater mit der expliziten Aufforderung, er solle ihn auch boxen, zuhauen, einen Kräftevergleich liefern. Wenn der Vater mit der Begründung zuschlägt, daß der Kleine ihn ja provoziert und gebeten habe, werden alle empört reagieren: Er hat den Überblick und das Wissen über den Kräfteunterschied, er darf nicht zuschlagen. Und wenn ein kleines Mädchen sich kokett verhält? ...«

Viele konservative Eltern reagieren geradezu geschockt, wenn sie erfahren, daß ihre bisherige »bewährte« Erziehung Mädchen und Jungen zu prädestinierten Opfern macht. Die Welt scheint kopfzustehen – blinder Gehorsam, unbedingte Höflichkeit gegenüber Erwachsenen und geschlechtsspezifisches Rollenverhalten erweisen sich als Risikofaktoren. So manche Referentin, die vielleicht »sogar« modisch gekleidet zum Elternabend erscheint, wird Zielscheibe des Widerspruchs dieser Eltern: »Kein Wunder, daß Sie zu so einem Thema arbeiten – so, wie Sie aussehen!!« Es macht wenig Sinn, auf eine solche Provokation einzusteigen. Beispiele aus dem alltäglichen Leben geben Anstöße für die Reflexion derartiger Vorurteile. Viele Mütter kennen z.B. die Situation, auf der Straße »blöd angequatscht« zu werden; sie können leicht nachvollziehen und mit eigenen Beispielen belegen, daß sie gerade dann eher belästigt wurden, wenn sie abgespannt sind und unscheinbar auftreten. Grapscher spüren, welche Energie frau hat, selbstbewußt Grenzen zu setzen. Je braver und weniger selbstbewußt sich ein Mädchen/eine Frau verhält, um so leichter kann sie überrumpelt werden – sie ist das »geeignete« Opfer. Das Motto einer präventiven Mädchenerziehung lautet dementsprechend: »Sicher, frech und kratzbürstig!«

Spätestens im Gespräch über geschlechtsspezifisches Rollenverhalten in der Familie (z.B. über die Reinigung der Toilette) protestieren einige Väter aber auch Mütter, ihre Töchter sollten doch nicht zu „Männer-Hasserinnen" erzogen werden. Oft lösen solche Beiträge heftigste Gegenreaktionen bei anderen Müttern aus. Diese Kontroverse bietet die Chance für eine lebhafte Diskussion über das Recht von Frauen auf eine selbstbestimmte Weiblichkeit und Sexualität. Erst ein kräftiges NEIN gegenüber Grenzverletzungen und Demütigungen ermöglicht ein lustvolles JA zu sich selbst und damit auch zu anderen. In diesem Zusammenhang darf eine/ein ReferentIn es niemals versäumen, auf die Abschaffung der »ehelichen Pflicht« hinzuweisen. Der Tatbestand der Vergewaltigung in der Ehe ist erfüllt, wenn Männer mit physischer oder/und psychischer Gewalt die »ehelichen Pflichten der Frau« einklagen. Es ist kaum zu glauben, wie viele Frauen dieser Sachverhalt immer noch unklar ist, und wie viele »Vertreter des starken Geschlechts« immer noch das Recht für sich beanspruchen, die Ehefrau »einfach zu nehmen« – sprich: sie vergewaltigen.

In einer Diskussion über die Definition sexueller Ausbeutung kommt niemand vorbei – auch wenn es von ReferentInnen einiges an Geduld abverlangt, stets das gleiche Argument zu hören: »Sie wollen doch wohl nicht allen Ernstes behaupten, es sei Mißbrauch, wenn mein Mann mit unserem Kind badet.« Die Frage nach dem fließenden Übergang zwischen körperlicher Intimität und sexueller Ausbeutung löst Irritationen aus, macht sie doch eigene Überschreitungen kindlicher (Scham-)Grenzen bewußt.

Diese Verunsicherung ist ein erster Schritt auf dem Weg zu einer neuen Sensibilität für die Wahrnehmung der persönlichen Grenzen von Mädchen und Jungen. Keinesfalls geht es um eine Rückkehr zu den tradierten Werten einer rigiden Sexualfeindlichkeit. Eine emanzipatorische Sexualerziehung ist vielmehr mit der beste Schutz vor sexueller Gewalt, denn sie vermittelt Mädchen und Jungen ein positives Verhältnis zum eigenen Körper und stärkt damit ihre Wahrnehmungsfähigkeit gegenüber sexuellen Übergriffen: Sie hilft Kindern zu unterscheiden, was sie mögen und was nicht.

Auf Elternabenden empfiehlt es sich, die anwesenden Männer aufzufordern, über als Junge beobachtete Grenzverletzungen in Sportvereinen und Jugendgruppen zu berichten. Fast immer können die Väter sich an entsprechende Erlebnisse erinnern. Dem einen wurde von älteren Jugendlichen der Penis mit Schuhwichse eingerieben, der andere vom Sportlehrer bestraft, indem er vor der Gruppe die Hose runterlassen mußte und naß abgespritzt wurde. Oftmals wird auch über vergleichbare »Praktiken« bei der Bundeswehr gesprochen. Die Tatsache, daß Männer berichten, entlastet die Frauen – diesmal können sie zuhören. Auch Männern kostet es sehr viel Kraft, eigene Ohn-Machts-Erfahrungen anzudeuten, doch gleichzeitig fühlen sich viele von ihnen sehr erleichtert: Endlich wird auch ihnen der Opferstatus zuerkannt, und werden nicht alle Männer in einem Rundumschlag sofort in die »Täterkiste« gepackt.

Oftmals spüren Anwesende im Gespräch zum ersten Mal die eigene Betroffenheit, oder es fällt ihnen wie Schuppen von den Augen, und sie verstehen plötzlich, was ihre Tochter/ihr Sohn ihnen andeuten wollte. Viele bekommen den Mut, sich mitzuteilen. Ein/e ReferentIn sollte Betroffene durch behutsames Eingreifen davor schützen, zu viel Privates öffentlich zu machen; denn sprechen Frauen oder Männer über selbsterlebte sexuelle Gewalt, so zeigen sie häufig mehr eigene Empfindungen, als sie selbst zuvor gedacht haben. Später schämen sie sich ihrer Offenheit und haben das Gefühl, »ent-blößt« vor der Gruppe gestanden zu haben. Sexueller Mißbrauch hat mit Entkleiden zu tun; die/der ReferentIn trägt die Verantwortung, daß alle TeilnehmerInnen der Veranstaltung »bekleidet« bleiben. Ein Gesprächsangebot im Anschluß an die Veranstaltung ist eine rücksichtsvolle Art, Betroffene zu unterbrechen ohne sie abzuwürgen, und wird meist dankend angenommen.

Da es kaum problemspezifische Folgen sexueller Gewalt gibt, sollte auf eine Auflistung möglicher Auswirkungen der traumatischen Erlebnisse in jedem Fall verzichtet werden. Einige Beispiele können exemplarisch belegen, daß die meisten Folgeerscheinungen auch andere Ursachen haben können – wie etwa Konflikte in der Familie oder in der Kindergruppe.
Es macht wenig Sinn, Eltern durch Horrorberichte über das Leid der Opfer in Angst und Schrecken zu versetzen. Ein solches Vorgehen schwächt vielmehr die Kompetenz der Mütter und Väter im Umgang mit dem Verdacht eines sexuellen Mißbrauchs und verleitet sie zu überstürztem Handeln. Den Mut, wirklich hinzuschauen, können sie hingegen aus ausführlichen Informationen über die Widerstandsformen und die Überlebenskraft von Opfern gewinnen (s. Kapitel VII). In Analogie zu körperlichen Verletzungen heilen auch die Wunden der Seele bei Kindern wesentlich schneller als bei Erwachsenen. Voraussetzung für diesen Gesundungsprozeß ist, daß den Opfern geglaubt wird, und sie Schutz und Pflege (Trost) bekommen. Eine Wunde, die sofort gereinigt wird, eitert nicht, sondern vernarbt. Gut verheilte Narben schränken die Lebensqualität nicht ein. Leider haben viele der heute erwachsenen Opfer in ihrer Kindheit nicht die richtige Hilfe bekommen. So blieben die alten Wunden offen, wurden vielfach noch zusätzlich verdreckt. Diese Schicksale sollten nicht entmutigen, sondern von denen, die mit Kindern leben und arbeiten, als Aufforderung verstanden werden, sich in Zukunft ohne Wenn und Aber parteilich auf die Seite der Opfer zu stellen.

Zum Abschluß des ersten Teils der Veranstaltung darf ein/e ReferentIn es nicht versäumen, Möglichkeiten der Beratung, Selbsthilfe und Therapie für betroffene Kinder und Erwachsene sowie ihre Kontakt- und Vertrauenspersonen zu nennen.

Nachdrücklich ist darauf hinzuweisen, daß niemand die Angehörigen (z.B. die Mutter) eines Kindes ansprechen sollte, ohne sich vorher intensiv beraten zu lassen (s. Kapitel XI). Ebenso gilt es, im Einzelfall genauestens abzuwägen, ob eine Strafanzeige sinnvoll ist oder nicht (s. Kapitel XII).

Eine kurze Pause bietet den Eltern die Gelegenheit, in kleinen Gruppen das Gespräch zu suchen oder sich an einem Büchertisch Bilder- und Kinderbücher anzusehen. Es empfiehlt sich, auf diesem Tisch den Müttern und Vätern nicht nur Bücher zum Thema »Sexueller Mißbrauch« vorzustellen, sondern vor allem Bücher, die Mädchen und Jungen in ihrer Lebensfreude stärken, einfach Spaß machen. Im zweiten Teil des Elternabends werden Konzepte der Prävention vorgestellt (z.B. »Trau deinem Gefühl«, »Es gibt schöne und blöde Geheimnisse« etc.). Im Gespräch über Möglichkeiten der Stärkung von Kindern muß die Referentin sich der Alltagssprache von Eltern und Kindern anpassen. Keinesfalls darf sie in eine theoretische Begrifflichkeit verfallen, denn die Mütter und Väter brauchen konkrete Formulierungsvorschläge, wie sie ihren Kindern sexuelle Gewalt erklären können, ohne Angst zu machen. Die Frage »Wie wurden Sie als Kind über sexuellen Mißbrauch aufgeklärt?« bringt häufig ein lebhaftes Gespräch in Gang.

Ebenso regt es die Eltern zum Austausch untereinander an, wenn die Referentin sie auffordert, nach sprachlichen Möglichkeiten zu suchen, wie sie am nächsten Tag ihren Töchtern und Söhnen den Anlaß des Elternabends erklären können. Die Vorschläge reichen von »Ich war auf einem Abend, an dem wir überlegt haben, wie Kinder sich dagegen wehren können, wenn Erwachsene sie schon mal blöd an der Muschi oder am Pimmel anpacken«, bis hin zu »Wir haben darüber gesprochen, daß es schon mal Menschen gibt, die eigentlich nett sind, die aber wollen, daß Kinder ihren Penis angucken oder sie streicheln, auch wenn die Mädchen und Jungen das nicht mögen«.

Vielfach berichten Eltern von ihren Schwierigkeiten mit den »lieben Verwandten«, die regelmäßig von Kindern Zärtlichkeiten erwarten bzw. sich erkaufen. In vielen Fällen haben Mütter und Väter Sorge um den Frieden in der Verwandtschaft, wenn sie die Grenzziehung ihrer Kinder gegen solche Übergriffe unterstützen/fördern. Mütter und Väter sind oft dankbar für Materialempfehlungen (z.B. die Bilderbücher »Schön blöd«, »Lilole

Eigensinn« und »Melanie und Tante Knuddel«) die sie in dem Konflikt mit Omas, Opas, Tanten ... und Bekannten unterstützen.

Die Aktion Jugendschutz Nordrhein-Westfalen gab einen ausgezeichneten Ratgeber für Mütter und Väter heraus, der sich für den Verkauf am Ende eines Elternabends empfiehlt und Hilfestellung bei der anschließenden Reflexion der umfangreichen Informationen einer solchen Veranstaltung gibt.

Die Problematik der sexuellen Gewalt an Mädchen und Jungen kann an einem Informationsabend keinesfalls erschöpfend behandelt werden. Eine Veranstaltung ist erfolgreich, wenn sie Müttern und Vätern Mut macht, sich weiter mit dem Thema zu beschäftigen, und ein wenig die Scheu nimmt, über sexuelle Gewalt zu sprechen. Sehr sinnvoll ist es, wenn die Referentin oder eine andere Person die Anwesenden zu einem zweiten Treffen einlädt, bei dem anhand von Bilderbüchern das Gespräch mit Kindern über sexuellen Mißbrauch geübt und am Beispiel von Alltagssituationen Handlungsstrategien für Kinder und Eltern erarbeitet werden.

Literaturempfehlung:
AJS NRW: Gegen sexuellen Mißbrauch an Mädchen und Jungen – Ein Ratgeber für Mütter und Väter.
Zu bestellen über: AJS NRW, Hohenzollernring 85, 50672 Köln (bitte 3,— DM in Briefmarken beilegen!)

GISELA BRAUN
MEIN KÖRPER GEHÖRT MIR!
PRÄVENTIONSARBEIT IN KINDERGÄRTEN UND SCHULEN

»Aber ich kann die Kinder doch nicht in den Stuhlkreis setzen und ihnen erzählen, welche schlimmen Sachen manche Papas und Onkels mit Kindern machen!«

Diese Bedenken höre ich öfter von ErzieherInnen. Nein, so kann man im Kindergarten sicher nicht vorgehen. Aber Prävention bedeutet mehr als Warnungen. Sie ist eine Erziehungshaltung und muß integriert werden in den erzieherischen Alltag. Die Ziele von Prävention, Stärke und Selbstbewußtsein, Durchsetzungsvermögen und körperliche Selbstbestimmung sind mit den Mitteln und Inhalten der Kindergartenarbeit zu fördern. Dabei sollten die Themen »Gefühle«, »Hilfe holen«, »nein sagen«, »gute und schlechte Geheimnisse«, »Überwindung geschlechtsspezifischer Sozialisation« und »Sexualerziehung« angesprochen werden.

Gefühle

Ein Beispiel für den Bereich
   »Gefühle erkennen und einschätzen«:
1. Die Kinder schneiden aus Zeitschriften Gesichter mit Gefühlsausdrücken aus. Sie identifizieren und benennen die Gefühle.
2. Sie suchen sich ein Gefühlsgesicht (Kindergesicht) heraus und erzählen eine Geschichte: »Was hat dieses Kind erlebt? Wie fühlt es sich? Warum fühlt es sich so?«
3. Jedes Kind nimmt ein Gefühlsgesicht seiner Wahl und erzählt: »Als ich dieses Gefühl hatte ...!«
4. Die Kinder erstellen eine Collage. Dazu ordnen sie die Gefühlsgesichter in zwei Gruppen: Gute Gefühle – schlechte Gefühle.
5. Die Kinder überlegen zusammen mit der Erzieherin: Was kann ich tun, wenn ich ein schlechtes Gefühl habe? Wie bekomme ich wieder ein gutes Gefühl? (Wichtige Aussage: Schlechte Gefühle sagen uns, wenn etwas nicht in Ordnung ist! Wir können etwas dagegen tun.)
6. Vielleicht fällt den Kindern eine eindeutige Zuordnung nach schlechten und guten Gefühlen schwer, weil es Gefühle sind, die irgendwo dazwischenliegen. Wir nennen diese: komische Gefühle. Sie machen

uns ganz durcheinander. Kennen die Kinder solche komischen Gefühle? Was soll man tun, wenn man komische Gefühle hat? Wird es besser, wenn man mit jemandem darüber spricht?

Die verschiedenen Einheiten können einzeln oder aufeinander aufbauend mit den Kindern durchgeführt werden.

Gefühle kann man auch sehr gut pantomimisch darstellen, z.B. in Anlehnung an ein Gefühlsgedicht:

> *Angst und Mut, Glück und Wut,*
> *Ernst und Scherz, Lachen und Schmerz.*
> *Freude und Trauer, süß und sauer,*
> *hauen und küssen, dürfen und müssen.*
> *Stark und schwach, müde und wach,*
> *wehren und ducken, weinen und mucken.*

Ein schönes Bilderbuch zu diesem Thema heißt: »Gefühle sind wie Farben« von Aliki. (Alle in diesem Beitrag genannten Bücher, Materialien etc. sind im Anschluß noch einmal – thematisch geordnet – ausführlich aufgeführt.) Besonders beliebt bei Mädchen und Jungen: »Schön blöd« von Ursula Enders. Auch »Lilole Eigensinn« von derselben Autorin ist sehr gut einsetzbar. In zwei Ausgaben der Materialiensammlung »Bausteine Kindergarten« finden sich zudem Programmeinheiten zu Gefühlen (1/87 und 1/88).

In diesen beiden Sammlungen wird ebenso wie in dem sehr empfehlenswerten Arbeitsbuch von Knister/Paul Maar: »Frühling, Spiele, Herbst und Lieder« auch das Thema »Angst« behandelt.

Über »Angst« mit Kindern zu sprechen, darf allerdings nicht heißen, ihnen Angst zu machen. Sie sollen auch immer Möglichkeiten der Angstbewältigung und der Abwehr kennenlernen, wie in folgendem kleinen Vers mit dem Titel »Nachtgespenst«:

> *Kommt ein Gespenst in der Nacht,*
> *das Angst mir macht,*
> *schrei ich es an,*
> *so laut ich kann!*
> *Gespenst kriegt 'n Schreck,*
> *ist nix wie weg.*

Hier bietet sich ein guter Anlaß, mit Kindern zu sprechen und Handlungsmöglichkeiten zu erarbeiten, ebenso wie beispielsweise beim Malen von Angstbildern und Bildern gegen die Angst.

Hilfe holen

Prävention beinhaltet weiter, Kinder zu bestärken, sich Hilfe zu holen, wenn sie Probleme haben, denn »einer ist keiner und zwei sind mehr als einer«, wie es in einem Kinderlied aus dem Liederbuch des Grips-Theaters heißt. Zu zweit oder mit mehreren lassen sich Schwierigkeiten eben leichter lösen.

Es gibt unzählige Formen von Fangspielen, die leicht abzuwandeln sind, in der Form, daß der Fänger die Kinder nicht abschlagen kann, wenn sie sich aneinander festhalten, sich umarmen, sich gegenseitig helfen. Auch in dem Kreisspiel »Große Leute – kleine Leute« wird Hilfe holen geübt:

Erzieherin: »Oft können große Leute mehr, als kleine wie Ihr. Sie sind stärker und eben größer. Aber kleine Leute sind auch stark, wenn sie sich Hilfe suchen. Wir werden das mal ausprobieren.«

Jedes Kind versucht, etwas Schwieriges allein zu machen, z.B.:

◆ ein großes Tuch falten,
◆ die Erzieherin über eine Linie schieben,
◆ einen Tisch hochheben,
◆ die Erzieherin an der Hand in eine Ecke ziehen,
◆ einen Korb mit zwei Griffen tragen,
◆ der Erzieherin einen Bauklotz abnehmen, den diese hinter dem Rücken versteckt,
◆ balancieren.

Wenn das Kind die Aufgabe allein nicht schafft, geht es zu einem anderen Kind seiner Wahl und sagt: »Ich möchte, daß du mir hilfst!« Zu zweit wird die Aufgabe meist zu lösen sein. Falls nicht, gehen beide Kinder zu einem dritten und sagen: »Wir möchten, daß du uns hilfst!«

Also: Wenn man sich Hilfe holt, kann man viel erreichen!

Nein sagen

Ein ganz zentraler Aspekt der präventiven Erziehung ist das »Neinsagen«. Nein zu Berührungen, die das Kind nicht mag, nein in Situationen, in denen es sich nicht wohl fühlt. Vielen Mädchen und Jungen fällt es schwer, sich zu wehren und nein zu sagen, gerade Erwachsenen gegenüber. Aber auch diese Fähigkeit kann Kindern näher gebracht werden, schon durch kleine Spielereien wie Abzählreime oder Fingerspiele.

Abzählreim:
Schirm, Stock, Hut,
ich hab Mut,
ich sag nein,
und du fällst rein.

Fingerspiel:
Emil und Trine
Emil ist groß,
Trine ist klein,
Emil will schubsen,
Trine sagt nein.
Trine holt Hilfe
bei den andern drei'n,
Emil guckt dumm,
jetzt ist er allein.

(Den Daumen hochhalten, den kleinen Finger hochhalten, der Daumen schubst den kleinen Finger, der wackelt hin und her, die mittleren drei Finger bedecken den kleinen Finger, den Daumen hochhalten und dann abknicken.)

Konkreter auf Berührungen zielt eine Einheit »Erzählen im Kreis« mit dem Thema: »Nein, das will ich nicht!«
   1. Die Kinder sitzen im Kreis. Heute erzählt die Erzieherin von angenehmen und unangenehmen Berührungen. Die Kinder überlegen: Was ist angenehm/unangenehm?
◆ gezwickt werden,
◆ im Arm gehalten werden,
◆ eine Ohrfeige bekommen,
◆ geküßt werden,
◆ gestreichelt werden,
◆ einen Klaps auf den Po bekommen,
◆ festgehalten werden, obwohl ich weg will,
◆ gekitzelt werden,
◆ auf die Schulter geklopft bekommen,
◆ auf den Schoß genommen werden,
◆ hochgehoben werden.

Die Kinder überlegen weiter: Welche angenehmen/unangenehmen Berührungen gibt es noch? Ist die Berührung immer angenehm bzw. unangenehm? Ist sie manchmal dazwischen (komisch)? Bei welchen Personen ist die gleiche Berührung angenehm/unangenehm?

2. Was tun wir, wenn eine Berührung unangenehm ist?

Wir sagen: »Nein, das will ich nicht!«
(Alle Kinder sagen es im Chor.)

Einige Kinderbücher behandeln ebenfalls das Thema »Nein-sagen«. In dem »Märchen von der ungehorsamen Adeli-Sofi« (Rosen 1987) wehrt sich ein kleines Mädchen gegen die Übergriffe des Wassermanns, und bei Mischa Damjas und Josef Wilkons »Der Clown sagt nein« (Damja/Wilkon 1986) geht es ebenfalls um Verweigerung von unbedingtem Gehorsam.

Um die Entwicklung eines kleinen, schüchternen NEIN zu einem starken, selbstbewußten dreht sich das Kinderbuch »Das große und das kleine NEIN«, während in »Melanie und Tante Knuddel« die praktische Abwehr einer übergriffigen Tante gelingt.

Fast schon klassisch in diesem Themenbereich sind die Kinderbücher »Kein Anfassen auf Kommando« und »Kein Küßchen auf Kommando« von Marion Mebes und Lydia Sandrockh.

Geheimnisse

Das Thema »gute und schlechte Geheimnisse« sollte im Kindergarten ebenfalls nicht fehlen. Mit einem Ratespiel beispielsweise lassen sich spielend Unterscheidungen besprechen:

Die Kinder sitzen im Kreis. Die Erzieherin führt in das Spiel ein:
»Wißt Ihr, was ein Geheimnis ist?« Die Kinder nennen Beispiele, und die Erzieherin fährt fort: »Es gibt gute und schlechte Geheimnisse. Gute Geheimnisse machen Freude, wie z.B. eine Geburtstagsüberraschung. Schlechte Geheimnisse bedrücken und machen Kummer. Sie sind eigentlich gar keine richtigen Geheimnisse, denn man darf sie erzählen. Das ist kein Petzen. Ich nenne Euch jetzt verschiedene Geheimnisse, und Ihr sollt raten, ob es gute oder schlechte sind!«
◆ Ihr malt ein Bild für Papa. Es soll ein Weihnachtsgeschenk werden, und Ihr erzählt niemandem davon.

◆ Ein Kind nimmt Dir Dein Lieblingsspielzeug weg und sagt, daß Du nichts sagen darfst, sonst kriegst Du Schläge. Du bist sehr traurig und fürchtest Dich.

◆ Deine Freundin vergißt beim Spielen aufs Klo zu gehen und macht in die Hose. Es ist ihr sehr peinlich, und sie bittet Dich, den anderen Kindern nichts davon zu erzählen.

◆ Ihr sitzt zusammen und überlegt, was Ihr Eurer Erzieherin zur Hochzeit schenken wollt. Sie kommt dazu und fragt: »Was flüstert Ihr denn da?«, und Ihr sagt: »Das ist ein Geheimnis!«

◆ Aus Versehen fällt Dir ein Teller runter und geht kaputt. Ein anderes Kind hat es gesehen und sagt: »Du mußt mir jeden Tag einen Lutscher mitbringen. Wenn nicht, sag ich, daß Du den Teller kaputt gemacht hast!«

◆ Ein Erwachsener, den Du gut kennst, will Dich küssen und streicheln, obwohl Du es nicht willst. Er sagt, Du darfst niemandem davon erzählen, es sei ein Geheimnis, aber Du hast Angst, daß er das noch mal macht.

◆ Mama ist einige Tage verreist. Papa und Du, Ihr macht die ganze Wohnung blitzsauber und stellt Blumen hin. Papa meint, Du sollst Mama nichts davon sagen am Telefon, damit sie überrascht wird, wenn sie wiederkommt. Ihr freut Euch beide schon auf Mamas Gesicht, wenn sie sieht, was Ihr geschafft habt.

Anmerkung:

Die Erzieherin sollte nach jedem »Geheimnis«, das die Kinder erraten haben, erklären, warum es ein gutes oder schlechtes war. Sie kann die Kinder fragen, wie man sich fühlt in einer solchen Situation. Je nachdem, ob man sich gut oder schlecht fühlt, ist auch das Geheimnis gut oder schlecht. Sie bestärkt die Kinder, schlechte Geheimnisse zu erzählen, und überlegt zusammen mit den Kindern, wem sie sich wohl anvertrauen könnten, wenn sie selbst in einer solchen Situation wären.

Auch ein Gespräch über den Unterschied zwischen Geschenk und Bestechung bietet sich an.

Eine Ermutigung, schlechte Geheimnisse weiterzuerzählen, ist der folgende Zungenbrecher:

Wenn Du sagst, ich soll nicht fragen,
soll mich nichts zu sagen wagen,
sagt mir mein Gefühl im Magen,
ich werd's trotzdem weitersagen.

Selbstverständlich sollte es in der Kindergartenerziehung keine geschlechtsspezifischen Spiele geben. Aber mehr noch: Mädchen brauchen in vielen Bereichen Bestärkung und Förderung selbstbewußten und durchsetzungsfähigen Verhaltens, und Jungen, die nur allzu gern schon mal »Pascha« spielen, müssen erfahren, daß es Grenzen gibt, wo die Rechte der Mädchen und Frauen angetastet werden. Zu dieser Thematik gibt es mittlerweile einige sehr schöne Kinderbücher, wie etwa »Prinz Pfifferling«, »Die Tütenprinzessin«, »Rosamund, die Starke«, »Prinzessin Pfiffigunde«, »Die Riesin treibt Schabernack«. Bei der Anschaffung von Büchern lohnt sich ein Blick auf die Liste antisexistischer Kinderbücher, zu finden in Astrid Matthiaes Buch »Vom pfiffigen Peter und der faden Anna«. Noch wirkungsvoller sind natürlich Vorbilder, die nicht in das übliche Rollenklischee passen. Auch hier kann der Kindergarten Anstöße geben, z.B. Einladung zu einem Abend oder Fest mit Vätern und Kindern. Männer einladen, die in sogenannten Frauenberufen arbeiten (Krankenpfleger, Geburtshelfer u.ä.) und Frauen, die in sogenannten Männerberufen tätig sind (Busfahrerin, Technikerin o.ä.). Väter sollen im Kindergarten nicht immer nur werken, sondern auch mal in der Puppenecke mitspielen, kochen oder vorlesen. Der Phantasie sind keine Grenzen gesetzt.

Im Liederbuch des Berliner Grips-Theaters finden sich viele Lieder, die sehr gut zur Thematik passen. Lieder, die Mädchen bestärken, wie »Wer sagt, daß Mädchen dümmer sind«, »Mädchen, laßt Euch nichts erzählen«, oder Lieder, die Kindern Mut machen, sich zu wehren. »Trau Dich! Trau Dich! Auch wenn es daneben geht« heißt es im Kinderlied mit dem gleichnamigen Titel und in einem anderen »Das werden wir ja sehn, ob wir das nicht verstehn! Wir hatten lang genug Geduld, wer sich nicht wehrt, ist selber schuld.«

In Klaus W. Hoffmanns Liederbuch »Wenn der Elefant in die Disco geht« gibt es brauchbare Spiellieder, wie z.B. »Das Lied von den Gefühlen« oder das »Lied von der Angst in der Nacht«, die als Anregung für Gespräche und darstellendes Spiel genutzt werden können.

Sexualerziehung

Zur Umsetzung einer kindgerechten Sexualerziehung mit den Themen »Körperkontakt und Körperwahrnehmung«, »Freundschaft und Zärtlichkeit« und »Wir bekommen ein Baby« gibt es gerade für Kindergarten und Grundschule eine Reihe von Anregungen in den Sammlungen

»Sexualerziehung in Grundschule und Kindergarten« (Claudia Eich-
manns) und »Lieben, Lernen, Lachen« (Sanders/Swinden).

»Das Bärenwunder« von Wolf Erlbruch ist ein liebevolles Kinderbuch,
um das Gespräch mit Kindern zu beginnen, während »Vom Schmusen und
Liebhaben« (Manfred Mai) und »Peter, Ida und Minimum« (Frager-
ström/Hansson) schon eine Reihe von Kinderfragen beantworten helfen.
Viel Erfolg und vor allem viel Freude für Sie und die Kinder!

Literaturempfehlung:
Kinderbücher und Materialien für die Präventionsarbeit in Kindergarten
und Grundschule:
Braun, Gisela: Ich sag' Nein! Mülheim an der Ruhr 1989
Mebes/Sandrockh: Kein Küßchen auf Kommando. Berlin 1988
Rosen, Björn Graf von: Das Märchen von der ungehorsamen Adeli-Sofi
und ihrer furchtbaren Begegnung mit dem Wassermann. Atlantis
Kinderbücher 1987
Wachter, Oralee: Heimlich ist mir unheimlich. Benzinger 1985
Aliki: Gefühle sind wie Farben. Weinheim und Basel 1987
Reichling/Wolters: Hallo, wie geht es Dir? Mülheim an der Ruhr 1994
Mc Bratney/Jeram: Weißt Du eigentlich, wie lieb ich Dich hab?
Frankfurt 1994

Mädchenfreundliche Kinderbücher:
Früh, Sigrid (Hrsg.): Die Frau, die auszog, ihren Mann zu erlösen. –
Europäische Frauenmärchen. Frankfurt, 1985
Preußler/Lentz: Die dumme Augustine. Stuttgart 1972
Johnston-Phelps, Ethel (Hrsg.): Kati Knack-die-Nuß und andere
Geschichten von schlauen Mädchen. Berlin 1987
Munsch/Nyncke: Die Tütenprinzessin. Oldenburg 1987
Cole, Babette: Prinzessin Pfiffigunde. Reinbek 1987

Jungenfreundliche Kinderbücher:
Mayer, Mercie: Da liegt ein Krokodil unter meinem Bett. Ravensburg
1993
Cohen/Landström: Gustav will ein großes Eis. Hamburg 1993
Landström, Olaf und Lena: Nisses neue Mütze. Hamburg 1991
Cole, Babette: Prinz Pfifferling. Reinbek 1988
Bauer/Boie: Kein Tag für Juli. Weinheim 1993

URSULA REICHLING
ERZIEHUNG ZUR SEXUELLEN SELBSTBESTIMMUNG –
EIN THEMA IM UNTERRICHT?!
– PRÄVENTIONSARBEIT IN DER GRUNDSCHULE

»Wie kann ich Mädchen und Jungen im Unterricht über Gefahren sexueller Gewalt aufklären? Darf ich das überhaupt?« Die Antwort ist einfach: Die Richtlinien für die Grundschule geben LehrerInnen genügend Spielraum, um im Schulalltag die Problematik immer wieder anzusprechen und ausführliche und differenzierte Unterrichtseinheiten durchzuführen (vgl. Richtlinien für die Sexualerziehung in den Schulen des Landes Nordrhein-Westfalen von 1974 und Richtlinien und Lehrpläne für die Grundschule in Nordrhein-Westfalen von 1985). Entsprechend den Richtlinien (NRW 1974) soll z.B. die Sexualerziehung als Teil der Gesamterziehung SchülerInnen befähigen, ihr Leben bewußt und in freier Entscheidung selbst zu gestalten. Es soll eine Lebensführung angestrebt werden, in der die Geschlechtlichkeit als ein wesentlicher Bestandteil menschlichen Daseins anerkannt und bejaht wird, ohne daß Schwierigkeiten und Konflikte bagatellisiert oder verharmlost werden. Dementsprechend gilt es, SchülerInnen in altersangemessener Weise sachgerecht über die Gefahr sexueller Gewalt aufzuklären und ihnen Möglichkeiten der Hilfe und Gegenwehr aufzuzeigen.

Keinesfalls darf Mädchen und Jungen Angst gemacht werden. Die Sexualerziehung in der Schule soll vielmehr ein »Verantwortungsbewußtsein entwickeln und stärken, das eine Herabsetzung und Mißachtung sowie die körperliche und seelische Schädigung des Partners und dessen sexuelle Ausbeutung ausschließt« (NRW 1974). Damit schreiben die Richtlinien zur Sexualerziehung eine Täterprophylaxe vor!

Die Richtlinien für die Grundschule (NRW 1985) benennen als primäres Ziel die »Achtung vor der Würde des Menschen« – d.h., die Würde des Kindes ist zu achten – ist nicht antastbar. Um dieses Ziel zu realisieren, steht die »Förderung der Persönlichkeitsentwicklung« (NRW 1985) und damit die Stärkung des Selbstbewußtseins der SchülerInnen im Vordergrund.

Mädchen und Jungen benötigen »verläßliche Orientierungen«, damit sie ihre eigenen Stärken und Grenzen einschätzen lernen und gefährlichen Situationen nicht wehrlos und ohne Hilfe gegenüberstehen. Sprechen LehrerInnen im Unterricht die Thematik der sexuellen Ausbeutung von

Mädchen und Jungen an, so geben sie Kindern ein Stück Sicherheit, denn diese erfahren, daß sie mit KlassenkameradInnen und LehrerInnen über sexuellen Mißbrauch sprechen können und dürfen. Sie kennen damit Menschen, denen sie sich bei sexuellen Übergriffen anvertrauen können, die ihnen helfen.

Ideen zur Integration der Thematik in den Sachunterricht der Grundschule

Aufgabenschwerpunkte der Klassen 1 und 2:
»Ich und die anderen«
◆ »sich eigener Einstellungen, Verhaltensweisen, Interessen usw. bewußt werden« (NRW 1985)
  Dies gilt insbesondere im Bereich der sexuellen Selbstbestimmung. Mädchen und Jungen sollen sich darüber klar werden, wer sie wann, wie und wo anfassen darf.
◆ »Hilfe von anderen annehmen und selbst anbieten« (NRW 1985)
  Kinder müssen auch im Falle sexueller Übergriffe wissen, wo sie Hilfe bekommen und wie sie sich gegenseitig helfen können.
»Mädchen und Jungen«
◆ »sich mit der Rolle als Mädchen, als Junge auseinandersetzen« (NRW 1985)
  Die Reflexion geschlechtsspezifischer Sozialisationsmuster ist ein zentraler Punkt in der Prävention von sexuellem Mißbrauch. Mädchen und Jungen sollen lernen, partnerschaftlich miteinander umzugehen.

Aufgabenschwerpunkte der Klassen 3 und 4:
»Geburt und Aufwachsen«
◆ »sich der Veränderungen von Körperbau und Verhalten im Verlaufe der Kindheit bewußt werden« (NRW 1985)
  Durch die bewußte Wahrnehmung ihres Körpers sollen die Kinder fähig werden, ein positives Verhältnis zu ihrem Körper zu bekommen und ihren Körperwahrnehmungen zu trauen (z.B. angenehme von unangenehmen Berührungen unterscheiden können).
»Körper und Gesundheit«
◆ »Bedingungen für Gesundheit und körperliches Wohlbefinden beachten«
◆ »Gefahren für Gesundheit, Wachstum und Wohlbefinden erkennen« (NRW 1985)
  Mädchen und Jungen müssen über mögliche Gefahren informiert sein, sie brauchen Informationen über die Gefahren(orte) sexueller

Gewalt. Nur so sind sie in der Lage, Gefahren zu erkennen und ihnen etwas entgegenzusetzen.

Es empfiehlt sich, vor Durchführung einer ausführlichen Unterrichtseinheit zum Problembereich »Sexueller Mißbrauch« einen Elternabend mit einer Referentin von außen durchzuführen. Denn zum einen sind LehrerInnen verpflichtet, Eltern über Inhalte der Sexualerziehung in der Schule zu informieren, zum anderen kommt es dem Interesse vieler Mütter und Väter entgegen, wenn sie über Möglichkeiten informiert werden, wie sie ihre Töchter und Söhne vor sexuellem Mißbrauch schützen können.

IRMGARD SCHAFFRIN
EINE UNGEWÖHNLICHE ARBEIT AN EINER GANZ GEWÖHNLICHEN GESAMTSCHULE – PRÄVENTIONSARBEIT MIT JUGENDLICHEN MÄDCHEN

Was ist das für ein Gefühl, sicher, stark und selbstbewußt zu sein? Jugendliche Mädchen zwischen 14 und 16 Jahren suchen Beispiele, sprechen über sich und ihre Freundinnen, erzählen lachend Geschichten über erfolgreiche Selbstbehauptung. Die lockere Stimmung weicht einer nervösen Anspannung, als es gilt, ein Brett (20 cm x 20 cm, 1,8 cm dick) durchzuschlagen. Sie wollen, aber trauen sich nicht.

»Machen Sie doch mal vor« bittet ein Mädchen. An dem Ton ihrer Stimme höre ich, daß sie sich nicht vorstellen kann, so viel Kraft zu besitzen, um das Brett durchzuschlagen. Ein mutiges Mädchen prescht vor. Sie ist ganz ernst, konzentriert und hört gespannt jede Anweisung von mir. Ganz plötzlich schlägt dann das Mädchen zu, und das Brett ist zerbrochen. Ungläubiges Erstaunen ist auf ihrem Gesicht zu lesen – sie hat ihre eigene Stärke unterschätzt.

Vor sechs Jahren begann ich, die von Frauen entwickelten Selbstverteidigungs- und Selbstbehauptungskonzepte auf jugendliche Mädchen zwischen zwölf und 16 Jahren zu übertragen. Als Sozialpädagogin im Schulpsychologischen Dienst einer Gesamtschule hatte ich die Möglichkeit, für Mädchen Arbeitsgemeinschaften oder ganze Projektwochen zu dem Thema anzubieten.

Jugendliche Mädchen und sexuelle Gewalt

Jugendliche Mädchen zwischen zwölf und 16 Jahren sind besonders häufig von sexueller Gewalt betroffen. Die an ihnen verübten sexuellen Gewaltverbrechen sind oft durch einen besonderen Grad der Brutalität gekennzeichnet. Die Täter sind meist zwischen 14 und 25 Jahren alt und damit in einer Altersgruppe, mit der die Opfer normalerweise in Kontakt stehen oder Beziehungen aufnehmen.

Weibliche Jugendliche erleben gerade die Phase zwischen 14 bis 16 als eine der schwierigsten. Sie werden Frau, sind aber noch nicht erwachsen. Sie lösen sich innerlich vom Elternhaus, können aber noch nicht selbständig sein. Sie geraten in die Welt der Jugendkulturen und erleben statt der ersehnten Freiheit ein Klima der ständigen sexuellen Belästigung und Bedrohung. Trotzdem wollen jugendliche Mädchen sich den öffentlichen Raum erobern, schlagen die nicht endenden Warnungen von Tanten und Müttern in den Wind und hoffen, daß sie »Glück« haben. Ziel meiner Arbeit ist es, sie zu stärken, damit sie Gefahrensituationen einschätzen lernen und Strategien zur Gegenwehr entwickeln können.

Für sich selbst die Verantwortung übernehmen

Jugendliche Mädchen sind für eine Auseinandersetzung mit dem Problem der sexuellen Gewalt dann zu gewinnen, wenn ihre Widerstandskraft angesprochen wird – ihre Stärke, sich gegen sexuelle Gewalt zu wehren. Das Interesse der Mädchen wird nicht über ihre Betroffenheit bestimmt, sondern von dem Wunsch, nicht Opfer zu werden oder zu sein. Mit der Projektwochen-Ausschreibung: »Sicher, stark und selbstbewußt. Selbstverteidigung, Selbstbehauptung, Gespräche, Spiele und Informationen.« Gegen die »alltägliche sexuelle Gewalt gegen Mädchen und Frauen« werden alle Mädchen gleichermaßen angesprochen, aber gleichzeitig die notwendige Distanz gewährt, die betroffene Mädchen brauchen, um sich nicht als Opfer stigmatisiert zu fühlen.

Mädchen können im Rahmen ihrer Möglichkeiten die Verantwortung für ihren Schutz und ihre Sicherheit tragen. Der individuelle Schutz der Mädchen besteht in der Weigerung, ein leichtes, bequemes Opfer zu sein. Bei jeder konkreten Gewalttat gibt es einen Handlungsspielraum, den der Täter zuläßt. Ziel der Projektwoche ist es, Mädchen diesen Handlungsspielraum bewußt zu machen und ihnen Möglichkeiten aufzuzeigen, wie sie diesen für ihren Widerstand nutzen können.

Immer wieder werden Einwände gegen Selbstverteidigungs- und Selbstbehauptungskurse für Mädchen laut:
◆ den Jugendlichen soll angeblich die Illusion der Unverwundbarkeit vermittelt werden,
◆ Mädchen müßten jahrelang Selbstverteidigungssport betreiben, um erfolgreich einen Angriff abwehren zu können.

Praktische Erfahrungen und Untersuchungen beweisen die Unzulänglichkeit einer solchen Argumentation. Eine Studie von Dr. Frank Javorek aus der Unfallvorbeugungsabteilung des Denver-Krankenhauses kommt z.B. zu dem Ergebnis, daß in 85 Prozent der Fälle Frauen einem Angreifer ohne Waffe entkommen konnten, wenn sie brüllten und Widerstand leisteten. D.h., daß Frauen trotz einer Mädchensozialisation ein wirksames

Widerstandsbild von sich entwickeln können. Die Arbeit an diesem Widerstandsbild bildet den Schwerpunkt meiner Präventionsarbeit mit jugendlichen Mädchen.

»Nein« sagen und sich mögen

Im Sinne eines ganzheitlichen Ansatzes, d.h., daß vitale und emotionale Energien in einem engen Zusammenhang stehen, sollte innerhalb einer Projektwoche jeden Morgen mit dem Selbstverteidigungstraining begonnen werden. Neben Angriffs-, Abwehr- und Bodentechniken gilt es, Schlag-und Trittechniken mit Kampfschrei zu vermitteln. Zum Aufwärmen und zum Experimentieren mit den Möglichkeiten des eigenen Körpers (es ist z.B. schwierig, Arme und Beine koordiniert als Abwehr einzusetzen) setze ich in meiner Arbeit Bewegungs- und Raufspiele ein. Auf exakte Techniken lege ich weniger Wert als auf die Vermittlung einiger Grundlagen der Selbstverteidigung: Ausnutzen des Überraschungseffekts, Wissen um die verletzlichen Körperstellen des Gegners, Ausatmen, Selbstbeobachtung (»Welche Körperteile habe ich zur Gegenwehr frei?«). Die Mädchen amüsieren sich meist köstlich, wenn die Selbstverteidigungstechniken in kleine Szenen eingebettet sind und der Täter im Rollenspiel mit viel Dramatik zu Boden sinkt. Die Anwendung von Techniken im Rahmen von vollständigen Bewegungsabläufen wird von ihnen bevorzugt. Stupides Üben finden sie langweilig und ermüdend. Gern experimentieren die Mädchen mit ihrem persönlichen Bewegungsbild; sie probieren verschiedene Möglichkeiten aus und versuchen, ihr neues Verhaltensrepertoire in ihr Selbstbild zu integrieren. Anfeuerung, Lob und Ermutigung sind in diesem Prozeß besonders wichtig.

Im jugendlichen Alter gewinnt der Körper eine zentrale Bedeutung für das weibliche Selbstverständnis. Gerade Körpertechniken, die eine bestimmte Durchsetzungskraft sowie die Bereitschaft, andere auch zu verletzen, erfordern, sind besonders schwer mit dem traditionellen Bild von Weiblichkeit zu vereinbaren. Das Gefühl der Mädchen, »Wenn ich mich wehre und nein sage, dann bin ich nicht mehr nett und attraktiv!«, ist ihre eigene innere Zensur: »Ich trau mich nicht, was Auffälliges zu tun, denn das zieht gleich Sanktionen von Männern nach sich.« Die Offenheit, mit der jugendliche Mädchen sich innerhalb der Projektwochen mit dieser Wertschätzung auseinandersetzen, hat etwas Beflügelndes. Es ärgert sie, daß sie die Sicherheit ihrer eigenen Person nicht an die erste Stelle setzen sollen. Ihre Identifikation mit dem männlichen Wertesystem bekommt einen Knacks.

Den Täter karikieren

Rollenspielarbeit mit jugendlichen Mädchen muß genau geplant und durchdacht sein. Mädchen nehmen diese Arbeit zunächst kaum ernst, finden sie oft albern und lächerlich. Wenn aber die Aufgabe gestellt wird, den Täter zu spielen, dann wird es spannend. Wie geht er vor? Wie macht er seine Absichten deutlich? Wie ist seine Sprache, sein Blick, seine Körperhaltung? Mädchen können diese Rolle genüßlich karikieren. Der Rollentausch mit dem »Macho« gibt ihnen Energie, denn sie lernen, die verbalen und körpersprachlichen Methoden der Machtausübung zu durchschauen. Ihr Frühwarnsystem wird sensibilisiert, die eigene Körpersprache gestärkt.

Eigene Grenzen setzen

»Wieviel Zeit, Kraft, Aufmerksamkeit, körperliche Nähe, Hilfsbereitschaft, Fürsorge bin ich bereit, einem anderen zu geben? Wann vertrete ich meine eigenen Rechte? Wie setze ich Grenzen?« Die Beantwortung dieser Fragen setzt Vertrauen in die Gruppe und in die Leiterin voraus. Konkrete Erlebnisse der Mädchen werden in Rollenspielen aufgearbeitet, wie eine Theaterszene durchgesprochen.

Auf folgende Fragen werden Antworten gesucht:
◆ Was stört mich an der Situation?
◆ Was will ich dem Angreifer vermitteln?
◆ Spricht mein Körper die gleiche Sprache wie die gesprochene?
◆ Wann sage ich »Nein«? Wie sage ich »Nein«? Wie fühle ich mich, wenn ich »Nein« sage?
◆ In welchen Bereichen bin ich mit meinem Handeln, Auftreten zufrieden?
◆ Wie kann ich Hilfe holen?
◆ Traue ich mich, eine »Szene« zu machen?

Der Schwerpunkt der Arbeit liegt also darin, die persönlichen Grenzen zu entdecken – nicht darin, diese zu bewerten.

Wenn ein Lehrer Mädchen sexuell belästigt

Im Rahmen der Projektwoche beschweren sich Schülerinnen häufig über sexuelle Anspielungen oder Grapschereien von Lehrern im Unterricht. Sie berichten, wie geschickt Lehrer ihre Machtposition ausnutzen. Die

Mädchen brauchen in solchen Situationen die Unterstützung von KlassenkameradInnen und LehrerInnen, keinesfalls sollten sie die Belästigungen in der Klasse alleine ansprechen. Wenn das Problem mit den MitschülerInnen besprochen ist, müssen die Kolleginnen und Kollegen Verantwortung übernehmen und in einem Gespräch mit dem Lehrer eindeutig Partei für die Mädchen ergreifen – ohne die Namen der Schülerinnen zu nennen. Durch diese Vorgehensweise werden die Mädchen geschützt und nicht der Willkür des Lehrers ausgesetzt. Ihre Anonymität bleibt gewahrt (s. Kapitel XIV).

Den Mädchen und sich selber Schutz gewähren

Besuchen die Mädchen innerhalb der Projektwoche eine Notruf- und eine Wildwassergruppe oder kommen Frauen aus diesen Gruppen in die Schule, so lernen die Mädchen betroffene Frauen kennen, die sich zu ihrem »Opfer-Sein« bekennen und gleichzeitig als Überlebende Mut machen, sich aktiv gegen die sexuelle Ausbeutung zu wehren. Als Gruppenleiterin bekomme ich in diesen Gesprächen häufig eine Ahnung davon, welche Mädchen bereits Gewalterfahrungen gemacht haben.

Betroffene Mädchen werden oftmals klein, sinken zusammen, glühen im Gesicht, atmen flach, sagen keinen Ton, lenken sich ab, schlafen ein. Ich spreche die Mädchen grundsätzlich nicht auf meine Vermutung an, denn sie haben ein Recht auf den Schutz der Gruppe und ein Recht darauf, zu entscheiden, wann sie sich wem anvertrauen wollen. Präventionsarbeit in der Schule ist kein »Opferaufdeckungsprogramm«. Kein Mädchen darf dazu gezwungen werden, die persönliche Betroffenheit offenzulegen.

Sexualität ist schön; wenn ich sie will!

Die meisten jugendlichen Mädchen schlafen zum ersten Mal mit einem Freund, weil er will – sie wollen ihn halten. Die Aktivität der Mädchen beschränkt sich in der Regel darauf, für die Verhütung zu sorgen. Die Mädchen »warten« darauf, daß ein Junge seine »Ansprüche« anmeldet, und geben sich der Illusion hin, selbst bestimmen zu können, wie weit er gehen darf. Mädchen gehen somit selbstverständlich davon aus, daß Jungen akzeptieren, wenn sie »Stop« sagen. Das Gespräch mit erwachsenen Frauen hilft ihnen, Kontakte mit Jungen besser einschätzen zu können. Die eigene Mutter ist für die meisten Mädchen in diesen Fragen nicht mehr die richtige Ratgeberin – um so mehr sind Lehrerinnen und Sozialarbeiterinnen gefordert, um mit Mädchen über ihre Ängste und Wünsche im Kontakt mit Jungen zu sprechen. Den Mädchen sollte klar werden, daß Jungen, die sie unter Druck setzen, ihnen Respekt und Anerkennung verweigern und sich auch über ein »Nein« hinwegsetzen.

Mit den Waffen einer Frau

Der Film »Mit den Waffen einer Frau« von C. Perincioli setzt sich mit alltäglicher sexueller Gewalt auseinander. Er zeigt Belästigungen, die alle Mädchen kennen – beim Ferienjob, im Park, in der Badeanstalt, beim Trampen, in der Disco oder im Café, auf Fluren und Gängen, im Bus, auf Toiletten. Der Film macht gleichzeitig Mut, die eigenen Stärken zu nutzen und im Falle einer Belästigung die Aufmerksamkeit der Umgebung zu wecken, sich Hilfe zu holen – »eine Szene zu machen«.

Er fordert Mädchen auf, Raum einzunehmen, Kraft zu entwickeln, frech zu sein, sich zu schützen und zu wehren.

Zum Abschluß an die Schulöffentlichkeit

Mit Hilfe von Broschüren, Plakaten, Büchern und Bildern stellen die Mädchen am letzten Tag der Projektwoche die für sie wichtigsten Ergebnisse der Arbeit zusammen und gestalten eine Plakatwand. Sie weisen z.B. auf Selbstverteidigungskurse für Mädchen und Hilfsangebote für Betroffene hin. Meistens verkaufen sie auch eine selbst erstellte Broschüre, z.B. Tips für Tramperinnen. Die Mädchen, meine Kollegin und ich bekommen überwiegend positive Rückmeldungen von LehrerInnen, SchülerInnen und Eltern. Fragte uns doch eine erstaunte Mutter: »Was haben Sie denn mit meiner Tochter angestellt? Sie hat ja ein ganz neues selbstbewußtes Körpergefühl bekommen!«

Literaturempfehlung:
Adner, Angelika/Mänz, Heike: Selbstverteidigung und Selbstbehauptung
für Frauen. In: Schenk, Sylvia (Hrsg.) »Frauen – Bewegung – Sport«.
Hamburg 1986
Schaffrin, Irmgard/Wolters, Dorothee: Auf den Spuren starker Mädchen
– Cartoons für Mädchen – diesseits von Gut und Böse.
Zartbitter Köln (Hrsg.). Köln 1992

DIRK BANGE
VON LEID- UND LEITBILDERN
ÜBER DIE NOTWENDIGKEIT EINER GESCHLECHTSSPEZI-
FISCHEN (TÄTER-)PRÄVENTIONSARBEIT MIT
MÄNNLICHEN JUGENDLICHEN

Eine geschlechtsspezifische Sozialisation gewöhnt Jungen von Geburt an systematisch ab, ihre Gefühle zu zeigen. Hart und stark sollen sie sein! Empfindsamkeit und Zärtlichkeit gelten als Schwäche. Ein richtiger Junge kennt keinen Schmerz – oder doch?! MANN soll sich durchsetzen können – vor allem in sexueller Hinsicht.

Die meisten Jungen verinnerlichen die skizzierten gesellschaftlichen Rollenerwartungen und möchten diesem Bild vom »ganzen Mann« entsprechen. Dies hat nicht nur fatale Folgen für Mädchen, die mit männlichen Dominanzansprüchen konfrontiert werden, sondern auch für die Jungen, sie kennen keine »Leidbilder«, werden von kleinauf systematisch von einem Teil ihrer Gefühle – von Schmerz und leisen Empfindungen – abgeschnitten.

Emotionale Verletzungen und die ganz alltägliche Erfahrung, daß es mit der männlichen Überlegenheit in Wirklichkeit gar nicht so weit her ist, lassen viele Jungen und Männer innerlich unsicher und ängstlich werden. Die Diskrepanz zwischen Anspruch und eigenem Erleben versuchen viele Jungen (Männer), durch ein besonders »männliches« Verhalten notdürftig zu überdecken. Die gelernten Rollenmuster legen ihnen Aggressivität und Sexualität als taugliche »Ventile« nahe: So wird das eigene Leid kaschiert, die Situation »gemeistert«. Eine »freie« Sexualität hilft Jungen angeblich über jede Krise hinweg. Sexuell erfolgreich zu sein, wird so zum Gradmesser männlichen Selbstwertgefühls und Wohlbefindens – ein Trugschluß, denn immer der Erfolgreiche, der Eroberer zu sein, geht nicht nur auf Kosten der Mädchen, es kostet auch Jungen (Männern) Kraft.

Kinder scheinen dazu prädestiniert, das »ramponierte« männliche Selbstbewußtsein wieder zu stabilisieren, denn sie schauen zu »Stärkeren« auf. »Sexuelle Ausbeutung von Kindern durch Männer kann damit zweierlei sein: Erstens eine überkonforme Handlung, weil sie genau dem Verhalten entspricht, das in unserer Gesellschaft als männlich betrachtet wird. Andererseits kann sie aber auch eine Reaktion auf die Zwänge der männlichen Geschlechterrolle im Alltag, in der Arbeit und der Sexualität sein. Im Zusammensein mit Kindern braucht ein Mann sich nicht speziell darum zu bemühen, potent, mächtig und stark zu sein. Er ist es ihnen gegenüber ohnehin«. (Sattler/Flitner 1988)

Viele Täter fangen schon als Jugendliche damit an, Kinder sexuell zu mißbrauchen. So berichteten in der Studie von Abel und Rouleau (1990) 50 Prozent der Männer, die Jungen außerfamilial mißbraucht haben, daß sie ihr erstes Delikt vor ihrem 16. Lebensjahr begangen haben. 40 Prozent der Männer, die Jungen innerfamilial, 40 Prozent der Männer, die Mädchen außerfamilial und 25 Prozent der Männer, die Mädchen innerfamilial mißbraucht hatten, traten nach ihren eigenen Angaben erstmals vor ihrem 18. Lebensjahr als Täter in Erscheinung. (s.a. Gilgun/Connor 1990) Indirekt bestätigt werden diese Ergebnisse durch die Befragungen von Betroffenen. In verschiedenen Studien wurde übereinstimmend festgestellt, daß ein erheblicher Teil der Kinder durch Jugendliche sexuell mißbraucht wird. (Bange 1992, Gordon 1990, Russell 1986, Rogers/Terry 1984)

Ein zahlenmäßig derzeit nicht zu bestimmender, aber offenbar erheblicher Teil der Täter mißbraucht mehr als ein Kind. Bongersma (1980) weist beispielsweise auf eine französische Befragung hin, bei der 129 Männer erklärten, »insgesamt mit 11.007 Jungen sexuell verkehrt zu haben«. Wyre und Swift (1991) berichten, daß ein »früherer Kindertherapeut in einer Fernsehsendung mehr als 2.000 Straftaten zugab«.

In einem Interview erzählte mir ein pädophiler Mann, daß er im Laufe der Jahre 30 bis 40 sexuelle Beziehungen zu Jungen gehabt hatte. Auch in der Studie von Abel und Rouleau (1990) hatten vor allem die Männer, die außerhalb der Familie Kinder sexuell mißbraucht hatten, meist eine Reihe von Opfern. Im übrigen mißbrauchten 23 Prozent der untersuchten Täter innerhalb **und** außerhalb der Familie.

Angesichts dieser Ergebnisse der Täterforschung ist die Entwicklung von Behandlungskonzepten, vor allem für jugendliche Sexualstraftäter, von überragender Bedeutung. In solchen Therapien sollte zuerst die von fast allen Tätern gezeigte Verleugnung der Tat und ihrer Folgen angegangen werden. Erst wenn sie die Verantwortung für den sexuellen Mißbrauch übernehmen, kann an den emotionalen Defiziten, die sich aus eigenen Verletzungen und aus ihrer Lebenswirklichkeit ergeben, gearbeitet werden. In einem weiteren Schritt müssen die durch die Sozialisation vermittelten falschen Vorstellungen über Männlichkeit, Sexualität und Aggression thematisiert werden. (Ryan u.a. 1987, Bange 1993) So könnte bei einigen Jugendlichen verhindert werden, daß sich ihr abweichendes Verhalten verfestigt. Bei erwachsenen Tätern könnte durch Therapie die Rückfallhäufigkeit gesenkt werden. (Bullens 1993) Leider gibt es in der

Bundesrepublik Deutschland nur wenige Versuche in dieser Richtung. Ein großangelegtes Modellprojekt hierzu wäre dringend erforderlich.

Niemand kann bisher voraussagen, wer Täter wird und wer nicht. Die Präventionsbemühungen können sich deshalb nicht nur auf Jungen beschränken, von denen man ein hohes Risiko annimmt, Täter zu werden (Cohn 1986, 560). Vielmehr brauchen alle Jungen von klein auf Identifikationsfiguren »Leid- und Leitbilder« für ein anderes Jungen- und Männerbild. Kindern muß zudem eine Lebenswelt geschaffen werden, in der ihr Selbstbewußtsein wachsen kann.

In der schwierigen Phase der Pubertät sollten Jungen ihren Bedürfnissen entsprechende Unterstützung bekommen. Unbedingt müssen beispielsweise im schulischen und außerschulischen Bereich Veranstaltungen auch für Jungen zu den Themen »Liebe-Partnerschaft-Sexualität«, »das erste Mal«, »wie lerne ich ein(en) Mädchen/Jungen kennen?« und zum Thema »sexueller Mißbrauch« angeboten werden. So ließen sich sicher Verunsicherungen und Ängste mildern, die gerade bei Jungen in aggressives Verhalten münden können.

Alle Präventionsangebote müssen geschlechtsspezifische Unterschiede beachten. Getrenntgeschlechtliche Gruppen sind ein unbedingtes Muß, um Jungen Raum für ihre speziellen Themen und Bedürfnisse zu geben. Den Wünschen der meisten Jugendlichen entsprechend sollte aber auch ein gemeinsamer Austausch nicht fehlen. Ohne einen solchen Austausch sind viele Mißverständnisse nicht aus der Welt zu schaffen. Was die Mädchen betrifft, ist es sicher wichtig, sie zu ermuntern, eigene Grenzen zu ziehen und ihr Recht darauf im Bewußtsein zu stärken. Bei den Jungen kommt es mehr darauf an, sie mit ihren Gefühlen, mit ihren Ängsten und eigenen Verletzungen in Kontakt zu bringen. Ein Konzept, das Jungen auf die potentielle Täterschaft reduziert, hätte sicher keinen Erfolg, da sich die Jungen verschließen würden. »Zartbitter Köln« entwickelte die Präventionsmaterialien »Ey Mann, bei mir ist es genauso«, die einen liebevollen Blick auf die empfindsamen Seiten der Jungen wirft und die Solidarität in der Gruppe stärkt. Ergänzend zu diesen Materialien können die Präventionsmaterialien »Auf den Spuren starker Mädchen« in der Jungenarbeit eingesetzt werden: Sie konfrontieren Jungen mit eigenen Grenzüberschreitungen und leisten so einen wichtigen Beitrag zur Täterprävention.

Literaturempfehlung:
Zartbitter Köln (Hrsg.): »Ey Mann, bei mir ist es genauso«. Cartoons für Jungen, hart an der Grenze vom Leben selbst gezeichnet. Autor: Rainer Neutzling. Illustrator: Burkhard Fritsche. Köln 1992
Zartbitter Köln (Hrsg.): »Auf den Spuren starker Mädchen«. Cartoons für Mädchen – diesseits von Gut und Böse. Autorin: Irmgard Schaffrin. Illustratorin: Dorothee Wolters. Köln 1992
Zu bestellen über: Zartbitter Köln, Stadtwaldgürtel 89, 50935 Köln

LILOLE EIGENSINN
Ein Bilderbuch über die eigenen Sinne und Gefühle
von Ursula Enders und Dorothee Wolters
Kevelaer 1994

Unsere Sinne lassen uns spüren, was wir mögen und was nicht; sinnliche Wahrnehmung weckt Gefühle: Freude, Ekel, Angst, Genuß, Trauer ...

Sexueller Mißbrauch beginnt nicht mit der Vergewaltigung, sondern wird in der Regel systematisch vorbereitet und gesteigert. Fast alle Täter (Täterinnen) »verpacken« die sexuelle Gewalt zunächst »kindgerecht« – tarnen ihre Handlungen z.B. als Spiel oder Pflege. Dennoch können die meisten betroffenen Mädchen und Jungen im Rückblick auf ihre Gewalterfahrungen sehr genau den Augenblick beschreiben, in dem sie zunächst »komische oder blöde« Gefühle beschlichen, die sie jedoch nicht einordnen konnten. »Der guckte mich so komisch an ... hatte plötzlich so eine merkwürdige Stimme ... roch so bäh ... .« Da viele Kinder jedoch durch eine restriktive Erziehung unter dem Motto »Stell' dich nicht so an!« das Vertrauen in die eigene sinnliche Wahrnehmung verlieren, übersehen sie häufig das »Rot ihrer inneren Ampel«, verlieren das Vertrauen in ihre Gefühle und die Fähigkeit, auf ihre innere Stimme zu hören.

Gisela Braun prägte den Slogan »Der siebte Sinn ist Eigen-Sinn«. Er trifft den Nagel auf den Kopf, denn Eigen-Sinn ist eine unabdingbare Voraussetzung dafür, sich von anderen – auch Erwachsenen – keinen Blöd-Sinn einreden zu lassen, Gefahrensituationen als solches zu erkennen und sich ihnen eigen-willig zu widersetzen. Der Schutz vor sexueller Gewalt beginnt dementsprechend mit einer Förderung der sinnlichen Wahrnehmung und dem Recht von Mädchen und Jungen, auf ihre eigene »innere Ampel« zu achten.

Die kindlichen HauptdarstellerInnen in LiLoLe Eigensinn heißen Lina, Lotte und Leo. Die drei kennen sich vom Bauspielplatz. Lina und Lotte zeigen beim gemeinsamen Budenbau handwerkliches Geschick wie ihr Freund Leo. Lina ist ein Kind aus gutbürgerlichem Hause. Auf die zwanghafte Atmosphäre ihres Elternhauses (alles ist ordentlich, Vater beschäf-

tigt und Mutter mit Linas kleinem Bruder Mäxchen genervt) reagiert Lina zugleich traurig und wütend. Sie fühlt sich überflüssig und hat trotz all der schönen Spielsachen keine Lust, zu Hause zu spielen.

Mit Lina identifizieren sich vor allem kleine LeserInnen aus sogenannten ordentlichen Verhältnissen – Kinder, die nicht selten unter emotionaler Vernachlässigung leiden. Ihre Spielzeug- und Kleiderschränke sind prall gefüllt, doch es mangelt an menschlichem Kontakt und Atmosphäre – ein Phänomen, dem TherapeutInnen in der Arbeit mit Opfern sexueller Gewalt häufig begegnen, denn viele Mädchen und Jungen gehen der »Zuwendung« von Tätern (Täterinnen) auf den Leim: Sie sind froh, endlich einmal beachtet zu werden und können aufgrund ihrer emotionalen Bedürftigkeit nicht zwischen wahrer menschlicher Anteilnahme und dem von Tätern (Täterinnen) vorgegaukeltem Interesse an ihrer Person unterscheiden.

Leo wohnt in einem Hochhaus in der Bahnhofstraße. Er kommt aus einfachen Verhältnissen, muß sich mit zwei Geschwistern ein Kinderzimmer teilen. Das Wohnzimmer ist spärlich eingerichtet mit Wandschrank, Sessel und dem unverzichtbaren Fernseher.

Die Einrichtung von Leos Familie ist typisch für die Lebenswelt vieler Familien, die ein geringes Einkommen haben. Leider wird in den meisten Bilderbüchern diese Realität gänzlich ignoriert. Hochhäuser, beengte Wohnverhältnisse, Arbeitslosigkeit ... scheint es nicht zu geben. Lilole Eigensinn versucht, auch Mädchen und Jungen aus sozial benachteiligten Familien eine Hilfestellung bei der Beschreibung ihres Alltags zu geben.

Leo und sein Bruder Marcel haben sich trotz allzu beengter räumlicher Verhältnisse jeweils eine eigene kleine Welt erhalten. Leo »sichert« z.B. sein Spielzeug vor seiner kleinen Schwester Nadine nach oben auf dem Kleiderschrank.
    Marcel läßt sich von dem Gezänk der Geschwister nicht stören: Er entschwindet mit Kopfhörer und Buch in seine eigene Welt.
    Während Mutter eifrig bügelt, thront Papa mit Bier und Zigarette im Wohnzimmer und guckt so komische Videos, die Leo Angst machen.

Der Konsum von (Horror-)Videos ängstigt viele Kinder aus allen sozialen Schichten. Oftmals müssen Mädchen und Jungen gezwungenermaßen Videos mitansehen, da die Erwachsenen ohne Rücksichtnahme auf anwesende Kinder die »Flimmerkiste« laufen lassen.

Die dargestellte Szene ermuntert Mädchen und Jungen, evtl. eigene Erfahrungen mit Video(produktion) zu erzählen – falls sie dies möchten. Die Illustration bietet jedoch kleinen LeserInnen genügend Ausweichthemen (z.B. rosa Kirmesteddy im Wandschrank), so daß kein Kind zu massiv mit eigenen Gewalterfahrungen konfrontiert wird.

Nach wie vor prägt das Bild der »heiligen« – sprich: »kompletten« – Familie die gesellschaftliche Realität. Ein-Eltern-Familien werden fast immer als unvollständig dargestellt. Wen wundert es da, daß viele betroffene Mädchen und Jungen sich auch heute noch der Trennung ihrer Eltern schämen, sich schuldig fühlen, und sich oft noch nicht einmal ihren Freundinnen und Freunden anzuvertrauen wagen?!
  Bei Lotte ist das anders. Ihre Eltern haben sich nicht mehr gut vertragen und deshalb getrennt, doch akzeptieren beide die Liebe des Kindes zu dem jeweils anderen Elternteil. Lotte wohnt bei Mama und Oma und freut sich sichtlich auf den wöchentlichen Besuch ihres Papas, der das Mädchen immer noch lieb hat.

Für emotional vernachlässigte Mädchen und Jungen und kindliche Opfer körperlicher und sexueller Gewalt haben oftmals (außerfamiliale) Bezugspersonen eine lebenswichtige Funktion. Dies können reale Personen (z.B. NachbarIn, ErzieherIn, LehrerIn, Verwandte ...) oder auch fiktive Personen sein (z.B. Pipi Langstrumpf, Winnetou, Heilige). Für Lina und Leo ist Lottes Oma ganz besonders wichtig. Sie ist lebenslustig und ergreift für Kinder Partei, wenn Erwachsene die Gefühle von Mädchen und Jungen nicht ernst nehmen. Vor allem mag sie eigen-sinnige Kinder – Mädchen und Jungen, die spüren und fühlen, was sie mögen und was nicht, und sich auch von Erwachsenen keinen Blöd-Sinn einreden lassen. Die Oma animiert Lina, Lotte und Leo, ihren Eigen-Sinn zu entdecken. Dies ist gar nicht so einfach, denn Eigen-Sinn ist für jeden Menschen etwas anderes. Lotte mag z.B. keinen Spinat, während Lina diesen für ihr Leben gerne ißt.
  Fördern die ersten Szenen des Bilderbuches das Vertrauen von Mädchen und Jungen in die eigene Wahrnehmung, indem sie leider allzu häufig unglückliche Realität hinter der Fassade vieler scheinbar intakter Familien skizzieren, so läßt die Figur der Oma in der zweiten Hälfte des Buches den kleinen LeserInnen eine andere Form der Unterstützung ihrer Wahrnehmung zuteilkommen: Sie vermittelt ihnen, daß sie die Fähigkeiten haben, zu fühlen und auszuwählen.

Die folgenden Szenen des Buches vermitteln neben Lebensfreude vor allem eines: die Einzigartigkeit jedes einzelnen Menschen. Oma liebt es, mit lauter Musik und wehendem Küchentuch zu tanzen, Lina, Lotte und Leo haben eine Schutt-Musikkapelle gegründet. Ihre Freunde machen begeistert mit. Die Kinder haben die Instrumente mit viel Phantasie selbst gebastelt – aus ausrangierten Gegenständen des täglichen Gebrauchs.

Persönliches Empfinden unterliegt keiner Wertung, sondern ist Ausdruck des Geschmacks. So lieben Lotte und Leo den warmen Sommerwind, der sie streichelt, während Lina den Winter vorzieht, denn dann kann sie sich mit Schnee einreiben und bekommt eine Gänsehaut. Die drei Kinder bevorzugen jeweils eine andere Farbe. Lottes Lieblingsfarbe ist Blau, Linas Grün, und Leo mag am liebsten Rot. In einem Punkt sind sich die drei jedoch völlig einig: Sie können Lottes Nachbarin nicht leiden, denn die guckt immer so komisch. Im Alltag werden Kinder häufig dafür getadelt, wenn sie einen Menschen ablehnen, den sie »nur« vom Sehen kennen. Da wundert es nicht, daß viele kleine LeserInnen vor Vergnügen quietschen, wenn die unsympathische Nachbarin aus Versehen in Hundekacke tritt, sich sichtbar darüber ärgert und Lina, Lotte und Leo richtig schadenfroh sind. Endlich darf mal über blöde Erwachsene laut gelacht werden!

Das Bilderbuch »LiLoLe-Eigensinn« beschreibt keine Situationen sexueller Gewalt, doch es macht betroffenen Mädchen und Jungen Angebote, die ihnen ggf. das Wieder-Erkennen und Benennen von Übergriffen erleichtern. In einer Szene wehrt sich z.B. Leo gegen die Umarmung von Onkel Horst, der so scheußlich nach Bier und Zigaretten stinkt. Während der Text eine klare Definition der Situation anbietet, assoziieren viele Kinder zu der Illustration sexuelle Übergriffe. Häufig läßt das Bild sie spontan »losprudeln«: »Da war doch ein ekeliger Nachbar, Pastor, Lehrer, eine saublöde Tante ... «

Ebenso weckt eine andere Szene in einigen Mädchen und Jungen Erinnerungen an sexuelle Gewalterfahrungen: »Lotte macht sich vor Angst stocksteif und hält die Luft an, wenn sich nachts die Gardine wie ein Gespenst bewegt.« Sicherlich gibt es kaum ein Kind, das nicht schon einmal nachts Angst hatte; erstaunlich ist jedoch, wie spontan einige sexuell ausgebeutete Mädchen und Jungen auf diese Darstellung reagieren und von nächtlichen Übergriffen berichten. Doch Vorsicht: keinesfalls darf an dieser Stelle in ein Kind »hineingefragt« werden – auch nicht, wenn der Verdacht des Mißbrauchs »auf der Hand liegt« (s. Kapitel XI).

Nach ihrer langen Entdeckungsreise sind die drei kleinen HauptdarstellerInnen des Buches richtig stolz auf ihren Eigen-Sinn und gründen die Bande »LiLoLe Eigensinn und ihre Freunde«, damit alle großen und kleinen Mädchen und Jungen mitmachen können, die auch eigensinnig sein wollen. Eine ältere Dame begründete ihren »Bandeneintritt« mit den Worten: »Und da mußte ich über 70 Jahre alt werden, um zu verstehen, daß Eigensinn etwas Gutes ist.«

»SCHÖN BLÖD«
Ein Bilderbuch über schöne und blöde Gefühle
von Ursula Enders und Dorothee Wolters
Kevelaer 1994

Schöne Gefühle machen gute Laune, blöde Gefühle machen schlechte Laune.

Das Bilderbuch »Schön blöd« beschreibt mit viel Humor den Alltag von Kindern und Erwachsenen. Es macht Spaß und bringt die widersprüchlichen Gefühle zum Ausdruck, die kleine Leute im Kontakt mit großen Leuten erleben. Das Zusammensein mit ein und derselben Person kann einmal wunderschön sein, und ein anderes Mal als saublöd empfunden werden. Omas eklige Knutscheküsse sind z.B. einfach blöd, doch es ist wunderschön, wenn Oma Geschichten vorliest. Mama versteht meistens Spaß, sie tröstet Jan, Katharina und Till, wenn diese krank oder traurig sind, nur manchmal hat sie schlechte Laune und ist total genervt.

Die selbstbewußte Katharina ist ein etwa fünfjähriges, starkes Mädchen. Sie sagt »Nein«, wenn Till mit in ihrem Bett schlafen, sie aber einfach ihre Ruhe haben will. Auch liebt sie es, ihren Bruder ein bißchen zu ärgern. Eigentlich hat sie Till sehr lieb und hilft ihm z.B. sich zu wehren, als ein größeres Mädchen Till in den Schwitzkasten nimmt.

Till ist ein ganz normaler kleiner Junge mit allerlei Blödsinn im Kopf, aber er hat auch Angst, kennt Schmerz und kann weinen.

Jan, Katharina und Till leben mit ihrer Mama zusammen. Jan wird am liebsten von Klaus gefüttert, das ist Mamas neuer Freund. Für Katharina und Till spielt Klaus keine besondere Rolle. Ihre Mama findet das in Ordnung. »Schön blöd« unterstützt damit all die kleinen Leserinnen und Leser, die zwar damit umgehen können, daß ihre alleinerziehende Mütter einen neuen Freund haben, doch selbst entscheiden möchten, inwieweit sie diesen als neuen Papa für sich akzeptieren.

Das Bilderbuch enthält eine Szene, die sexuellen Mißbrauch direkt beim Namen nennt. Ein Nachbar faßt Peter, Tills besten Freund, an den Po und in die Hose. Diese Szene redet nicht »um den heißen Brei« herum, doch thematisiert sie sexuellen Mißbrauch so vorsichtig, daß sie Mädchen und Jungen keine Angst macht. So gibt sie allen, die mit Kindern leben und arbeiten, ein Beispiel, wie man sexuelle Gewalt im pädagogischen Alltag ansprechen kann. Viele kleine LeserInnen sind völlig erstaunt, daß einige Erwachsene anscheinend so blöd sind und Kindern an den Po und in die Hose fassen. Einige von sexueller Gewalt betroffene kleine LeserInnen schauen wie gebannt auf die Bilder, fangen an zu sprechen oder blättern stumm weiter. Jedes betroffene Kind hat das Recht, selbst zu bestimmen, wann sie/er sich jemandem anvertrauen will. Deshalb sollte niemand Kinder an dieser Stelle mit massiven Fragen bedrängen. In einem Punkt ist jedoch eindeutiges Handeln notwendig: Der Schutz der Opfer sexueller Gewalt muß von Erwachsenen gewährleistet werden, so wie Tills Mutter in »Schön blöd« energisch für Peter Partei ergreift (s. Kapitel XI).

Mädchen und Jungen aus Familien mit sehr strengen Sexualnormen sind in besonderem Maße gefährdet, Opfer sexueller Gewalt zu werden. Sie haben kaum gelernt, über Sexualität zu sprechen und angenehme von unangenehmen Berührungen zu unterscheiden. Die Sorge vor sexueller Gewalt darf deshalb auf keinen Fall zu Körperfeindlichkeit verleiten. Kinder sollten vielmehr ihren eigenen Körper und Zärtlichkeit genießen. Dies ist jedoch nur möglich, wenn von klein auf ihre Schamgrenzen beachtet werden. In »Schön blöd« lieben Jan und Katharina die Badezimmerparties mit Mama und Klaus. Till möchte lieber allein im Bad sein. Dieses NEIN müssen die anderen akzeptieren. Doch Till ist auch ein Kind, das Körperkontakt genießt: Er liebt es, mit Mama im Bett zu kuscheln, und sich an Oma anzuschmiegen, wenn diese ihm Geschichten vorliest.

»Schön blöd« ist ein Bilderbuch für kleine und große Leute, während die ganz Kleinen mit großem Vergnügen die vielen in den Bildern versteckten Smilies suchen, werden viele Erwachsene an tausend kleine Szenen ihrer eigenen Kindheit erinnert und freuen sich darüber, daß das Bilderbuch auch Verständnis dafür zeigt, daß Mädchen und Jungen oft auch »ganz schön nervig« sein können. Auch die Nerven der Bilderbuch-Mama liegen manchmal blank, und ihr wird alles zuviel. Dann kommen Oma und Opa und passen auf die Kinder auf, damit Mama mit einer Freundin für ein paar Tage verreisen kann.

»AUF WIEDER-WIEDERSEHEN«
Ein Bilderbuch über Trennung und Wiedersehen
von Ursula Enders, Dorothee Wolters und Inge Sodermanns
Kevelaer 1994

Eines Tages ist Felix ganz komisch. Er will noch nicht einmal mehr mit seinen Freundinnen und Freunden spielen und knallt sogar sein Skateboard einfach in die Ecke. Seval, Pepe, Niki und Luzie wissen gar nicht, was los ist. Doch dann beobachten sie, wie ein Umzugswagen vorfährt, und der Papa von Felix auszieht. Jetzt können die Kinder besser verstehen, warum ihr Freund so komisch ist. Niki kann Felix am besten verstehen, denn auch ihr Papa ist vor ein paar Monaten ausgezogen. Doch der war zum Schluß richtig doof. Niki hatte keine Lust, ihren Papa zu besuchen. Das braucht sie auch nicht, dabei hat ihr der Familienrichter geholfen und eine Frau, die extra für Kinder da ist. Bei Felix ist alles ganz anders. Er ist traurig und vermißt seinen Papa, denn der ist lieb und macht richtig schöne Sachen mit ihm. Nur Mama und Papa haben dauernd Krach. Oft träumt Felix, Mama und Papa würden sich wieder vertragen. Doch in Wirklichkeit tun sie das nicht.

Ein Glück, daß Felix so gute Freunde hat, die mit ihm zusammen überlegen, was er machen kann. Zum Schluß geht alles gut aus, und Seval, Niki, Pepe und Luzie sind froh, daß es ihrem Freund Felix wieder bessergeht. Immer mehr Mädchen und Jungen erleben die Trennung ihrer Eltern. Nach wie vor schämen sich viele, mit ihren KlassenkameradInnen und FreundInnen darüber zu sprechen. So bleiben sie in ihrem Kummer allein.

»Auf Wieder-Wiedersehen« ist ein Bilderbuch für alle Mädchen und Jungen, denn es richtet sich nicht nur an betroffene Kinder, sondern ebenso an deren kleine Freunde und Freundinnen. Im Unterschied zu anderen Bilderbüchern thematisiert es nicht nur die Konflikte zwischen Kindern und Erwachsenen, es spricht zudem sehr kindgerecht und liebevoll Konflikte in der Mädchen- und Jungengruppe an und zeigt Möglichkeiten der Lösung auf.

In der Beratungsarbeit von »Zartbitter Köln« wurde deutlich, wie schwer wir Erwachsenen uns tun, Kindern im Vor- und Grundschulalter die Funktion des Familiengerichts zu erklären. Auch hier gibt »Auf Wieder-Wiedersehen« ein wirkliches Stück Lebenshilfe: durch kindgerechte, sachliche Informationen ist es ein kleiner Rechtsratgeber für Kinder.

»AUF DEN SPUREN STARKER MÄDCHEN«
Cartoons für Mädchen – diesseits von Gut und Böse
von Irmgard Schaffrin und Dorothee Wolters
herausgegeben von »Zartbitter Köln«
Köln 1992

Mit List und Tücke überwinden die starken Mädchen der Cartoons die Grenzen patriarchalischer Rollenzuweisungen und vertreten frech und selbstbewußt ihre eigenen Interessen. Da begießt eine Jugendliche »rein zufällig« einen Belästiger mit Cola, eine andere weist ihren Freund in seine Grenzen, und Schülerinnen schaffen es mit Unterstützung von Gleichaltrigen, sich gegen die Übergriffe des Lehrers und von seiten der Mitschüler zur Wehr zu setzen. Selbstbewußt vertritt eine weitere Jugendliche ihren Spaß am eigenen Körper und trotzt dem gängigen Hurenstigma. Zwei ihrer Altersgenossinnen stehen offen und stolz zu ihrer lesbischen Liebe. Mutig, wie klar die Hauptdarstellerinnen der Geschichten Redetabus aufweichen und z.B. auch die Problematik der sexuellen Übergriffe durch Mädchen an Schwächere benennen und immer wieder um die Solidarität in der Mädchengruppe gegen Belästiger und VerräterInnen ringen.

Ihre Existenz verdanken die Cartoons nicht nur der Autorin Irmgard Schaffrin und der Illustratorin Dorothee Wolters, sondern vor allem jugendlichen Mädchen, die in langen Gesprächen und lebendigen Diskussionen ihre Alltagserfahrungen reflektierten und bei der Entwicklung der Handlungsabläufe der einzelnen Geschichten einbrachten. Gesucht werden nun politisch engagierte Frauen, die sich aus Überzeugung voll und ganz auf die Seite von Mädchen stellen und mit diesen gemeinsam die Cartoons ausgestalten und »weiterspinnen«.

Das Material geht unter die Haut – so locker und flockig es im ersten Moment auch scheinen mag. Deshalb sollte auch die selbsterfahrene und politisch engagierte Fachfrau nur dann mit den Cartoons arbeiten, wenn sie sich zuvor die einzelnen Geschichten im Gespräch mit anderen Frauen intensiv erarbeitet hat. Irmgard Schaffrin gibt in ihrem Begleittext neben zahlreichen Anregungen für den pädagogischen Alltag wertvolle Denkanstöße für diesen notwendigen Selbsterfahrungsprozeß. Ohne diese Vorbereitung ist eine Arbeit mit den stark aufdeckenden Cartoons in der Mädchengruppe nicht zu verantworten. »Auf den Spuren starker Mädchen« bietet auch Müttern wertvolle Hilfestellungen für das Gespräch mit ihren jugendlichen Töchtern.

»EY MANN, BEI MIR IST ES GENAUSO!«
Cartoons für Jungen – hart an der Grenze vom Leben selbst gezeichnet
von Rainer Neutzling und Burghard Fritsche
herausgegeben von »Zartbitter Köln«
Köln 1992

Die »Helden« des Cartoons, Micha und Ali, werden in acht unterschiedlichen Alltagssituationen gezeigt, in denen entweder ihre eigenen intimen

Grenzen verletzt werden, oder in denen sie selbst die Grenzen anderer mißachten.

In dem Cartoon »Alles easy« prahlen die beiden z.B. über ihre Glanztaten beim »ersten Mal«. In Wirklichkeit stecken sie voller Skrupel und Versagensängste. »Auf dem Bahnhofsklo« zeigt sie an einem der wenigen allgemein zugänglichen Orte, an dem sich sehr viele Jungen und Männer unmittelbar sexuell bedrängt und ungeschützt fühlen. »Der Mistkerl« beschreibt den sexuellen Mißbrauch an einem Jungen aus Michas und Alis Fußballmannschaft durch den Trainer. Die Jungen ergreifen für ihren Kumpel Partei und beratschlagen gemeinsam, wie sie ihrem Freund helfen können.

Diese und andere schwierigen Themen (z.B. Angst vor Homosexualität, Übergriffe durch Frauen) werden in den Cartoons auf lockere Art und Weise dargestellt. So wird der Einstieg in die Arbeit mit Jungen erleichtert. Die Cartoons allein sind jedoch kein »Sesam-Öffne-Dich-Schlüssel«. Sie sind ein Baustein unter vielen in der Jungenarbeit. Wer mit ihnen arbeiten möchte, sollte sich vorher intensiv mit den angesprochenen Themen auseinandersetzen und das Material mit anderen Erwachsenen ausprobieren, um genügend Sicherheit in seiner Anwendung zu haben. Der Begleittext gibt wertvolle Anregungen für die praktische Arbeit.

»Ey Mann, bei mir ist es genauso« sind die ersten deutschsprachigen Arbeitsmaterialien für die Präventionsarbeit mit männlichen Jugendlichen. Sie geben hervorragende Impulse für die (sexual)pädagogische Arbeit mit Jungen in der Schule, im Heim und in der offenen Jugendarbeit. Niemand sollte sich der Illusion hingeben, daß heute schon alle Pädagogen damit arbeiten können, da die Jungenarbeit noch in den Kinderschuhen steckt. Doch bestätigt die Praxis, daß diese Cartoons den Jungen im Mann berühren und so (Fach-)Männern Hilfestellung für den Kontakt zu sich selbst und das Gespräch mit Jungen geben.

»SAG NEIN, GEH WEG UND SPRICH DARÜBER«
Plakate gegen sexuelle Gewalt
von Zartbitter Köln

Die drei Plakate bieten eine Hilfestellung zum Gesprächseinstieg mit Mädchen und Jungen über sexuellen Mißbrauch.

Das **Kinderhaus-Plakat** stellt einerseits liebevolle, zärtliche und lustvolle Kontakte zwischen Mädchen und Jungen als auch Kindern und Erwachsenen dar, andererseits gibt es die Erlaubnis, sich zu wehren, wenn jemand die eigenen Grenzen verletzt. Die Szenen des »Kinderhauses« entsprechen z.T. einzelnen Situationen aus dem Bilderbuch »Schön blöd«.

Das **Nein-Mädchen-Plakat** spricht Mädchen und Jungen von acht bis achtzehn Jahren an. Ganz offensichtlich nähert sich ein Grabscher einem selbstbewußten Mädchen, das dem Mann offen ins Gesicht schaut und über Blicke, Sprache und Körperhaltung ihr NEIN zum Ausdruck bringt.

Das Plakat **Dein Körper gehört Dir** richtet sich an Mädchen und Jungen sowie an Erwachsene. Das Plakat gibt gezielte Informationen an Opfer sexueller Gewalt und an deren Kontakt- und Vertrauenspersonen und fordert diese auf, sich Hilfe zu holen. Allerdings kann dieses Plakat vor allem bei betroffenen Kindern starke Emotionen auslösen. Deshalb sollte es nicht zeitlich unbegrenzt und ständig sichtbar im Gruppen- und Klassenraum aufgehängt werden. Es empfiehlt sich für Flure und geschützte Beratungsräume.

Die Rolle mit den drei vierfarbigen Plakaten im A1-Format kostet 24,80 DM. Zu bestellen über: Zartbitter Köln, Stadtwaldgürtel 89, 50935 Köln.

»DAS GROSSE UND KLEINE NEIN«
von Gisela Braun und Dorothee Wolters
Mülheim/Ruhr 1991

Das kleine NEIN ist ganz klein und sehr leise. Deshalb hören die anderen nicht richtig hin, wenn es sagt, was es will. Bis es die Geduld verliert und zum großen NEIN wird.

»MELANIE UND TANTE KNUDDEL«
von Gisela Braun und Dorothee Wolters
Mülheim/Ruhr 1994

Eigentlich ist Tante Knuddel ganz nett, aber sie hat eine schreckliche Angewohnheit: Sie knuddelt, was das Zeug hält. Mama, Papa und Melanie mögen das nicht. Als Melanie das Knuddeln endgültig satt hat, setzt sie ihrer Tante schlau und selbstbewußt eine Grenze, und mit dem Knuddeln ist Schluß.

»HALLO, WIE GEHT ES DIR?«
Ein Spiel von Ursula Reichling und Dorothee Wolters
Mülheim/Ruhr 1994

Freude, Trauer, Stolz, Hunger, Angst, Wut und Mut – auf liebevolle Weise hilft dieses Spiel, Gefühlsnuancen wahrzunehmen und auszudrücken. Auf 36 Memory-Kärtchen sind jeweils zwei Kinder abgebildet: Ein Kind stellt ein Gefühl dar, das vom zweiten Kind erraten und benannt wird.

Ein Begleitheft enthält wundervolle Spielideen für Familie, Kindergarten und Schule.

»HEISS AM STIEL«
Slap-Comedy mit Live-Musik über all das, was Jungen bewegt.
Für Mädchen nicht verboten!
Eine Gemeinschaftsproduktion des Kölner Tourneetheaters »Comic On« und »Zartbitter Köln e.V.«
Kontaktadresse: Comic On 02 21/ 21 02 72-74

XVII
URSULA ENDERS
STATT EINES NACHWORTS:
GIBT ES EINEN »MISSBRAUCH MIT DEM MISSBRAUCH«?

Seit etwa drei Jahren wird nun auch in Deutschland die Diskussion um den »Mißbrauch mit dem Mißbrauch« mit großer Heftigkeit geführt. So wird behauptet, daß sich Mütter einen sexuellen Mißbrauch an ihren Töchtern und Söhnen lediglich ausdenken, um sich im Sorgerechtsverfahren an ihren getrenntlebenden Ehemännern zu rächen. Weiter wird unterstellt, ideologisch verbrämte ErzieherInnen und BeraterInnen suggerierten Kindern sexuelle Gewalterfahrungen. Polemiken, Drohungen, Verleumdungen und eine Sensationsberichterstattung in den Medien schlagen hohe Wellen, in denen vor allem die betroffenen Kinder untergehen, denn die Kapazitäten aller Berufsgruppen werden durch die öffentliche Schlacht gebunden.

Auch die Aufmerksamkeit von uns MitarbeiterInnen von »Zartbitter Köln« richtete sich in den letzten drei Jahren so manches Mal notgedrungen auf die Vorwürfe unter dem Motto »Mißbrauch mit dem Mißbrauch«. Anlaß genug, sich Gedanken über die Hintergründe des »backlash« – des Rückschlags – zu machen, und sich mit der Kritik auseinanderzusetzen, sei sie noch so polemisch vorgetragen. Es gilt, folgendes zu prüfen:
◆ Wer steht hinter der Bewegung »Mißbrauch mit dem Mißbrauch«?
◆ Welche Kritikpunkte müssen ganz entschieden zurückgewiesen werden, um nicht Täterinteressen auf den Leim zu gehen und das Kindeswohl zu verraten?
◆ Welche Kritikpunkte können neue Impulse für die Arbeit der Beratungsstellen, Jugendämter und Gerichte geben?

Pfeifkonzerte und Handgreiflichkeiten, Polemiken und banale Schuldzuweisungen geben keine adäquate Antwort auf die Kampagne »Mißbrauch mit dem Mißbrauch«. Gefordert ist vielmehr die sachliche Auseinandersetzung!

Die Zweifel an dem Ausmaß der sexuellen Gewalt gegen Kinder und an der Glaubwürdigkeit von Mädchen und Jungen ist kein neues Phänomen. Schon Sigmund Freud konnte »die sexuelle Perversion gegen Kinder« nur glauben, solange er sie außerhalb seiner eigenen Lebensbezüge beobachtete (z.B. während seines Studienaufenthaltes in Paris). Zurück in Wien, war für ihn die Tatsache unannehmbar, daß sexuelle Gewalt gegen Mädchen und Jungen auch innerhalb der von ihm geachteten bürgerlichen Gesellschaft (und innerhalb seines eigenen Familiensystems) stattfand. Die persönlichen Grenzen des Vaters der Psychoanalyse zeichneten sich schon in seiner frühen Arbeit mit seiner Klientin Dora ab. Zwar glaubte er deren Gewalterfahrungen noch, doch war ihm die Begleitung der jungen Frau nicht mehr möglich, als diese wieder mit ihrer berechtigten Wut gegen den Täter in Kontakt kam. Dora brach die Behandlung ab. Kurze Zeit später stellte Freud seine eigene Theorie auf den Kopf und wertete alle Berichte der Opfer sexueller Gewalt als Symptom einer hysterischen Erkrankung.

Die Unterstützung, die die Bewegung »Mißbrauch mit dem Mißbrauch« seit Anfang der neunziger Jahre findet, liegt u. a. in einer vergleichbaren Dynamik begründet. Lange gaben sich breite Teile der Fachöffentlichkeit der Illusion hin, sexueller Mißbrauch sei ein Familienproblem, verursacht durch die Dysfunktion einzelner Familien. Diese Individualisierung des gesellschaftlichen Problems blendete sexuelle Gewalt in den Handlungs- und Kooperationssystemen psychosozialer Arbeitsfelder aus und ermöglichte so den professionellen HelferInnen eine Distanzierung von Tätern und Täterinnen. (Enders 1987c, 1988b, 1992b) Eine solche Abgrenzung kann heute nicht mehr aufrechterhalten werden, wurden doch in den letzten Jahren zahlreiche Fälle der sexuellen Gewalt durch PädagogInnen, Therapeuten, Ärzte, Trainer ... bekannt (s. Kapitel III und XIV). Die Problematik der sexuellen Ausbeutung von Mädchen und Jungen im eigenen Umfeld rückt damit nicht nur den Müttern, sondern auch den professionellen HelferInnen bedrohlich nahe. In ihrer Hilflosigkeit greifen viele von ihnen nach allen Konstrukten, die das Ausmaß der Gewalt in Frage stellen bzw. im Einzelfall die Unschuld eines Täters »beweisen«. Vor diesem Hintergrund wird in Fachkreisen das Ausmaß des sexuellen Mißbrauchs wieder stark angezweifelt – obgleich die in den letzten Jahren gemachten Erfahrungen sowie zahlreiche wissenschaftliche Untersuchungen das Gegenteil beweisen (s. Bange Kapitel XVIII).

Wie schwer es ist, sexuelle Gewalt gegen Mädchen und Jungen im eigenen Umfeld wahrzunehmen und zu glauben, konnte ich an mir selbst beobachten. Auch ich überhörte noch in der Mitte der achtziger Jahre während meiner ehrenamtlichen Tätigkeit beim Kinderschutzbund Aussagen eines Vereinskollegen, die mir Hinweise auf seine pädophilen Neigungen hätten sein können. Ich schätzte den Kollegen und kam nicht auf die Idee, in dem engagierten Kinderschützer einen Täter zu sehen – erst recht keinen Pornoproduzenten (s. Kapitel III). Doch war nicht nur mein Vereinskontakt zu dem Mißbraucher ursächlich für meinen blinden Fleck, sondern ebenso meine in der Tradition der Studentenbewegung stehende »Lässigkeit« im Gespräch über und im Umgang mit Sexualität. Seinerzeit wunderte es mich z.B. nicht, wie sehr mein Kollege auf die Schriften Helmut Kentlers schwor, hatte doch auch ich in den siebziger Jahren dessen Veröffentlichungen studiert und die latente Pädophilenfreundlichkeit des Sexualexperten nicht erkannt.

In Abgrenzung zu der sehr rigiden Sexualerziehung in den meisten Elternhäusern wurde Prof. Dr. **Helmut Kentler** in den siebziger Jahren als Experte für Sexualerziehung gefeiert. Allerdings ohne die gebotene Distanz, denn Kentlers Schriften der letzten zwanzig Jahre offenbaren ein teilweise äußerst unkritisches Verhältnis des Autors zu sexuellen Übergriffen. Sie belegen u.a., wie sehr der Sexualexperte in der Freudschen Tradition steht und den Erwachsenen als »Opfer kindlicher Verführung« sieht. Kentler zitiert z.B. den Bericht eines 24jährigen Mannes über den Kontakt zu einer Dreijährigen:

»Dann will sie mich streicheln, Hände und Gesicht ... . Dann will sie meinen 'Popo' streicheln ... . Als ich mich wieder umdrehe, um den ihren wie gewünscht zu streicheln, konzentriert sich ihr Interesse sofort auf 'Penis'. Sie streichelt ihn und will ihn 'zumachen' (Vorhaut über die Eichel ziehen), bis ich ganz erregt bin und mein Pimmel steif wird. Sie strahlt und streichelt ein paar Minuten lang mit Kommentaren wie, 'Streicheln! Guck ma Penis! Groß! Ma ssumachen! Mach ma klein!' ... Ich versuche ein paarmal, sie zaghaft auf ihre Vagina anzusprechen, sage, daß ich sie auch gerne streicheln würde, wodurch sie sich aber nicht unterbrechen läßt. ... Nach erneutem Streicheln und Zumach-Versuchen kommt wieder der Wunsch 'Reinstecken', diesmal energischer als vorher. Ich: 'Versuch's mal!' Sie hält meinen Pimmel an die Vagina und stellt dann resigniert fest: 'Zu groß'.«

Kentler bewertet die Situation für beide als ungewohnt. Während jedoch das kleine Mädchen immer sicherer und entdeckungsfreudiger geworden sei, fühle sich der junge Mann immer gehemmter und versuche, die sexuelle Attacke, der er ausgesetzt sei, vor sich selbst zu verharmlosen (vgl. Kentler 1990). Der Sexualexperte verliert weder ein Wort über das Ungleichgewicht im Machtverhältnis Erwachsener – Kind noch zeigt er die Möglichkeit des Erwachsenen auf, der sexuellen Neugier einer Dreijährigen Grenzen zu setzen. Bis heute hat Helmut Kentler seine Position nicht korrigiert und veröffentlicht sie nach wie vor in seinem Vorwort zu dem weit verbreitetem Aufklärungsbuch »Zeig mal!«.

Seine unkritische Haltung gegenüber Pädophilie offenbart der Autor in Schriften, in denen er die Position vertritt, daß homosexuelle Beziehungen zwischen Pflegepersonen und Pflegekind nicht unbedingt eine Schädigung des Kindes zur Folge habe. (Kentler 1989, 1991) Er empfiehlt nicht nur die Unterbringung von straffälligen Jungen »bei pädagogisch interessierten Päderasten« (zit. n. Gitti Henschel 1993), sondern vertritt die These, »daß sich päderastische Verhältnisse sehr positiv auf die Persönlichkeitsentwicklung eines Jungen auswirken können, vor allem dann, wenn der Päderast ein regelrechter Mentor des Jungen ist« (Kentler in: Rutschky/Wolff 1994). Nach Helmut Kentlers Einschätzung sind – männliche und weibliche – Päderasten keine Schädiger, hingegen ihr Nutzen groß. Es wirke sich offensichtlich sehr positiv aus, wenn die sexuelle Entwicklung nicht sozial isoliert, sondern in einer sozial verpflichtenden Beziehung geschehe. (ebenda)

Die Aussagen des Professors bagatellisieren zudem die Folgen sexueller Gewalt. In seinem bis heute auflagenstarken Ratgeber für Sexualerziehung kommt er zu der Einschätzung: »Unsere Kinder müssen im Laufe ihres Lebens mit Schlimmerem fertig werden als mit sexuellen Angriffen«. (Kentler 1975, Neuauflage von 1992)

Bei aller berechtigten Kritik an den teilweise kinderfeindlichen Positionen des »Sexualexperten« ist es jedoch nicht statthaft, diesen als pädophil zu bezeichnen. Richtig ist vielmehr die Behauptung, daß Helmut Kentler pädophilenfreundliche Positionen vertritt und damit die kindlichen Opfer aus seinem Blickfeld verliert. Diese These wird unterstrichen durch Kentlers Engagement im Kuratorium der »Arbeitsgemeinschaft Humane Sexualität« (AHS), die u.a. das Recht von Kindern auf Sexualität mit Erwachsenen einfordert.

Nicht nur Prof. Dr. Helmut Kentler, sondern auch Michael Baurmann vom Bundeskriminalamt und Prof. Dr. Walter Bärsch, Ehrenvorsitzender des Deutschen Kinderschutzbundes, engagierten sich für die »**Arbeitsgemeinschaft Humane Sexualität**« (**AHS**). Während Michael Baurmann seine Ämter innerhalb der »AHS« niederlegte, als ein Vorstandsmitglied dieses Vereins wegen Pädophilie vor Gericht stand, trat Walter Bärsch erst im Sommer 1994 auf massivsten Druck der Medien und Fachöffentlichkeit sowie der Basis des Kinderschutzbundes aus der »AHS« aus. Nicht mehr verhindern konnte die Basis des Kinderschutzbundes eine von Bärsch und anderen Vorstandsmitgliedern des Verbandes in Kooperation mit einer Werbeagentur durchgeführten Plakat- und Anzeigenkampagne.

Sie zeigt Fotos – u.a. von kleinen Lolitas und kommentiert sie mit den täterentschuldigenden Slogans: »Vati war ihr erster Mann«, »Immer, wenn sich die Gelegenheit ergibt, kann Onkel Paul nicht anders« und »Sabine ist Papis ein und alles. Sie wird von ihm geliebt. Aber mehr als sie verkraften kann«.

Ein ehemaliger AHS-Mitstreiter des Ehrenpräsidenten des Deutschen Kinderschutzbundes, der »Sexualexperte« **Ernest Borneman**, fiel in den achtziger Jahren vor allem dadurch auf, daß er den weißen Kittel des Sexualmediziners anzog und als Briefkastenonkel der »Neuen Revue« auftrat. »Bornemansche Kostproben« sprechen für sich:

Problem: »Ich leide unter vorzeitigem Samenerguß...Ich bin Ende 20.«
Prof. Dr. Borneman: »Ich kann...nur die Worte eines... ehemaligen Praecox-Patienten zitieren: Wie glücklich wäre ich heute, im Alter meiner schwindenden Potenz, noch einmal meine liebe, gute Praecox zu haben!« (51/83)

Problem: »...gibt es nur alle 6-8 Wochen...Intimverkehr...Oft bin ich am Verzweifeln, daß ich sogar an Selbstmord denke.«
Prof. Dr. Borneman: »Wenn der eine Zärtlichkeit benötigt, und der andere sie verweigert, muß man sich trennen...Es gibt zwar Quartalssäufer, aber keine Quartalsbumser.« (47/83)

Problem: »...nach der Geburt unserer kleinen Tochter hat sich meine Frau (40) zunehmend zurückgehalten...Abgesehen von der sexuellen Enthaltsamkeit, erzwungenermaßen, herrscht bei uns immer bestes Einvernehmen.«
Prof. Dr. Borneman: »Im Bürgerlichen Gesetzbuch (§ 1353) steht: ›Die Ehegatten sind einander zur ehelichen Lebensgemeinschaft verpflichtet.‹ ›Eheliche Lebensgemeinschaft‹ bedeutet unter andem auch Geschlechtsverkehr...Sie können ihr eins ganz deutlich klarmachen: Wenn sie keinen Wunsch nach Geschlechtsverkehr mit Ihnen empfindet, ist es Ihnen als sexuell normal empfindendem Mann nicht zuzumuten, wochen- oder gar jahrelang enthaltsam zu leben.« (33/83)

Problem: »Mein Mann, mit dem ich 44 Jahre verheiratet bin, verlangt immer noch von mir, daß ich mich ihm bis zu zweimal in der Woche hingebe. Mir ist das meist zuwider, weil ich dafür kaum noch ein Bedürfnis habe (ich bin 63 Jahre alt). Außerdem habe ich erhebliche Bedenken, weil mein Mann krank ist.«

Prof. Dr. Borneman: »Sterben müssen wir alle. Der beste Tod, der uns treffen kann, ist aber der Tod im Orgasmus. Französisch: 'Der süße Tod'.« (43/83)
(Zit. n. Sigusch 1990)

Prof. Volkmar Sigusch, Leiter der Abteilung für Sexualwissenschaft an der Universität Frankfurt, bewertet die Ratschläge Bornemans als »Lehrstück für die denkbar schlechteste Sexualberatung« und empfiehlt demjenigen, der »schwarz auf weiß sehen will, wie zynisch gegenaufklärerische Sexologie ist, der lese Bornemans Killerphrasen«. Nach Siguschs Einschätzung ist diese »Sprechstunde« eine Schande für jede Art von Sexualwissenschaft; die Ratschläge bewertet er als gemein und gefährlich (vgl. Sigusch 1990).

Leider nimmt sich Borneman nun auch noch des »Mißbrauchs mit dem Mißbrauch« an und warnt z.B. in aller Schärfe vor der Erschaffung frigider Lesben:

»Und diese Vereine, die dem Mißbrauch von Kindern vorbeugen wollen, sagen der Mutter: 'Sag' deiner Tochter vorbeugend, alle Männer sind Vergewaltiger einschließlich ihres eigenen Vaters'. Wenn du das mal einem Kind sagst, dann kann ich dir garantieren, daß aus diesem Kind als Erwachsener niemals eine heterosexuelle Frau werden wird... Das Kind wird als Lesbe ebenfalls frigide sein. Das heißt, mit diesem einen Satz, von dem sich diese Organisation das Heil der Prävention versprechen, machst du eine ganze Generation von Mädchen innerhalb von zehn bis zwölf Jahren total frigide. Das ist die wirkliche Katastrophe, die uns bevorsteht.«(ZEGG extra 1992)

Ebenso engagiert sorgt sich Borneman um die kinderfeindlichen Gesetze der Gegenwart und fordert u. a. in einer Dokumentation der »**Interessen- und Schutzgemeinschaft unterhaltspflichtiger Väter**« (ISUV) das Recht des Kindes auf sein eigenes ungestörtes Liebesleben (ab dem siebten Lebensjahr), denn Kinder könnten – sogar mit Erwachsenen – ein ganz normales Geschlechtsleben führen (vgl. ISUV 1992).

Die besagte »ISUV-Dokumentation« wurde im Herbst 1992 auf einer Pressekonferenz in Köln und auf einer Podiumsdiskussion in Leverkusen der Öffentlichkeit vorgestellt. Gastreferent war auf beiden Veranstaltungen Professor Burkhard Schade von der Universität Dortmund. Schade sah keine Veranlassung zu den Thesen Bornemans Stellung zu beziehen, statt dessen kritisierte der Hochschullehrer und Experte für Glaubwürdigkeitsgutachten die Diagnostik u.a. von »Zartbitter«. Auf Nachfrage stellte sich heraus, daß Schade die von ihm kritisierten angeblichen Zartbitter-Fälle nicht persönlich kannte. Der Wissenschaftlicher bezog sich nach eigenen Angaben in seinen Ausführungen auf die Berichterstattung in der Zeitschrift »ZEGG Extra«, die anläßlich eines Prozesses wegen sexuellen Mißbrauchs in einem Kinderladen als Null-Nummer mit großem Werbeaufwand bundesweit vertrieben wurde. In dieser Ausgabe findet sich auch die oben zitierte Bornemansche Warnung vor der Produktion frigider Lesben ... »ZEGG Extra« wurde von »**ZEGG – Zentrum für experimentelle Gesellschaftsgestaltung**« – herausgegeben, einer Organisation, die die Frankfurter Rundschau als sektenähnliche Vereinigung beschreibt. (FR 8.7.1992) »ZEGG Extra« berichtete u.a. über die Arbeit einer angeblichen Zartbitter-Psychologin, die weder jemals Mitarbeiterin noch Vereinsmitglied bei Zartbitter war. Prof. Schade, der als unabhängiger Sachverständiger für das Gericht arbeitet, hatte seine Informationsquelle, nach eigenen Angaben, nicht überprüft.

Der Gründer von »ZEGG« ist der Publizist Dieter Duhm, der wiederum dem österreichischen Aktionskünstler Otto Muehl nahestehen soll. (EMMA 5/93) In seinen »Materialaktionen« schlachtete Otto Muehl laut Emma Tiere und fesselte Frauen, traktierte sie mit Stricknadeln, übergoß sie mit Kot oder schob ihnen Flaschen in die Vagina. (EMMA 1/92) Die Gewaltanwendungen deklarierte er als »Kunst« und gab vor, unter Anwendung von Blut, Exkrementen und religiösen Kultgegenständen die durch religiöse Dogmen und sexuelle Tabus hervorgerufenen Zwänge aufzubrechen (ebenda). 1991 wurde Otto Muehl wegen sexuellen Kindesmißbrauchs zu einer Haftstrafe verurteilt.

Wie unkritisch auch andere Experten Pädophilenpositionen gegenüberstehen, stellten z.B. Frank Herrath und Prof. Uwe Sielert unter Beweis. Sie baten die Dipl.-Psychologin Elisabeth Fey und mich um einen Beitrag für das Buch »Jugendsexualität – Zwischen Lust und Gewalt«, in dem auch Borneman zu Wort kommen sollte. Wir knüpften unsere Mitarbeit an die Bedingung, daß unsere kritischen Anmerkungen zu pädophilenfreundlichen Definitionen von sexueller Gewalt Platz finden. Dies wurde zugesagt. Das Buch erschien, doch unser Text war ohne Rücksprache mit uns »zensiert« worden, unsere Anmerkungen zu den »Kinderfreunden« ganz einfach gestrichen. Auch an dem Text von Michaela Schumacher über frauenbezogenes Lieben und Leben waren ohne Wissen der Autorin einschneidende »Textkorrekturen« vorgenommen und Kritik an patriarchalischen Gesellschaftsstrukturen herausgenommen worden. Borneman jedoch konnte sich unter dem Titel »Wenn der Versuch der Verhinderung Schaden erzeugt« unwidersprochen darüber auslassen, daß Kinder eigenständige sexuelle Bedürfnisse haben und in der Mehrzahl aller Beziehungen mit Erwachsenen die Initiatoren sind. Auch beklagte er sich über den § 176 des Strafgesetzbuches, der sich nicht nur mit dem Mißbrauch von

Kindern befasse, sondern auch das kindliche Recht auf Selbstbestimmung im Reich der Sexualität beschneide. (Herrath/Sielert 1990)

Keinesfalls sollen hier Professor Schade, Professor Sielert und Frank Herrath als pädophilenfreundlich diffamiert werden, doch zeigen die Beispiele, wie leicht sich einige Wissenschaftler von Täterlobbyisten instrumentalisieren lassen. Waren es vor einigen Jahren noch vorrangig Politiker, die von den Freunden der Pädophilie vor deren Karren gespannt wurden, so lassen sich heute vor allem in der Fachdiskussion engagierte Hochschullehrer und GutachterInnen als Schützenhilfe benutzen. Immer wieder wird von dieser Lobby die Parteinahme für das Opfer als unwissenschaftlich, unprofessionell und/oder grundgesetzwidrig abqualifiziert. Diese These vertritt vor allem »SEM e.V. – Ein Dach über den Kopf«. »SEM e.V.« richtete eine »unabhängige« Gutachterstelle für Familienhilfen und die Kommission »K.I.N.D.« ein, die die »Kinderklau-Praxis der Jugendämter« überprüfen soll. Hinter diesem Engagement steckt u.a. der SEM-Mitarbeiter **Friedrich Nolte**, ebenso ISUV-Autor und nach eigenen Angaben öffentlich bestellter und beeidigter Sachverständiger für Jugend- und Familienfragen und Leiter des Familienpsychologischen Instituts München. Nach Beschluß des Landgerichtes Köln darf die EMMA von ihm behaupten, Herr Nolte mißbrauche Frauen und nenne es Therapie. (Landgericht Köln Az.: 28 O 362/91)

Das Oberlandesgericht Köln bestätigte als Berufungsinstanz das Urteil und führt in seiner Urteilsbegründung u.a. aus, Nolte habe in der »Zeitschrift für Sexualwissenschaft der DDR« u.a. einen Exkurs über Sadomasochie veröffentlicht, der sich nicht nur auf die Darstellung des Themas beschränke, sondern den detailliert beschriebenen Praktiken einen heilsamen und »therapeutischen« Effekt beimesse. Nach Noltes Ausführungen hätten bei gesellschaftlicher Akzeptanz der Sadomasochie möglicherweise Hitlers psychopatische Auswüchse mit ihren verheerenden Folgen vermieden werden können. (s. Oberlandesgericht Köln Az.: 15 U 186/91)

Über mangelnde Akzeptanz kann sich der SEM-Mitarbeiter Nolte indes nicht beklagen: Das Sekretariat der Kinderkommission des Bundestages pries in einem Leserbrief in der SEM-Vereinszeitung die SEM-Aktivitäten – angeblich in Sinne des Kindeswohls.

Mit »SEM e.V.« kooperieren auch Mitarbeiter von »ISUV-Interessen- und Schutzgemeinschaft unterhaltspflichter Väter«. Und hier schließt sich der Kreis. **Bernd Marchewka**, einer der ISUV-Aktivisten in Sachen »Mißbrauch mit dem Mißbrauch«, kooperiert mit »ZEGG«, stellt »SEM e.V.« Übersetzungen zur Verfügung, gewinnt den renommierten Gerichtspsychologen Prof. Dr. Undeutsch als Referenten für eine ISUV-Veranstaltung, und tritt bei der Jahrestagung des »Arbeitskreises Humane Sexualität« im Herbst 1993 als Referent auf. Dort dozierte auch eine aus den

Medien recht bekannte Person, die sich mehr durch Polemik als durch wissenschaftliche Genauigkeit auszeichnet: **Katharina Rutschky**. Die Berliner Schriftstellerin räumte in der Fachdiskussion über sexuelle Gewalt mal richtig auf und gab ihre kinderfeindlichen Positionen zu erkennen. Sexuellen Mißbrauch erkennt Rutschky nur als solchen an, wenn Kinder mit körperlicher Gewalt zu sexuellen Handlungen gezwungen werden bzw. wenn es zu einer »regelrechten« vaginalen Vergewaltigung kommt. (Kulturreport 5.5.93) Oraler sexueller Mißbrauch und anale Vergewaltigungen wären demnach nur als solcher zu bewerten, wenn er mit physischer Gewalt erzwungen wird (vgl. Sodermanns 1993). Rutschky dokumentiert ihre Ignoranz gegenüber dem individuellen Leid von Mädchen und Jungen. Sie kommentiert z.B. die Todesangst eines Mädchens, dessen »stinkbesoffener Vater die Tochter im Bett mit der Frau verwechselt« mit den Worten: »Wenn ein besoffener Vater seine Tochter im Bett der abwesenden Ehefrau für Sekunden mit dieser verwechselt, kann man darauf nicht das Schicksal eines geschändeten Mädchens aufbauen«. (Rutschky. In:»Die Zeit« 50/90 und »Sozial extra« 12/90)

Ebenso ignorant gegenüber dem emotionalen Erleben kindlicher Opfer äußert sich Rutschkys Mitstreiter, der Begründer des Berliner Kinderschutzzentrums **Prof. Dr. Reinhart Wolff**. Er vertritt die These, das »Berühren/Streicheln der Brüste, der Vagina, des Penis, des Hinterteils eines/r Minderjährigen bzw. das Verlangen nach Berührungen der eigenen Sexualorgane (intime Zone) des Erwachsenen (Masturbation)« nur eine geringe Traumatisierung zur Folge habe (Wolff 1994). Die Quelle seiner Erkenntnis nennt Wolff nicht. Inzwischen distanzieren sich weite Teile der Basis der Kinderschutz(zentrums)bewegung von Reinhard Wolff. Klaus-Peter David, Familientherapeut im Kinderschutzzentrum Kiel, kritisiert z.B. Wolffs These, über Pädophilie würde hierzulande viel dummes Zeug geredet, denn von Gewalt könne bei Pädophilie in der Regel keine Rede sein. Der Therapeut David weiß aus seiner Arbeit mit Opfern der Pädophilie über deren in der Regel gravierenden Folgeschäden zu berichten »und das besonders, wenn den Kindern weisgemacht wird, sie hätten es ja gewollt«.(David 1994) Auch MitarbeiterInnen aus anderen Kinderschutzzentren formulieren ihre Empörung über die Thesen Reinhart Wolffs, der sich den Vorwurf gefallen lassen muß, daß es ihm mehr um Provokation geht, als daß er zu einem fachlichen Diskurs in der Debatte um sexuelle Gewalt gegen Mädchen und Jungen beiträgt.

Unter den AHS-Aktivisten können Rutschky und Wolff jedoch auf breite Zustimmung hoffen. So sicherlich auch bei **Prof. Dr. Dr. Rüdiger Lautmann**, der seine neuesten »Forschungsergebnisse« unter dem Titel »Die Lust am Kind – Portrait des Pädophilen« im Klein-Verlag veröffentlichte, in dem auch Katharina Rutschky und Reinhart Wolff publizieren.(Lautmann 1994) Rüdiger Lautmann, ein alter Kollege von Bärsch, Baurmann, Borneman und Kentler im Kuratorium der »AHS«, interviewte »Knabenliebhaber« und »Mädchenfreunde«.(ebenda) Aufgrund der von ihm diagnostizierten Offenheit der befragten Pädophilen wertet er deren Aussagen als bare Münze und gewinnt – nach eigenen Angaben – ohne die Befragung kindlicher Opfer Erkenntnisse über die Gefühle der Kinder, eine Methode, deren Wissenschaftlichkeit sicherlich in Frage zu stellen ist. Mädchen und Jungen erleben – so schlußfolgert Lautmann aus seinen Interviews mit Pädophilen – die sexuelle Ausbeutung »als sinnliche Freude«. Dabei befänden sich unter den betroffenen Jungen sogar einige »kleine Jung-Stiere« (Lautmann 1994). Angstreaktionen, daß sich Kinder etwa »wie das Kaninchen vor der Schlange passiv verhalten«, so etwas gibt es nach Lautmann in pädophilen Beziehungen nicht.(ebenda) »Bekennende Pädophile« benutzen Kinder nach Ansicht des Wissenschaftlers niemals als Objekte, sehen diese stets als Subjekte. Sie scheinen – glaubt man der Studie – mit übernatürlichen Fähigkeiten und einer göttlichen Moral ausgestattet, denn sie erspüren angeblich intuitiv die Wünsche der Kinder und stellen die eigenen sexuellen Bedürfnisse im Interesse der Mädchen und Jungen darauf ein. Doch manchmal müssen sie – folgt man Lautmanns Ausführungen – etwas nachhelfen, um den »pädophilen Konsens« herzustellen. Der Hochschullehrer wirft z.B. die Frage auf, ob ein »Liebhaber« das erste Nein eines Kindes als endgültiges Nein ansehen muß, oder ob er auf einen möglichen Sinneswandel setzen darf. Die Antwort findet der Wissenschaftler in der Aussage eines Pädophilen:

»Ich habe ihn gefragt, ob ich an seinem Geschlechtsteil lutschen darf. Er hat es verneint. Dann haben wir es doch gemacht. Der sexuelle Kontakt lief über mehrere Jahre. Er war sechs oder sieben Jahre alt.«(Lautmann 1994)

Der Bremer Universitätsprofessor kommentiert dieses Zitat eines Mißbrauchers mit den Worten: »Das erste Nein kann einer gewissen Ratlosigkeit entsprungen sein, dem Zögern vor etwas Unbekanntem, zumal angesichts dessen, was man an Widersprüchlichem darüber gehört hat.«(ebenda) Konsequenterweise kommt dann auch die – nach Angaben Lautmanns von der Deutschen Forschungsgesellschaft finanzierte – Studie über »Die Lust am Kind« zu dem Ergebnis, daß Pädophilie aus dem objektiven Bestreben erfolgt, Kindheit zu verschönern. Der »wissenschaftliche« Bericht endet mit der Sorge, die Idylle der Kindheit und mit ihr die von Lautmann beschriebene Pädophilie könne untergehen. Prof. Kentler, der seine Publikationen u.a. bei Beate Uhse verlegt, bewertet die skizzierten Lautmannschen »Erkenntnisse« als empirisch gut abgesichert. (Kentler. In: Rutschky/Wolff 1994) Bleibt zu hoffen, daß die Deutsche Forschungsgesellschaft dies anders bewertet, sich schnellstens öffentlich von dieser Studie distanziert und statt dessen die Gelder für die Erforschung der Situation der Pädophilieopfer zur Verfügung stellt.

Die Liste der Vertreter von pädophilenfreudlichen Positionen läßt sich fortschreiben, u.a. über Einzelpersonen wie den inzwischen in erster Instanz wegen Kindesmißbrauch verurteilten **Bruno Bendig**, Autor des Buches »Pädophilie heute« und ehemaliger Vorsitzender der »AHS«, bis hin zu den beiden Herausgebern der Zeitschrift »Paidika-Journal of Paedophilia«, **Firts Bernard** und **Theo Sandfort**.

Doch auch in traditionellen Institutionen bauen diese Lobbyisten ihre Seilschaften auf. Deren Einfluß ist z.b. daran abzulesen, daß es der »AHS« Ende der achtziger Jahre fast gelungen wäre, vom Bonner Frauenministerium Gelder für ein Modellprojekt »Täterarbeit« zu erhalten. Nur die von engagierten Frauen vorgetragenen Hinweise auf die pädophilenfreundlichen Positionen der »AHS« bewahrten die damalige Frauenministerin Rita Süßmuth und ihre MitarbeiterInnen davor, den »Bock zum Gärtner zu machen«.

Der Versuch der Unterwanderung politischer Entscheidungsträger durch Pädophile und Täterlobbyisten ist in allen Parteien zu beobachten. Doch bleibt es bis heute noch leider die Ausnahme, daß sich Parteien diesem Problem offensiv stellen. Ein mutiges Beispiel gibt die »Frauengruppe der Grünen/Alternative Liste« in Berlin-Kreuzberg. Sie führt eine offene Diskussion über pädophilenfreundliche Positionen in den Reihen der eigenen Partei. (In: Stachelige Argumente 10/94) Deutlich heben die Politikerinnen z.B. die Gefahr hervor, daß sich auch schwule Grüne naiverweise nur allzu leicht mit Pädophilen solidarisieren. Selbst diskriminiert, möchten sie andere nicht diskriminieren und übersehen dabei die Auswirkungen pädophilen Mißbrauchs für die betroffenen Jungen.(ebenda)

Auch Vätervereine sind dafür anfällig, Täterinteressen auf den Leim zu gehen. Unter Angabe falscher Fakten wurden in der Vergangenheit u.a. einzelne Ortsverbände von »Dialog zum Wohle des Kindes« und »Väteraufbruch« von Tätern als Forum für ihre Interessen benutzt. Doch sollte sich frau/mann davor hüten, diese Vereine generell als »Täterorganisationen« zu bezeichnen. »Zartbitter Köln« machte z.B. in der Kooperation mit einigen Mitarbeitern des »Väteraufbruchs« die Erfahrung, daß diese Männer sehr wohl das Kindeswohl im Auge haben und sich der Gefahr der Unterwanderung durch Täter bewußt sind. Aus anderen Städten hingegen ist uns bekannt, daß einige Väter-/Männerprojekte z.B. mit »ZEGG« kooperieren.

Ob Männerinitiativen, Kinderschutzbund, parteiliche Beratungsstellen oder feministische Projekte – wir alle haben uns der Tatsache zu stellen, daß es auch in unseren eigenen Reihen Täter (Täterinnen) und LobbyistInnen der Gegenbewegung gibt. Schwarz-Weiß-Denken hilft da wenig! Und wenn z.B. eine ZEGG-Sympathisantin sich als feministische Therapeutin ausgibt, oder die Mitarbeiterin eines Frauenprojektes eine Beziehung mit einer jungen Lesbe aus der von ihr geleiteten Selbsterfahrungsgruppe eingeht, so sind diese Fakten ebenso konsequent zu benennen und abzustellen wie die täterfreundlichen Positionen und die sexuelle Ausbeutung durch renommierte »Wissenschaftler« (s. Kapitel XIV)!

Die Argumente der Gegenbewegung

Auch wenn die Hauptakteure der Gegenbewegung leicht als LobbyistInnen von Pädophilenpositionen zu identifizieren sind, sollte frau/mann deren Argumente keinesfalls alle ungeprüft zur Seite schieben. Nicht zuletzt findet die Debatte um den »Mißbrauch mit dem Mißbrauch« ein solch großes öffentliches Interesse, weil an der Kritik schon »etwas dran ist«. Dementsprechend gilt es genau zu analysieren, welche Fehler in der Vergangenheit gemacht wurden und welche Impulse aus dem öffentlichen Diskurs für die Weiterentwicklung der Arbeit gegen sexuelle Gewalt gewonnen werden können. Stellen wir uns der Kritik!

Vorwurf: Im Rahmen einer hysterischen Panikmache wird das Ausmaß der sexuellen Gewalt gegen Mädchen und Jungen maßlos übertrieben und von militanten Feministinnen als Waffe im »Krieg gegen die Männer« benutzt.

Ausgangspunkt der teilweise sehr polemischen Kritik an dem konstatierten Ausmaß der sexuellen Gewalt gegen Mädchen und Jungen ist die häufig zitierte Zahl von jährlich etwa 300 000 sexuell mißbrauchten Kindern in den alten Bundesländern. Diese auch in offiziellen Statistiken immer wieder genannte Zahl wurde unter Berücksichtigung einer Dunkelfeldziffer von 1 : 20 seinerzeit von Barbara Kavemann und Ingrid Lohstöter auf der Basis der Kriminalstatistik des BKA hochgerechnet. Ohne Zweifel hat die Zahl ein »gewisses Eigenleben« entwickelt: Sie wurde sowohl von der Boulevardpresse als auch von einigen mit unsauberen Methoden arbeitenden ReferentInnen fälschlicherweise als Anzahl der angezeigten Fälle dargestellt – und nochmals hochgerechnet. Schnell waren Zahlwerte jenseits der Millionengrenze erreicht.

In dem Bemühen um die Qualifizierung ihrer Arbeit griffen viele PraktikerInnen mangels Alternativen auf Fortbildungsangebote zurück, die Erfahrungen aus dem Ausland darstellten und nicht immer ohne weiteres auf deutsche Verhältnisse übertragbar waren. So ergaben sich in der Fachdiskussion z.B. Sprachverwirrungen durch die Vorträge von Prof. Dr. Fürniss, der einige Zeit in London arbeitete und mehrere englische Begriffe wortwörtlich ins Deutsche übersetzte, ohne sie in ausreichendem Maße dem deutschen Sprachgebrauch anzupassen. Fürniss spricht z.b. schon dann von »Sex-Ringen«, wenn *ein* Erwachsener mehrere Kinder mißbraucht. Ein derart inflationärer Umgang mit dem Begriff birgt die Gefahr, daß die durchaus gegebene Problematik der organisierten sexuellen Ausbeutung von Kindern (s. Kapitel III und XVIII) leicht von Dritten falsch eingeschätzt wird.

Ein solches Vorgehen schadet – ebenso wie auf der anderen Seite der Versuch von Katharina Rutschky, Reinhart Wolff und ihren Mitstreitern, mit Hilfe einer zu eng gefaßten Definition von sexueller Gewalt das wahre Ausmaß der sexuellen Ausbeutung von Kindern zu leugnen. Dirk Bange gibt in Kapitel XVIII dieses Buches einen Überblick über den aktuellen Forschungsstand und zeigt auf, daß nach wie vor die sexuelle Ausbeutung von Mädchen und Jungen ein alltägliches Delikt ist und die Täter überwiegend Männer sind. In dieser Tatsache liegt es begründet, daß Frauen und Männer, die aktiv für betroffene Mädchen und Jungen Partei ergreifen, konsequenterweise die geschlechtsspezifische männliche Sozialisation als eine Ursache sexueller Gewalt benennen. Diese Sachanalyse als »Männerhaß von militanten Feministinnen« zu verunglimpfen, zeugt allenfalls von der »blinden Wut« dieser KritikerInnen und entbehrt jeder sachlichen Grundlage. Anscheinend haben viele KritikerInnen bis heute noch nicht registriert, daß eine Vielzahl von Beratungsstellen von gemischtgeschlechtlichen Teams getragen werden, und beispielsweise »Zartbitter Köln« explizit auch eine Beratung für Jungen und Männer anbietet. Ein klassisches Beispiel für Männerhaß?

Auch ist die vielzitierte Männerfeindlichkeit in den feministischen Mädchenberatungsstellen nicht zu beobachten, vielmehr existiert immer noch eine Scheu, Männer in die Verantwortung für ihre Gewalttaten zu nehmen, die sich z.B. in der Vermeidung von Konfrontationsgesprächen mit Tätern zeigt (s. Kapitel VIII und XI). Gegenüber Täterinnen scheinen sich Beraterinnen oftmals weniger ohnmächtig zu fühlen und eher bereit zu sein, ein Mädchen bei der Konfrontation der Täterin zu begleiten. In den letzten zwei bis drei Jahren haben sich Frauen der Problematik »Frauen als Täterinnen« in einer Art und Weise gestellt, wie sie in vergleichbarer Weise erst von wenigen männlichen Fachkollegen in der Auseinandersetzung mit ihren gewalttätigen Geschlechtsgenossen geleistet wird. Es wundert kaum, daß u.a. die gleichen oftmals als »männerfeindlich« diskreditierten Frauen zu diesem Thema arbeiten, die Anfang der achtziger Jahre das Redetabu über »Väter als Täter« beendeten.

Vorwurf: Mütter betreiben einen »Mißbrauch mit dem Mißbrauch«, indem sie falsche Beschuldigungen gegenüber getrenntlebenden Ehepartnern erheben und sich so Vorteile im Sorgerechtsverfahren erhoffen.

Von einem »Mißbrauch des Mißbrauchs« durch Mütter könnte allenfalls die Rede sein, wenn Mütter sich gezielt Falschbeschuldigungen ausdenken würden, um sich am Partner zu rächen. Der Beratungsalltag beweist eher das Gegenteil. Selbst wenn Frauen sich von ihrem Partner distanziert haben, können sie kaum glauben, daß der Mensch, den sie geliebt haben und der der Vater ihres Kindes ist, das gemacht haben soll. In der Regel sammeln sie alle »Beweise«, die die Unschuld ihres ehemaligen Partners belegen könnten. Zu groß ist der Schmerz, sich zuzugestehen – daß »so etwas« hinter ihrem Rücken geschah – selbst wenn sie zu dem Beschuldigten ein gespanntes Verhältnis hatten/haben.

Wie kommt es vor dem Hintergrund dieser Dynamik dennoch zu einer Zunahme von Mißbrauchsbeschuldigungen in Scheidungsverfahren? Faller (1991) untersuchte 136 Fälle von Mißbrauchsverdacht in Sorgerechtsverfahren, die in einem Diagnoseprojekt an der Universität Michigan vorgestellt wurden. In 58 Prozent der Fälle wurden die Betroffenen zwecks Diagnose von Kinderschutzeinrichtungen, in 20 Prozent von Gerichten oder anderen Einrichtungen überwiesen. 22 Prozent waren Selbstmelder.

In Auswertung dieser Untersuchungsergebnisse und der Praxiserfahrung von »Zartbitter Köln« lassen sich folgende Dynamiken bei Mißbrauchsverdacht in Scheidungssituationen unterscheiden:

1. Mißbrauch als Scheidungsgrund

Es ist zu wünschen, daß Frauen im Falle der sexuellen Ausbeutung ihrer Töchter und Söhne durch den Partner aktiv und umgehend für ihre Kinder Partei ergreifen. Doch in der Realität können viele Frauen diesen Anspruch nicht einlösen. Die meisten von ihnen brauchen Zeit und viel Verständnis von Dritten für ihre Situation, bis sie den Mißbrauch auch in eindeutigen Fällen überhaupt glauben können. Einige Mütter wenden sich an Beratungsstellen, andere erfahren erst von diesen über den Mißbrauch (Mißbrauchsverdacht). Ein Teil der Mütter reicht »stillschweigend« die Scheidung ein, ohne den von ihnen beobachteten Mißbrauch offen zu machen. Dabei kommt der Mißbrauch (Mißbrauchsverdacht) vor Gericht möglicherweise nur zur Sprache, wenn Konflikte bei der Umgangsregelung entstehen. Bei den 136 von Faller untersuchten Fällen traf dies elfmal zu (8 Prozent).

Entscheiden sich betroffene Mütter unabhängig von Beratungsstellen für die Scheidung, und äußern sie dann »plötzlich« im Verfahren den Mißbrauchsverdacht, so wird ihnen leicht ein »Mißbrauch mit dem Mißbrauch« unterstellt.

2. Die sexuelle Gewalt wird während des Verfahrens aufgedeckt

In den meisten Fällen bringen die Täter die Opfer mit Einschüchterungen, Drohungen und körperlicher Gewalt zum Schweigen. Die räumliche Trennung vom Täter ist deshalb für viele betroffene Mädchen und Jungen die Voraussetzung dafür, den sexuellen Mißbrauch aufzudecken. Trennt eine Frau sich von ihrem Partner, ohne von dessen Verbrechen am Kind zu wissen, so schafft sie eine Situation, in der die Tochter/der Sohn sich ihr eher anvertrauen kann. Auch sie selbst kann durch den gewonnenen Abstand leichter schon früher wahrgenommene – doch zur Seite geschobene – Hinweise auf die sexuelle Ausbeutung zulassen. Bei Faller traf dies in 26 (19 Prozent) der Fälle zu.

3. Die sexuelle Ausbeutung wird durch die Trennung ausgelöst

Auch wenn sexuelle Gewalt gegen Mädchen und Jungen in der Regel eine Suchtstruktur hat, liegt bei in Trennungssituationen beginnendem Mißbrauch oftmals eine andere Dynamik vor. In den meisten dieser Fälle haben die Väter allerdings schon zuvor dem Mädchen/Jungen gegenüber ein sexualisiertes Verhalten gezeigt (z.B. Erektion beim Abtrocknen des Kindes, Zungenküsse, sexistische Qualitätsurteile). Der durch die Scheidung bedingte Verlust der (äußeren) Familienstruktur (z.B. Schlafgewohnheiten) schafft Situationen, in denen dann der zuvor bereits im Rahmen der Sexualisierung latent vorhandene zum realen Mißbrauch wird.

Für viele dieser Täter war die Partnerin zuvor der einzige emotionale Halt. Über die sexuelle Ausbeutung des Kindes versuchen sie den Verlust auszugleichen, instrumentalisieren die Tochter/den Sohn als Objekt ihrer Wut auf die Frau und nehmen »stellvertretend« am Kind Rache. So erleben sie sich selbst wieder als mächtig und vollkommen.

52 (38 Prozent) der von Faller untersuchten Mädchen und Jungen wurden erstmals in der Trennungsphase der Eltern mißbraucht.

4. Falschbeschuldigungen im Scheidungsverfahren

19 (14 Prozent) der 136 Fälle wurden von Faller als falsch klassifiziert. Entgegen dem allgemeinen Tenor, der den Müttern Böswilligkeit unter-

stellt, bewertete Faller nur drei (2 Prozent) der 136 Fälle als bewußt kalkulierte Falschbeschuldigungen.

Wie aber kommt es zu nicht absichtlichen Falschbeschuldigungen? Auch wenn es Müttern in der Regel sehr schwerfällt zu glauben, daß der ehemalige Lebenspartner das gemeinsame Kind mißbraucht hat, verhält es sich in Trennungssituationen manchmal geradezu umgekehrt. Der Partner ist vielleicht handgreiflich geworden, oder die Frau erfährt, daß er sie schon seit Jahren betrogen hat ... So kann sie ihm jetzt auch leichter die sexuelle Ausbeutung des Kindes zutrauen, wenn sie selber Verdachtsmomente wahrnimmt oder von dritten auf vermeintliche, diesbezügliche Äußerungen des Kindes hingewiesen wird. Das Mädchen/der Junge zeigt vielleicht nach Besuchen beim Vater einige für Scheidungskinder »typische« Verhaltensauffälligkeiten (z.B. Alpträume, Einnässen, Masturbation), die die Mutter zu Recht sorgen, und für die sie Erklärungen sucht. Möglicherweise wird das Mißtrauen der Frau noch durch Äußerungen des Kindes verstärkt, wie z.B. »Papa kitzelt mich, ... badet mit mir ... küßt mich«. Handlungen, die vor der Trennung als liebevolles Vaterverhalten bewertet wurden, scheinen jetzt in einem anderen Kontext zu stehen.

Faller nennt noch eine weitere Ursache für Falschbeschuldigungen in Trennungssituationen: Die Mutter nimmt richtigerweise (intuitiv) wahr, daß ihr Kind Mißbrauchsopfer ist, doch verdächtigt sie fälschlicherweise ihren ehemaligen Partner. In ihrer Untersuchung war dies viermal der Fall.

5. Der Mißbrauch ist nicht beweisbar, aber möglicherweise falsch

In zwölf (9 Prozent) der untersuchten Fälle klassifiziert Faller die Beschuldigungen als nicht beweisbar, möglicherweise falsch – eine Einschätzung, die ebenso möglicherweise richtig impliziert.

Nicht nur die Studie von Faller, sondern auch die Erfahrungen im Beratungsalltag und die der Gerichte machen deutlich, daß es Falschbeschuldigungen gibt. Doch deren Zahl ist im Verhältnis zu richtigen Beschuldigungen verschwindend gering und wird überdies nur in äußerst seltenen Fällen von Müttern bewußt kalkuliert im Kampf um das Sorgerecht erhoben. Mütter in Öffentlichkeitskampagnen des »Mißbrauchs mit dem Mißbrauch« zu bezichtigen, kann folglich nur als täterfreundliche Pressekampagne bewertet werden, die betroffene Mütter entmutigen und Gerichte in einer dem Kindeswohl abträglichen Weise beeinflussen soll. Schon jetzt wagen Mütter oftmals nicht mehr, den Mißbrauchsverdacht auszusprechen – aus Angst vor jahrelang andauernden rechtlichen Auseinandersetzungen. Nur allzuoft vernachlässigen FamilienrichterInnen ihre Verpflichtung, im Zweifelsfalle das Wohl des Kindes höher zu bewerten als das Elternrecht. Noch immer ordnen einzelne Gerichte Besuchskontakte mit dem Vater gegen den Willen von Kindern an und erklären den Widerstand von Mädchen und Jungen als Ergebnis mütterlicher Hetzkampagnen. Wer einmal ein schreiendes und weinendes Kind auf Geheiß des Gerichtes einem Täter im Rahmen einer Besuchsregelung »aushändigen« mußte, wird dieses Erlebnis nie wieder vergessen. Mitverantwortlich für eine solche staatlich verordnete Zwangsbelassung von Kindern in Gewaltsituationen sind nicht nur die in pädagogischen und psychologischen Fragen oftmals überforderten FamilienrichterInnen, sondern ebenso die GutachterInnen, WissenschaftlerInnen, AutorInnen und Verbände, die die Problematik der sexuellen Ausbeutung von Mädchen und Jungen bagatellisieren.

Die richterliche Unabhängigkeit ist ein Grundpfeiler des Rechtsstaates. Die Familien- und Vormundschaftsgerichte sollten diese nicht dadurch gefährden, indem sie die Stellungnahmen von Beratungsstellen ungeprüft übernehmen oder ihre »Freisprüche« auf von »ISUV«, »SEM e.V.« und ähnlichen Vereinen empfohlene GutachterInnen stützen.

Vorwurf: ErzieherInnen und BeraterInnen suggerieren Mädchen und Jungen sexuelle Gewalt.

Seit etwa zwei Jahren beschreiben die Medien eine neue Personengruppe, die angeblich einen »Mißbrauch mit dem Mißbrauch« betreiben soll: ErzieherInnen und MitarbeiterInnen der Jugendämter und Beratungsstellen. Während den PädagogInnen noch ein falschverstandener »Übereifer« attestiert wird, unterstellt man SozialarbeiterInnen und TherapeutInnen vor allem ein materielles Interesse: die Schaffung und Absicherung von Arbeitsplätzen. Auf eine solche Argumentation »unterhalb der Gürtellinie« erübrigt sich jede Antwort, doch sollten sich professionelle HelferInnen der Hinterfragung eigener Arbeitsmethoden stellen.

Es ist sicherlich richtig, daß heute die meisten, die mit Mädchen und Jungen in pädagogischen und psychosozialen Arbeitsfeldern arbeiten, weitaus häufiger als früher den Verdacht der sexuellen Ausbeutung bekommen und auch aussprechen. Das ist auch gut so – solange frau/mann sich bewußt macht, daß Verhaltensauffälligkeiten von Mädchen und Jungen – wie z.B. Sprachstörungen, Ängste und Einnässen – auch andere Ursachen haben können (z.B. Kindesvernachlässigung, körperliche und psychische Gewalt). Es kommt im Alltag häufiger vor, daß sich ErzieherInnen und LehrerInnen an eine Beratungsstelle oder das Jugendamt mit dem Verdacht eines sexuellen Mißbrauchs wenden, und es stellt sich im Laufe der Beratung heraus, daß das Mädchen/der Junge vermutlich unter anderen Belastungen leidet. In anderen Fällen wird der Verdacht der sexuellen Ausbeutung bestätigt, obgleich die Pädagogin/der Pädagoge hofft, die BeraterInnen könnten ihn zerstreuen. Noch nie ist es mir jedoch in meiner langjährigen Berufserfahrung begegnet, daß mich eine Kontaktperson eines Kindes völlig grundlos um Unterstützung bat.

Mangels ausreichender Beratungskapazität bleiben jedoch viele PädagogInnen mit ihrem Verdacht allein. Einige von ihnen verdrängen ihr Wissen, andere versuchen, selbst herauszufinden, »was dran ist«. Zweifelsohne bedeuten »Untersuchungen der Vagina« und massivste Befragungen von Kindern durch PädagogInnen eine Verletzung der Intimgrenzen der Mädchen und Jungen, sind somit auch Formen von Gewalt, die nicht zu entschuldigen sind. Doch den PädagogInnen einen »Mißbrauch mit dem Mißbrauch« zu unterstellen, mißachtet deren – sicherlich falsch verstandenes – Engagement für das Kindeswohl und lenkt von unser aller Verantwortung ab: die Hilfe für das Mädchen/den Jungen.

Die Öffentlichkeit konnte einen Auslöser für die Anschuldigungen gegenüber den ErzieherInnen über die Medien verfolgen. In einem Kindergarten in Münster war bei mehreren Kindern der Verdacht der sexuellen Ausbeutung aufgekommen, und die Gerichte hatten auf Antrag des Jugendamtes die Herausnahme aus der Familie veranlaßt. Die beschuldigten Eltern fanden in Prof. Dr. Kentler einen Gutachter, der in phänomenaler Weise ohne persönlichen Kontakt mit den Mädchen oder Jungen jeden Verdacht widerlegen konnte und dessen »wissenschaftliches« Renommee nicht ohne Einfluß auf das Gericht blieb: Die Kinder kamen wieder in die Familien zurück. Die Medien hatten ihre Sensation: Kindesentzug durch Kindergarten und Jugendamt, eine Geschichte, die gute Schlagzeilen hergab. Inwieweit in diesen Fällen sexuelle Ausbeutung oder andere Formen der Gewalt gegen Kinder vorlag oder nicht, kann an dieser Stelle nicht geklärt werden, es stellt sich jedoch die Frage, ob das Gericht die alten Beschlüsse so schnell aufgehoben hätte, wenn ihm Informationen über Prof. Dr. Helmut Kentlers Pädophilenfreundlichkeit zur Verfügung gestanden hätten.

Sicherlich ist auch die von VertreterInnen der Bewegung »Mißbrauch mit dem Mißbrauch« vorgetragene Kritik an den diagnostischen Methoden der Beratungsstellen teilweise berechtigt, doch sollten insbesondere GutachterInnen sich davor schützen, mit »wissenschaftlicher« Verbissenheit den (Spezial-)Beratungsstellen einen fachlich inkompetenten Umgang mit sexuellem Mißbrauch nachweisen zu wollen. Erst unlängst wurde die Arbeitsweise der Bielefelder Gutachterin Dr. Susanne Offe gerichtsbekannt. Die Gutachterin hatte in einem Sorgerechtsverfahren bzgl. des Verdachts des Mißbrauchs durch einen Kindesvater das Kind am Tatort im

Kinderzimmer befragt. Der Täter saß im Nebenzimmer. Das Kind sagte nichts, und die Gutachterin kam zu dem Schluß, daß an dem Verdacht nichts dran sei. Einige Zeit später fand das Opfer nochmals den Mut, sich Dritten anzuvertrauen. Nun war der Täter aufgrund der Aussage des Kindes geständig.

Frau Dr. Offe wird unter dem Tenor »Mißbrauch mit dem Mißbrauch« häufig zitiert, denn die Gutachterin exponierte sich in Fachkreisen und in den Medien durch ihre Kritik an der »unwissenschaftlichen Arbeitsweise« anderer GutachterInnen, die nach ihrer Einschätzung in mehreren Fällen fälschlicherweise einen Mißbrauch diagnostizierten.

Der skizzierte Fall ist leider kein Einzelfall. Mir begegnen in meiner Beratungspraxis immer wieder Berichte über die Exploration von Kindern an Tatorten. Manche GutachterInnen glauben, in einem einmaligen zweistündigen Kontakt von dem Opfer alles erfahren zu können und/oder haben z.B. nur unzureichende Kenntnisse über die Methoden der Pornographieproduktion, wissen u.a. nicht, daß Urin und Kot in vielen pornographischen Produkten eine Rolle spielen, und bewerten diesbezügliche Aussagen von Opfern fälschlicherweise als Beweis für deren Unglaubwürdigkeit. So führen die fachlichen Grenzen der GutachterInnen immer wieder zu einer Zwangsbelassung von Kindern in Gewaltsituationen.

Auch unabhängige Sachverständige sind Menschen, auch sie machen wie jede andere Berufsgruppe Fehler. Dies belegte eindrucksvoll Professor Dr. Undeutsch, Hochschullehrer an der Universität Köln, im Prozeß um einen Montessouri-Kindergarten im westfälischen Coesfeld. Der renommierteste deutsche Experte für die Glaubwürdigkeitsbegutachtung von Kindern diagnostizierte vor Gericht inquisatorisches Treiben von »fanatischen Mißbrauchsgegnerinnen«. Doch Professor Undeutsch verschwieg, daß er zuvor schon als Berater der Verteidigung tätig war. Das Gericht lehnte ihn daher wegen Befangenheit als Gutachter ab. (»Die Zeit« 30/94)

Inzwischen scheint Undeutsch »neue« Untersuchungsmethoden für die Diagnostik sexueller Gewalt in die gerichtspsychologische Praxis einführen zu wollen. »Zartbitter Köln« erfuhr in den letzten Wochen von zwei Fällen, in denen der Professor mit der in amerikanischen Showprozessen beliebten und in vereinfachter Form aus deutschen Talkshows bekannten, in deutschen Gerichtssälen jedoch unzulässigen Methode des Lügendetektors der Wahrheit auf die Spur kommen wollte. In beiden Fällen soll das Gerät die Beschuldigten als unschuldig »diagnostiziert« haben ...

»Zartbitter Köln« hat gute Erfahrungen damit gemacht, diagnostische Gespräche mit Mädchen und Jungen auf Tonband aufzunehmen. Insbesondere Kinder im Vorschulalter flüstern oftmals die wesentlichen Details nur mit einer für das menschliche Ohr nicht mehr verständlichen schwachen Stimme. Ein gutes Mikrophon zeichnet die Aussagen auf, die dann später in Form eines wörtlichen Protokolls einer vom Gericht bestellten Gutachterin zur Verfügung gestellt werden. Diese kann die Befragung prüfen und in ihre Begutachtung mit einbeziehen. So werden die ersten Aussagen der Opfer exakt dokumentiert – die Kinder und wir bleiben von den Belastungen einer »Hetzkampagne« gegen unsere Arbeitsweise verschont. In einigen Fällen konnte sogar auf ein späteres Gutachten ganz verzichtet werden: Die Täter waren aufgrund der Tonbandprotokolle geständig.

Vorwurf: Feminismus und Kirche bilden eine Anti-Sex-Allianz, um ihr lustfeindliches Sexualbild zu restaurieren.

Der Vorwurf der Sexualfeindlichkeit der parteilichen Beratungsstellen wird von Rutschky, Borneman, Kentler ... immer wieder erhoben, aber nicht belegt. Wer hingegen z.B. die Zartbitter-Konzepte und Arbeitsmaterialien zur Prävention von sexueller Gewalt gegen Mädchen und Jungen kennt (s. Kapitel XV und XVI), findet darin keinerlei Aussagen gegen einvernehmliche Spiele von Kindern untereinander, gegen liebevollen Körperkontakt zwischen Kindern und Erwachsenen und gegen sexuelle Praktiken Erwachsener untereinander – sofern sie einvernehmlich sind. In den Veröffentlichungen wird das Recht von Mädchen und Jungen auf sexuelle Selbstbestimmung betont, doch gleichzeitig auf die Unterschiedlichkeit sexueller Bedürfnisse von Erwachsenen und Kindern hingewiesen. Im Rahmen von Doktorspielen beispielsweise wollen Mädchen und Jungen lustvoll den eigenen Körper und den anderer Kinder erkunden, allerdings genießen sie keine genitalen Kontakte mit Erwachsenen. In der Arbeit mit Opfern sexueller Gewalt gilt es unter dem Motto »Sexualität ist schön, wenn ich sie will«, die Wiederherstellung der körperlichen Integrität und sexuellen Selbstbestimmung zu fördern bzw. wieder zu ermöglichen.

Ein lustvolles JA zur eigenen Sexualität setzt ein kräftiges NEIN zu sexuellen Übergriffen voraus! Die Förderung der sexuellen Selbstbestimmung als sexualfeindlich zu bezeichnen, sagt mehr über die aus, die diese Kritik üben, als über die, gegen die sie sich richtet!

DIRK BANGE
DAS ALLTÄGLICHE DELIKT: SEXUELLE GEWALT
GEGEN MÄDCHEN UND JUNGEN –
ZUM AKTUELLEN FORSCHUNGSSTAND

Die Diskussion über die Definition sexuellen Mißbrauchs an Mädchen und Jungen ist nicht neu, denn schon immer wurden sexuelle Übergriffe und Gewalt gegen Kinder vor dem Hintergrund kultureller und ideologischer Unterschiede verschieden bewertet. So waren beispielsweise bis zur Renaissance sexuelle Kontakte von Erwachsenen zu Kindern keinesfalls verpönt. Erst die Bereitschaft, sich Kindheit vorzustellen, und die Einsicht, daß Kinder keine »kleinen Erwachsenen« sind, ließ das Verständnis dafür wachsen, daß Mädchen und Jungen besonderen Schutz brauchen. Ab welchem Punkt das Kindeswohl durch sexuelle Grenzüberschreitungen der Erwachsenen jedoch gefährdet ist, darüber streitet sich bis heute die (Fach-)Öffentlichkeit.

Auch unter wissenschaftlich fundierten ForscherInnen dauert die Kontroverse über die Definition sexueller Gewalt gegen Kinder an. Einigkeit besteht darüber, daß dieser Form der Gewalt alle Handlungen zuzuordnen sind, die **durch Drohungen und körperliche Gewalt erzwungen** werden. (Bange 1992, Brockhaus/Kolshorn 1993) Ebenso benennen Forschungsberichte durchgängig das Kriterium **gegen den Willen des Kindes**. Im Einzelfall ist die Willensbekundung eines Mädchens oder Jungen oftmals nur ungenau einzuordnen, denn im Sinne einer Überlebensstrategie erklären viele Opfer, sie hätten »es« ja auch gewollt. Mit dieser Aussage versuchen sie, ihre eigene Machtlosigkeit und das sie verletzende Verhalten des Täters umzudeuten. (Russel 1986, Bange 1992, Herman 1993) Eine Lösung für dieses Dilemma der scheinbaren Einwilligung der Opfer sehen die meisten WissenschaftlerInnen in dem **Konzept des wissentlichen Einverständnisses**. Dieses geht davon aus, daß Erwachsene immer dann eine

Straftat gegen die sexuelle Selbstbestimmung begehen, wenn eine Person an einer anderen ohne deren Zustimmung sexuelle Handlungen ausführt. Kinder sind jedoch im Kontakt gegenüber Erwachsenen keine gleichberechtigten PartnerInnen. Sie können sexuelle Kontakte zu Männern (Frauen) nicht wissentlich ablehnen oder ihnen zustimmen, denn hinsichtlich ihres emotionalen, kognitiven und sprachlichen Entwicklungsstandes sind sie dem Erwachsenen unterlegen. Zudem sind sie von dessen Liebe, Zuneigung und sozialer Fürsorge abhängig und dem Erwachsenen auch rechtlich unterstellt. Folglich muß jeder sexuelle Kontakt zwischen einem Erwachsenen und einem Kind als sexueller Mißbrauch bewertet werden. (Z.B. Schlechter/Roberge 1976, Finkelhor 1979, Kempe/Kempe 1980, Sgroi u.a. 1982, Saller 1986, Fegert 1987, Abelmann-Vollmer 1989, Hirsch 1990)

Verschiedene AutorInnen modifizieren das skizzierte Konzept des wissentlichen Einvernehmens dahingehend, daß sie einen **Altersunterschied zwischen Opfer und Täter** als Definitionskriterium benutzen. Meistens setzen sie einen Altersunterschied von fünf Jahren voraus, ehe sie von sexuellem Mißbrauch sprechen. Mit Hilfe dieses Kriteriums wollen sie eine Ausuferung der Definition von sexuellem Mißbrauch vermeiden. (Z.B. Finkelhor 1979 und 1984, Briere/Runtz 1988) Die Grenzen dieses Kriteriums liegen darin, daß es sexuelle Gewalt unter Gleichaltrigen nicht erfaßt (z.B. Vergewaltigungen im Jugendalter). Zudem können fünf Jahre Altersunterschied bei Kindern und Jugendlichen sehr große Entwicklungsunterschiede ausmachen. Aus diesem Grunde verzichten viele ForscherInnen auf diese Einschränkung. (Z.B. Russel 1986, Draijer 1990, Finkelhor u.a. 1990, Bange 1992)

Fachliche Kontroversen bestehen auch bezüglich der Frage, ob sexualisierte Blicke und Exhibitionismus – d.h. Übergriffe ohne Körperkontakt – sexuellem Mißbrauch zugedacht werden oder nicht. Eine Reihe von Studien lassen solche Handlungen außer acht (Fritz u.a. 1981, Briere/Runtz 1988, Bagley 1989, Draijer 1990), andere ForscherInnen beziehen sie ein. Ausschlaggebendes Argument ist bei einer solchen Bewertung die Tatsache, daß auch scheinbare Bagatelldelikte ohne Körperkontakt von vielen Kindern traumatisch erlebt werden. (Z.B. Finkelhor 1979 und 1984, Wyatt 1985, Russell 1986, Bagley 1989, Finkelhor u.a. 1990, Bange 1992, Raupp/Eggers 1993, Wetzels 1994)

In den meisten Studien werden nur sexuelle Mißbrauchserlebnisse in den ersten 16 Lebensjahren berücksichtigt und damit sexuelle Gewalt gegen Kinder von Gewalt gegen Frauen abgegrenzt. (Z.B. Bange 1992, Brockhaus/Kolshorn 1993) Eine solche Abgrenzung scheint zunächst logisch, ist jedoch nicht unproblematisch, denn eine 15jährige Jugendliche kann weiterentwickelt sein als manche 17jährige, während einige 18jährige durchaus noch sehr kindlich sein mögen.

Der Gesetzgeber vertritt eine klare Position und stellt jeglichen sexuellen Kontakt einer volljährigen Person mit Kindern unter 14 Jahren unter Strafe. Unter dem § 176 StGB fallen neben körperlichen Berührungen mit sexueller Absicht auch das Zeigen pornographischer Darstellungen und entsprechender verbaler Beeinflussungen. Der § 174 StGB »Sexueller Mißbrauch von Schutzbefohlenen« untersagt sexuelle Handlungen »von einiger Erheblichkeit« mit einem Kind oder einer/einem Jugendlichen, die/der einem Erwachsenen zur Erziehung, Ausbildung oder Betreuung anvertraut ist. Handelt es sich bei dem Opfer um ein eigenes oder Adoptivkind des Täters oder um ein Mädchen/einen Jungen, die/der dem Erwachsenen zur Ausbildung oder Erziehung anvertraut wurde, und nutzt der Mißbraucher das durch das Obhutverhältnis bestehende Abhängigkeitsverhältnis aus, so erhöht sich die Altersgrenze auf 18 Jahre. Exhibitionistische Handlungen stellt der § 183 (StGB) unter Strafe. (Strafgesetzbuch 1992, Marquardt 1993, Kirchhoff 1994)

Die Ergebnisse verschiedener Studien über das Ausmaß der sexuellen Gewalt gegen Mädchen und Jungen machen deutlich, daß die Studien nicht ohne weiteres vergleichbar sind, variieren sie doch u.a. in Abhängigkeit von der verwendeten Definition sexuellen Mißbrauchs, der Stichprobenauswahl und der Befragungsmethode. Bei einer engen Definition, die z.B. nur sexuelle Übergriffe mit Körperkontakt einbezieht und einen Altersunterschied von mindestens fünf Jahren voraussetzt, liegen die Untersuchungsergebnisse vergleichsweise niedrig, denn eine solche Definition schließt sexuelle Gewalt unter Gleichaltrigen und Exhibitionismus aus. (Peters u.a. 1986, Fromuth/Burkhart 1987, Elliger/Schötensack 1991, Bange 1992)

Entsprechend den verwendeten Definitionen variieren die Ergebnisse über das Ausmaß sexuellen Mißbrauchs zum Teil ganz beträchtlich. Bei Mädchen reicht die Spannweite von 8 bis 62 Prozent, bei Jungen von 3 bis 22 Prozent. Doch läßt man die Studien mit extrem hohen oder niedrigen Ergebnissen außer acht, so verringern sich die Schwankungen erheblich. 14 von 18 Studien gehen davon aus, daß zwischen 15 bis 33 Prozent der Mädchen sexuell mißbraucht werden. Bei Jungen schwankt das Ausmaß bei 8 von 12 Untersuchungen zwischen 6 und 9 Prozent. Die vier in Deutschland durchgeführten Erhebungen gehen von einer Mißbrauchsrate zwischen 16 und 31 Prozent bei Mädchen und zwischen 4 und 9 Prozent bei Jungen aus. (Bange 1992/Raupp/Eggers 1993, BMF u. S 1993, Wetzels 1994) Insgesamt erscheint es deshalb realistisch, daß etwa jedes vierte bis fünfte Mädchen und jeder zwölfte Junge sexuell mißbraucht wird. Dies bedeutet jedoch nicht, daß alle Opfer innerhalb der Familie und durch den eigenen Vater jahrelang sexuell ausgebeutet werden, wie einige ·Publikationen suggerieren. (Z.B. Fürniss 1986b) Die genannten Zahlenwerte schließen beispielsweise Übergriffe durch Bekannte oder auch Fremde mit ein. Allerdings muß darauf hingewiesen werden, daß auch »weniger intensive« und in einzelnen Studien nicht erfaßte sexuelle Übergriffe von Kindern und Jugendlichen als sehr traumatisch erlebt werden können. (Bange 1992)

In einem Punkt stimmen jedoch alle Forschungsergebnisse überein: Sexuelle Gewalt gegen Mädchen und Jungen ist leider auch heute noch ein alltägliches Delikt.

URSULA ENDERS
ICH KANN ES IMMER NOCH NICHT GLAUBEN, AUCH WENN ICH WEISS, DASS ES STIMMT: RITUALISIERTER KINDESMISSBRAUCH IN DEUTSCHLAND

Tieropferungen, Masken, Kapuzen, Geister, Blut, Folter, Pornoproduktion, schwarze Messen, Kindestötungen, Kannibalismus, magische Operationen ...

Immer wieder berichten Mädchen und Jungen über sexuelle Gewalterfahrungen im Rahmen von ritualisierten Mißhandlungssituationen. Oft bietet die scheinbar so selbstverständliche Frage, ob in dem Mißbrauch auch (noch) kleine/re Kinder verwickelt waren, die erste Hilfestellung, die betroffenen Mädchen und Jungen den Mut gibt, über ihre Erlebnisse in der Hölle auf Erden zu sprechen. Das, was die Kinder und Jugendlichen zunächst an Erlebnissen andeuten und abhängig von der Belastbarkeit ihres Gegenübers nach und nach auszusprechen wagen, übersteigt das eigene Vorstellungsvermögen. Ritualisierter Mißbrauch ist allein schon als Gedanke schlichtweg unannehmbar, konfrontiert doch die Beschäftigung mit dieser unvorstellbaren Form von Gewalt uns mit der Verwundbarkeit des Menschen bis in sein Innerstes und mit der Fähigkeit zum Bösen als Teil menschlicher Natur.

Nur allzu vertraut sind mir die verständlichen Zweifel an den Berichten der betroffenen Kinder: »Das kann doch gar nicht sein!« o.ä., »Kein Mensch ist in der Lage, einem Kind solche Schmerzen zuzufügen.« ... »Wenn dem wirklich so wäre, in so einer Welt möchte ich nicht leben.« ... »Vielleicht bringt das Mädchen/der Junge nur auf phänomengerechte Art und Weise andere Erlebnisqualitäten zum Ausdruck.« ... »Nicht in Deutschland – vielleicht gibt es so etwas in der Dritten Welt!« ... »Das ist ja wie Auschwitz, die Zeiten sind doch vorbei. ...« Mein Berufsalltag lehrt mich jedoch, ritualisierten Mißbrauch als Realität zu akzeptieren. Sah ich zunächst die Ursache fortwährender ritualisierter Mißbrauchshandlungen an mehreren Kindern durch verschiedene Männer und Frauen eines Verwandtschaftssystems noch in der Pathologie einer multiinzestiösen Familienstruktur begründet, so mußte ich im Laufe der letzten drei Jahre erkennen, daß die Berichte betroffener Mädchen und Jungen unterschiedlichen Alters (ab zwei Jahre) aus unterschiedlichen Städten und Bundesländern bis in Detailangaben über Foltermethoden und sexuelle Rituale übereinstimmten. Die Opfer konnten sich nun wirklich nicht abgesprochen haben; ein Teil von ihnen konnte noch nicht einmal lesen. Auch eine Suggestion von meiner Seite war ausgeschlossen, hatte ich doch selbst zuvor noch nie etwas von Blutritualen, Kindes- und Tieropferungen gehört. Ein Jugendlicher, der sich selbst als Sektenaussteiger bezeichnete, brachte mich auf die Spur: Ritualisierte Formen der sexuellen Gewalt wurden häufig von einer satanistischen Ideologie geprägt. Nicht alle Täter und Täterinnen sind gläubige Satanisten, doch entsprechen ihre Handlungen oftmals z.T. schon vor Jahrhunderten festgeschriebenen satanischen Ritualen. Viele Betroffene beschreiben Rituale und Symbole, die schon bei dem wichtigsten Theoretiker der Satanisten zu finden sind, in den Schriften des Briten Aleister Crowley. Das Pentagram, der umgekehrte fünfzackige Stern als magisches Symbol für Satan oder die 666, die Zahl des Antichristen in der biblischen Johannesapokalypse, oder auch schwarze Kutten und schwarze Kapuzen spielen in den Schilderungen betroffener Mädchen und Jungen oftmals eine große Rolle. Auch Katzen kommt z.B. eine besondere Bedeutung als Opfertieren zu. Als »natürliche Feinde« von Hunden werden sie als Gegenspieler Gottes angesehen, denn das englische Wort für Hund – »dog« – liest sich rückwärts »god« (Gott). Nicht nur die Umkehrung aller christlichen Werte, auch die Umkehrung der Sprache erheben viele Satanisten zum Prinzip (vgl. z.B. Dvorak 1993 u. Sakheim/Devine 1992).

Andere Berichte von Erwachsenen, die als Kind oder Jugendliche Opfer wurden und heute über ihre Gewalterfahrungen sprechen können, geben Hinweise auf germano-faschistische Gruppierungen als mögliche Tätergruppen – ein für mich logischer Gedanke, denn viele der von den heutigen Opfern beschriebenen Foltermethoden erinnern mich an die Berichte über Formen der Gewalt an den Juden in den Konzentrationslagern des Nationalsozialismus.

Ähnlich wie die Folterpraktiken in totalitären Staaten wird in unserer Gesellschaft ritualisierte Gewalt gegen Mädchen und Jungen (z.B. im Rahmen der Produktion von Pornographie/s. Kap. III) nach wie vor weitgehend geleugnet. Öffentlichkeit und Privatpersonen können nicht glauben, daß Gewalt in derart massiven Formen und einem solchen Ausmaß vorkommt. Ritualisierter Mißbrauch als Ergebnis menschlichen Handelns bringt die Mitwissenden in einen Konflikt zwischen Opfer und Täter (Täterinnen). Es ist moralisch unmöglich, in diesem Konflikt eine neutrale Stellung zu beziehen, denn jede Untätigkeit stärkt die Position der Täter (Täterinnen). Diese können sich auf den allgemeinen Wunsch verlassen, das Böse nicht zu sehen, nicht zu hören und darüber nicht sprechen zu wollen (vgl. Herman 1994).

Ritualisierter Mißbrauch ist eine brutale Form körperlicher, seelischer und sexueller Mißhandlung an Kindern, Jugendlichen und Erwachsenen, die im Rahmen von Ritualen verübt wird. Fast immer handelt es sich dabei um einen wiederholten Mißbrauch über einen ausgedehnten Zeitraum. Oftmals finden die Rituale im Rahmen satanischer Messen und/oder faschistischer Zirkel statt. Die rituellen Elemente innerhalb der Gewalthandlungen haben das Ziel, die Opfer gezielt zum Schweigen zu bringen, sie mit Glaubensvorstellungen (Ideologien) zu indoktrinieren und ihre Glaubwürdigkeit gegenüber Dritten zu beeinträchtigen. Welcher Richter glaubt schon einem Kind, wenn dieses z.B. von Kindestötungen, Totenköpfen und Geistern spricht!?

Viele der Opfer ritualisierten Mißbrauchs sind zu Beginn der Folterungen weniger als sechs Jahre alt. Mit Hilfe von Bewußtseinskontroll-Techniken (z.B. Hypnose, Drogen und speziellen Foltermethoden) werden sie in einen Zustand tiefster Furcht und Bewußtseinsverwirrung versetzt, so daß es für sie extrem schwierig ist, den Mißbrauch zu offenbaren.

Ritualisierter Mißbrauch gehört als integraler Bestandteil zum Leben mancher Familien, Verwandtschaftssysteme und Gruppierungen (z.B. mit satanischem Glaubenshintergrund). Er kommt jedoch auch in Kindertagesstätten, medizinischen Einrichtungen, Ferienlagern, Nachbarschaften etc. ohne Wissen der Eltern der betroffenen Kinder vor. Ritualisierter Mißbrauch von und an Jugendlichen kann zudem in Jugendbanden stattfinden, die sich in Richtung (eines selbstentworfenen) Satanismus oder anderer Ritualismen und an Gewalt orientieren.

Meist sind Täter (Täterinnen) »ganz normale« Mitglieder unserer Gesellschaft, deren Identität als Mitglieder einer (satanischen) Sekte oder faschistischen Loge außerhalb dieser Gruppierung nicht bekannt ist. Viele der Erwachsenen sind von klein auf in der Gruppierung, andere werden erst im späteren Leben angeworben. Die sektenähnlichen Gruppierungen sind in der Regel stark hierarchisch strukturiert. Die fast immer extrem partriarchalische Struktur von Sekten tradiert den Opferstatus von Mädchen, Jungen und Frauen innerhalb der Gruppierungen. Im Rahmen von Ritualen wird die Stellung des/der einzelnen innerhalb der Sekte festgeschrieben. Einige Opfer satanischer Rituale beschreiben z.B. ein »Gebärritual« als Aufnahmeritual: Das Opfer wird z.B. in einen aufgerissenen Tierkadaver hineingelegt und im Rahmen eines Rituals in die Sekte »hineingeboren«. Auch sprechen Kinder und Jugendliche von satanischen Hochzeiten. Das Heiratsritual wird als eine Scheinheirat beschrieben, die der Sexualmagie zuzuordnen sei und die Verbundenheit zweier Sektenmit-glieder zueinander (und zu Satan) festschreiben sollen (vgl. z.B. Sakheim/Devine 1992). Eine besondere Bedeutung kommt nach Berichten betroffener Mädchen und Jungen oftmals dem (sechsten) Geburtstag eines Opfers zu, an dem bestimmte Rituale durchgeführt werden.

Ricarda S., eine Sektenaussteigerin, schildert in einem Roman ihren Rang innerhalb der Sektenhierarchie als »Satanspriesterin«, der mit besonderen Rechten und Pflichten verbunden war. (Ricarda S. 1989) Die Erlebnisse von Ricarda S. machen nochmals deutlich, daß die ritualisierten Gewalt-methoden nicht nur die Befriedigung der sadistischen Bedürfnisse der Täter (Täterinnen) haben, sondern ebenso Unterwerfungsrituale darstel-len, die das Opfer zu einem funktionierenden Mitglied der Gruppierung machen soll, das den Anweisungen ihrer Führer Folge leistet. Als Zeichen für die Vernichtung der alten Identität und die Unterwerfung unter die Gruppenordnung muß z.B. auch bewertet werden, daß die Mitglieder der gewalttätigen Gruppierungen ihren Opfern fast immer neue Namen geben.

Ritualisierte Formen körperlicher Kindesmißhandlung

Opfer ritualisierten Mißbrauchs werden häufig regelrecht gefoltert. Dabei wenden die Täter (Täterinnen) insbesondere bei Kindern, die ohne Wissen ihrer Eltern ritualisiert mißhandelt werden, kaum nachweisbare Formen der Gewalt an (z.B. Elektroschocks und Nadelstiche). Erwachsene berich-ten z.B. darüber, wie sie als Kinder so lange unter Wasser gedrückt wur-den, bis sie keine Luft mehr bekamen. Auffallend ist die Funktion von Sektenmitgliedern mit medizinischer Ausbildung: Sie müssen ggfs. ein Opfer wiederbeleben.

Schlafentzug und das Vorenthalten von Flüssigkeit und Nahrung muß ebenso den ritualisierten Formen körperlicher Gewalt zugeordnet werden. Wie sicher sich die Täter (Täterinnen) fühlen können, belegen die Akti-vitäten eines Vereins, der den Jugendämtern die Organisation und Durch-führung von »Abenteuerreisen« für Kinder und Jugendliche anbot und mit Erfolg verkaufte: Den Kindern wurde eine kaum zu bewältigende Aufgabe gestellt, sie wurden unter Schlafentzug gesetzt und mußten z.T. völlig verängstigt Mutproben bestehen. Eltern und SozialarbeiterInnen berichteten über die katastrophalen psychischen Zustände von Mädchen und Jungen nach diesen Reisen.

Inzwischen hat das Berliner Ehrengericht des Deutschen Soziologenver-bandes einen der Hauptakteure des Vereins gerügt. Der Soziologe schrieb seine Promotion über die »Abenteuerreisen«. Der Berufsverband bewertete die skizzierten »Untersuchungsmethoden« als standeswidrig. Weniger kritisch scheint einer der bekanntesten deutschen Kinderschützer, Prof. Dr. Reinhart Wolff, die »Abenteuerreisen« zu sehen. Obgleich ihm die Berichte über die Reisen bekannt waren, begrüßte der Fachhochschulprofessor und renommierte Kinderschützer die Bewerbung des Soziologen auf eine Professorenstelle an der Berliner Fachhochschule für Sozialarbeit – allerdings ohne den angestrebten Erfolg: weder bei StudentInnen noch DozentInnen fand der Soziologe die notwendige Mehrheit.

Ritualisierte Formen psychischer Kindesmißhandlung

Rituale sexueller und physischer Kindesmißhandlung werden stets begleitet von Formen psychischer Gewalt. (Mord-)Drohungen gegenüber ihnen selbst, den Eltern oder Dritten – das kennen alle betroffenen Mädchen und Jungen. So soll z.B. das elterliche Haus niedergebrannt werden, wenn das Kind nicht tut, was verlangt wird.

Nicht selten werden die Opfer auch gefesselt und in einem Schrank, Keller oder Sarg eingesperrt ... mit der Ankündigung, sie müßten dort bis zum Tode verharren. Eine andere Methode ist es, Hexen bzw. Geisterstunden so überzeugend zu »spielen«, daß diese Kinder in Angst und Schrecken versetzen.

Ein großer Teil der kindlichen Opfer spricht von Schlangen, Ratten, (bissigen) Hunden und anderen Tieren, die in die Rituale mit einbezogen wurden und mit denen ihnen Angst gemacht wurde.

Mit Hilfe von Suggestion wird Kindern vielfach eingeredet, die Täter (Täterinnen) und Geister könnten sie überall beobachten und vor allem sie töten bzw. bestrafen, wenn sie gegenüber ihren Vertrauenspersonen über die Rituale sprechen. Die Wahrnehmung der Opfer wird durch die Verabreichung bewußtseinsverändernder Drogen und Hypnose noch zusätzlich verwirrt. So wird die Widerstandsfähigkeit der Betroffenen gebrochen und die Erinnerungen an Details vernebelt.

Mit gezielten Methoden werden Kinder zum Schweigen gebracht. Erst die Lektüre englischsprachiger Literatur ließ mich z.B. die Aussagen von Mädchen und Jungen über »Operationen« verstehen:

Einzelne Opfer ritualisierten Mißbrauchs beschreiben z.B., daß ihnen eine Bombe einoperiert worden sei, die sofort explodiere, wenn sie sich Dritten gegenüber anvertrauten. In dem Moment müßten sie und ihr Gegenüber aufgrund der Bombenexplosion sterben. Andere Kinder sprechen davon, daß in ihnen nun ein Geist sei, der alles mitbekomme (vgl. z.B. Los Angeles County Commission 1991). Aus Berichten ist zu entnehmen, daß während der »magischen Operationsrituale« betroffene Kinder unter Drogen oder Hypnose standen, und nicht zuletzt die Tatsache, daß ihre Körper anschließend mit Blut verschmiert waren, von ihnen als Beweis bewertet wurde, sie seien de facto operiert worden.

Ritualisierte Formen sexuellen Kindesmißbrauchs

Erniedrigung, Verachtung, Haß, Sadismus und Brutalität kennzeichnen ritualisierte Formen sexueller Gewalt. Nicht selten quälen Männer wie Frauen Kinder in einem Ausmaß, das die Phantasie vieler Menschen übersteigt.

Mädchen und Jungen werden gezwungen, selbst anderen Kindern und Kleinkindern sexuelle Gewalt zuzufügen; Vergewaltigungen werden häufig unter Verwendung von Gegenständen (z.B. Kruzifix) durchgeführt; Sodomie gehört nach Aussagen betroffener Kinder zu den praktizierten Gewaltformen; oftmals finden neben »schwarzen Messen« oder ähnlichen Ritualen innerhalb der festen Gruppierung zusätzlich »Veranstaltungen« für zahlende Gäste statt. Vielfach werden Töchter und Söhne von Gruppenmitgliedern zusätzlich auf den Kinderstrich und innerhalb von Pornoproduktionen verkauft (vgl. z.B. Los Angeles County Commission 1991).

Was versteht man unter Tier- und Menschenopferungen?

Verschiedene Sekten und faschistische Logen führen an bestimmten Kalendertagen (z. B. »Satanischer Kalender«) oder zur Verfolgung eines bestimmten Zwecks Blutopfer durch (Töten mit Blutvergießen). Diese Rituale basieren z.T. auf der Vorstellung, daß sowohl Menschen- als auch Tierblut eine heilende Lebenskraft darstellt (vgl. z.B. Sakheim/Devine 1992).

Kinder berichten immer wieder, daß sie selbst Tiere und sogar Babies töten (sie wurden z.B. unter Drogen gesetzt, und ihnen wurde die Hand geführt) und anschließend deren Blut trinken und Fleisch verzehren mußten. Nach glaubhaften Aussagen von Betroffenen werden die Morde auch z.T. auf Video festgehalten und sie selbst anschließend mit ihrer »eigenen« Tat erpreßt.

Es stellt sich die Frage, woher die menschlichen Opfer der Tötungsrituale kommen. Zweifler verweisen darauf, daß so viele Babies nicht vermißt würden. Die Aussagen von SektenaussteigerInnen und die Literatur geben Hinweise auf Formen der Opferbeschaffung:

◆ Ein Teil der menschlichen Tötungsopfer soll über den internationalen Kinderhandel aus der Dritten Welt und aus osteuropäischen Ländern beschafft werden.

◆ Nach Aleister Crowley, dem Lehrmeister der Neosatanisten, ist die höchste Opfergabe der männliche Embryo im fünften Monat. Eine Schwangerschaft ist bis zu diesem Zeitpunkt sicherlich noch leicht gegenüber der Umwelt zu vertuschen (vgl. Knaut 1979).

◆ Jugendliche Mädchen berichten von Vergewaltigungen im Rahmen von schwarzen Messen und von daraus resultierenden Schwangerschaften, die außerhalb des normalen Lebensumfeldes (z.B. während eines angeblichen »Kuraufenthaltes«) ausgetragen wurden.

Erkenntnisse aus dem amerikanischen, skandinavischen, englischen und holländischen Raum bestätigen die Glaubwürdigkeit dieser Erfahrungsberichte.

»Aber, dann müssen doch die sterblichen Überreste der Mordopfer zu finden sein«, mag mancher Zweifler einwenden. Ein Bericht aus der Schweiz überzeugte mich vom Gegenteil: Ein Schweizer Pornoproduzent kaufte Kinder in Rumänien, tötete sie auf bestialische Art und Weise im Rahmen seiner Produktionen und vernichtete die Überreste der Leichen nicht mehr nachweisbar in Salzsäurefässern.

Konsistent bleiben zudem die Berichte vieler Opfer aus dem In- und Ausland, daß die Überreste der Tötungsopfer z.T. an Kampfhunde verfüttert, auf Feuerstellen verbrannt oder in bereits bestehende Gräber auf Friedhöfen eingebuddelt werden.

Folgen ritualisierter Gewalt

Kein Mensch ist gegen traumatische Belastungen immun, deshalb haben individuelle Persönlichkeitsmerkmale des Opfers kaum Gewicht für das Ausmaß der psychischen Schädigung. Diese ist vielmehr vor allem abhängig von der Art der Gewaltanwendung. Judith Lewis Herman weist in ihrem Buch »Die Narben der Gewalt« nach, daß die Schädigung eines Menschen besonders groß ist, wenn das Opfer überraschend angegriffen, in die Enge gedrängt und bis zum Zusammenbruch gequält wurde. Als weitere Faktoren nennt die amerikanische Wissenschaftlerin und Therapeutin die physische Verwundung des Opfers, extreme Gewaltanwendungen und das Mitansehen des grausamen Todes anderer. Ritualisierte Formen der Gewalt gegen Kinder, Jugendliche und Erwachsene haben dementsprechend nicht nur massive physische, sondern auch psychische Folgen für die Opfer.

Die Art und das Ausmaß der Folgen ritualisierter Gewalt ist jedoch individuell verschieden. Kinder, die ohne Wissen ihrer Eltern rituell mißbraucht wurden (z.B. vom jugendlichen Babysitter regelmäßig zu schwarzen Messen verschleppt wurden), haben größere Heilungschancen als Mädchen und Jungen, deren Familien seit Generationen in satanischen Kreisen eingebunden sind. Diese haben im Alltag keine Fluchtmöglichkeit, kennen keine auf Vertrauen und gegenseitiger Liebe und Fürsorge basierende Beziehungen.

Bereits im 19. Jahrhundert stellte der Pariser Arzt Janet im Rahmen seiner Forschung fest, daß traumatische Erinnerungen getrennt vom übrigen Bewußtsein gespeichert werden. Im Sinne einer Überlebensstrategie lösen die Opfer die normalen Verbindungen zwischen Gedächtnis, Wissen und den allzu schmerzhaften und überwältigenden Gefühlen auf. Dieser intrapsychische Prozeß führt dazu, daß Betroffene z.B. die intensiven Gefühle der frühen Erfahrungen empfinden, ohne klare Erinnerungen zu haben oder aber sich genauestens an jedes Detail erinnern können, ohne dabei die eigenen Gefühle zu spüren. Sogar Sinnesempfindungen (riechen, hören, fühlen, schmecken, sehen) können komplett oder teilweise abgespalten werden.

Abspaltungsprozesse (Dissoziationen) kennt jeder Mensch. Wer hat sich noch nicht in eine andere Welt geträumt und so regeneriert (Tagträume und Meditationen)? Wer hat in einer Belastungssituation noch keinen »Filmriß« gehabt (z. B. Schockreaktion bei einem Unfall)? Die Fähigkeit des Menschen, aus Situationen quasi auszusteigen, stellt auch in Gewaltsituationen oftmals eine einzig gesunde Überlebensstrategie des Opfers dar, kann jedoch – vor allem bei anhaltender äußerer Bedrohung – posttraumatische Streßsymptome zur Folge haben, die individuell unterschiedlich geprägt sind. Das Opfer bleibt von den eigenen Gefühlen und Erinnerungen abgespalten und verliert dadurch den Kontakt zu sich selbst und anderen. Viele Kinder, die im Vorschulalter ritualisiert mißhandelt wurden, spalten ihre Erinnerungen ähnlich wie die Opfer innerfamilialen Mißbrauchs innerhalb von zwei bis drei Jahren ab (Amnesie). Bei einigen gelangen die im Gedächtnis gesondert gespeicherten Erinnerungen wieder im Wachzustand als plötzliche Erlebnisblitze oder im Schlaf als Alptraum – z. T. erst Jahre später – ins Bewußtsein. Anderen Mädchen und Jungen entwickeln eine multiple Persönlichkeit (MP-Syndrom). Sie spalten Gefühle, Wahrnehmungs- und/oder Gedanken- und Verhaltensmuster wie eigene »Persönlichkeiten« innerhalb einer Person ab. Mindestens zwei dieser Persönlichkeiten oder Persönlichkeitszustände übernehmen in wiederkehrenden Abständen die Kontrolle über das Verhalten der Person, ohne daß die verschiedenen Persönlichkeiten innerhalb der Person miteinander in Kontakt stehen müssen. Es scheint so, als ob in ein und derselben Person mehrere Personen leben. Multiplen Persönlichkeiten war ein Überleben nur noch dadurch möglich, daß sie die Gewalterlebnisse auf viele Personen innerhalb ihres einen mißhandelten Körpers verteilten. So zeigt eine multiple Persönlichkeit z.B. das Verhalten eines verängstigten kleinen Mädchens, während sie im nächsten Augenblick den Habitus eines erwachsenen Mannes annimmt (z.B. Stimme, Bewegung, Schrift, Verhaltensmuster). Das System der inneren Personen übernimmt eine Schutzfunktion, die das erwachsene Umfeld des Kindes nie übernommen hat (vgl. Wildwasser Bielefeld 1994). Eine multiple Persönlichkeit (MPS) kann nur in den ersten Lebensjahren entstehen. Tätergruppen versuchen z.T. über gezielte Foltermethoden die Entstehung von multiplen Persönlichkeiten u.a. deshalb zu forcieren, weil zum einen Menschen mit multiplen Persönlichkeiten in besonderem Maße Schmerzen abspalten können und von daher »geeignete« Opfer sind, zum anderen MPS aufgrund der Unkenntnis der MitarbeiterInnen psychosozialer Arbeitsfelder fälschlicherweise häufig als paranoide Schizophrenie diagnostiziert wird und die Betroffenen als nicht aussagefähig bei Gericht eingestuft werden. Dem ist nicht so. Bei MPS handelt es sich keinesfalls um Wahnvorstellungen. Selbst wenn den Betroffenen nicht alle Facetten ihrer Persönlichkeiten bewußt sind, sind ihre verschiedenen Erinnerungen sehr wohl glaubwürdig, es handelt sich dabei um Erinnerungen an verschiedene Realitäten (z.B. Realität innerhalb der Sekte und außerhalb der Sekte im normalen Leben).

In der Überlebensstrategie des Menschen, nicht aushaltbare Erlebnisse abzuspalten, liegt auch die nahezu unvorstellbare Tatsache begründet, daß Opfer ritualisierter Mißhandlung parallel zu den Folterungen im alltäglichen Leben nahezu »normal funktionieren« können. Die Lehrerin eines Kindes bekommt vielleicht mit, daß ein Mädchen/Junge freitags (nach der wöchentlich stattfindenden schwarzen Messe am Donnerstagabend) regelmäßig müde ist, daß ein Kind Kratzspuren auf den Oberschenkeln hat, ... keinesfalls kann sie sich jedoch das Ausmaß der Gewalterlebnisse vorstellen. Das »paßt« nicht in die weitverbreitete Vorstellung, daß ein Mensch, der so etwas erlebt hat, konsequenterweise völlig handlungsunfähig sein muß.

Ebenso wie bei inner- und außerfamilialem sexuellem Mißbrauch an Mädchen und Jungen flüchten Opfer ritualisierten Mißbrauchs oftmals in die Welt der Drogen. Mit Tabletten, harten Drogen und Alkohol versuchen sie, die Erinnerungen zu unterdrücken und die damit verbundenen Angstzustände zu betäuben.

Ritualisierte Gewalterfahrungen können für die Opfer unterschiedlichste Folgen haben. Längst nicht jedes betroffene Kind entwickelt z.b. eine MPS. BeraterInnen und TherapeutInnen müssen deshalb im Einzelfall ihre Diagnose sorgfältig prüfen. MPS darf keinesfalls eine »Modediagnose« werden; dann wird sie keinem gerecht – weder dem Betroffenen, noch denen, die unter anderen Folgen der ihnen zugefügten Gewalt leiden.

Möglichkeiten der Strafverfolgungsbehörden

In der Praxis fällt auf, daß einzelne Hinweise auf satanische Rituale in vielen Fällen den Strafverfolgungsbehörden bzw. den Familien- und Vormundschaftsgerichten bekannt werden. Doch können diese die Indizien nicht richtig einordnen. Weder die Ermittlungsmethoden der Polizei noch die Qualifikation und die Verfahrensweisen der im Auftrage der Gerichte tätigen psychologischen GutachterInnen werden dieser Problematik gerecht. Bisher ist es z. B. kaum Praxis, in Verfahren SektenexpertInnen mit hinzuzuziehen. In diesem laienhaften Vorgehen liegt begründet, daß fast immer nur die Spitze des Eisberges bekannt wird. Wenn überhaupt – denn fast alle Sekten integrieren gezielt (Kinder-)Ärzte als Mitglieder, die ggf. »im Sinne der Prophylaxe die Krankengeschichte redefreudiger Kinder festschreiben«, so daß »dank der medizinischen Diagnose« die Berichte der Opfer satanischer Rituale als Ausdruck einer psychischen Störung abgetan werden. Erschreckend ist, daß selbst erfahrene KindertherapeutInnen und -psychiaterInnen auf dieses ausgeklügelte System hereinfallen und mit ihrer Diagnose einer Psychiatrisierung der Opfer und dem Freibrief der Täter Vorschub leisten.

Gerade auch ländlich-konservative Gebiete eignen sich für Sekten zum systematischen Auf- und Ausbau einer Infrastruktur. Kennt doch jeder jeden – ist doch der einzelne leichter erpreßbar. Typisch ist, daß Sekten sich leicht in Orten ausweiten, in denen die örtliche Prominenz als Mitglieder zu gewinnen ist – vom Bürgermeister über den Lehrer bis zu Kriminalbeamten. Die Drähte funktionieren perfekt, und will jemand nicht mehr so recht, da wird ein wenig nachgeholfen.... In Einzelfällen sind »eifrige Ordnungshüter« selbst Sektenmitglieder und haben vielfältige Möglichkeiten, Ermittlungsergebnisse zu manipulieren.

Im Gegensatz zu Australien und einzelnen Bundesstaaten in den USA, in denen es bereits Sonderkommissionen für die Ermittlung bei Mißbrauch in Institutionen und satanischen Ritualen gibt, verschlafen die Verantwortlichen in unserem Land diese Entwicklung und belassen diese Aufgabe den örtlichen Dienststellen. Die Manipulationsmöglichkeiten für Sektenmitglieder sind demzufolge sicherlich nicht klein. Es muß noch nicht einmal sein, daß der örtliche Kriminalbeamte oder (Familien-)Richter selbst den Satanskult praktiziert; es reicht, wenn er selbst z.B. als Familienvater berechtigte Angst um das Leben seiner eigenen Kinder hat und verständlicherweise (un-)bewußt einzelne Informationen falsch einordnet oder ausblendet. Wie schwer die Sektenstrukturen zu durchschauen sind, spiegelt sich in der Tatsache wider, daß selbst Mädchen und Jungen, die in satanischen Ritualen über Jahre mißbraucht werden, oftmals ihre eigenen Eltern unter den Folterern nicht erkennen.

U., zehn Jahre alt, gab nicht auf. Verzweifelt schrie er: »Hört auf, ich mach nicht mehr mit. Ich sag das meinem Papa, der ist stark und hilft mir!« In dem Moment trat ein Kapuzenmann nach vorne und nahm seine Tarnung ab: Es war der Vater des Jungen.

Die Schelte gilt deshalb nicht der überlasteten und unzureichend ausgestatteten Polizei noch den RichterInnen vor Ort, als vielmehr den Verantwortlichen, die im Jahre 1993 noch immer nicht für die Einrichtung von überregionalen Sonderkommissionen eintreten. Obgleich ich im Herbst 1992 bereits auf einem Kongreß der damaligen Bundesministerin für Frauen und Jugend, Dr. Angela Merkel, und auf einer Podiumsdiskussion – veranstaltet vom Frauenministerium Niedersachsen – Sonderkommissionen gegen organisierte Formen sexueller Gewalt gegen Kinder forderte und auf den internationalen Kinderhandel im Rahmen von Pornoproduktionen hinwies, gab es auf diese Forderungen weder eine Reaktion der politischen Instanzen noch des Bundeskriminalamtes. Selbst ein expliziter Hinweis auf Kindestötungen im Bereich von Pornoproduktionen im Februar 1993 in den Tagesthemen der ARD war für das BKA noch immer kein Anlaß, tätig zu werden.

Was ist zu tun?

Nachdem sich in der letzten Zeit immer mehr Betroffene zu Wort melden und endlich die Kraft finden, ihre Erlebnisse öffentlich zu machen, darf es keinesfalls den Massenmedien überlassen werden, die Problematik der ritualisierten Gewalt gegen Kinder aufzudecken. Die Betroffenen haben ein Recht darauf, daß sie vor einer Sensationsberichterstattung geschützt werden und Hilfestellung bei der Bewältigung ihrer extrem schmerzhaften Erlebnisse bekommen. Doch ist darauf zu achten, daß die Diagnosen »MPS« und »Ritualisierte Gewalt« nicht inflationär verwendet werden. Ebenso müssen spezielle Therapiekonzepte entwickelt werden, die u.a. den von den Folterern angewandten Mechanismen der Bewußtseinskontrolle Rechnung tragen. Klassische Formen der Traumaverarbeitung sind nicht ohne weiteres auf ritualisierten Mißbrauch übertragbar, denn einem Kind, dem z.B. unter Hypnose suggeriert wurde, daß es Selbstmord begehen müsse, sobald es die Erlebnisse Dritten gegenüber offenbare, diesem Kind bietet die klassische Traumaverarbeitung alleine zunächst keine adäquate therapeutische Hilfe. Dieses Opfer braucht zunächst eine Therapeutin/einen Therapeuten, die/der gemeinsam mit dem Kind in einem ersten Schritt die Mechanismen der Bewußtseinskontrolle aufspürt und entkräftet.

Bei der Entwicklung von speziellen Therapiekonzepten empfiehlt sich eine Kooperation mit Überlebenden aus Konzentrationslagern und in diesem Bereich erfahrenen TherapeutInnen.

Dem gesellschaftlichen Verleugnungsprozeß gegenüber ritualisierter Gewalt kann nur Einhalt geboten werden durch eine Vernetzung all derer, die sich parteilich auf die Seite der Opfer stellen. Wir müssen Sprache finden, um gemeinsam politische Veränderungen anzustreben. Gemäß der Strategie der kleinen Schritte muß die Einrichtung, fest installierte Sonderkommissionen bei Bundes- und Landeskriminalämtern einzurichten, unser erstes Ziel sein. Gerade in der Aufdeckung der Gewalt durch das organisierte Verbrechen ist eine enge Kooperation zwischen Strafverfolgungsbehörden und Beratungsdiensten geboten!

WEITERFÜHRENDE LITERATUR

Abel, G./Rouleau, J.-L. (1990): The Nature
and Extent of Sexual Assault. In: Marshall 1990

Abelmann-Vollmer, K. (1989): Herrschaft
und Tabu. In: Kinderschutz aktuell
2/1989, 4-7

Achterwinter, D./Emmerich, I. (1992):
Sexueller Mißbrauch – ein Thema für die
Sexualpädagogik? In: das baugerüst
4/1992, 353-356

Adams, C./Fay, J. (1989): Ohne falsche
Scham. Wie Sie Ihr Kind vor sexuellem
Mißbrauch schützen können. Reinbek bei
Hamburg 1989

Adner, Angelika/Mänz, Heike (1986):
Selbstverteidigung und Selbstbehauptung
für Frauen. In: Schenk, Sylvia (Hrsg.)
„Frauen – Bewegung – Sport". VSA-Ver-
lag Hamburg 1986

Aktion Jugendschutz Nordrhein-Westfalen
(Hrsg./1992): Gegen sexuellen Mißbrauch
an Mädchen und Jungen. Ein Ratgeber
für Mütter und Väter. Köln 1992

Aktion Jugendschutz Nordrhein-Westfalen
(1995): Sexueller Mißbrauch an Mädchen
und Jungen – Sichtweisen und Standpunk-
te der Prävention. Köln 1995

Albrecht-Desirat, K.: Zur Sexualität in der
Jugendpsychiatrie. In: Albrecht-Desirat,
K.; Pacharzina, K.: Sexualität und
Gewalt. Bensheim, Päd. Extra Verlag:
157-168

Alcoff/Gray (1994): Der Diskurs von »Überlebenden« sexueller Gewalt: Überschrei-
tung oder Vereinnahmung? In: Forum kritische Psychologie 33/ 1994, 100-135

Alcoff/Hang/Holzkamp u.a. (1994): Sexueller Mißbrauch. Widersprüche eines
öffentlichen Skandals. Forum Kritische
Psychologie Bd. 33/1994

Amendt, Gerhard (1982): Nur die Sau raus-
lassen? Zur Pädophilie-Diskussion. In:
Sigusch, V. (Hrsg.): Die sexuelle Frage.
Hamburg 1982, 141-167

Amendt, Gerhard (1993): Wie Mütter ihre
Söhne sehen. Bremen 1993

Angerolles, J. (1991): Mein Analytiker und
ich. Tagebuch einer verhängnisvollen
Beziehung. Frankfurt a.M. 1991

Arbeitsgemeinschaft Humane Sexualität
(AHS) (1988): Sexualität zwischen Kindern und Erwachsenen. Berlin 1988

Arbeitskreis »Sexuelle Gewalt« beim Komi-
tee für Grundrechte und Demokratie
(1987): Gewaltverhältnisse. Eine Streit-
schrift für die Kampagne gegen sexuelle
Gewalt. Sensbachtal 1987

Asperger, H. (1964): Glaubwürdigkeit kindlicher Zeugenaussagen. In: Handbuch der
Kinderheilkunde, VIII/1: 1003 – 1014,
1964

Bachmann, Kurt Marc (1994 a): Sexueller
Mißbrauch in therapeutischen Beziehungen und Inzest: Gemeinsame Probleme in
der Wahrnehmung sowie der qualitativen
und quantitativen Forschung. In: Bach-
mann/Böker (Hrsg.). Bern 1994

Bachmann, Kurt Marc/Böker, Wolfgang
(Hrsg./1994): Sexueller Mißbrauch in
Psychotherapie und Psychiatrie. Bern
1994

Backe, L./Leick, N./Merrick, J./Michelsen,
N. (1986): Sexueller Mißbrauch von Kin-
dern in Familien. Deutscher Ärzte-Verlag,
Köln 1986

Bader, B./Lang, E. (Hrsg./ 1991): Stricher-
Leben. Hamburg 1991

Bain, Ouainé/Sanders, Maureen (1992):
Wege aus dem Labyrinth. Fragen von
Jugendlichen zu sexuellem Mißbrauch.
Ruhnmark 1992

Bagley, C. (1989): Prevalence and Correlates
of Unwanted Sexual Acts in Childhood in
a National Canadian Sample. In: Canadian Journal of Public Health Vol. 80.
80/1989, 295-296

Baker, A./Duncan, S. (1986): Childhood
Sexual Abuse: A Study of Prevalence in
Great Britain. In: Child Abuse & Neglect
Vol. 9/1986, 457-467

Bange, Dirk (1988a): Die Mauer des
Schweigens. Sexuelle Ausbeutung von

Jungen: Ein fast vergessenes Problem. In: Sozial Extra 10/1988, 35-37

Bange, Dirk (1988b): Zur Problematik der sexuellen Gewalt gegen Jungen. Unveröffentlichte Diplomarbeit Dortmund 1988

Bange, Dirk (1989): »Es hätte mir ja sowieso keiner geglaubt«. Sexuell mißbrauchte Jungen – Kinder ohne Lobby. In: päd. extra & demokratische erziehung 10/1989, 36-39

Bange, Dirk/Geisel, Kerstin (1990a): Kinderpornographie – Eine der Ursachen sexueller Ausbeutung von Kindern. In: päd. extra & demokratische erziehung 6/1990, 20-24

Bange, Dirk (1990b): Wenig beachtet und doch eine Tatsache: Auch Frauen mißbrauchen Kinder. In: pro familia magazin. Sexualpädagogik und Familienplanung 3/1990, 29-31

Bange, Dirk (1990c): Jungen werden nicht mißbraucht – oder? In: Psychologie heute 1/1990, 54-61

Bange, Dirk (1990d): Jungenprostitution. In: päd. extra & demokratische erziehung 11/1990, 33-38

Bange, Dirk (1990e): Sexuelle Gewalt gegen Kinder und Frauen – Männer, die ungläubigen Helfer. In: Tagungsbericht: Wieso glaubt mir denn niemand?! Fachtagung zum Problemfeld »Gewalt gegen Frauen und Mädchen« vom 10./11. Oktober 1990 in Sindelfingen, 47-53

Bange, Dirk (1991a): Sexuell mißbrauchte Jungen. In: Bader, B./Lang, E. (Hg.): Stricher-Leben. Hamburg 1991, 140-152

Bange, Dirk (1991b): Sexueller Mißbrauch an Jungen. In: AJS Forum 1/1991, 7-9

Bange, Dirk (1991c): Sexueller Mißbrauch – Was es den Männern so schwer macht, sich mit dieser Problematik auseinanderzusetzen. In: Tagungsbericht: Sucht, Gewalt, Sexualität. 13. Further Fortbildungstage 1991, 32-41

Bange, Dirk (1992): Die dunkle Seite der Kindheit. Sexueller Mißbrauch an Mädchen und Jungen. Ausmaß – Hintergründe – Folgen. Köln 1992, 1994

Bange, Dirk (1993a): Nein zu sexuellen Übergriffen – Ja zu selbstbestimmter Sexualität: Eine kritische Auseinandersetzung mit Präventionsansätzen. In: Zartbitter 1993b

Bange, Dirk (1993b): Sexueller Mißbrauch an Mädchen und Jungen – Hintergründe und Motive der Täter. In: psychosozial Vol. 16/1993, 49-65

Bange, Dirk (1993c): Sexueller Mißbrauch an Jungen. In: Winter, R. (Hrsg.): Stehversuche. Sexuelle Jungensozialisation und männliche Lebensbewältigung durch Sexualität. Männermaterial Band 3. Schwäbisch Gmünd und Tübingen 1993, 119-148

Bange, Dirk (1994a): Sexueller Mißbrauch an Kindern. In: Bienemann, G. u.a. (Hrsg.): Handbuch für den Kinder- und Jugendschutz. Münster 1994

Bange, Dirk (1994b): Kinderpornographie. In: Bienemann, G. u.a. (Hrsg.): Handbuch für den Kinder- und Jugendschutz. Münster 1994

Bange, Dirk/Enders, Ursula (1995): Auch Indianer kennen Schmerz. Sexuelle Gewalt gegen Jungen. Köln, Oktober 1995

Barnard, B.P./Hirsch, C. (1985): Borderline Personality and Victims of Incest. Psychological Reports 57: 715-718, 1985

Bass, Ellen/Davis, Laura (1990): Trotz allem. Wege zur Selbstheilung für sexuell mißbrauchte Frauen. Berlin 1990

Bass, Ellen (1992): Verbündete. Hilfen für Partnerinnen und Partner von Opfern sexueller Gewalt. Berlin 1992

Baumgardt, Ursula (1985): Kinderzeichnungen – Spiegel der Seele. Kinder zeichnen Konflikte ihrer Familien. Zürich 1985.

Baurmann, Michael C. (1983a): Sexualität, Gewalt und die Folgen für das Opfer. BKA, Berichte des Kriminalistischen Instituts. Wiesbaden 1983

Baurmann, Michael C. (1983b): Sexualität, Gewalt und psychische Folgen. Eine Längsschnittuntersuchung bei Opfern sexueller Gewalt und sexueller Normverletzung anhand von angezeigten Sexualkontakten. BKA, Wiesbaden 1983

Baurmann, Michael C. (1985): Sexualität, Gewalt und die Folgen für das Opfer. BKA, Berichte des Kriminalistischen Instituts. Wiesbaden 1985 (4. Auflage der Zusammenfassung)

Beck, J. C./van der Kolk, B. (1987): Reports of Childhood Incest and Current Behaviour of Chronically Hospitalized Psychotic Women. Am. J. Psychiatry, 144:11, 1474 – 1476, 1987

Bernard, F. (1979): Pädophilie. In: Albrecht-Desirat, K./Pacharzina, K. (Hrsg.): Sexualität und Gewalt. Bernsheim 1979, 77-86

Bernard, F. (1982): Kinderschänder? Frankfurt a.M. 1982

Bernecker-Wolff, Angela/Wolff, Reinhart (1990): Sexuelle Mißhandlung und Sexualpolitik. In: Sozial extra 12/1990, 6-7

Berrick, J./Gilbert, M. (1991): With the best Intentions. The Child Sexual Abuse Prevention Movement. New York 1991

Besems, Thijs/van Vugt, Gerry (1990): Wo Worte nicht reichen. München 1990

Besten, B. (1991): Sexueller Mißbrauch und wie man Kinder davor schützt. München 1991

Beyerl, Carolyne M. (1985): The Mothers's Book. Dubuque 1985

Bieler, Martin (1989): Still wie die Nacht. Hamburg 1989

Binder, R.L./Mc Niel, D.E. (1987): Evaluation of a School-Based Sexual Abuse Prevention Programm: Cognitive and Emotional Effects. In: Child Abuse & Neglect Vol. 11/1987, 497-506

Blaser, Andreas (1994): Sexueller Mißbrauch in der Psychotherapie: Urteil, Vorurteil und Konsequenzen. In: Bachmann/Böker (Hrsg.) 1994

Blumberg, E.J. u.a. (1991): The Touch Discrimination Component of Sexual Abuse Prevention Training. In: Journal of Interpersonal Violence Vol. 6/1991, 12-28

Böhnisch, L. (1987): Jungenarbeit. In: Böhnisch, L./Münchmeier, R.: Wozu Jugendarbeit? Orientierungen für Ausbildung, Fortbildung und Praxis. Weinheim und München 1987, 137-141

Böhnisch, L./Winter, R. (1992): Männliche Sozialisation. Bewältigungsprobleme männlicher Geschlechtsidentität. Weinheim und München 1992

Bongersma, E. (1980): Die Rechtsposition der Pädophilen. In: Monatsschrift für Kriminologie und Strafrechtsreform Vol. 63/1980, 97-107

Borkin, J./Frank, L.: Sexual Abuse for Preschoolers: A Pilot Program. In: Child Welfare Vol. 65, 75-82

Borneman, Ernest (1990): Wenn der Versuch der Verhinderung Schaden erzeugt. In: Herrath/Sielert 1990

Borneman, Ernest (1992): Der Mißbrauch des Mißbrauchs – Die Kinder und ihre Helfer. In: Dokumentation Mißbrauch mit dem Mißbrauch bei Verfahren um das Sorgerecht. ISUV/VDU Schriftenreihe Band 2. Nürnberg 1992, 17-25

Bossi, Jeannette (1994): Sexueller Mißbrauch in Psychotherapie und Psychiatrie. In: Bachmann/Böker 1994

Bossi, Jeanette (1994): Empirische Untersuchungen, Psychodynamik und Folgeschäden. Sexueller Mißbrauch in der Therapie. In: Bachmann/Beker (Hrsg.) 1994

Braecker, S./Wirtz-Weinrich, W. (1991): Sexueller Mißbrauch von Mädchen und Jungen. Handbuch für Interventions- und Präventionsmöglichkeiten. Weinheim und Basel 1991

Brassard, M.R. u.A. (1983): School Programs to Prevent Intrafamilial Child Sexual Abuse. In: Child Abuse & Neglect Vol. 7/1983, 241-245

Braun, Gisela (1989a): Elternarbeit im Kindergarten – Möglichkeiten der Prävention. In: Walter 1989

Braun, Gisela (1989b): Ich sag' Nein. Arbeitsmaterialien gegen den sexuellen Mißbrauch an Mädchen und Jungen. Mülheim an der Ruhr 1989

Braun, Gisela (1989c): Sexueller Mißbrauch von Kindern. „Die stummen Schreie hören". In: Unsere Jugend 1/89

Braun, Gisela (1989d): Sexueller Mißbrauch von Mädchen – Handlungsmöglichkeiten von Erzieherinnen. In: Theorie und Praxis der Sozialpädagogik 3/89

Braun, Gisela (1989e): Sexueller Mißbrauch an Kindern – Ein Plädoyer für die Mütter. In: Sozial Extra 7/8 1989

Braun, Gisela/Wolters, Dorothee (1991a): Das kleine und das große Nein. Mülheim an der Ruhr 1991

Braun, Gisela (1991b): Mein Körper gehört mir! Präventionsarbeit in Kindergärten und Grundschulen. In: Bormann, Elke (Hrsg.): Wir sind längst laut geworden. Berlin 1991

Braun, Gisela (1991c): Grundsatzfragen der Prävention von sexuellem Mißbrauch. In: Giesecke, Petra (Hrsg.): Wege zur Veränderung. Dokumentation Fachtagung 25./26.04.91 „Parteiliche Prävention von sexueller Gewalt gegen Mädchen". Kiel 1991

Braun, Gisela (1992a): Sexuelle Gewalt gegen Kinder: Ein heikles Thema für die Elternarbeit. In: Theorie und Praxis der Sozialpädagogik 2/92

Braun, Gisela (1992b): Prävention: Kein Programm, sondern ein Prinzip. In: Thema Jugend 2/92

Braun, Gisela (1992c): Zum Ausmaß sexuellen Mißbrauchs an Mädchen und Jungen. Vergleichende Untersuchungen. In: Sozialmagazin 5/92 und AJS-Forum 2/92

Braun, Gisela (1993): Gegen sexuellen Mißbrauch an Mädchen und Jungen – Ein Ratgeber für Mütter und Väter. Hrsg.: AJS NRW e.V., Köln 1993

Braun, Gisela/Wolters, Dorothee (1994a): Melanie und Tante Knuddel. Mülheim an der Ruhr 1994

Braun, Gisela (1994b): Gewalt in der Familie. Sexueller Mißbrauch an Mädchen und Jungen. In: Kind Jugend Gesellschaft (KJuG) 1/94

Braun, Gisela (1995): Der Alltag ist sexueller Gewalt zuträglich – Prävention als Antwort auf „alltägliche" Gefährdungen von Kindern. In: AJS NRW e.V. (Hrsg.) Köln 1995

Braun, Gisela: Einige Bedingungen für Prävention am Beispiel der Schule. In: AJS NRW e.V. 1995

Braun, Sabine (1990): Feministische Erotik? In: Beiträge zur feministischen Theorie und Praxis 25/26. 1990, 193-197

Brenner, G./Grubauer, F. (Hrsg./ 1991): Typisch Mädchen? Typisch Junge? Persönlichkeitsentwicklung und Wandel der Geschlechterrollen. München 1991

Briere, J./Runtz, M. (1986): Suicidal Thoughts and Behaviours in Former Sexual Abuse Victims. Canad. J. Behav. Sci., 18 (4): 413 – 423, 1986

Briere, J./Runtz, M. (1989): University Males' Sexual Interest of „Pedophilia" in a Nonforensic Sample. In: Child Abuse and Neglect Vol. 13/1989, 65-75

Briggs, F. (1991): Child Protection Programms: Can They Protect Young Children. In: Early Child Development and Care Vol 67/1991, 61-76

Brigitte (1987): AIDS bei mißbrauchten Kindern. Brigitte, Heft 16, 28.07.1987

Brockhaus, Ulrike/Kolshorn, Maren (1993): Sexuelle Gewalt gegen Mädchen und Jungen. Frankfurt 1993

Broek, Jos van den (1993): Verschwiegene Not: Sexueller Mißbrauch an Jungen. Zürich 1993

Browne, A./Finkelhor, David (1986): Impact of Child Sexual Abuse; a Review of the Research. Psych. Bull., 99:1, 66 – 77, 1986

Brownmiller, Susan (1978): Gegen unseren Willen. Vergewaltigung und Männerherrschaft. Frankfurt 1978

Brückner, Margret (1983): Die Liebe der Frauen. Über Weiblichkeit und Mißhandlung. Frankfurt a.M. 1993

Budin, L.E./Johnson, C.F. (1989): Sex Abuse Prevention, Programms: Offenders' Attitudes About Their Efficacy. In: Child Abuse & Neglect Vol. 13/1989, 77-87

Bullens, R.A.R. (1991): Behandlung von Inzesttätern. In: Villigster Forum. Sexueller Mißbrauch an Jungen. Amt für Jugendarbeit der Ev. Kirche von Westfalen (Hrsg.): Dokumentation des Villigster Forums. „Therapie, Intervention und Prävention bei sexuellem Mißbrauch von Mädchen und Jungen". Schwerte: Recklinghäuser Werkstätten 1991, 54-74

Bullens, R.A.R. (1993): Ambulante Behandlung von Sexualdelinquenten innerhalb eines gerichtlich verpflichtenden Rahmens. In: Ramin 1993

Burgard, Roswitha (1985): Mißhandelte Frauen: Verstrickung und Befreiung. Weinheim 1985

Burgess, A. W. ed. (1985): Child Pornography and Sex Rings. Lexington Books, Lexington 1984

CAPP (Child Assault Prevention Project) (1985): Strategies for Free Children. Columbus, Ohio 1985

Carnes, P.J. (1990): Zerstörerische Lust. Sex als Sucht. München 1990

Cohn, A.H. (1986): Preventing Adults from Becoming Sexual Molestors. In: Child Abuse & Neglect Vol 10/1986, 559-562

Conte, J.R. u.a. (1985): An Evaluation of a Program to Prevent the Sexual Victimization of Young Children. In: Child Abuse & Neglect Vol 9/1985, 319-328

Conte, J.R. (1989): What Sexual Offenders Tell Us About Prevention Strategies. In: Child Abuse & Neglect Vol. 13/ 1989, 293-301

Coons, P. M. (1986): Child Abuse and Multiple Personality Disorder; Review of the

Literature and Suggestions for Treatment. Child Abuse & Neglect, 10, 455 – 462, 1986

Cosmopolitan (1990): Tabu. Wenn Frauen ihre Kinder mißbrauchen. In: Cosmopolitan 8/1990, 56-61

Crossmaker, Maureen/National Assault Prevention Center (1986): Empowerment. A Systems Approach to Preventing Assaults Against People with Mental Retardation and/or Developmental Disabilities. Columbus, Ohio 1986

Dannecker, M. (1987): Das Drama der Sexualität. Frankfurt a.M. 1987, 72-89

Daro, D. (1991): Child Sexual Abuse Prevention. Seperating Fact from Fiction. In: Child Abuse & Neglect Vol. 15/1991, 1 – 4

David, Klaus Peter (1994): Versachlichung statt Polemik ist geboten. Sexueller Kindesmißbrauch. In: Thema Jugend. November 1994

DeJong, A. R./Emmett, G. A./Hervada, A. A. (1982): Epidemiologic Factors in Sexual Abuse of Boys. American Journal of Diseases of Children, 136· 990 – 993, 1982

DeJong, A. R. (1985): Vaginitis Due to Gardenella Vaginalis and to Candida Albicans in Sexual Abuse. Child Abuse & Neglect, 9: 27 – 29, 1985

De Rosis, H. u.a. (1987): More on psychiatrist-patient sexual contact. American Journal of Psychiatry 144 (5). 1987

Deutscher Bundestag: Antwort der Bundesregierung auf die Große Anfrage der Fraktion der Grünen. Sexueller Mißbrauch von Kindern. Drucksache 10/3845

De Young, M. (1982): The Sexual Victimisation of Children. Jefferson: McFarland 1982

De Young, M. (1988): The Good Touch/Bad Delemma. In: Child Welfare Vol. 67/1988, 60-68

Dibbern, A. (1989): Handlungsfeld »Prävention«: Finger weg von CAPP. In: Kinderschutz Aktuell 2/1989, 17-18

DIE ZEIT, Mayer, Susanne (1994): Mißbrauch und Wahrheit. 30/94, 49-50

Di Leo, J. (1973): Children's Drawings as Diagnostic Aids. New York: Brunner/Mazel, 1973

Dirks, Liane (1986): Die liebe Angst. Reinbek bei Hamburg 1986

Draijer, Nel (1988): Verborgene Traumata. Die Rolle von sexueller und physischer Gewalt in der Lehre der Ursachen der mentalen Störungen bei Frauen. Referat auf dem Congress on Mental Health Care for Women. Amsterdam vom 19. – 22.12.1988, zitiert nach Mebes 1989

Draijer, Nel (1990): Die Rolle sexuellen Mißbrauchs und körperlicher Mißhandlung in der Ätiologie psychischer Störungen bei Frauen. In: Martinus, J./Frank, R. (Hg.): Vernachlässigung und Mißhandlung von Kindern. Bern 1990, 128-142

Dunand, Annelie (1987): Sexueller Mißbrauch in der Familie – neue Handlungskonzepte für die Sozialarbeit. In: Soziale Arbeit 12/87

Dvorak, Josef (1993): Satanismus; Schwarze Rituale, Teufelswahn und Exorzismus; Geschichte und Gegenwart. München 1993

Eck, M./Lohaus, A. (1993): Entwicklung und Evaluation eines Präventionsprogramms zum sexuellen Mißbrauch im Vorschulalter. In: Praxis der Kinderpsychologie und Kinderpsychiatrie Vol. 42/1993, 285 292

Eckert, B. (1991): Sexuelle Gewalt gegen Jungen. Das doppelte Tabu. In: ajs-informationen 4/1991, 5-6

Eichholz, Reinald (1994): Kinderschutz gegen Machtmißbrauch. In: Gegenfurtner/Bartsch 1994

Eisenberg, N./Glynn Owens, R./Dewey, M. E. (1987): Attitudes of Health Professionals to Child Sexual Abuse and Incest. Child Abuse & Neglect, 11: 109 – 116, 1987

Ellerstein, N. S./Canavan, J. W. (1980): Sexual Abuse of Boys. American J. of Diseases of Children, 134: 255 – 275, 1980

Elliger, T.J./Schötensach, K. (1991): Sexueller Mißbrauch von Kindern – eine kritische Bestandsaufnahme. In: Nissen, G. (Hrsg.): Psychogene Psychosyndrome und ihre Therapie im Kindes- und Jugendalter. Bern 1991, 143-154

Elliott, M. (1991): So schütze ich mein Kind. Stuttgart 1991

EMMA (1993): Das vernichtende Urteil. Über Woody Allen. 5/93

EMMA (1994): Stoppt den backlash. 5/94

Emslie, G. J./Rosenfeld, A. (1983): Incest Reported by Children and Adolescents Hospitalized for Severe Psychiatric Problems. Amer. J. Psychiat., 140: 708 – 711, 1983

Enders, Hiltrud (1989): Entwurf einer Zufluchtsstätte für Mädchen. Diplomarbeit an der Fachhochschule für Architektur. Dortmund 1989

Enders, Ursula (1986): Sexueller Kindesmißbrauch: »Zart war ich – bitter war's«. Bericht über eine Kontakt-und Selbsthilfeinitiative. In: Stadtblatt Münster April 1986

Enders, Ursula (1987a): Sozialpädagogische Familienhilfe: Fortschritt oder Rückschritt der Jugendhilfe?! In: Karsten/Otto (Hrsg.): »Die sozialpädagogische Ordnung der Familie.« Weinheim und München 1987

Enders, Ursula (1987b): Sexueller Mißbrauch an Kindern. In: Frauengleichstellungsstelle der Stadt Düsseldorf: Gewalt gegen Frauen – eine Dokoumentation 1987

Enders, Ursula (1987c): Nicht nur zuhause. In: Sozial extra 9/87, S. 4 – 6

Enders, Ursula (1987d): Die Therapie gibt es nicht. Ein Interview zur Therapie und Selbsthilfe betroffener Frauen. In: Psychologie heute 10/87

Enders, Ursula (1987e): Sexueller Kindesmißbrauch und Jugendhilfe. Expertise im Auftrage des Ministers für Arbeit, Gesundheit und Soziales des Landes Nordrhein-Westfalen. Düsseldorf 1987

Enders, Ursula (1988a): Keine zu frühe Konfrontation. In: Demokratische Gesundheitslehre 9/88

Enders, Ursula (1988b): Aufklären, Stärken, Verhindern. Prävention in der Schule. In: Päd. extra 11/88

Enders, Ursula/Meisel, Bettina (1988c): Möglichkeiten und Grenzen der Beraterin in der Arbeit mit sexuell mißbrauchten Mädchen und Frauen. Bericht einer Arbeitsgruppe auf der Fachtagung »Sexueller Mißbrauch an Mädchen und Jungen«. November 1987 in Köln. In: Verein zur Weiterbildung für Frauen 1988

Enders, Ursula (1989a): Sexueller Mißbrauch oder Kindesmißhandlung? Plädoyer für einen sicheren Opferschutz. In: Thema Jugend, Heft 1/1989

Enders, Ursula (1989b): Ein Indianer kennt keinen Schmerz. Das Ausmaß der sexuellen Gewalt gegen Jungen wird immer noch tabuisiert. In: Enfant t. Nr. 3, Januar 1989

Enders, Ursula (1989c): Sexueller Mißbrauch an Mädchen und Jungen. In: AJS u.a. (Hrsg.): Jugend und Gewalt. Jugendschutzforum '88. Köln 1989

Enders, Ursula/Fey, Elisabeth (1990a): Der, von dem ich Geborgenheit erhoffte ... In: Herrath/Sielert 1990

Enders, Ursula (1990b): Herr Steubmann und Mehmet. Über die (stille) Solidarität von Männern mit sexuellen Gewalttätern. In: Päd. Extra 06.08.1990

Enders, Ursula (1991): Vorwort zu Wyre/Swift: Und bist Du nicht willig ... Die Täter. Köln 1991

Enders, Ursula/Stumpf, Johanna (1992a): Mütter melden sich zu Wort. Köln 1992

Enders, Ursula (1992b): Sexuelle Gewalt in Institutionen: Sichere Orte nirgendwo? Vortrag auf einer Podiumsveranstaltung des Frauenministeriums Niedersachsen. Herbst 1992

Enders, Ursula (1993a): »Die Not des Kindes«. Ein Interview. In: EMMA 5/93, 52-54

Enders, Ursula (1993b): »Im Namen des Staates ...« – sexuelle Gewalt gegen Mädchen und Jungen. Vortrag auf der Fachtagung der Friedrich-Ebert-Stiftung. 11.03.1993

Enders, Ursula (1993c): Schöne und blöde Gefühle – oder: Wie Schön & Blöd entstand. In: Zartbitter 1993b

Enders, Ursula (1993d): Der »siebte« Sinn ist Eigen-Sinn! oder: Wie LiLoLe Eigensinn entstand. In: Zartbitter 1993b

Enders, Ursula (1993e): Alte Hüte neu verpackt?! Präventionsmaterialien im Praxistest. In: Zartbitter 1993b

Enders, Ursula (1993f): Gewalt gegen Kinder – Was ist zu tun? Vortrag auf dem Kongreß des Bundesministeriums für Frauen und Jugend »Keine Gewalt gegen Kinder«, Bonn 03.12.1993

Enders, Ursula/Wolters, Dorothee (1994a): Schön blöd. Ein Bilderbuch über schöne und blöde Gefühle. Kevelaer 1994

Enders, Ursula/Wolters, Dorothee (1994b): LiLoLe Eigensinn. Ein Bilderbuch über die eigenen Sinne und Gefühle. Kevelaer 1994

Enders, Ursula/Wolters, Dorothee (1994c): Auf Wieder-Wiedersehen. Ein Bilderbuch über Trennung und Wiedersehen. Kevelaer 1994

Enders, Ursula (1994d): Täter auf der Opfersuche. Strategien der Beschaffungskriminalität. In: Gegenfurtner/Bärtsch 1994

Enders, Ursula (1994e): Anforderungen an die Täterarbeit aus der Sicht einer Beratungsstelle für Opfer sexueller Gewalt. Vortrag auf einer Veranstaltung des Lore-Agnes-Hauses in Essen, 20.04.1994

Enders, Ursula (1994f): Ritualisierter Kindesmißbrauch findet auch in Deutschland statt. In: Smith 1994

Enders, Ursula (1994g): Sexuelle Gewalt in Institutionen. In: Kathechetische Blätter 7-8/94

Enders, Ursula/Bange, Dirk (1995): Auch Indianer kennen Schmerz. Köln, 1995

Enders, Ursula/Stumpf, Johanna (1996): Mein Kind wurde sexuell mißbraucht. Mütter und Väter melden sich zu Wort. Köln, 1996

Enders-Dragässer, U./Fuchs, C. (1988): Jungensozialisation in der Schule. Frankfurt und Darmstadt 1988

Evans, Sue/Schaefer, Susan/Sterne, Muriel (1984): Sexual Victimization Patterns of Recovering Chemically Dependent Women. Referat – präsentiert beim International Institute on the Prevention and Treatment of Alcoholism in Athen/Gr. 1984

Faber, E. D./Showers, J./Johnson, C. F./Joseph, J. J./Oshins, L. (1984): The Sexual Abuse of Children. A Comparison of Male and Female Victims. J. of Clinical Child Psychology, 13: 294 – 297, 1984

Faller, K.C. (1987): Women Who Sexually Abuse Children. In: Violence and Victims Vol. 2/1987, 263-276

Faller, K.C. (1991): Possible explanations for child abuse allegations in divorce. Amer. J. Orthopsychiat. 61 (1). 1991

Fastie, Friesa (1994): Zeuginnen der Anklage. Die Situation sexuell mißbrauchter Mädchen und junger Frauen vor Gericht. Berlin 1994

Fatke, R. (1991): Pädophilie – Beleuchtung eines Dunkelfeldes. In: Schuh, J./Killias, M.: Sexualdeliquenz. Zürich 1991

Fegert, Jörg M. (1987a): Sexueller Mißbrauch von Kindern. Prax. Kinderpsychol. Kinderpsychiat., 36: 164 – 170, 1987

Fegert, Jörg M. (1987b): Sexueller Mißbrauch von Mädchen und Jungen. In: Arbeitskreis »Sexuelle Gewalt« 1987

Fegert, Jörg M. (1987c): Umgang männlicher Berater mit der Problematik des sexuellen Mißbrauchs. In: FDR (Hrsg.): Wenn Frauen aus der Falle rollen. Berichtsband vom 10. Bundesdrogenkongreß 1987 in Fellbach Fachverband Drogen und Rauschmittel (FDR), Hannover 1988

Fegert, Jörg M./Fey, Elisabeth (1987d): Wenn Heimlichkeiten unheimlich werden. Möglichkeiten der Vorbeugung gegen sexuellen Mißbrauch von Kindern. In: Frankfurter Rundschau, 03.01.1987

Fegert, Jörg M. (1988): Der Einsatz anatomisch korrekter Puppen. In: Fegert, Jörg M./Mebes, Marion: Sexueller Mißbrauch an kleinen Mädchen und Jungen. Donna Vita, Berlin, 15 – 55, 1988

Fegert, Jörg M. (1989): Diagnostik bei Verdacht auf sexuellen Mißbrauch bei Mädchen und Jungen. In Walter, J. (Hrsg.): Sexueller Mißbrauch im Kindesalter. Schindele, Heidelberg 1989

Fegert, M. Jörg (1993): Sexuell mißbrauchte Kinder und das Recht. Band 2. Ein Handbuch zu Fragen der kinder- und jugendpsychiatrischen und psychologischen Untersuchung und Begutachtung. Köln 1993

Fegert, M. Jörg/Mebes, Marion (1993): Anatomische Puppen. Ruhnmark bei Flensburg 1993

Fehrenbach, P. A./Smith, W./Monastersky, C./Deisher, R. W. (1986): Adolescent Sexual Offenders. Offender and Offense Characteristics. Am. J. Orthopsychiat., 56: 2, 1986

Fehrenbach, P.A./Monastersky, C. (1988): Characteristics of Female Adolscent Sexual Offenders. In: American Journal of Orthopsychiatry Vol. 58/1988, 148-151

Ferenczi, Sandor (1984): Sprachverwirrungen zwischen den Erwachsenen und dem Kind, 1932. Ursprüngl. Titel: Die Leidenschaften der Erwachsenen und deren Einfluß auf Charakter- und Sexualentwicklung der Kinder, im Anhang von: Masson, 1984

Fey, Elisabeth (1987): »Männer vergewaltigen niemals Gleichstarke«. Prävention sexuellen Mißbrauchs von Jungen und Mädchen. In: Sozial extra 9/87: 16 – 17

Fey, Elisabeth (1988): Von unabhängigen Müttern, starken Kindern, dem Sinn des Ungehorsams und sozialen Netzen. In: Kazis 1988

Filter, Cornelia (1993a): Falsche Kinderfreunde. In: EMMA 5/93

Filter, Cornelia (1993b): Ein Besuch in Coesfeld. In: EMMA 5/93

Finkelhor, David (1979a): What's Wrong with Sex between Adults and Children? Ethics and the Problem of Sexual Abuse. Amer. J. Orthpsychiat. 49 (4): 592 – 697, 1979

Finkelhor, David (1979b): Sexually Victimized Children. New York 1979

Finkelhor, David (1984): Child Sexual Abuse. New York 1984

Finkelhor, David/Browne, A. (1985): The Traumatic Impact of Child Sexual Abuse: A Conceptualization. Journal of Orthopsychiatry 55 (4): 530 – 541, 1985

Finkelhor, David (1986a): Soziale Reaktion auf Vergewaltigung. In: Heinrichs 1986

Finkelhor, David/Baron, L. (1986b): Risk Factors for Child Sexual Abuse. J. of Interpersonal Violence, 1: 43 – 71, 1986

Finkelhor, David u.a. (1990): Sexual Abuse in a National Survey of Adult Men and Women: Prevalence, Characteristics, and Risk Factors. In: Child Abuse & Neglect Vol. 14/1990, 19-28

Finkelhor, David/Russel, D.E.H. (1984): Woman as Perpetrators. In: Finkelhor, D.: Child sexual Abuse. New Theory and Research. New York 1984, 171-187

Finn, S. E./Hartmann, M./Leon, G. R./Lawson, L.: Eating Disorders and Sexual abuse (1986): Lack of Confirmation for a Clinical Hypothesis. Int. J. Eating Disorders, 5, 6: 1051 – 1060, 1986

Fischer, Gottfried/Becker-Fischer, Monika (1994): Gibt es »Täterprofile«? Sexueller Mißbrauch in Therapie. In: Bachmann/Böker (Hrsg.) 1994

Fleck, S. u.a. (1979): Inzestuöse und homosexuelle Problematik. In: Lidz, T./Fleck, S.

(Hrsg.): Die Familienumwelt der Schizophrenen. Stuttgart 1979, 159-174

Fredlung, Terri: Einige Informationen über Vergewaltigungsangriffe und Widerstand. Unveröffentlichtes Manuskript

Frei, Karin (1993): Sexueller Mißbrauch. Schutz durch Aufklärung. Ravensburg 1993

Fritz, G.S. u.a. (1981): A Comparion of Males and Females Who were Sexually Molested as Children. In: Journal of Sex and Marital Therapy Vol. 7/1981, 54-59

Freud, Sigmund (1982): Schriften zur Behandlungstechnik. Studienausgabe. Ergänzungsband. Frankfurt/M. 1982

Fromuth, M.E./Burkhart, B.R. (1987): Childhood Sexual Victimisation Among College Men: Definitional and Methodological Issues. In: Violence and Victims Vol. 2/1987, 241-253

Fryer, G.E. u.a. (1987a): Measuring Actual Reductions of Risk to Child Abuse: A New Approach. In: Child Abuse & Neglect Vol. 11/1987, 173-179

Fryer, G.E. u.a. (1987b): Measuring Children's Retention of Skills to Resist Stranger Abduction: Use of the Simulation Technique. In: Child Abuse & Neglect Vol. 11/1987, 181-185

Friedrich, W. N./Beilke, R. L./Urquiza, A. J.: Behaviour Problems in Young Sexually Abused Boys: A Comparison Study. Unveröff. Manuskr.

Fürniss, Tillmann/Phil, M. (1986a): Diagnostik und Folgen sexueller Kindesmißhandlung. In: Monatszeitschrift für Kinderheilkunde, 134: 335 – 340, 1986

Fürniss, Tillmann/Phil, M. (1986b): Therapeutische Intervention bei sexueller Kindesmißhandlung. In: Monatszeitschrift für Kinderheilkunde, 134: 340 – 344, 1986

Fürniss, Tillmann (1990): Group Therapy for Boys. In: Hollows, A./Armstrong, H. (Hrsg.): Working with Sexually Abused Boys. An Introduction for Practitioners. London 1990

Fuster, C. D./Neinstein, L. S. (1987): Vaginal Chlamydia Trachomatis Prevalence in Sexually Abused Prepubertal Girls. Pediatrics, 79: 235 – 238, 1987

Gaenslen-Jordan, Christine/Wehnert-Franke, Natascha/Richter-Appelt, Hertha (1994): Prävention von sexuellem Mißbrauch. Zwischen Ohnmacht und

Handlungsdruck. In: Gegenfurtner/
Bartsch 1994

Garbe, Elke (1991): Martha. Psychotherapie eines Mädchens nach sexuellem Mißbrauch. Münster 1991

Gartell/Herman/Olarte (1986): Psychiatrist – Patient sexual contact: results of a national survey. In: Prevalence. American Journal of Psychiatry, 143 (9). 1986

Gaß-Spangemacher, Elisabeth/Palzkill, Birgit (1988): Der Schatten der Lawine. Mädchentheater zum Thema Gewalt und Vergewaltigung. In: Päd. extra 11/88

Gauer, Doris (1988): Erste Erfahrungen in der Arbeit mit straffälligen Frauen, die als Mädchen sexuell mißbraucht wurden. Unveröffentl. Manuskript, Köln 1988

Gegenfurtner, Margit/Bartsch, Bernhard (Hrsg./1994): Sexueller Mißbrauch von Kindern und Jugendlichen. Hilfe für Kind und Täter. Magdeburg 1994

Giaretto, H. (1981): A Comprehensive Child Sexual Abuse Treatment Program. In: Mrazek, P. B./Kempe, C. H.: Sexually Abused Children and their Families. Oxford: Pergamon Press: 179 – 198, 1981

Gil, Eliana (1993): Die heilende Kraft des Spiels. Spieltherapie mit mißbrauchten Kindern. Mainz 1993

Gilgun, J.F./Connor, T.M. (1990): Isolation and the Adult Male Perpetrator of Child Sexual Abuse: Clinical Concerns. In: Horton 1990

Gloer, Nele (1988): Sexueller Mißbrauch von Jungen. Unveröffentlichte Diplomarbeit am Psychologischen Institut der Universität Freiburg. Freiburg 1988

Glöer, Nele/Schmiedeskamp-Böhler, Irmgard (1990a): Die verlorene Kindheit – Sexuelle Gewalt gegen Jungen. München, Frühjahr 1990

Glöer, Nele/Schmiedeskamp-Böhler, Irmgard (1990b): Das glaubt mir doch keiner – Sexuelle Gewalt gegen Jungen. Begleitheft für Jugendliche und ErzieherInnen zu Franke Kühn: Es fing ganz harmlos an. Freiburg i.Br. 1990

Godenzi, Alberto (1989): Bieder, brutal. Frauen und Männer sprechen über sexuelle Gewalt. Zürich 1989

Godenzi, Alberto (1994): Gewalt im sozialen Nahraum. Zürich 1994

Goodwin, J./McCarthy, T./Divasto, P. (1981): Prior Incest in Mothers of Abused Children. Child Abuse & Neglect, 5: 87 – 95, 1981

Goodwin, J. (1982): The Use of Drawings in Incest Cases. In ders. (Hrsg.): Sexual Abuse: Incest Victims and their Families. Littleton: John Wright, 1982

Gordon, M. (1990): Males and Females as Victims of Childhood Sexual Abuse. An Examination of the Gender Effect. In: Journal of Family Violence Vol. 5/1990, 321-322

Goy, Alexandra (1994): Nur 2 von 100 Mißbrauchern werden verurteilt. In: EMMA 5/1994

Groth, Nicolas (1986): Leitfaden zur Behandlung von Sexualtätern. In: Heinrichs 1986

Grüne/al Frauengruppe Kreuzberg (1994): Pädos bei den Grünen. In: Stachelige Argumente 10/1994

Günther/Kavermann/ Ohl/Thürmer-Rohr (1993): Modellprojekt Beratungsstelle und Zufluchtswohnung für sexuell mißbrauchte Mädchen von „Wildwasser" – Arbeitsgemeinschaft gegen sexuellen Mißbrauch an Mädchen e.V., Berlin. Abschlußbericht der wissenschaftlichen Begleitung (1991). Schriftenreihe des Bundesministeriums für Frauen und Jugend, Bd. 10, Stuttgart 1993

Gutjahr, Karin/Schrader, Anke (1988a): Safe, Strong, Free. In: päd. extra & demokratische erziehung 11/1988, 9-10

Gutjahr, Karin/Schrader, Anke (1988b): Sexueller Mißbrauch – Ursachen, Erscheinungen, Folgewirkungen und Interventionsmöglichkeiten. Köln 1988

Haarbusch, Elke/Jochens, Karin (1985): »... kann denn Liebe Sünde sein?« In: Sachverständigenkommission Sechster Jugendbericht 1985

Hagemann-White, C. (1984): Sozialisation: weiblich – männlich? Opladen 1984

Hagemann-White, Carol (1992): Strategien gegen Gewalt im Geschlechterverhältnis: Pfaffenweiler 1992

Hartwig, Luise/Kuhlmann, Carola (1987): Sexueller Mißbrauch an Töchtern – der verschwiegene Aspekt der Gewalt in der Familie. In: Neue Praxis 5/87, S. 436 – 447

Harvey, P. u.a. (1988): The Prevention of Sexual Abuse: Examination of the Effectiveness of a Program with Kindergarten-Age Children. In: Behavior Therapy Vol 19/1988, 429-435

Haug, Frigga (1994): Zur Einführung: Versuch einer Rekonstruktion der gesellschaftlichen Dimensionen der Mißbrauchsdebatte. In: Forum Kritische Psychologie 33/1994, 6-20

Hayden, Torey L. (1991): Jadie. Das Mädchen, das nicht sprechen wollte. München 1991

Hazzard, A. u.a. (1991): Child Sexual Abuse Prevention: Evaluation and One-Year Follow-Up. In: Child Abuse & Neglect Vol. 15/1991, 123-138

Heigl-Evers, Annelise/Kruse, Johannes (1991): Frühkindliche gewalttätige und sexuelle Traumatisierungen. Prax. Kinderpsychol. und Kinderpsychiat. 40: S. 122-128

Heiliger, Anita/Engelfried, Contance (1994): Sexueller Mißbrauch an Mädchen: Strukturen männlicher Sozialisation und (potentielle) Täterschaft. München: Deutsches Jugendinstitut 1994

Heimvolkshochschule Alte Molkerei Frille: Parteiliche Mädchenarbeit, antisexistische Jungenarbeit. Frille 1988

Heinrichs, Jürgen (Hrsg.) (1986): Vergewaltigung. Die Opfer und die Täter. Braunschweig 1986

Hentschel, Gitta (1993): Die neue Form der Täterentlastung. In: taz 24.09.1993

Herman, Judith Lewis (1981): Father-Daughter Incest. Cambridge, 1981

Herman, Judith Lewis (1993): Die Narben der Gewalt. Traumatische Erfahrungen verstehen und überwinden. München 1993

Herrath, Frank/Sielert, Uwe (Hrsg.) (1990): Jugendsexualität: Zwischen Lust und Gewalt. Wuppertal 1990

Heyne, Claudia (1991): Tatort Couch. Zürich 1991

Heyne, Claudia (1993): Täterinnen. Stuttgart 1993

Heyne, Claudia (1994): Verführung, Manipulation, Rechtfertigung – Konstanten im Verhalten sexuell mißbrauchender Therapeuten? In: Bachmann/Böker (Hrsg.) 1994

Hibbard, R. A./Roghmann, K./Hoekelman, R. A. (1987): Genitalia in Children's Drawings: An Association with Sexual Abuse. Pediatrics, 79: 129 – 137, 1987

Hildebrand, Eva (1986): Therapie erwachsener Frauen, die in ihrer Kindheit inzestuösen Vergehen ausgesetzt waren. In: Backe u.a. 1986

Hirsch, Matthias (1987): Realer Inzest. Psychodynamik des sexuellen Mißbrauchs in der Familie. Berlin 1987

Hoffmann, Christine (1985): »Modell: Mädchenhaus Hamburg.« In: Wildwasser 1985

Hohmann, J.S. (1989): Pädophilie heute. Berichte, Meinungen und Interviews. Frankfurt/Berlin 1989

Holroyd/Brodsky (1977): Psychologists' attitudes and practices regarding erotic and nonerotic contact with patients. American Journal of Psychiatry 130. 1977

Holzkamp, Klaus (1994): Zur Debatte über sexuellen Mißbrauch: Diskurse und Fakten. In: Forum Kritische Psychologie 33/1994, 136-157

Horton, A.L. u.a. (Hg.) (1990): The Incest Perpetrator. A Family Member No one Wants to Treat. New York 1990, 74.87

Hotaling, G. T./Finkelhor, David (1985): The Sexual Exploitation of Missing Children: A Research Review. (Unveröffentlichter Bericht für das U.S. Department of Justice, Washington, D.C.) University of New Hampshire, Durham, 1985

Huber, Michaela (1994): Backlash: Ein alarmierendes Urteil. In: Emma 5/1994

Huber, Michaela (1995): Multiple Persönlichkeiten – Überlebende extremer Gewalt. Ein Handbuch. Frankfurt 1995

Jäckel, Karin (1994): Komm, mein liebes Rotkäppchen ... Kindesmißbrauch – Wer sind die Täter? Berlin 1994

Jampole, L./Weber, M. K. (1987): An Assessment of the Behaviour of Sexually Abused and Nonsexually Abused Children with Anatomically Correct Dolls. Child Abuse & Neglect, 11: 187 – 192, 1987

Johnson, R. L./Shrier, D.K. (1985): Sexual Victimization of Boys. Experience at an Adolescent Medicine Clinic. J. of Adolescent Health Care, 6: 372 – 376, 1985

Jonker, Ineke (1988): Intervention bei akutem sexuellen Mißbrauch in der Familie unter Berücksichtigung der ungleichen Machtverhältnise zwischen Männern und Frauen, Eltern und Kindern. In: Verein zur Weiterbildung für Frauen 1988

Katzenbach, M. (1992): Jungenarbeit in der Praxis. Dokumentation von zwei Seminaren mit Jungen zum Thema „Angst". Frankfurt a.M. 1992

Kavemann, Barbara (1983): Das Opfer muß die Folgen tragen. Sexueller Mißbrauch an kleinen Mädchen. In: Sexualpädagogik und Familienplanung 2/83: 6 – 8

Kavemann, Barbara/Lohstöter, Ingrid (1984): Väter als Täter. Sexuelle Gewalt gegen Mädchen. Reinbek 1984

Kavemann, Barbara/Lohstöter, Ingrid u.a. (1985): Sexualität – Unterdrückung statt Entfaltung. Alltag und Biographie von Mädchen, Bd. 9, herausgegeben von der Sachverständigenkommission Sechster Jugendbericht. Opladen 1985

Kavemann, Barbara (1992): Mißbrauch mit dem Mißbrauch? Über die neue Abwehr der Diskussion um sexuelle Gewalt in der Kindheit. In: Blattgold 12/92

Kavemann, Barbara (1994a): „Der Mißbrauch mit dem Mißbrauch?" In: NRW SPD, ebenda 1994, 6-19

Kavemann, Barbara (1994b): Geschichte der Enttabuisierung des sexuellen Mißbrauchs und Überlegungen zum Stand der feministischen Diskussion über sexuellen Mißbrauch. In: violetta 1994

Kazis, Cornelia (Hrsg.) (1988): Dem Schweigen ein Ende. Sexuelle Ausbeutung von Kindern in der Familie. Basel 1988

Keesmaat, Marjolijn/NL: Drug Addicted and their Relation to Mental Health Care for Women. Einleitendes Referat, Workshop MM 8A

Kempe, R.S./Kempe, C.H. (1980): Kindesmißhandlung. Stuttgart 1980

Kentler, Helmut (1975): Eltern lernen Sexualerziehung. Reinbek 1975

Kentler, Helmut (1989): Leihväter. Reinbek 1989

Kentler, Helmut (1990): Kindersexualität. In: Mc Bride, Will: Zeig Mal! Wuppertal 1990

Kentler, Helmut (1991): Sexualität und Entwicklung. Die Bedeutung der Sexualität im Jugendalter. In: Rotthaus (Hrsg.): Sexuelldeviantes Verhalten Jugendlicher. Dortmund 1991

Kentler, Helmut (1994): Täterinnen und Täter beim sexuellen Mißbrauch von Jungen. In: Rutschky/ Wolff 1994

Kercher, G.A./McShane, M. (1984): The Prevalence of Child Sexual Abuse Victimization in an Adult Sample of Texas Residents. In: Child Abuse & Neglect Vol. 8/1984, 495-501

Kercher, I. (1978): Sexuelle Handlungen zwischen Kindern und Erwachsenen. In: Pacharzina, K./Albrecht-Desirat, K. (Hrsg.): Konfliktfeld Kindersexualität. Bernsheim 1978, 148-159

Kerns, D. L. (1981): Medical Assessment of Child Sexual Abuse. In: Mrazek, P. B./Kempe, C. H.: Sexually Abused Children and their Families. Oxford: Pergamon Press 1981

King, S. (1986): Es. München 1986

Kirchhoff, S. (1994): Sexueller Mißbrauch vor Gericht. Opladen 1994

Klein, Sabine (1989): Sexueller Mißbrauch von Mädchen und Jungen – Möglichkeiten und Grenzen professionellen Handelns am Beispiel des Allgemeinen Sozialdienstes in einer Großstadt. Diplomarbeit für die Staatliche Abschlußprüfung im Fachbereich Sozialwesen. Katholische Fachhochschule Köln 1989

Knaut, Horst (1979): Das Testament des Bösen. Stuttgart 1979

Knopf, Marina (1993): Sexuelle Kontakte zwischen Frauen und Kindern. In: Zeitschrift für Sexualforschung 6/93, 23-35

Knorr-Anders, E. (1991): Geschenke sind immer Liebe, oder? Sexueller Mißbrauch an Jungen – über eine Studie des Kinderschutzzentrums Mainz. In: Die Zeit 25/1991, 69

Kraizer, S.K. (1986): Rethinking Prevention: In: Child Abuse & Neglect Vol 10/1986, 259-261

Kraizer, S.K. (1988): Programming for Prevention Sexual Abuse and Abduction: What does it Mean when it Works? In: Child Welfare Vol 67/1988, 69-78

Kreyssig, Ulrike/Kurth, Anne (1984): Daneben gelebt... Drogenabhängige Mädchen und ihre Lebenswelt. In: Alltag, Rückzug und Widerstand, Savier, Fromm u.a., Leverkusen 1984: 51 – 56

Krug, R.S. (1989): Adult Male Report of Childhood Sexual Abuse by Mothers: Case Descriptions, Motivations and Long-Term Consequences. In: Child Abuse & Neglect Vol. 13/1989, 111-119

Kunze-Kamp, Roswitha (1986): Den Müttern wird die Schuld zugeschoben. In: Frankfurter Rundschau 28.06.1986

Landesbeauftragte für Frauenfragen der Landesregierung Niedersachsen (1989): Materialsammlung zum Thema: »Sexueller Mißbrauch«. Hannover 1989

Landeshauptstadt Düsseldorf, Frauengleichstellungsstelle (Hrsg.): Gewalt gegen Frauen. Eine Dokumentation. Düsseldorf 1987

Landis, J.: Experiences of 500 Children with Adult Sexual Deviants. In: Psychiatric Quarterly Supplement Vol. 30/1956, 91-109

Lappe, Konrad (1993a): Der »böse Onkel« hat – hoffentlich – ausgedient. In: Lappe/Schaffrin u.a. 1993

Lappe, Konrad /Schaffrin, Irmgard/Timmermann, Evelyn u.a. (1993b): Prävention von sexuellem Mißbrauch. Handbuch für die pädagogische Praxis. Ruhnmark 1993

Laudan, Birgit (1987): Sexueller Kindesmißbrauch. Entwicklung und Arbeit des Selbsthilfeprojektes »Wildwasser«. In: Arbeitskreis »Sexuelle Gewalt« 1987

Lautmann, Rüdiger u.a. (1990): Strichjungen – Fakten zur männlichen Prostitution. Sachverhalte Hintergründe Informationen. (Hrsg.): Kath. Sozialethische Arbeitsstelle. Schriftenreihe Aktuelle Orientierungen: Jugendschutz Heft 7 Hamm 1990

Lautmann, Rüdiger (1994): Die Lust am Kind. Portrait des Pädophilen. Hamburg 1994

Lechmann, Claus (1991): Sexueller Mißbrauch an Jungen – ein Überblick. In: Praxis der Klinischen Verhaltensmedizin und Rehabilitation 14/1991, 91-96

Lenz, H.J. (1993): Täter sind Männer und auch Frauen – Psychosexuelle Gewalt gegenüber Jungen und ihre späten Folgen. In: Kartepe, H./Stahl, Ch. (Hrsg.): Männer-Sexualität. Reinbek 1993, 183-196

Lew, M. (1993): Sexuell mißbrauchte Jungen. Wie Männer sexuelle Ausbeutung in der Kindheit verarbeiten können. München 1993

Leyrer, K. (1988): Hilfe, mein Sohn wird ein Macker. Hamburg 1988

Los Angeles County Commission for Women (1991): Ritueller Mißbrauch. Definitionen – Glossar – Anwendungen von Bewußtseinskontrolle. Los Angeles 1991

Marquardt, Claudia (1993): Sexuell mißbrauchte Kinder und das Recht. Band I. Juristische Möglichkeiten zum Schutz sexuell mißbrauchter Mädchen und Jungen. Köln 1993

Marquardt-Mau, B. (1992): Sexueller Mißbrauch an Kindern als Thema für den Sachunterricht. In: Lauterbach u.a. (Hrsg.): Brennpunkte des Sachunterrichts. Kiel 1992, 176-195

Marquit, Carl (1986): Der Täter, Persönlichkeitsstruktur und Behandlung In: Backe, 1986

Marshall, W.L. u.a. (Hrsg.) (1990): Handbook of Sexual Assault. Issues, Theories, and Treatment of the Offender. New York 1990, S. 9-21

Masson, Jeffrey M. (1984): Was hat man Dir, Du armes Kind, getan? Sigmund Freuds Unterdrückung der Verführungstheorie. Reinbek 1984

de Mause, Lloyd (1980): Hört ihr die Kinder weinen. Frankfurt 1980

Mayer, Susanne (1994): Mißbrauch und Wahrheit. In: Die Zeit 30/94, 49-50

McCormack, A./Janus, M.-D./Burgess, A. W. (1986): Runaway Youths and Sexual Victimization: Gender Differences in an Adolescent Runaway Population. Child Abuse & Neglect, 10: 387 – 395, 1986

Mebes, Marion (1987): Sicher, stark und frei. Ein Programm zur Sicherung von Grundrechten für Jungen und Mädchen. In: Sozial extra 10/87: 44 – 45

Mebes, Marion (1989a): Hauptsache überleben ... Zum Verständnis von sexuellem Mißbrauch in der Lebensgeschichte süchtiger Frauen. In: Mebes/Jeuck: Sucht und sexueller Mißbrauch. Berlin 1989

Mebes, Marion (Hrsg./1992): Mühsam, aber nicht unmöglich. Berlin 1992

Miedzian, M. (1991): Boys will be Boys. Breaking the Link Between Masculinity and Violence. New York 1991

Miller, Alice (1983): Du sollst nicht merken. Frankfurt/Main 1983

Moggi, Franz/Bossi, Jeanette/Bachmann, Klaus Marc (1994): Sexuelle Kontakte zwischen Pflegepersonal und Patienten in psychiatrischen Kliniken. In: Bachmann/Böker (Hrsg.) 1994

Müller-Münch, Ingrid (1992): Janosch mit dem Plastikschwert und ein Kinderladen in Verdacht. In: FR 08.07.1992

Nagel-Diekmann, H. (1992): Arbeit mit Mißhandlern und Hilfsangebote. In: Sexuelle Mißhandlung an Jungen (Fachtagung) 7.-9.06.91. VHS Münster 1992, 7–19

Nau, E. (1965): Die Persönlichkeit des jugendlichen Zeugen. In: Stockert, F.G. von (Hrsg.): Das sexuell gefährdete Kind. Stuttgart 1965, 27-37

Neubauer, Georg u.a. (1993): Gefährdungslagen in 'verinselten' Lebensräumen: Sexueller Mißbrauch. In: Zentrum für Kindheits- und Jugendforschung (Hrsg.): Wandlungen der Kindheit. München 1993, 163-181

Neutzling, Rainer/Fritsche, Burkhard (1992a): Ey Mann, bei mir ist es genauso! Cartoons für Jungen. Zartbitter Köln (Hrsg.). Köln 1992

Neutzling, Rainer/Schnack, Dieter (1992b): Geschlechtsspezifische Sozialisation von Jungen. In: Sexuelle Mißhandlung an Jungen (Fachtagung) 7.-9.06.91. VHS Münster 1992, 28-33

NRW SPD (1994): Mißbrauch des Mißbrauchs – Rückschlag auf allen Ebenen? Dokumentation einer Veranstaltung der ASF NRW am 07.05.1994 in Bielefeld. ebenda 6-19

Offe/Offe (1994): Die Praxis der Glaubwürdigkeitsbegutachtung beim Verdacht des sexuellen Mißbrauchs. In: Rutschky/Wolff 1994

Orbach, S. (1979): Anti Diät Buch I und II. Frauenoffensive, München 1979 bzw. 1986

Parker, H./Parker, S. (1986): Father-Daughter Sexual Abuse. In: American Journal of Orthopsychiatry Vol. 56/1986, 531-549.

Peters, S.D. u.a. (1986): Prevalence. In: Finkelhor, D. u.a. (Hrsg.): A Sourcebook on Child Sexual Abuse. Beverly Hills 1986, 15-59

Petra (1990): Sex auf der Couch. Umfrage des Münchener Instituts für rationale Psychologie (GRP) bei ehemaligen Psychotherapiepatientinnen. In: Petra 9/90. S. 185 ff

Plogstedt, Sibylle/Bode, Kathleen (1984): Übergriffe. Sexuelle Belästigung in Büros und Betrieben. Hamburg 1984

Pope/Levenson/Schover (1979): Sexual intimacy in psychology training: Results and implications of a nationwide survey. In: American Psychologist 34, 1979

Pope, Kenneth/ Bonhontsos, J.C. (1992): Als hätte ich mit einem Gott geschlafen. Hamburg 1992

Popiel, D. A./Susskind, E. C. (1985): The Impact of Rape: Social Support as a Moderator of Stress. Am. J. Community Psych. 13: 6, 1985

Porter, Eugene (1986): Treating the Young Male Victim of Sexual Assault: Issues & Intervention Strategies. New York 1986

Rader, Klaus (1992): Sexueller Mißbrauch von Jungen. In: Gegenfurtner, M./Keukens, W. (Hrsg.): Sexueller Mißbrauch von Kindern und Jugendlichen. Diagnostik – Krisenintervention – Therapie. Sozialpädagogik und Psychologie, Band 4. Essen 1992

Ramin, G. (Hrsg) (1993): Inzest und sexueller Mißbrauch. Paderborn 1993, 397-412

Raupp, U./Eggers, Ch. (1993): Sexueller Mißbrauch von Kindern. Eine regionale Studie über Prävalenz und Charakteristik. In: Monatsschrift Kinderheilkunde Vol. 141/1993, 316-322

Reichelt, Stefan (1994): Kindertherapie nach sexueller Mißhandlung. Malen als Heilmethode. Zürich 1994

Reichling, Ursula (1989): Prävention sexuellen Kindesmißbrauchs als Thema für die Grundschule. Schriftliche Hausarbeit, vorgelegt im Rahmen der Ersten Staatsprüfung für das Lehramt für die Primarstufe. Universität zu Köln 1989

Reiff, F. (1991): Sexueller Mißbrauch als Thema in einem Heim für männliche Jugendliche. Unveröffentlichter Vortrag zur Jubiläumsfeier des „Haus Thomas" am 14.06.1991 in Frankfurt a.M.

Reiner, Joachim (1991): Bedarf ist da und wird befriedigt. Hinter der Fassade der Wohlanständigkeit: Das Geschäft mit der Kinderpornographie. Die Zeit Nr. 35. August 1991

Reinhart, M. A. (1987): Sexually abused boys. Child Abuse & Neglect, 11: 229 – 235, 1987

Reppucci, N.D./Haugaard, J.J. (1989): Prevention of Child Sexual Abuse. Myth or Reality. In: American Psychologist Vol. 44/1989, 1266-1275

Rew, L. u.a. (1991): A Comparative Study Among College Students of Sexual Abuse in Childhood. In: Archives of Psychiatry Nursery Vol. 5/1991, 331-340

Ricarda S. (1989): Die Satanspriesterin. Frankfurt 1989

Rijnaarts, Josephine (1988): »Lots Töchter«. Über den Vater-Tochter-Inzest. Düsseldorf 1988

Risin, L.I./Koss, M.P. (1987): The Sexual Abuse of Boys. Prevalence and Descriptive Characteristics of Childhood Victimizations. In: Journal of Interpersonal Violence Vol. 2/1987, 309-323

Roberts, M.C. u.a. (1990): Evaluation of Commercially Available Materials to Prevent Child Sexual Abuse and Abduction. In: American Psychologist 45/1990, 782-783

Roger, C.M./Terry, T. (1984): Clinical Intervention with Boy Victims of Sexual Abuse. In: Stuart, J.R./ Greer, J.G. (Hrsg.): Victims of Sexual Aggression. New York 1984, 91-104

Rommelspacher, Birgit (1994): Der sexuelle Mißbrauch als Realität und Metapher. In: Forum Kritische Psychologie 33/1994, 21-33

Rothen, Judith (1988): Alles noch einmal durchleben. In: Verein zur Weiterbildung für Frauen 1988

Rush, Florence (1985): Das bestgehütete Geheimnis: Sexueller Kindesmißbrauch. Berlin, 3. Aufl. 1985

Russel, Diana (1983): The Incidence and Prevalence of Intrafamilial and Extrafamilial Sexual Abuse of Female Children. In: Child Abuse & Neglect, 7: 133 – 146, USA 1983

Russel, Diana (1986): The Secret Trauma. Incest in the Lives of Girls and Women. Basic Books, New York 1986

Rust, Gisela (1986): Sexueller Mißbrauch – ein Dunkelfeld in der Bundesrepublik Deutschland. Aufklärung, Beratung und Forschung tut not. In: Backe u.a. 1986

Rutschky, Katharina (1992): Erregte Aufklärung: Kindesmißbrauch – Fakten & Fiktionen. Hamburg 1992

Rutschky, Katharina/Wolff, Reinhart (Hrsg./ 1994): Handbuch Sexueller Mißbrauch. Hamburg 1994

Rutter, Peter (1991): Verbotene Nähe. Düsseldorf; Wien; New York 1991

Ryan, G. u.a. (1987): Juvenile Sex Offenders: Development and Corrections. In: Child Abuse & Neglect Vol. 11/1987, 385-395

Sachverständigenkommission Sechster Jugendbericht (Hrsg./1985): Sexualität – Unterdrückung statt Entfaltung. Opladen 1985

Sakheim, David K./Devine, Susan E. (Hrsg./1992): Out of Darkness. Exploring Satanism & Ritual Abuse. New York 1992

Salgo, Ludwig (1985): Brauchen wir einen Anwalt des Kindes? In: Zentralblatt für Jugendrecht 1985

Saller, H. (1986): Sexueller Mißbrauch von Kindern – ein gesellschaftliches Problem. In: Theorie und Praxis der sozialen Arbeit Vol. 37/1986, 179-184

Sandfort, T. (1986): Pädophile Erlebnisse. Braunschweig 1986

Sansonet-Hayden, H./Haley, G./Marriage, K./Fine, S. (1987): Sexual Abuse and Psychopathology in Hospitalized Adolescents. J. Amer. Acad. Child. Adol. Psychiat., 26:5, 753 – 757, 1987

Sattler, C./Flitner, E. (1988): Wieso die Männer? Feministische Überlegungen zum Inzest. In: Kazis 1988

Schaffrin, Irmgard (1989): Werdet hellhöriger, wacher und unbequemer. Frauen und Schule, Jahrg., 8. Februar 1989

Schaffrin, Irmgard (1993 a): Auf den Spuren starker Mädchen. Cartoons für Mädchen. Zartbitter Köln (Hrsg.). Köln 1993

Schaffrin, Irmgard (1993 b): Ein Mädchen sagt nein ... und dann? Selbstbestimmung, Sexualität und sexuelle Gewalt. In: Lappe/ Schaffrin u.a. 1993, 122-148

Schickendanz, H.-J. (1979): Homosexuelle Prostitution. Frankfurt a.M. 1979

Schlechter, M. D./Roberge, L.(1976): Sexual Exploitation. In: Helfer, R. E. & Kempe, C. H.: Child Abuse and Neglect: The Family and the Community, pp. 127 –

142, Ballinger, Cambridge, Massachusetts 1976

Schmidt-Relenberg, N. u.A. (1975): Strichjungen-Gespräche. Zur Soziologie der Homosexuellen-Prostitution. Neuwied 1975

Schnack, Dieter/Neutzling, Rainer (1990): Kleine Helden in Not. Jungen auf der Suche nach Männlichkeit. Reinbek 1990

Schneewind, Udi-Jutta (1994): Grundzüge der Kindertherapie mit sexuell mißbrauchten Mädchen und Jungen. In: Gegenfurtner/Bartsch 1994

Schorsch, E. u.a. (1985): Perversion als Straftat. Dynamik und Psychotherapie. Berlin – Heidelberg – New York – Tokyo 1985

Schuppli-Delpy, Maya/Nicola, Marco (1994): Folgetherapien mit in Psychotherapie mißbrauchten Patientinnen. In: Bachmann/Böker (Hrsg.) 1994

Sebbar, L. (1980): Gewalt an kleinen Mädchen. Naumburg/Elbenberg 1980

Sgroi, S.M. (1982): A Conceptual Framework for Child Sexual Abuse. In: Sgroi, S.M. (Hrsg.): Handbook of Clinical Intervention in Child Sexual Abuse. Lexington 1982, 9-38

Siewering, M. (1991): Sexualität von Jungen. In: Sexuelle Mißhandlung an Jungen (Fachtagung) 7.-9.06.91. VHS Münster 1992, 34-41

Sigusch, V. (Hrsg./1980): Therapie sexueller Störungen. Stuttgart 1980

Silbert, Mimi H./Pines, Ayala M. (1983): Early Sexual Exploitation as an Influence in Prostitution. In: Social Work, USA July/Aug. 1983: 285–289

Silverman, D. (1978): Sharing the Crisis of Rape: Counseling the Mates and Families of Victims. American Journal of Orthopsychiatry, 48: 166–173, 1978

Simone, Stephan (1993a): Zwei vor, eins zurück – Präventionsarbeit in der Grundschule. In: Zartbitter: 1993b

Simone, Stephan (1993b): Prävention in der Grundschule. In: Lappe u.a. 1993

Singer, K. (1991): Männliche Opfer: Beurteilung und Behandlung. In: 5. Internationale Konferenz über Inzest und damit zusammenhängende Probleme. Biel-Bienne, Schweiz 1991

Sloan, G./Leichner, P. (1986): Is there a Relationship between Sexual Abuse and Eating Disorders. Can. J. Psychiat., 31: 656–660, 1986

Smith, Margaret (1994): Gewalt und sexueller Mißbrauch in Sekten. Zürich 1994

Sodermanns, Inge (1993): Die faule Tomate an Katharina Rutschky. In: Zartbitter 1993b

Der Spiegel (1991): Er war der perfekte Geliebte. In: Der Spiegel 33/1991, 68-74

Der Spiegel (1994): Jeder Mann ein Kinderschänder?! Der Spiegel 20.06.1994

Spoden, Christian (1989): Wenn man nur die Augen öffnet... Bericht über die Arbeit mit sexuell mißbrauchten Jungen. In: Enfant Nr. 3, Januar 1989

Spoden, Christian (1991): Mißbrauchte Jungen. Prozeßbegleitung von Jungen. In: Sozialmagazin 5/1991, 24-29

Stachiw, A./Frank, R. (1984): Sexueller Mißbrauch von Kindern – Ein unerkanntes Problem in der pädiatrischen und pädopsychiatrischen Praxis. In: Remschmidt, H.: Psychotherapie mit Kindern, Jugendlichen und Familien. Band 2, Enke, Stuttgart 1984

Steinhage, Rosemarie (1987): Weghören, Anzeigen oder Beraten – zur therapieorientierten Einschätzung von sexuellem Mißbrauch. In: GwG Zeitschrift 66/87, S. 89–90

Steinhage, Rosemarie (1989): Sexueller Mißbrauch an Mädchen. Reinbek 1989

Steinhage, Rosemarie (1992): Sexuelle Gewalt – Kinderzeichnungen als Signal. Reinbek 1992

Stermac, L.E./Segal, Z.V. (1989): Adult Sexual Contact with Children: An Examination of Cognitive Factors. In: Behavior Therapy Vol. 20/1989, 573-584

Störzer, H. U. (1978): Sittlichkeitsprozeß und junges Opfer. Kriminalistik- Verlag, Heidelberg, 101–134, 1978

Stumpf, Johanna/Enders, Ursula (1989): Und die Mütter?! In: Stadt-Revue Köln, Dez. 1989

Sullivan, Carol (1980): Eden House Abuse Study (1980): Child Abuse in Relation to Chemical Dependency and Anti-Social Behavior. Unveröffentlichte Studie, Minneapolis/MN, USA 1980

Swan, H.L. u.a. (1985): Child Sexual Abuse Prevention: Does it Work? In: Child Welfare Vol. 4/1985, 395-405

Teegen, Frauke (1993): Sexuelle Kindesmißhandlung durch Frauen. In: Verhaltenstherapie und psychosoziale Praxis 3/1993,
329-348

Thamm, Bernd Georg (1994): Mehrzweck-
waffe Rauschgift – von Kampfgiften, Ver-
hördrogen und Wahrheitsseren. In: Deutsche Polizei 11/1994

Thönnissen/Meyer-Andersen (1990): Dunkelziffer, München 1990

Thürmer-Rohr, Christina (1987): Frauen in
Gewaltverhältnissen. In: taz vom
28.03.87

Till, T. (1990): Solange Gefühle schweigen.
Gewalt gegen Kinder und das Tabu Pädophilie. Hamburg 1990

Timmick, L.: The Times Poll (1985): 22 %
in Survey were Child Abuse Victims. &
The Times Poll: Children's Abuse Reports
Reliable. Los Angeles Times vom 25. und
26.08.1985

Trube-Becker, Elisabeth (1982): Gewalt
gegen das Kind. Heidelberg 1982

Trube-Becker, Elisabeth (1984): Sexueller
Mißbrauch von Kindern und seine Folgen
aus rechtsmedizinischer Sicht. Sozialpäd-
iatrie in Praxis und Klinik, 6: 542 – 551,
1984

Trube-Becker, Elisabeth (1987): Gewalt
gegen das Kind. Vernachlässigung,
Mißhandlung, sexueller Mißbrauch und
Tötung von Kindern. Heidelberg 1987

Trudell, B./Whatley, N.H. (1988): School
Sexual Abuse Prevention: Unintended
Consequences and Dilemmas. In: Child
Abuse & Neglect Vol. 12/1988, 103-113.

Undeutsch, Udo (1994): Verbrechen gegen
die Sittlichkeit. Kinder als Opfer und Zeugen. In: Rutschky/ Wolff 1994

Urmoneit, H. (1992): Erfahrungen mit
Selbsthilfegruppen für betroffene Männer.
In: Sexuelle Mißhandlung an Jungen
(Fachtagung) 7.-9.06.1991. VHS Münster
1992, 4-6

Vachss, Andrew (1994): Andrew Vachss und
Claus Leggewie im Gespräch über das
Böse. Frankfurt 1994

Verein zur Weiterbildung für Frauen e.V.
(1988): Dokumentation zur Fachtagung
»Sexueller Mißbrauch von Mädchen und
Frauen«. Köln 1988

violetta (1994): Wir lassen uns nicht mund-
tot machen. Dokumentation der Fachtagung. Hannover 1994

Vogel, W. (1984): Verbotene Liebe. Pädophilie und strafende Gesellschaft. Regens-
burg 1984

Vogt, Corinna (1987): Die Rolle des Medizi-
ners bei der Diagnose und Therapie des
sexuellen Mißbrauchs bei Kindern.
Unveröffentlichtes Manuskript. Frankfurt
1987

Vogt, Irmgard (1990): Neues zum Sex in der
Therapie. Verhaltenstherapie und Psychosoziale Praxis, 22, 104-105

Voss, A. (1993): US-amerikanische Präventi-
onsmodelle. In: Voss, A./ Hallstein, M.
(Hrsg.): Menschen mit Behinderungen.
Berichte – Erfahrungen – Ideen zur
Prävention. Ruhnmark 1993

Wachter, Oralee (1992): Heimlich ist mir
unheimlich. Ruhnmark 1992

Walter, Joachim (Hrsg.) (1989): Sexueller
Mißbrauch im Kindesalter. Heidelberg
1989

Weis, K. (1982): Die Vergewaltigung und
ihre Opfer. Stuttgart 1982

Weis, Kurt (1985): Inzest – das idiotensiche-
re Delikt. In: Sozialmagazin 10/85: 22 –
44

Wendel, H./Neugebauer, G. (1992): Sexual-
pädagogische Fortbildung als Voraussetzung präventiver Arbeit zum Mißbrauch.
In: das baugerüst 4/1992, 348-352

Wetzel, Peter (1994): Sexueller Mißbrauch:
Neue Zahlen. In: psychologie heute. Juli
1994

White, S./Strong, G. A./Santilli, G./Halpin,
B. (1986): Interviewing Young Sexual
Abuse Victims with Anatomically Correct
Dolls. Child Abuse & Neglect, 10: 519 –
529, 1986

Wheelis, A. (1988): Der Doktor und das
Verlangen. Hamburg 1988

White, S./Strong, G.A./Santilli, G./Halpin,
B./Quinn, K. M. (1986/87): Guidelines
for Interviewing Preschoolers with
Sexually Anatomically Detailed Dolls
(1986/1987). Unveröffentlichtes Manuskript

Wildwasser Berlin (1985): Sexueller
Mißbrauch von Mädchen, Strategien zur
Befreiung. Berlin 1985

Wildwasser Bielefeld (1994): Grenzgänge-
rinnen – Antworten auf das Netz der
Gewalt. Programmheft zu dem ersten
bundesdeutschen Kongreß von Frauen für
Frauen mit dem Schwerpunktthema: Mul-

tiple Persönlichkeitsspaltung. 29.09.-
01.10.94 in Bielefeld

Willems, H./Winter, R. (Hrsg./1990):
»... damit du groß und stark wirst«.
Beiträge zur männlichen Sozialisation.
Männer Material Band 1. Schwäbisch
Gmünd und Tübingen 1990

Willems, H./Winter, R. (Hg./1991): Was
fehlt, sind Männer! Ansätze praktischer
Jungen- und Männerarbeit. Männer
Material Band 2. Schwäbisch Gmünd und
Tübingen 1991

Williams, M. (1988): Rekonstruktion einer
frühen Verführung. In: Psyche 11/1988,
945-960

Winefield, H. R./Castell-McGregor, S. N.
(1986): Experiences and Views of General
Practitioners Concerning Sexually Abused
Children. The Medical J. of Australia,
145: 311 – 313, 1986

Winter, Rainer (1992): Angst, Scham, Wut.
Über den sexuellen Mißbrauch von Jungen in Jugendverbänden. In: Entwürfe
1/1992, 14-16

Wirtz, Ursula (1989): Seelenmord – Inzest
und Therapie. Zürich 1989

Wirtz, Ursula (1991): Sexuelle Ausbeutung
von Kindern in der Familie. Ein Blick auf
die Täter. In: Schuh, J./Killias, M. (Hrsg.):
Sexualdelinquenz. Zürich 1991, 137-148.

Wirtz, Ursula (1994): Therapie als sexuelles
Agierfeld. In: Bachmann/Böker (Hrsg.)
1994

Witt, Carsten (1987): Die Zusammenarbeit
von Klinikum, Polizei, Staatsanwaltschaft
und Jugendamt zur Verfolgung und Verhinderung von Kindesmißhandlung unter
den Gesichtspunkten von Datenschutz
und Schweigepflicht. In: Unsere Jugend
5/87: 178 – 190

Wolfe, D.A. u.a. (1986): Evaluation of a
Brief Intervention for Educating School
Children in Awareness of Physical and
Sexual Abuse. In: Child Abuse & Neglect
Vol. 10/1986, 85-92

Wolff, Reinhart (1994): Der Einbruch der
Sexualmoral. In: Rutschky/ Wolff 1994

Wurtele, S.K. u.a. (1986): Teaching Personal
Saftey Skills for Potential Prevention of
Sexual Abuse. In: Journal of Consulting
and Clinical Psychology Vol. 54/1986,
688-692

Wurtele, S.K. (1987a): School-based Sexual
Abuse Prevention Programs: A Review.

In: Child Abuse & Neglect Vol. 11/1987,
583-495

Wurtele, S.K. u.a. (1987b): Practice Makes
It Perfect? The Role of Participant Mode-
ling in Sexual Abuse Prevention Programs. In: Journal of Consulting and Clinical Psychology Vol. 55/1987, 599-602

Wurtele, S.K. u.a. (1989): Comparison of
Programs for Teaching Personal Safety
Skills to Preschoolers. In: Journal of Consulting and Clinical Psychology Vol.
57/1989, 505-511

Wurtele, S.K. u.a. (1992): Sexual Abuse Pre-
vention Education for Young Children: A
Comparison of Teachers and Parents as
Instructors. In: Child Abuse & Neglect
Vol. 16/1992, 865-876

Wyatt, G.E. (1985): The Sexual Abuse of
Afro-American and White-American
Women in Childhood. In: Child Abuse &
Neglect Vol. 9/1985, 507-519

Wyre, R./Swift, A. (1991): »Und bist du
nicht willig ... die Täter«. Köln 1991

Zartbitter Köln (1990): Sag NEIN, geh' weg
und sprich darüber. Plakate gegen sexuelle
Gewalt. Köln 1991

Zartbitter Köln (Hrsg.) (1992): Ey Mann,
bei mir ist es genauso! Cartoons für Jungen. Köln 1992

Zartbitter Köln (Hrsg.) (1993 a): Auf den
Spuren starker Mädchen. Cartoons für
Mädchen. Köln 1993

Zartbitter Köln (1993 b): Nein ist Nein.
Neue Ansätze in der Präventionsarbeit.
Zartbitter Schriftenreihe gegen sexuellen
Mißbrauch an Mädchen und Jungen.
Köln 1993

Zartbitter Münster (1990): Das kalte Kot-
zen. Reaktion der Zartbitter e.V. Männer-
gruppe Münster auf den Pädophilenbe-
richt in der ROSAFAHNE April/ Mai
1990. In: ROSAFAHNE, Münster 1990

Zenz, Gisela (1979): Kindesmißhandlung
und Kindesrechte. Frankfurt 1979

HILFREICHE ADRESSEN

Vielleicht gibt es auch in Ihrer oder in der nächstgrößeren Stadt eine Beratungsstelle, die ganz speziell zum Problem des sexuellen Mißbrauchs Unterstützung anbietet. Manche dieser Stellen betreuen Frauen und Mädchen, andere beziehen auch Jungen mit ein. Schauen Sie im Telefonbuch unter folgenden Stichwörtern:

- ◆ Anlauf- und Beratungsstelle für Mädchen und Frauen ...
- ◆ Beratungsstelle für Frauen und Mädchen ...
- ◆ Frauenberatungsstelle
- ◆ Frauen helfen Frauen
- ◆ Frauen-Notruf
- ◆ Frauenzentrum
- ◆ Kontakt- und Informationsstelle gegen sexuellen Mißbrauch
- ◆ Mädchenberatung/Mädchenhaus/Mädchentreff/Mädchenzentrum
- ◆ Notruf ...
- ◆ Verein gegen sexuelle Gewalt ...
- ◆ Wildwasser
- ◆ Zartbitter

Weitere Stellen helfen Ihnen bei Fragen zum sexuellen Mißbrauch oder anderen Problemen:

- ◆ Ärztliche Anlaufstelle (Beratungsstelle/Kontaktstelle) ...
- ◆ Beratungsstelle für Eltern, Jugendliche und Kinder
- ◆ Beratungsstelle für Erziehungsfragen
- ◆ Beratungsstelle Gewalt in Familien
- ◆ Deutscher Kinderschutzbund
- ◆ Erziehungsberatungsstelle
- ◆ Evangelische Beratungsstelle
- ◆ Katholische Beratungsstelle
- ◆ Pro Familia
- ◆ Psychologische Beratungsstelle
- ◆ Stadtverwaltung: Jugendamt oder Frauenamt

Gegen eine Bearbeitungsgebühr können Sie eine Liste von Beratungsstellen und Selbsthilfegruppen bestellen bei:
DONNA VITA Fachhandel
Postfach 5/Post Husby, 24973 Ruhnmark

DIE HERAUSGEBERIN

Ursula Enders, geb. 1953 im Sauerland. Nach dem Studium der Germanistik, Sozialwissenschaften und Pädagogik unterrichtete sie zunächst fünf Jahre als Lehrerin an einer Ganztagsgesamtschule. 1982 wechselte sie ihr Tätigkeitsfeld und arbeitete bis 1985 als Diplom-Pädagogin in leitender Funktion in einem Projekt der Sozialpädagogischen Familienhilfe. Ihr Hobby »Theaterarbeit mit Kindern« beeinflußte ihre Entscheidung für eine therapeutische Zusatzausbildung zur Psychodramaleiterin am „Moreno Institut Schweden".

1977 wurde Ursula Enders zum ersten Mal bewußt mit einem Fall sexueller Gewalt gegen Kinder konfrontiert: Das Opfer war ein Schüler, der von seiner Mutter sexuell mißbraucht wurde. Einmal für die Problematik sensibilisiert, nahm sie immer häufiger die sexuelle Ausbeutung von Mädchen und Jungen wahr und kam wieder mit eigenen Erfahrungen sexueller Gewalt in der Kindheit in Kontakt. Im Berufsalltag erfuhr sie die Grenzen institutioneller Hilfen bei der Arbeit mit betroffenen Mädchen und Jungen.

Seit 1985 arbeitet sie hauptamtlich zur Problematik des sexuellen Mißbrauchs. Sie ist sowohl Mitbegründerin von »Zartbitter Münster« als auch »Zartbitter Köln – Kontakt- und Informationsstelle gegen sexuellen Mißbrauch an Mädchen und Jungen«, Arbeitsschwerpunkte: Sexueller Mißbrauch an Mädchen und Jungen im Vorschulalter, Sexuelle Gewalt in Institutionen und geschlechtsspezifische Konzepte der Präventionsarbeit.

Neben zahlreichen Beiträgen in den Medien machte sie sich vor allem als Fach- und Kinderbuchautorin einen Namen.

Seit 1986 lebt Ursula Enders in Köln.

DIE AUTORINNEN

Dirk Bange, geb. 1963 im Sauerland, Dipl.-Pädagoge. Hauptamtlicher Mitarbeiter bei »Zartbitter Köln«. Autor der Studie: Die dunkle Seite der Kindheit. Sexueller Mißbrauch. Ausmaß – Hintergründe – Folgen.

Gisela Braun, geb. 1957, Diplom-Pädagogin. Hauptamtliche Referentin bei Aktion Jugendschutz des Landes NRW. Vorstand »Zartbitter Köln«. Autorin von Kinderbüchern und der Präventionsmaterialien: Ich sag NEIN.

Iris Chromow, geb. 1955, Diplom-Sozialarbeiterin. Langjährige Berufserfahrung als Bezirkssozialarbeiterin. Vorstand »Zartbitter Köln«.

Jörg Michael Fegert, geb. 1956, Arzt in der Universitäts-Kinderklinik der FU Berlin, Musiktherapeut und Verhaltenstherapeut. Autor des Buches: Sexuell mißbrauchte Kinder und das Recht. Ein Handbuch zu Fragen der kinder- und jugendpsychiatrischen und psychologischen Untersuchung und Begutachtung.

Hildegard Heimlich, geb. 1952, Diplom-Sozialarbeiterin und Psychodramaleiterin. Langjährige Erfahrung als Mitarbeiterin in einem Kinderneurologischen Zentrum.

Claudia Marquardt, geb. 1953, Rechtsanwältin. Autorin des Buches: Sexuell mißbrauchte Kinder und das Recht. Juristische Möglichkeiten zum Schutz sexuell mißbrauchter Mädchen und Jungen.

Marion Mebes, geb. 1954, Diplom-Sozialarbeiterin. Mitbegründerin von »Wildwasser Berlin« und »Donna Vita – Fachhandel und Verlag für Materialien gegen sexuellen Mißbrauch«. Autorin von Fach- und Kinderbüchern.

Gesa Raack, geb. 1943 in Berlin, Diplom-Psychologin. Gutachterin für Familien- und Vormundschaftsgerichte.

Ursula Reichling, geb. 1964 im Sauerland. Referentin in der LehrerInnenfortbildung. Grundschullehrerin, Autorin der Präventionsmaterialien: »Hallo, wie geht es Dir?« Vorstand »Zartbitter Köln«.

Hellmut Richter, geb. 1937. Seit 1966 Richter am Landgericht Köln. Langjährige Erfahrung als Vorsitzender der 2. Großen Strafkammer des Landgerichts Köln, der Jugendschutzkammer.

Irmgard Schaffrin, geb. 1952, Diplom-Sozialpädagogin und Bewegungstherapeutin. Mitarbeiterin des Sozialpsychologischen Dienstes einer Dortmunder Gesamtschule, Leiterin von Selbstverteidigungstrainings und Judokursen. Autorin von »Auf den Spuren starker Mädchen«

Stephan Simone, geb. 1959 in Köln, Leiter einer Grundschule. Referent in der LehrerInnenfortbildung. Vorstand »Zartbitter Köln«. Arbeitsschwerpunkte: Präventionsarbeit und Sexuelle Gewalt gegen Jungen.

Inge Sodermanns, geb. 1957 in Köln, Dipl.-Psychologin, Klinische Psychologin (BDP). Hauptamtliche Mitarbeiterin bei Zartbitter Köln. Kinderbuchautorin. Arbeitsschwerpunkte: Therapie mit kindlichen Opfern sexueller Gewalt und Sexuelle Ausbeutung in der Therapie.

Johanna Stumpf, geb. 1951, Diplom-Psychologin und Klinische Psychologin (BDP). Mitbegründerin von »Zartbitter Köln«. Autorin des Buches: »Mein Kind wurde sexuell mißbraucht. Mütter und Väter melden sich zu Wort.« Arbeitet heute in freier Praxis bei Mosbach.

DANKSAGUNG

Dieses Buch wurde von vielen Frauen und Männern geschrieben – nicht nur von den AutorInnen. Es verdankt seine Existenz vor allem betroffenen Frauen und Männern, die den Mut und die Stärke hatten, über ihre Kindheitserlebnisse zu sprechen.

Die Idee zu diesem Handbuch entstand 1984. Drei Jahre später verfestigte sich in einem Gespräch mit Marion Mebes, eine der Mitbegründerinnen von »Wildwasser Berlin«, mein Entschluß, die Pläne zu konkretisieren. Die MitarbeiterInnen von »Zartbitter Köln« und »Zartbitter Münster« sowie Claudia Elshorst und Klaus Rader gaben mir zahlreiche fachliche Anregungen. Katja Bakarinow machte hilfreiche Verbesserungsvorschläge. In Rainer Osnowski fand ich einen Lektor, dessen Offenheit für die Problematik und Fachkompetenz ich schätzen lernte und auf dessen »Rückendeckung« ich mich stets verlassen konnte.

Ingrid Schoth, Marion Knapp und Johanna Stumpf unterstützten mit großer Solidarität die Verwirklichung meiner Idee. Ingrid übernahm die Schreibarbeiten, gab mir wesentliche Impulse für die inhaltliche Strukturierung des Buches und ermutigten mich immer wieder, weiterzuschreiben. Johanna war wesentlich an der konzeptionellen Planung des Buches beteiligt.

Hanni Neidhardt, Helga Nellen, Inge Sodermanns und Dirk Bange standen mir bei der Überarbeitung des Buches für die vorliegende Neuausgabe mit Rat und Tat zur Seite.

Nicht zuletzt gilt mein Dank Grethe Bachmair-Plaßmann, Leif Dag Blomkvist, Gisela Braun, Iris Chromow, Hiltrud Enders, Sabine Grashoff-Reiter, Bettina Haase, Andrea Hubert, Sabine Klein, Bettina Meisel, Ursula Reichling, Judith Rothen, Michaela Schumacher, Stephan Simone, Dorothee Wolters und vielen anderen, die mir Kraft und Zeit schenkten, die ich als Unterstützung bei der Erstellung des Buches benötigte.

Köln, im April 1995   *Ursula Enders*

Zartbitter, Kontakt- und Informationsstelle gegen sexuellen Mißbrauch an Mädchen und Jungen, ist in ihrer Arbeit auf Spenden angewiesen.
Spendenkonto: Stadtsparkasse Köln BLZ 370 501 98 Kontonummer 11372091

Dagny Kerner / Imre Kerner
Der Ruf der Rose
Was Pflanzen fühlen und wie sie mit uns kommunizieren

KiWi 362

Die Fernsehjournalisten Dagny Kerner und Imre Kerner unternehmen eine Reise durch viele Länder zu den Menschen, die mit Pflanzen kommunizieren, und sie berichten in unterhaltsamen Reportagen über Erstaunliches sowohl aus dem Reich der Wissenschaft als auch der Welt des (scheinbar) Irrationalen.

KiWi Paperbackreihe bei Kiepenheuer & Witsch

Katalyse e. V.
Institut für angewandte
Umweltforschung

Das Wasserbuch

KiWi 297
Aktualisierte Neuausgabe

Der 1990 erschienene und erfolgreiche Ratgeber zum Thema Trinkwasser *jetzt in aktualisierter Fassung* in der preiswerten KiWi-Ausgabe.

KiWi Paperbackreihe bei Kiepenheuer & Witsch

Katalyse e. V.
Institut für angewandte
Umweltforschung

Zimmerluft – Dicke Luft
Schadstoffe in Innenräumen und was man dagegen tun kann

KiWi 284

Die Luft in unseren Wohnungen ist in den meisten Fällen schlechter als die Luft unter freiem Himmel. Die Katalyse nimmt die wichtigsten Gefahrenquellen unter die Lupe, hilft sie einzuschätzen und zeigt, wie man Belastungen einschränken oder beseitigen kann und wie man mit dem Unvermeidlichen umgeht. Ein kritischer Ratgeber und ein übersichtliches Nachschlagewerk für jeden Haushalt.

KiWi Paperbackreihe bei Kiepenheuer & Witsch